汉语语法学史稿

（修订本）

邵敬敏 著

2019年·北京

图书在版编目(CIP)数据

汉语语法学史稿/邵敬敏著. —修订本. —北京:商务印书馆,2006(2019.12 重印)
ISBN 978-7-100-04636-7

Ⅰ.①汉⋯　Ⅱ.①邵⋯　Ⅲ.①语法学—汉语史　Ⅳ.①H14-09

中国版本图书馆 CIP 数据核字(2005)第 092341 号

权利保留,侵权必究。

HÀNYǓ YǓFǍXUÉ SHǏGǍO
汉语语法学史稿
(修订本)
邵敬敏　著

商务印书馆出版
(北京王府井大街 36 号　邮政编码 100710)
商务印书馆发行
北京新华印刷有限公司印刷
ISBN 978-7-100-04636-7

2006 年 5 月第 1 版　开本 850×1168　1/32
2019 年 12 月北京第 3 次印刷　印张 13⅛
定价:35.00 元

目 录

胡裕树先生序 …………………………………………… 1
吕叔湘先生信 …………………………………………… 4

导论 ……………………………………………………… 6
第一章 汉语语法学的酝酿时期（西周—1898年）……… 20
  第一节 概述 ………………………………………… 20
  第二节 早期朦胧的语法观念 ……………………… 22
  第三节 中期对语法现象的初步归纳 ……………… 24
  第四节 后期对虚字的专门研究 …………………… 27
  第五节 后期对句法的初步探讨 …………………… 37
  第六节 若干语法术语的历史演变 ………………… 40

第二章 汉语语法学的草创时期（1898年—1936年）…… 49
  第一节 概述 ………………………………………… 49
  第二节 我国第一部语法著作《马氏文通》………… 55
  第三节 古代汉语语法研究 ………………………… 62
    一、《中等国文典》………………………………… 62
    二、《国文法草创》………………………………… 64
    三、《高等国文法》………………………………… 68

第四节　建立新语法体系的尝试 ·············· 70
一、《中国文法通论》 ·············· 70
二、《国文法之研究》 ·············· 73

第五节　现代汉语语法研究的兴起 ·············· 75
一、《国语文法概论》 ·············· 75
二、《新著国语文法》 ·············· 77

第六节　古今比较语法的研究 ·············· 83
一、《比较文法》 ·············· 83
二、《中国文法语文通解》 ·············· 85

第七节　语法理论的研究 ·············· 86
一、《国语学草创》 ·············· 86
二、《中国文法论》 ·············· 88

第八节　语法专题的研究 ·············· 91

第三章　汉语语法学的探索时期（1936年—1949年） ·············· 95
第一节　概述 ·············· 95
第二节　中国文法革新讨论 ·············· 103
第三节　汉语传统语法研究三家新体系 ·············· 111
一、《中国现代语法》 ·············· 111
二、《中国文法要略》 ·············· 120
三、《汉语语法论》 ·············· 128

第四节　通俗性的语法普及读物 ·············· 137
第五节　语法专论介绍 ·············· 141

第四章　汉语语法学的发展时期（上）（1949年—1978年） ·············· 146
第一节　概述 ·············· 146

第二节 汉语描写语法的崛起 ······················· 157
　　一、《北京口语语法》······························· 157
　　二、《现代汉语语法讲话》··························· 162

第三节 语法知识的大普及 ························· 166
　　一、《语法修辞讲话》和《语法学习》··················· 166
　　二、《汉语语法常识》和《语法学习讲话》··············· 168
　　三、《语法初步》··································· 171

第四节 五十年代三次语法专题讨论 ················· 173
　　一、"汉语词类问题"讨论····························· 173
　　二、"汉语的主宾语问题"讨论························· 176
　　三、"汉语单句复句划分问题"讨论····················· 180

第五节 几本有特色的汉语语法专著 ················· 183
　　一、《汉语语法教材》······························· 183
　　二、《现代汉语语法》(上)··························· 186
　　三、《北京话单音词词汇》··························· 189
　　四、《汉语构词法》································· 191
　　五、《现代汉语语法探索》··························· 193

第六节 《暂拟汉语语法教学系统》的产生 ············· 194

第五章 汉语语法学的发展时期(下)(1949年—1978年) ······ 202

第一节 六十年代三次语法专题讨论 ················· 202
　　一、"语法研究的原则和方法"的讨论(1959.3—1961)······· 202
　　二、"语法"和"文法"术语使用的讨论(1960.11—1961.12)··· 205
　　三、关于《说"的"》及其方法论的讨论(1961.12—1966.1)··· 207

第二节 汉语描写语法的发展和对结构主义的批判 ······· 212

第三节 大学语法教学的三个代表性体系 ············· 218

一、胡裕树主编的《现代汉语》……218
　　二、北京大学中文系编的《现代汉语》……221
　　三、刘世儒编写的《现代汉语语法讲义》……223
　第四节　其他现代汉语语法著作……224
　第五节　汉语语法各分支学科的兴起和发展……227
　　一、汉语语法的理论研究……227
　　二、汉语语法教学的研究……229
　　三、汉语方言语法的研究……231
　　四、古代汉语语法的研究……235
　　五、汉语语法史的研究……239
　　六、汉语语法学史的研究……241
　第六节　1966年—1978年的语法研究……245
　　一、《语法修辞》……245
　　二、《语法、修辞、逻辑》(第一分册语法)……246
　　三、《现代汉语语法知识》……247
　　四、《文法简论》……248
　　五、语法专题研究……250

第六章　汉语语法学的创新时期(上)(1978年—　)……253
　第一节　概述……253
　第二节　当代著名语法学家研究的特色……262
　　一、《汉语语法分析问题》和吕叔湘的语法研究……263
　　二、《现代汉语语法研究》和朱德熙的语法研究……268
　　三、《汉语语法研究》和胡裕树、张斌的语法研究……275
　第三节　转换生成语法理论在汉语中的实践与发展……279
　第四节　新编的大学语法教材……284

一、胡裕树主编的《现代汉语》……………………………… 285
　　二、黄伯荣、廖序东主编的《现代汉语》…………………… 287
　　三、张静主编的《新编现代汉语》…………………………… 288
　　四、张志公主编的《现代汉语》……………………………… 290
　　五、其他《现代汉语》语法教材……………………………… 292
  第五节　"析句方法"的讨论和《系统提要》的产生 ………… 294
　　一、"析句方法"的讨论 ……………………………………… 294
　　二、《暂拟系统》的修订和《系统提要》的产生 …………… 298

第七章　汉语语法学的创新时期(下)(1978年—　) ……… 302
  第一节　中年学者的崛起 ………………………………………… 302
　　一、《现代汉语虚词散论》和陆俭明的语法研究 …………… 302
　　二、《语法问题探讨集》和邢福义的语法研究 ……………… 304
　　三、《现代汉语句型》和李临定的语法研究 ………………… 306
　　四、《范继淹语言学论文集》和范继淹的语法研究 ………… 308
  第二节　汉语语法边缘学科的研究 ……………………………… 310
　　一、语法和修辞的结合研究 …………………………………… 310
　　二、语法和逻辑的结合研究 …………………………………… 313
　　三、语法和计算机科学的结合研究 …………………………… 315
  第三节　汉语语法分支学科的研究 ……………………………… 317
　　一、汉语口语语法研究 ………………………………………… 317
　　二、汉语方言语法研究 ………………………………………… 320
　　三、古代汉语语法研究 ………………………………………… 322
　　四、汉外语法比较研究 ………………………………………… 328
  第四节　汉语语法专题的研究 …………………………………… 332
　　一、句型系统研究 ……………………………………………… 332

5

二、歧义结构研究 …………………………………………… 336
　　三、语序变化研究 …………………………………………… 338
　　四、特殊句式研究 …………………………………………… 340
　　五、汉语虚词研究 …………………………………………… 343
　　六、词组（结构）研究 ………………………………………… 346
　　七、动词问题研究 …………………………………………… 348
　　八、其他语法专著简介 ……………………………………… 351
　第五节　汉语语法学的理论研究 ……………………………… 353
　　一、汉语语法学评论的开展 ………………………………… 353
　　二、汉语语法学史的研究 …………………………………… 356
　　三、汉语语法理论研究的深入 ……………………………… 359

第八章　港台和国外的汉语语法研究 …………………………… 364
　第一节　台湾和香港地区的汉语语法研究 …………………… 364
　　一、概述 ……………………………………………………… 364
　　二、《中国文法讲话》和许世瑛的语法研究 ………………… 366
　　三、《中国古代语法》和周法高的语法研究 ………………… 368
　　四、《国语变形语法研究》和汤廷池的语法研究 …………… 369
　　五、《主题在国语中的功能研究》和曹逢甫的语法研究 …… 372
　第二节　国外的汉语语法研究 ………………………………… 373
　　一、前苏联的汉语语法研究 ………………………………… 373
　　二、美国的汉语语法研究 …………………………………… 379
　　三、日本的汉语语法研究 …………………………………… 389
　　四、其他各国的汉语语法研究 ……………………………… 392

第九章　汉语语法学发展的历史趋势 ·················· 396

初版后记 ······································· 405
修订版后记 ····································· 407

胡裕树先生序

最近几年,有关汉语语法学史的专著出过好几本,可以说是各有千秋。然而,摆在我面前的这部《汉语语法学史稿》却别具一格、颇有特色。

首先,它确实是一部"史",而不仅仅是一些按年代排列的语法著作简介。纵览全书,可以清晰地看出汉语语法研究发展历史的轨迹。作者不仅理顺了通史的脉络,而且处处注意到专史发展的线索,从而使通史与专史有机地结合了起来。

其次,它充分发挥了评述的作用,而不只是"述而不作"。对各种语法学流派、各类语法学论著都发表了自己独到的看法;还对一些语法学家的研究给以系统的总结。既肯定了历史上的功绩,又从发展角度指出其不足,全书分析较中肯,立论公允。

第三,作者的目光还充分注意到汉语语法研究的各种分支学科。例如:古今语法比较、汉外语法比较、口语语法、方言语法、汉语语法史等;同时还注意到语法与修辞、逻辑、计算机科学的结合研究;还注意到汉语语法学的理论研究,包括语法学评论、语法学史和语法理论的研究。这些都是别的专著中很少涉及的。从这个意义上讲,它的容量也是同类著作中最大的。

第四,作者特别重视汉语语法研究理论和方法的更新,不仅对传统语法、描写语法和转换生成语法等理论的影响及中国化有专门论述,而且这种指导思想还渗透到具体的章节之中。

第五,作者对有关汉语语法学史的研究理论和方法作了有益的探索,这集中反映在"导论"中;作者还阐述了他对汉语语法学发展历史趋势的认识,他提出的五个结合:描写研究与解释研究相结合、语法意义与语法形式相结合、静态研究与动态研究相结合、微观研究与宏观研究相结合、事实研究与理论研究相结合,是很有道理的。

第六,全书章节安排体现了略古详今的原则,对1949年以来,尤其是近十年来的汉语语法研究状况给予比较充分的论述。贴近现实,敢于直言,这一点是很可贵的。

这部书稿还是敬敏同志在研究生毕业前后写成的,据我所知,几年中又修改过好几次,经过反复琢磨,渐趋成熟。我一直认为,敬敏同志来撰写这部"史稿"是比较合适的。他1966年毕业于北京大学中文系汉语专业,受教于我国当代著名的语言学家王力、朱德熙等先生,1978年又考取杭州大学王维贤教授的研究生,毕业后分配到上海华东师范大学中文系任教。可见,他受过系统的语言学教育,又对北方、南方的情况都比较熟悉。同时,他一方面参加了中年的语法讨论会,另一方面又参加了青年的语法讨论会,对老、中、青三代人的沟通起到了特殊的作用。他正处于这样南北、中青的交叉层次上,对语法学界的历史与现状有比较全面而深刻的了解。此外,这些年来,他勤于思索,一直致力于现代汉语语法的研究,已发表了上百篇论文,涉及语法研究的各个领域,对语法研究中的甘苦、症结都颇有体会,因而评述起来切中要害,而不是一些泛泛之谈。

有幸作为第一个读者,我读完这部"史稿",感到深受教益。它不仅对从事汉语语法研究的朋友有用,而且对从事语言学其他学科以及从事语文研究与教学的朋友也有重要的参考价值。我愿借此机会向大家郑重推荐此书。

胡裕树
1989 年 12 月于复旦大学

吕叔湘先生信

之一(全文)

敬敏同志:

惠赠大作已断断续续翻阅一过,取材宏富,分析细密,评论恰当,在近年出版的语法论著中也不可多得,惟其中对我的几本书揄扬过当,令我惭惶耳。

专此道谢。顺颂

教安!

吕叔湘

1991-6-26

之二(节录)

万起同志:

近况佳好,想如私祝。有数事奉陈。

……

前承告知拟出版第二套汉语语法论著丛编,不知书目已定否?近见邵敬敏新著,上海教育出版社出版的《汉语语法学史稿》,内容充实,分析细致,评论恰当,远胜×××、×××诸君所作,拟推荐收入丛编。请找来一读。也许已经看了?

专上。顺颂

撰安!

吕叔湘

1991-6-26

导　　论

一、研究的对象和目的

汉语是世界上最古老、最发达、最优美的语言之一。以汉语为表达工具的中国文化光灿夺目、珍贵无比，在人类文化宝库中占有极为重要的地位。现在，汉语已被列为联合国法定的五种通用语言之一，使用汉语的人数占世界人口的四分之一左右。在长期历史发展过程中，汉语的语音、词汇、语法体系日趋严密、科学。我国古代人民对自己的民族语言早就进行了卓有成效的研究工作，尤其在音韵、训诂以及文字诸方面都取得了杰出的成就，同时对语法也陆续进行过一些探索性的研究，特别是对虚字的分类和使用作了比较细致的考察。但是，由于汉语在表示语法意义方面主要不依赖于形态变化，语法标志相对比较隐蔽，加上中国长期处于闭关自守妄自尊大的封建社会，以及受到封建统治阶级实用主义桎梏的束缚，以至于在汉语语法研究方面一直没能形成一门独立的学科。只是到了近代，随着中国资产阶级逐步登上了历史舞台，新的阶级、新的历史使命对语言研究提出了新的任务和要求，开始引进并借鉴印欧语系的语法理论和研究方法并与传统语文学相结合，这才建立起独立的、科学的、有系统的汉语语法学科，以《马氏文通》(商务印书馆1898)的诞生为历史分界线。从这个意义上讲,虽然汉语语法客观上存在达数千年之久,而汉语语法学则还只是一门只有一百多年历史的年轻学科。

世界上没有一种语言是没有语法的,但是,有语法并不等于一定有语法学。语法是存在于语言内部的一种客观规律,是使用该种语言的集团在长期使用的历史中逐步约定俗成并日趋完善的,它不以某个人或某些人的主观愿望而任意改变;而语法学则是人们对这种客观规律认识的一种总结,完全依赖于某个人或某些人的主观努力和挖掘。人们可以发现语法,研究语法,但决不能制造语法,任意改变语法。

汉语语法学有两门关于"史"的分支学科:汉语语法史和汉语语法学史。这是两门性质很不相同的学科。前者是研究汉语语法本身内部规律产生、发展、变化的历史,如:某种句式("把"字句、"被"字句、使动式等等)、某种词类(量词、代词、介词等等)是如何兴起并发展的,即它的研究对象是汉语语法本身,它是汉语史的一个有机组成部分。而后者则是对汉语语法学这门学科的产生、发展、变化进行研究,如:某个学者、某种著作、某种学派在汉语语法研究历史中的贡献、得失、地位、影响等等,即它的研究对象是有关语法研究的人物、事件、成果、影响,它是中国语言学史的一个重要组成部分。换言之,对汉语语法既可以进行静态的研究,也可以进行动态的研究;既可以进行平面的描写,也可以进行历史的比较;既可以进行单学科的探索,也可以同其他学科结合起来进行综合考察,所有这些语法研究的发展进程及所取得的经验教训都构成了汉语语法学史所需分析、研究的对象。因而,我们不仅要全面掌握有关这门学科丰富的资料、渊博的历史知识和最新的研究动向,而且更重要的是要具备能比较、分析、综合各种语法论著、语法理论、语法学流派的能力,具备把握住语法研究发展趋势的能力。

汉语语法学史的内容应该包括以下五点:

(一)探讨汉语语法学创立、发展的历史进程及其原因。

(二)从历史发展的角度正确评价一些重要语法学家的作用和历史地位,正确评述一些有影响的语法著作或论文的成败得失,正确反映在语法研究领域中发生过的一些重大历史事件的作用及其影响,正确阐述一些语法研究流派产生的原因及其功过。

(三)考察世界上各种语法理论和研究方法对汉语语法研究的影响,正确处理对中外语法理论批判、继承、发展的关系,探索建立具有中国特色的汉语语法理论的途径。

(四)对汉语语法学的各个领域和分支学科发展的历史和现状作出准确的评估,它除了现代汉语、近代汉语和古代汉语语法研究,还包括:汉语方言语法、汉外语法比较、古今语法比较、汉语语法教学、汉语语法史、汉语语法学史、汉语语法与修辞、汉语语法与逻辑、汉语语法与计算机科学等分支学科相结合研究的历史和现状。

(五)总结汉语语法学发展的经验教训,预测它的发展趋势,以指导今后的研究实践。

汉语语法学史,一般地说可以有两种写法:一种是"通史"的写法,即以年代为纲,就各历史阶段具有代表性的事件、论著、人物作综合评述;一种是"专史"的写法,即以某个专题为纲,分别论述若干专题在各个不同历史阶段的研究情况和变化发展过程。两种写法各有利弊,比较起来,专论适宜于采用专史写法,专著则适宜于采用通史写法,但最不足取的是以语法专著为纲,那样,名义上是写"史",实质上只不过是种"专著简介",因而不能准确地反映出历史发展的轨迹。为了对汉语语法研究的历史全貌有一个总体的完整的认识,同时也为了对各位学者、各部专著、各种学派作出全面的、公正的历史评价,我们采用以通史为主的写法,同时在各个历史时期结合当时研究的特点和成果,辅以某些专史式的归纳和小结,力图使纵轴的描述由于横轴的补充而显得丰满而完整。

二、汉语语法学史的分期

把汉语语法研究的历史划为若干时期,目的是为了更清楚地分析汉语语法学发展的进程。我们认为,确定汉语语法学史的分期,必须考虑到以下三个因素:(1)研究理论和方法的革新;(2)社会变革的影响;(3)语法研究本身呈现的特点。按理讲,语法学史的分期只要考虑第一条便足够了,但由于中国的特殊国情,汉语语法学发展的历史进程往往(当然不是全部)同社会历史的变革紧密地联系在一起,例如《马氏文通》发表正巧是戊戌变法(1898年)这一年,赵元任的《国语入门》发表于1948年,中译本《北京口语语法》发表于1951年,而新中国成立正巧在1949年,可见这两者不仅不矛盾,而且常常是吻合的。因此,划分第一层次分期时,应以第一条作主要标准,第二条作辅助标准。而每一时期的内部则又以第三条作标准划出几个阶段,有时根据需要,阶段内部再划分小阶段。因此,我们的分期可以说是多层次的。划分的结果是:

(一)汉语语法学的草创时期(1898年—1936年):以《马氏文通》问世为汉语语法学建立的标志,内部又分为:古汉语语法研究阶段和现代汉语语法研究阶段。第一阶段以《马氏文通》及受其影响的一批著作为主,第二阶段以《新著国语文法》及受其影响的一批著作为主。有人称这一时期为"模仿时期",既不客观也不公正。《马氏文通》曰"一时草创,未暇审定……",又有《国语学草创》、《国文法草创》等书,故采其"草创"二字来命名,似较确切。

(二)汉语语法学的探索时期(1936年—1949年):以王力《中国文法学初探》为划界标志,内部又可分为两个阶段:一是文法革新讨论阶段,着重对语法研究理论和方法的探索;二是著书立说阶段,《中国现代语法》、《中国文法要略》和《汉语语法论》三部传统语法代表作相继问世,着重对汉语语法规律的探索。这一时期从1936年起,主要有两个原因:一是《中国文法学初探》实际上就是汉语语法革新的纲领性宣言,故以此文发表为界;二是文法革新讨论从1938年起,断断续续一直延伸到1943年,不宜作历史分界线。以"探索"为名,反映了当时的汉语语法研究还处于初步探索阶段。

(三)汉语语法学的发展时期(1949年—1978年):以赵元任《国语入门》发表为标志,这一发展阶段充满着艰辛和曲折,其内部又可分为三个阶段:一是繁荣阶段,从汉语描写语法的崛起到《中学教学语法暂拟系统》的制定;二是曲折阶段,汉语语法学尽管受到种种干扰,还是在艰难曲折地发展着,并经历了一个倒马鞍形的历史进程;三是萧条阶段,在十年动乱中,汉语语法研究基本上处于停滞状态,一片萧条景象。

(四)汉语语法学的创新时期(1978年—   ):以吕叔湘《汉语语法分析问题》和朱德熙《现代汉语语法研究》出版为划界标志,其重要标志是高举"创新"旗帜,其内部又可分为两个阶段:1990年之前是兴旺阶段,老一辈语法学家宝刀未老,开一代新风,中年一代语法学家承前启后,已成为语法研究领域的中坚力量;1990年之后进入多元阶段,欣欣向荣的青年一代迅速崛起,他们继承并发扬了"务实"和"创新"的优良学风,形成了多元化的研究态势,不断地向研究的广度和深度进军。

至于《马氏文通》问世以前的汉语语法研究,我们基本上同意王力把这一时期归入"中国传统语文学"范畴的意见,也可以称之为"汉语语法学的酝酿时期"。其理由是:当时的语法研究始终处于小学附庸的地位,对语法进行研究的目的仅仅是为了读懂经书,围绕着释音、训诂才涉及一些零星的语法现象,因而从来也没有形成过一门独立的学科。语法研究始终没有突破"虚字"研究的范围。即使讲一些"句读",也只是为了诵读的需要,讲"句法、文法"也是和修辞行文密切结合在一起的"作文之法",也没有能够提出一个完整的汉语语法体系来。没有系统的科学的语法理论作指导,也没有形成独特的研究方法,通常借用训诂的方法,所用术语极为混乱,因人因地因书而异。因此,这种缺乏独立性、系统性、理论性的研究,还不足以建立起一门"汉语语法学",所以我们把这一时期划在汉语语法学史之外。

我们认为,这样的历史分期有如下几个优点:(1)历史发展脉络和层次比较清晰;(2)能兼顾点和面,兼顾纵向发展和平面的描述;(3)语法研究的历史和社会发展的历史能较紧密地结合起来;(4)能较准确地把握住汉语语法学史发展的总趋势。

三、汉语语法学发展的原因

汉语语法学发展的原因是复杂的,发展的内因和外因究竟是什么,内因和外因的相互关系及综合作用该如何理解,等等,这些都是重大的理论问题。但是有一点我们认为是必须强调的,即:凡属语言与语言学的因素均为内因,而非语言与非语言学的因素则为外因。只有坚持这一划分内外因的原则,我们才有可能搞清汉语语法学发展的真正原因。

首先,汉语语法学为什么产生这么迟?对此,胡适曾在《国语文法概论》中列举了三个原因[1],何容的《中国文法论》又补充了两个原因[2]。我们认为,胡、何的说法并没有触及问题的症结,离开了语言本身的特点以及社会发展对语言研究的影响来讨论这一问题必然会误入歧途。要真正探讨其原因,可以从以下几方面着手:

(一)世界上各种语言表示语法意义的语法手段、语法形式是形形色色的,汉语主要不依赖于形态变化而是借助于虚词、语序等方法,这一特点决定了汉语语法不同于印欧语的语法,它的规律比较隐蔽,比较难于被发现。就好像是一条地下河,虽然有时候也会冒出几个泉眼,但是基本上在地下流着;而印欧语都有比较丰富的词形变化,人们正是首先从这些词形变化的比较中发现其差异,并进而探索到其内在规律,因此,词法往往是整个语法中最容易概括出来的规律。而汉语恰恰相反,词法极不发达,这就在一定程度上掩盖了其他语法规律。说汉语语法"简单"、"容易"显然是错误的,问题就在于汉语语法规律隐藏得比较深,不易被发现出来,必须借助于比较先进的研究理论和方法。

(二)长期封建专制制度的统治压制,束缚了语法学的发展。中国封建社会长达千余年,在文化领域中长期实行高压政策,从秦始皇"焚书坑儒"到清王朝大兴"文字狱",中国人民的聪明才智始终受到压抑,科学技术发展缓慢。尤其是腐败的清政府闭关自守,妄自尊大,与世界各国交往甚少,甚至把国外传来的科学技术视为"异端邪说"。因此,一方面汉语缺乏同其他语言作全面比较的条件,另一方面又缺乏比较先进的历史比较法等语法理论与方法的启发。从印欧语语法研究历史来看,正是由于梵语语法的传入才使之产生了飞跃,形成了历史比较语法学,而汉语则长期没有获得这样的外界条件。

(三)传统语文学有限的狭隘的实用目的限制,妨碍了汉语语法学的建立和发展。传统语文学一直以训读经书、解释古籍为唯一目的,他们既不重视口语的研究,同时又信奉"书读千遍,其义自见"的非科学方法,因而小学家们对古书的校勘、补订、注释、训义下了许多工夫,并以此为满足,即使发现了某些语法现象,也往往把它纳入小学的范畴中去了。

汉语语法学从诞生到现在虽然仅仅一百来年,但已有了很大的发展。其主要原因有以下六个,前四个为内因,后两个为外因。

(1)汉语语法特点的揭示。汉语语法学从建立开始就吸取了国外其他语言,主要是印欧语系语法研究的理论和方法,乃至某些具体的研究成果;同时,汉语语法学者,包括马建忠在内都不忘孜孜不倦地寻求汉语语法的特殊规律。如何处理好普遍语法与特殊语法的矛盾,如何揭示出汉语语法的特点,长期以来一直是汉语语法学家奋斗的目标。汉语语法学正是在这种奋斗中得以发展。从这一点讲,汉语语法特点的客观存在要求语法学家去揭示它、研究它,因而,汉语语法特点的揭示给汉语语法学的发展以深刻的影响。也可以这样讲,汉语语法特点的存在是汉语语法学得以发展的原始动力。当然,反过来,汉语语法学的发展又加深了对汉语语法特点的认识,这是互为因果的。

(2)语法研究理论的更新。早期草创时期的语法研究不可避免地带有较深的模仿痕迹,这种情况到了三四十年代有了很大变化。一批有志于汉语研究的留洋青年学者陆续归国,他们致力于运用新的语法研究理论和方法来指导汉语语法研究,在这些理论指导下,才出现了中国文法革新讨论以及一批以揭示汉语语法特殊规律为宗旨的专著。50年代初以及60年代初,汉语语法研究又出现过两次高潮,研究水平有了较大突破,这主要是由于汉语描写语法的崛起和发展,向传统语法发起了强有力的挑战。80年代初又出现了好几次高潮,一些新的理论和研究方法,如转换生成语法、格语法、生成语义学、切夫语法、系统语法、功能语法、认知语法等不仅被介绍进来,而且经过改造、消化、融合,开始尝试用来分析、解释汉语语法,并取得了积极的成果。历史一再证明:语法理论的更新和研究方法的改革是汉语语法学发展的极为重要的内因。我们要把语言学,尤其是语法学的因素看作内因,而决不能用地域或国界的内外区别来替代语法学内外的区别。

(3)语法研究对象的变化。《马氏文通》及相应的一些著作研究的对象是先秦的古代汉语,到《新著国语文法》则变为当时的白话文。"白话文正式从'不登大雅之堂'的状态中解放出来,成为语言学的研究对象。这是我国现代语言学史上的一个巨大的转折。"(徐通锵、叶蜚声1979)这一变化促使汉语语法学去研究许多新问题,提出许多新看法。从重视书面语研究转向重视口语研究,这又是一个重大的变化。如王力《中国现代语法》选用的都是《红楼梦》的书面语言,而赵元任《国语入门》以及《汉语口语语法》则几乎全部以活生生的口语为例句。近年来,口语语法研究更是方兴未艾,口语中变化丰富的语序,生动灵活的格式以及扩展、增删、移位、插入、追补、修正等等都对汉语语法研究提出了新的更高的要求。这两次研究对象的变化极大地影响了汉语语法学的发展。

（4）语言学其他分支学科的发展对语法学的影响。语言学各分支学科，如语音学、词汇学、语法学、语义学、语用学、方言学等都是相互影响、相互渗透的。这些兄弟分支学科的发展必然对语法学的发展起到积极的影响。例如语音学关于词轻声、句重音、语调的研究就明显地跟句法研究密切相关，语义学关于义素和语义场的研究同词的精确再分类也是密不可分的，至于把语法同语义、语用结合起来研究更是给汉语语法学的发展注入了新的动力。

（5）社会变革的影响。社会的重大变革必然会对汉语语法学的发展产生重大的影响，尤其在中国特殊的国情下。中国资产阶级改良主义运动促进了《马氏文通》的问世，而"五四"新文化运动又为《新著国语文法》的出版创造了条件，30年代的中国语文运动是文法革新讨论的前驱，1949年中华人民共和国的诞生更为语法知识大普及、汉语描写语法的迅速崛起、《暂拟系统》的制定铺平了道路，"四人帮"的垮台和党的十一届三中全会的召开，为汉语语法学恢复活力并向纵深进军提供了可靠的保证。这一切都有力地表明，社会变革的影响对汉语语法学的发展也是至关重要的。

（6）社会发展的需要。社会发展，包括文化、教育、科技乃至于经济、军事等各方面的发展，必将对汉语语法研究提出新的要求。由于中学语法教学需要，先后制定了《暂拟系统》和《系统提要》；为了适应中国恢复在联合国的合法席位以及经济上的腾飞、对外开放政策的需要，国际上兴起了学习汉语的热潮，汉外语法比较研究以及对外汉语教学语法研究应运而生；随着科学技术的发展，尤其是计算机科学的兴起，机器翻译和人工智能和中文信息处理都要求汉语语法研究尽可能地使语法、语义规则形式化,并具有解释性。研究领域的扩大,必然为汉语语法研究开拓新的课题,并推动其发展。

四、有关若干问题的探讨

我们在研究汉语语法学史时要坚持以辩证唯物主义和历史唯物主义作指导,要坚持全面地、客观地、历史地、公正地分析问题,切忌主观、片面、武断、甚至于割断历史轻率地下结论。为此,我们应特别注意以下几点:

(一)强调"史"的意识,注意史实结合、纵横结合,在考察重要语法论著、语法学家、语法学流派的地位、作用和影响时,必须密切联系整个社会发展的历史、中华民族发展的历史和汉语本身发展的历史,一句话,要放在历史发展的进程中去进行研究,从而避免进行孤立的、静态的研究。为此,有必要介绍一定的历史背景,理清历史发展的线索,进行综合性的阐述。

(二)坚持历史主义观点,努力做到既能准确指出前人研究中的不足和缺点,又不苛求前人。这就需要我们尊重历史,尊重科学发展的客观规律,不超越历史而提出不切实际的批评。例如有人指责《马氏文通》"厚古薄今",没有以白话文为研究对象,这显然是不够公正的。因为"白话文"成为"正宗货",还是"五四"运动之后的事情,怎么能苛求在此二十多年前的马建忠走在历史的前头呢?

(三)坚持实事求是的观点,不因人废言,也不因言废人。某些人在历史上曾起过一定作用,不能因为他后来的变化而一笔抹杀,不承认他在学术上的作用和影响。例如胡适,尽管政治上与社会主义并不合流,但在白话文运动中确实起过积极作用,他的《国语文法概论》为研究白话文语法鸣锣开道以及文中提出的某些研究方法还是应给以适当的地位,不能回避或一批了之。

(四)作为一部"通史"性质的专著,要尽可能地了解某些观点、某些提法的最早出处,追根溯源,只有这样,才能顺藤摸瓜,搞清楚它的源流关系,搞清楚种种说法演变的历史和产生种种分歧的原因。例如根据我们考察,第一个提出"兼格"的是刘复《中国文法通论》,第一个提出"连接配置"并把句子分成主、谓、宾三部分的是胡以鲁的《国语学草创》。

(五)要重视新兴力量的崛起,他们是汉语语法学发展的未来和希望,这就需要有敏锐的眼光和深邃的洞察力。例如80年代,当年的中年语法学家迅速成长为栋梁之材,涌现出像陆俭明、邢福义、李临定、范继淹、范晓、史有为等一批优秀学者;同时,以新时期培养的研究生为主体的语法学家,例如马庆株、邵敬敏、沈家煊等也已脱颖而出,成为新一代的学术带头人;更为可喜的是年龄层次在三四十岁的新生代语法学家已经初露锋芒,在跟国际接轨、运用新的语法研究理论方面呈现出健康的发展势头。对此,我们都应有充分的估价。

(六)要重视各种语法学流派的作用和影响,从而把握住汉语语法学发展的历史动向,特别要注意某些还处于萌芽状态(包括历史上和现在)新的研究动态。各种语法学流派,包括传统语法、描写语法、变换语法、功能语法、语义语法、认知语法等,只要在汉语语法研究方面取得过具体的积极的成果的,都要给予一定的历史地位,而绝不能厚此薄彼。

(七)必须全面地反映汉语语法研究的历史,注意摆正几种关系：

（1）不能只局限于现代汉语语法本身的研究，而应把视野扩大，密切注意语法与修辞、逻辑、计算机科学相结合的边缘学科。

（2）不能只注意普通话书面语的研究，还要密切注意口语语法研究、方言语法研究、古汉语语法研究和汉外语法比较研究等分支学科。

（3）不能只局限于国内大陆的研究，还应充分考虑到中国台湾、香港、澳门等地区以及其他国家，尤其是美国、俄国（含前苏联）、日本、韩国等关于汉语语法的研究，从中吸取可供借鉴的成果。

（4）不能只局限于语法的专门研究，也应注意到语法普及工作，这是两支相互支援、相互配合的大军。对普及性语法著作也应给予一定的地位。

（5）不能只局限于科学语法的研究，也应注意教学语法以及语法教学工作。

（6）不能只局限于语法事实的研究，也应注意语法理论以及研究方法的研究。

（7）不能只局限于语法本体的研究，还要密切注意汉语语法学的史评学的研究，它包括纵轴的语法学史和横轴的语法学评论两个有机部分。

（八）真正做好汉语语法学史的研究，是很不容易的。如果你没有亲身参与汉语语法研究，你的史评就不会有真情实感；但是，你真的参与了研究，评述起来，就不可避免地会带有主观好恶的倾向。因此，我们对此提出三点基本的要求："求实"、"求真"、"求信"。求实,是指实事求是,不添油加醋,也不偷工减料;求真,是指要坚持真理、服从真理,不随波逐流,也不屈服于权势;求信,是指有充分的可信度,不信口开河,也不出尔反尔。而要真正做到这三点,就要求我们"无私"、"无畏"、"无忌"。无私,才能无畏;无畏,才能无忌。任何评述,都要经得起历史的检验,经得起事实的鉴测,经得起群众的鉴别。

回顾汉语语法学发展的整个历史进程,可以清楚地看到,这门学科从草创、初探、发展,经过艰难曲折的磨炼,终于走上了创新的康庄大道。及时地总结汉语语法研究历史上的经验教训,将为汉语语法学今后的茁壮成长作出它的特殊贡献。

附 注:

① 胡适《国语文法概论》指出:"中国的文法本来很容易,故人不觉得文法学的必要。聪明的人自能'神而明之',拙劣的人也只消用'书读千遍,其义自见'的笨法,也不想有文法学的捷径。第二,中国的教育本限于少数的人,故无人注意大多数的不便利,故没有研究文法学的需要;第三,中国语言文字孤立几千年,不曾有和他种高等语言文字相比较的机会。"
② 何容《中国文法论》补充的两个原因分别是:"我们记录语言的文字,也是使文法学不能发生的一个原因";"此外还有一个原因,就是在语言里有些表义方法,如词的'顺序''结合''重叠'等,我们的前代学人并不能把它当作方法来研究,却把它当作词本身所能表的意思来说明"。

第一章 汉语语法学的酝酿时期

（西周—1898年）

第一节 概述

据历史记载，世界上对语法进行研究最早的要数希腊人。例如希腊哲学家柏拉图（公元前427—前344年）在他著名的对话集《克拉底洛斯》中便讨论了词的来源问题，并把词分为名词和动词两大类。希腊语第一部语法书是狄奥尼修斯·特拉克斯写成的。后来，罗马人又以希腊语的研究作参考，编写了拉丁语语法。除欧洲外，阿拉伯人和犹太人也分别编成了古典阿拉伯语语法和希伯来语语法。特别应指出的是东方另一文明古国印度对梵语所进行的杰出的研究，著名学者巴尼尼根据《诠释篇》编写的梵语语法（大约成书于公元前350—前250年间），总结出3996条规则，极其精细地描写了关于梵语的每一个词的曲折变化、派生词和合成词的规则以及每一种句法的作用，被誉为"所有语言中最完备的语法"。梵语语法介绍到欧洲，使欧洲的语法研究发生了一次飞跃，即产生了历史比较语法。

19世纪初，由于世界各种语言材料的广泛搜集，以及梵语语法在语言比较中的运用，即从历史比较法运用于语法研究开始，并由此产生出比较语法,从那以后,语法研究才从那陈旧的、非科学的观点中解放出来,而成为一门真正独立的科学。历史比较语法的奠基人是法国的佛兰兹·葆朴,他的主要著作为《论梵语动词变位系统》和《比较语法》。

在中国,开始对语言的研究也是和哲学问题的讨论纠缠在一起的,并且有不少重要的论述,如荀子关于"约定俗成"的著名论断:"名无固宜,约之以命。约定俗成,谓之宜,异于约,则谓之不宜。"(《荀子·正名篇》)正确地解释了名称与内容之间的关系。秦汉之间出现了一些讲解经书古籍的"传注",如《春秋公羊传》、《春秋穀梁传》等,其中也涉及一些语法现象,有的解释已含有朦胧的语法观念,体现了对动词的自动、被动、及物、不及物等概念的认识。以后随着音韵、训诂、文字学的发展,出现了一批有关专门著作,如《说文解字》、《方言》、《广雅》、《切韵》、《千字文》、《词源》等,这些书虽仍主要是释音、解义,但有时也不自觉地把一些共同的语法现象进行初步的归纳和整理,并逐渐提出了一些语法方面的专门术语。元明以后,特别到了清代,朴学之风盛行,传统语文学的研究达到了空前的水平,清儒的研究已从个别词义的诠释发展到进行综合性论述,尤其在"虚字"研究方面的贡献最大。不仅对实字、虚字、动字、静字等有了新的理解,而且进一步提出了量词、形容词、代词等术语。这些论述,不乏精辟的见解。其中最为后人推崇的是:卢以纬《语助》、袁仁林《虚字说》、刘淇《助字辨略》和王引之《经传释词》等论著。

总之,尽管中国传统语文学研究有着长达一千多年的悠久历史,但是在《马氏文通》之前,汉语语法学始终没有能建立起来。

第二节　早期朦胧的语法观念

春秋战国时期出现了百家争鸣的局面,诸子百家纷纷著书立说,招收门徒,传授学问,相互辩驳,学术思想异常活跃。在他们的著作中,不时出现一些朴素的也是朦胧的关于语言问题的论述。据流传下来的古籍资料看,主要集中在名与实的问题上。例如荀子在《正名篇》中首先提出了"名辞":"彼名辞也者,志义之使也,足以相通则舍之矣,苟之,奸也。故名足以指实,辞足以见极,则舍之矣,外是者谓之讱。"又把事物名称分为"大共名"和"大别名":"故万物虽众,有时而欲遍举之,故谓之物,物也者,大共名也。""有时而欲别举之,故谓之鸟兽,鸟兽也者,大别名也。"另外又如尹文子在《尹文子·大道上》提出"名称"说:"名称者,别彼此而检虚实者也。……名贤不肖为亲疏,名善恶为赏罚,合彼我之一称而不别之,名之混者也。故曰名称者不可不察也。"同时又把"名称"分为三种:"名有三科,法有四呈。一曰命物之名,方圆白黑是也。二曰毁誉之名,善恶贵贱是也。三曰况谓之名,贤愚爱憎是也。"这可以说是从意义上给名词下的最早的定义和分类。

以后,一些学者在给经书(如《春秋》)作传注时,开始注意到某些词在句中的用法。例如:

《公羊传》:"僖公元年夏六月,邢迁于夷仪。传曰:迁者何？其意也。迁之者何？非其意也。"这里实际上说明了动词使用上的主动、被动观念。

《公羊传何休解诂》:"'宣公六年:赵盾知之'。解诂云:由人曰知之,自己知曰觉焉。"这里是讲语义上的区别,但也涉及动词的及物与不及物之分,"知"为及物动词,"觉"为不及物动词(如:昭公三十一年:"叔术觉焉。")。

《公羊传》:"'桓公三年有年。'传云:有年何以书?以喜书也。大有年何以书?亦以喜书也。此其言有年何?仅有年也。"这里说明已注意到"有年"(一般的有收成)和"大有年"(大有收成,即大丰年)的区别。"大"在这里起了限制说明的状语作用。

《公羊传》:"'襄公二十有五年,吴子遏伐楚,门于巢卒。'传云:门于巢卒者何?入门乎巢而卒也。入门乎巢而卒者何?入巢之门而卒也。"这里说明已认识到"门于巢"是"卒"的一种方式方法,起状语作用。

《穀梁传》:"'僖公十有六年春壬正月戊申朔陨石于宋五,是月六鹢退飞过宋都。'传云:先陨而后石,何也?陨而后石也。于宋四竟之内曰宋。后数散辞也,耳治也。是月者,决不日而月也。六鹢退飞过宋都。先数聚辞也。目治也。"这里注意到语序问题,并观察到数词在不同地位出现的不同作用,提出"散辞"与"聚辞"的区别。

除此之外,也开始注意到一些虚字的作用。例如:

《穀梁传》:"'宣公八年,冬十月己丑葬我小君敬嬴,雨不克葬;庚寅日中而克葬。'传云:而,缓辞也,足乎日之辞也。"

《公羊传何休解诂》:"'隐公元年:且如桓立。'且如,假设之辞。"

《公羊传何休解诂》:"'宣公十五年:司马子反曰:诺。'诺者,受语辞。"

《公羊传何休解诂》:"'宣公六年:则无人门焉者。'焉者,于也。"

类似的例子数以百计,但需要特别强调指出的是:这些解释只是说明古人已注意到一些语法现象,并且试图从词义训释角度予以说明,其中包含的语法观念是我们根据古人的注解分析出来的,并不表示当时他们已经具有清楚而明确的语法观念。

第三节　中期对语法现象的初步归纳

汉以后,直至宋元之间,由于语言本身的发展,书面语和口语更加脱节,加上古籍经书文字记载往往比较简略,后人已经很难读懂这些古书了,所以注家蜂起。同时,文字、训诂、音韵方面的专著不断出现。在这些专著中,除了对一个个字注音、训义外,还对某些语法现象进行了一些初步归纳。由于古人认为训实字易,训虚字难,故对虚字研究下了较大工夫,同时也取得了比较大的成就。例如:

东汉许慎《说文解字》:"只,语已词也。""矣,语已词也。""者,别事词也。""曰,出气词也。""宁,愿词也。""各,异辞也。""皆,俱词也。""夸,惊辞也。"

西汉扬雄《方言》:"曾、訾,何也。湘潭之原,荆之南鄙,谓何为曾,或谓之訾。中夏言何为也。""佥、胥,皆也。自山而东,五国之郊曰佥,东齐曰胥。"

《尔雅》:"爰、粤、于、那、都、繇,於也。""卬、吾、台、予、朕、身、甫、余、言,我也。""兹、斯、咨、呰、已,此也。"

三国魏朝张揖《广雅》:"害、曷、胡、盍,何也。""嫥、媮、姑、聊、苟,且也。"

唐代孙强《大广益会玉篇》:"但,语辞也。""夫,又音扶,语助也。""呜呼,叹辞也。"

周兴嗣《千字文》:"谓语词者,焉哉乎也。"

古人还有一些关于语法的论述,特别是句法常常同作文法和修辞法紧密地联系在一起。例如刘勰的《文心雕龙》,其中专门有一篇是《章句篇》:

"故章者,明也;句者,局也。局言者,联字以分疆,明情者,总义以包体:区畛相异,而衢路交通矣。夫人之立言,因字而生句,积句而成章,积章而成篇。"这段话不仅说明了句与章的区别与作用,而且综述了字、句、章、篇之间的关系。

"若夫笔句无常,而字有数:四字密而不促,六字格而非缓,或变之以三五,盖应机之权节也。……情数运周,随时代用矣。"这段话一方面指出文句的长短各有其不同作用,同时也说明了句式的运用随着时代的发展而变化。这在当时是难能可贵的。

"又诗人以'兮'字入于句限,《楚辞》用之,字出句外。寻'兮'字成句,乃语助余声。……至于夫、惟、盖、故者,发端之首唱;之、而、于、以者,乃劄句之旧体;乎、哉、矣、也,亦送末之常科。据事似闲,在用实切。巧者回远,弥缝文体,将令数句之外,得一字之助矣。外字难谬,况章句欤?"刘勰把"语助"具体分为三类:一发端之首唱,即发语词;二劄句之旧体,即句中的常用介词、连词;三送末之常科,即句尾的语气助词。这种结合句法给虚字分类的方法比起前人来显然是进步了。

到了唐代,散文大家柳宗元在《复杜温夫书》(《柳河东集》)一文中,不仅提出了"助字"这一语法专用术语,并且分出"疑辞"和"决辞"两类,颇有创见:"但见生用助字不当律令,惟以此奉答。所谓'乎'、'欤'、'耶'、'哉'、'夫'者,疑辞也。'矣'、'耳'、'焉'、'也'者,决辞也。"

该阶段最值得一提的是南宋陈骙的《文则》一书。

陈骙(1127—1203年),字叔进,浙江天台(临海)人。该书写于南宋乾道庚寅(1170年),书分为上卷五节下卷五节,共62条目。采用读书笔记形式,并无一定章节顺序安排,有感则录,有话则长,无话便短。《文则序》说:"古人之文,其则著矣,因号曰'文则'。""则"即规则,当然,这里主要讲的是作文的法则,但确实也涉及一些语法问题。

一是论述了词法。如:"文有助辞,犹礼之有傧,乐之有相也。礼无傧则不行,乐无相则不谐,文无助则不顺。"

"焉、耳、矣、也、与、哉、乎、之、其、乃、而、忌、兮、止、且,助辞。"

"夫文有病辞,有疑辞。病辞者,读其辞则病,究其意则安,……疑辞者,读其辞则疑,究其意则断。"

"辞以意为主,故辞有缓有急,有轻有重,皆生乎意也。"

在"庚"节中,陈氏注意到"文有数句用一类字,所以壮文势,广文义也。然皆有法。"并列举了"或法"、"者法"、"之谓法"、"谓之法"、"之法"、"可法"、"可以法"、"为法"等四十五种虚字(少数不是虚字)的用法,并一一引古书例证。这是对虚字第一个作比较具体描写的专著,对后世研究颇有影响。

二是论述了句法。这是前人所不大涉及的课题,陈氏颇有一些可取的见解。在"已"节中,陈氏提出了"长句法"和"短句法",认为:"春秋文句,长者逾三十余言,短者止于一言。诗之文句,长者不逾八言,短者不缄二言。《春秋》主于褒贬,《诗》则本于美刺,立言之间,莫不有法。"可惜对其中之"法"并没进一步讨论。

陈氏还注意到了"倒文立法",指出:"倒言而不失其言者,有之妙也,倒文而不失其文者,文之妙也。文有倒语之法,知者罕矣。"

以上事实说明,《文则》是我国古代最早一部专门谈语法修辞的专著,虽说尚没构成完整的系统,缺乏科学的、精细的分析,但它比《马氏文通》早了七百多年,在当时颇有影响,在汉语语法学史上也占有较重要的地位。

　　宋代人论述语法修辞的,除《文则》相对比较集中外,还散见于以下诸书:孙奕《示儿编》、洪迈《容斋随笔》、罗大经《鹤林玉露》、周辉《清波杂志》、张炎《词源》、项安世《项氏家说》、费衮《梁溪漫志》、王楙《野客丛书》、郑樵《六书略》、陈叔方《颍川语义》、何薳《春渚纪闻》、朱熹《孟子集注》、《诗经集传》、《大学章句》、蔡沈《书集传》、洪兴祖《楚辞补》以及邢昺《论语义疏》等。

第四节　后期对虚字的专门研究

　　在元代以前,有关语法的论述都是零零星星散见于各种书籍之中,其中主要是:一、经书注释,二、训诂专著,三、字典,四、音韵学专书,五、诗话词话文典,六、笔记、杂志等。像陈骙《文则》那样比较集中阐述语法修辞的书是很罕见的。到了元代,出现了第一部专门研究虚字用法的专著:卢以纬《语助》。清代对虚字的研究更是硕果累累,例如:伍兆鳌《虚字浅解》、张文炳《虚字注释》、朱孔彰《经传虚字义说》、丁守存《四书虚字讲义》、课虚斋主人《虚字注释》、吕坚《虚字浅说》、谢鼎卿《虚字阐义》、邹丽中《虚字赋》、俞樾《虚字注解备考》等数十种。其中成就最高,影响最大最有代表性的虚字专著是卢以纬《语助》、袁仁林《虚字说》、刘淇《助字辨略》以及王引之《经传释词》四种。现分别介绍如下:

　　(一)《语助》

作者卢以纬,字允武,浙江东嘉(今温州)人。成书于元代泰定元年(1324年),又名《助语辞》,现存有明代嘉靖年间刊行的《奚囊广要》丛书本(有永康胡长孺《语助序》,收辞130个)和明代万历年间刊行的《格致丛书》本(有钱塘胡文焕《语助辞序》,收辞118个)。

该书有以下几个特点:

1.把意同、意近或相关的语助辞归在一个条目中论述,共分为六十七组编排(包括部分双音节和三音节的辞),方法基本上仍采用训释。例如把"然则、然而、不然""也、矣、焉""乎、欤、邪"等放在一起论述。2.除文言语助外,还收集了少量俗语虚字,例如:"要知:犹言切要处不可不知。""无他:的知其意不为别事,此接上意生下文。"3.采用俗语解释,通俗易懂,贴切中肯。例如:"已:本训'止',亦有语终而止,为语助之辞,如'不屑就已'、'可知已',黄石公曰:'即我已。'此有俗语'了'字之说。""借曰:俗语'假如说道'。""其于:其字是指那事物而言;'于'字,俗语'向这个'之意。"有时还用方言俗语解释,例如:"甚矣甚哉:'甚'字,犹吴人俗语'曷'字。"4.除使用"叹辞、疑辞、语辞"等一般术语外,首次采用了一些新的语法术语,如:"乃……或为继事之辞。""是故,更端之辞。""毋,禁止之辞。"等等。这些术语后来不少被马建忠吸收用于《马氏文通》中。

但是,该书分析比较粗疏、简略,有些只是从声音上去分别,揭示语法特点不够。如:"'也''矣''焉':是句意结绝处,'也'意平,'矣'意直,'焉'意扬,发声不同意亦自别。"有些不属于语助的词也收入,界限并不明确。例如"初、始、先是、今夫、施及"等似不应归入语助。另外,收的词条较少,不少条目没有举例说明,语法术语使用上比较混乱,例如"语助、语辞、助声、语余声、辞"在本书内同时出现,所指实一。这些都是该书较明显的不足之处。

和以前零散的虚字训释根本不同之处,在于卢氏开始认识到语助在构句成文中的特殊作用,对这类字进行了集中的比较、归纳、整理,开创了虚字专论的新风,对后世的虚字研究影响颇为深远。

(二)《虚字说》

作者袁仁林,字振千,陕西三原人。书成于清康熙四十九年(1710年),刊行于乾隆十一年(1746年)。书前有一自序,书后为其学生王德修作的跋。全书"自经史以逮诸子百家之文,凡所用之虚字,逐一条晰,务各省其情理。"(跋)全书共论述143个虚字(其中23个为合声字),分为49则,最后有一带理论性的总结:虚字总说。

袁氏认为:"夫虚字诚无义矣,独不有气之可言乎?吾谓气即其义耳。"因此,他给"虚字"下了一个定义:"虚字者,语言衬贴,所谓语辞也。在六书分虚实,又分虚实之半,皆从事物有无动静处辨之,若其属口吻,了无意义可说,此乃虚之虚者,故俗以虚字目之,盖说时为口吻,成文为语辞,论字为虚字,一也。"袁氏把虚字分为五类:发语辞、转语辞、助语辞、疑辞和叹辞。

该书吸收了《语助》的长处,也把意义相同或相近的虚字放在一起进行比较论述。如"何、胡、奚、曷、乌、焉、安、宁、遐、那""第、但、独、特"分别归为一个条目。同时在解释时也常常使用俗语,通俗易懂。例如:"则字、即字,乃直承顺接之辞,犹俗云'就'也。"该书不同于《语助》之处在于:1.正式把"语助"这一类词义虚活而只表示语法作用的词命名为"虚字";2.比较注意虚字在句内的地位,并指出其用法的不同之点,有的分析还比较精当。例如"其、之、者":"其、之、者之字均有所指。其字,分头指点,每居实字之前;之字,承托指归,每居实字之后;者字,拦截指定,每居实字之下。其字指物之辞,用凡有三:一则承上正指,一是向下直指,一是口头虚指。之字指物,运用有四:一是句尾倒拍,所指在上;一是句尾虚指,联字见意;一是句中停泊,有上文则指上,有下文则指下;一是句中顺逆,通贯直下,指归之处与俗语'的'字相类。者字,尾句,乃倒指顿住之辞,用法有二:一是顿住起下,一是顿住缩上。凡义当引申,借此一顿,特地指点,高声叫响,方下注解,此为顿住起下,与俗语'这个'二字相类,犹云某某这个非他,乃是如此也。凡语意平来,藉此指定省用之人之事字样,而句法自然,挺劲可喜,此等者字,乃顿住缩上,与俗语'的'字相类。"

该书不足之处主要是解释虚字时往往追求所谓"声气"的差别,而忽视了它的语法作用。袁氏认为"凡书文、发语、语助等字,皆属口吻。口吻者,神情声气也。……故应字者,所以传其声,声传而情见焉。"致使不少分析解释显得很虚活,颇难掌握,因而也不能真正揭示出其中的规律来。例如:"毋、勿二字,著力禁止;不、弗二字,随字轻重。毋之气严肃,勿之气决绝,不之气收缩,弗之气较缓。""矣、已、焉、也四字,乃语中正说之尾声。矣字,类俗间了字口吻,其声尖利清越,倒卷净尽,亦尝随语轻重。已字,略带止息缩住意,声与矣一样尖细,但彼则声情卷起悠长,此则声情止息无余。焉字,平来平落。足其本然之辞,诸项虚字中,惟此焉字定静平延,百无变态。也字之气,疏爽质实,长确无疑,故其于语也钩勒完结,然亦时有变态。"通观全书,虽也有像"其、之、者"这样分析较好的条目,但大多些条都偏重于"声气"分析,所以学术上成就并不太大。再加上所收虚字较少,而且引例也甚少,有不少条目甚至根本不用例句,以致给读者理解时造成一定困难。另外,该书虽然成书较早,但实际刊行却迟于《助字辨略》,所以影响远不及后者。但是,马建忠对此书颇为欣赏,在《马氏文通》一书中,吸取了其中不少说法。略举几例,以见一斑:

"则"字"即"字,乃直承顺接之辞,犹俗云"就"也,与上文影响相随,口吻甚紧。(《虚字说》33页)

"则"字乃直承顺接之辞,与上文影响相随,口吻甚紧。(《马氏文通》379页)

"第"字"但"字"独"字"特"字之声,皆属轻转,不甚与前文批驳,只从言下单抽一处,轻轻那转,犹言别无可说,单只有一件如此也,气颇轻婉。(《虚字说》6页)

"第""但""独""特""惟"五字,皆转语辞……皆承上文,不相批驳,只从言下单抽一端轻轻掉转。犹云别无可说,只有一件如此云云。(《马氏文通》401页)

(三)《助字辨略》

作者刘淇,字武仲,一字龙田,号南泉,山东济宁人,自称"确山老人"。本书刊行于康熙五十年(1711年),除此之外,刘氏还著有《周易通说》、《禹贡》、《卫国集》、《皇朝经世文编》、《爵里考同》等书,世人称他"博闻强记,生平喜著书,性恬澹,不妄与人交,然亦以此见重于世。"

全书按四声分为五卷,上平声收103字,下平声收76字,上声收100字,去声收105字,入声收92字,共论述助字476个。该书不仅收的虚字范围较广,而且用例丰富,引书来源广泛,不只限于秦汉时古籍,而是采及唐宋诗词散文,甚至涉及明以后的著作。例如:"谁:……又《广韵》云:'何也'。杜子美诗:'只道梅花发,谁知柳亦新。'""除:《宋史·岳飞传》:'杨幺云:欲犯我者,除是飞来。'除是,犹云唯有,今云除非是也。晏叔原《长相思词》:'问相思,甚了期?除非相见时。'"该书还对各时代的一些借字进行了引证训解(但不包括元曲中的俗字,作者曾想"他日别为一编,以附卷尾",但惜未成)。例如:

"兒:方言语助辞。宋太祖夜幸后池,召当直学士卢多逊赋新月诗。请韵,曰:'些子兒'。"

"无:……又《后汉书·冯衍传》:'饥者毛食'。注云:'毛与无同'。方氏《通雅》云:'江楚广东呼无为毛'。"

"成:……又高观国《凤栖梧词》:'不成日日春寒去'。不成,犹今云难道,宋人方言也。"

"了:……又欧阳永叔《青玉案词》:'一年春事都来几,早过了三之二'。过了犹云过却,方言助语也。"

刘氏认为:"构文之道,不过实字虚字两端,实字其体骨,而虚字其性情也。"他把虚字(亦称"助字")详尽地分为三十类:1.重言:庸何、滋益;2.省文:虽悔可追;3.助语:无宁菹患、尹公之侘;4.断辞:信、必、也、矣;5.疑辞;6.咏叹辞:乎、哉、邪、与;7.急辞:则、即;8.缓辞:斯、乃;9.发语辞:夫、盖、繄、维;10.语已辞:而、思;11.设辞:虽、纵、假、藉;12.别异之辞:其、于、若、乃;13.继事之辞:爰、乃、于是;14.或然之辞:容、或、傥、使;15.原起之辞:先、前、初、始;16.终竟之辞:毕、已、终、卒;17.顿挫之辞:孝弟也者;18.承上:是故、然则;19.转下:然而、抑又;20.语辞:夥颐、馨、那;21.通用:无、亡、犹、由;22.长辞:独、唯;23.仅辞:稍、略;24.叹辞:呜呼、噫嘻;25.几辞:将、殆;26.极辞:殊、绝、尽、悉;27.总括之辞:都凡、无虑;28.方言:不成、格是;29.倒文:与其及也;30.实字虚用:吾今召君。这样细致的分类,可谓集历代虚字研究之大成,但这种划分标准并不统一,有些分类显然是不够妥当的,有些类别从逻辑上讲是可以相互包容的,有的属于构词范畴,如重言;有的属于句法范畴,如省文、倒文;有的与虚字属不同平面的概念,如方言、实字虚用,等等。同时,这些分类只是在"自序"中总提一下,既没详加说明,也没在书中贯串始终。有不少字根本没注明应属于哪类虚字。例如:"被:白香山诗:'常被老元偷格律'。王仲初诗:'弟子名中被点留'。被者,为其所如何也。"另外,刘氏对某些虚字的解释是错误的。例如:卷一引张曲江文:"以诚告示,其或之归。"以及韩退之文:"学者不之能察。"其中两个"之"字,刘氏称为"语助辞",其实应是代字,在句中倒置于动词之前作宾语。在分析方法上刘氏基本上沿袭了旧的训诂法,即:正训、反训、通训、借训、互训、转训。由于刘氏训诂功底远不如王引之,所以谬误之处就多于《经传释词》,这便不能不影响到该书的学术水平和语法学史上的地位。尽管如此,该书刊行后风靡一时,为后世学者所推崇,叶德辉赞叹"条分缕析,既博且精,可谓字学之尾闾,文辞之渊海"。其中不少条目确实分析精当,能跳出旧注的束缚。例如:"《公羊传·隐公二年》:'前此则曷为始乎此?托始焉尔。'何休云:焉尔,犹于是也。"刘氏则推翻旧说,认为"此'焉尔'亦语已辞,若以为于是,则纪子伯莒子盟于密,《传》云纪子伯者何?无闻焉尔。此'焉尔'宁可作于是邪?"而且该书刊行比王氏《经传释词》早了88年,因此,杨树达评论说:"刘氏生于清学初启之时,筚路蓝缕,其功甚巨,正小有疵颣,不足掩其精诣也。"马建忠在写《马氏文通》时,从中受到的启发也极大,并采用了刘氏首创的语法术语,如:"或然之辞、继事之辞、终竟之辞、顿挫之辞、总括之辞"等。

(四)《经传释词》

作者是清代著名学者王引之(1766—1834年),字伯申,号曼卿,江苏高邮人,继承其父王念孙音韵训诂之学,世称高邮王氏父子。该书成于嘉庆三年(1798年)。作者认为:"自汉以来,说经者崇尚雅训,凡实义所在,即明箸之矣,而语词之例,则略而不究;或即以实义释之,遂使其文扞格,而意亦不明。"(自序)所以决心对经传里的语词单独进行训释。他的宗旨是:"自九经三传及周秦西汉之书,凡助语之文,遍为搜讨,分字编次,以为《经传释词》十卷,凡百六十字,前人所未及者补之,误解者正之,其易晓者则略而不论。"(自序)

该书所收字按唐释守温36字母顺序排列,共分十卷。其中有读音不同的字,按各读音分别列入各卷。如"于"字在卷一,用作叹词读为"乌"时,则列在卷四。该书从音韵学通转角度出发,把几个音同或音近而义亦同的虚字归在一组进行论述,所以,凡例上只列160个字。而实际上则包括了二百多个字,例如:"广韵曰:讵,岂也。字或作距,或作钜,或作巨,或作渠,或作遽。"(卷五)"由:或作犹,或作攸,其义一也。"(卷一)"因,由也,声之转也。""因,犹也,亦声之转也。"(卷一)

该书在一个字条下面,按用法意义不同分别列举说明,并用丰富的实例佐证,条理清晰,论据可靠。说明时往往采用两种方法,一是训释法,用通用同义虚字注释;一是归类法,用了一些字类名称。例如:

其:1."指事之词也"。2."状事之词也"。3."拟议之词也"。4."犹'殆'也"。5."犹'将'也"。6."犹'尚'也"。7."犹'若'也"。8."犹'乃'也"。9."犹'之'也"。10."犹'宁'也"。11.更端之词。

12.语助也。(卷五)

为:1."'曰'也"。2."犹'以'也"。3."犹'困'也"。4"犹'如'也,假设之词也"。5."犹'使'也,亦假设之词也"。6."犹'则'也"。7."犹'与'也"。8."犹'有'也"。9."犹'谓'也"。10.语助。(卷二)

该书所采用的一些字类名称,主要有以下几种:语助(词语助、助语词、词助)、发声(发语词、发语之长声)、叹词、急词、问词、转语词、语终之辞(语已之词、语已词)、承上之词、启下之词、承上启下之词、连及之词、状事之词、比事之词、假设之词、不然之词、指事之词、大略之词、拟议之词、更端之词、本然之词、异之之词、或然之词、不足之词、申事之辞、疑而量度之辞,以及词之转、词之终、词之助等。

由于王氏幼承家学,学问博大精深,音韵训诂更有造诣,又具有一定的语法观念,所以见解往往高于前人,能纠正旧说中错误的地方,全书精彩论述比比皆是,学术水平历来被人称颂不已。例如:

若:家大人曰:若,词之"惟"也。……《金滕》曰:"惟尔元孙某,遘厉虐疾,若尔三王。"若,亦"惟"也,互文耳。说者或训为顺(某氏《尚书》传),或训为汝(郑氏《祭统注》),或训为如(王肃《文侯之命注》),皆于文义未协。(卷七)

属:犹只也。昭公二十八年《左传》及《晋语》并云:"愿以小人之腹,为君子之心,属厌而已。"言只取厌足而已也。韦《注》曰:"属,适也。适小饱足,则自节止。"近之。杜以"属"为"足",古无此训,非也。(卷九)

逝:发声也。字或作"噬"。……《硕鼠》曰:"逝将去女,适彼乐

35

土。"……"逝"皆发声，不为义也。《传》、《笺》或训为"逮"，或训为"往"，或训为"去"，皆于义未安。（卷九）

该书用例谨慎，而且往往追溯语源，尽量引用最古的典籍；用例丰富，往往为说明一义，反复引证；用例范围控制严密，几乎只限于西汉以前的经传古籍。这三点也显示了该书的特色。

但是，由于取材范围太窄，所以和《助字辨略》相比，收的虚字就大为减少。在释义时，由于作者着重释解疑难，所以对最普通最习常的用法反而不予注意，碰到这种情况，往往用"常语"一笔带过，甚至例句都不引。另外，采用的语法术语很不统一，也不严格，例如单单"语助"，便同时有"词、辞、词助、语词、助语词"等名称，所以显得比较混乱。

王引之著该书，深受其父王念孙影响和启发，凡书中注明"家大人曰"之处，即引用王念孙的说法。由于王氏父子学术造诣精深，该书名列明清所有虚字书之首位，影响也最大，不仅《马氏文通》从中汲取了许多有用的营养，近世的汉语虚字专论，如杨树达的《词诠》、裴学海的《古书虚字集释》、吕叔湘的《文言虚字》、杨伯峻的《文言虚词》等都与之有继承关系。

后山东惠安孙经世作《经传释词补》、《经传释词再补》。清同治十二年（1873年）江西南丰（今广昌）吴昌莹（字华石）作《经词衍释》，体例完全仿照《经传释词》，也分十卷收160个字，但后附补遗，收王氏未释之字23个。孙书对于《经传释词》"略而不论"而又不易搞懂之处作了补充考证，对引证不完备或释义有遗漏之处作了补充推广。体例上，每条目先简引《经传释词》的解释（略去实例），"衍曰"以下则为孙氏的引例及推衍。

第五节　后期对句法的初步探讨

与虚字研究所取得的成就相比,后期(主要是乾嘉学派时期)对句法的研究实在还说不上是真正的研究,充其量只是因袭了古人的一些传统说法,观察、解释了某些句法现象,而且由于目的往往囿于校勘古籍,所以只满足一字一句的得失,几乎没有从中总结出什么带规律性的东西来。略为值得提出来的只有三部书:

《读书杂志》:作者王念孙(1744—1832年),字怀祖,号石臞,江苏高邮人。另著有《广雅疏证》。

《经义述闻》:作者王引之。

《古书疑义举例》:作者俞樾(1821—1906年),字荫甫,号曲园,浙江德清人。另著有《群经平议》、《诸子平议》等。

他们的句法探讨集中体现在两个方面:一方面是凭借句子与句子的比较,从中发现古籍中的脱文和衍文,由于他们具备了一定的语法观念,从而比前人更加敏锐地发现这种错谬之处。例如:

"《淮南内篇》:'大夫种知所以强越,而不知所以存身,苌宏知周之所存,而不知身所以亡。'念孙案:下二句存上脱以字,身下脱之字。"(《读书杂志》十四,28页)

"《左传·襄十三年》:'使士匄将中军,辞曰:请从伯游,荀偃将中军,士匄佐之。'家大人曰:'荀偃上当有使字,晋侯使士匄将中军,而士匄辞以荀偃,故使荀偃将中军,士匄佐之,脱去使字,则文义不明。下文使韩起将上军,辞以赵武,使赵武将上军,韩起佐之,赵武上亦有使字。'"(《经义述闻》七,704页)

"《荀子》:'敌至而求无危削不灭亡不可得也。'元刻无上不字,

念孙案:元刻是也。无亦不也,无危削灭亡,即不危削灭亡也。"(《读书杂志》十一,34页)

另一方面是注意某些特殊句式的运用,而对一般的常用句式则往往略而不顾。这些特殊句式包括:

1.倒文:唐·孔颖达早在《毛诗正义》中提到了"倒其言"、"倒读"、"言有颠倒"这种语言现象,例如:"《诗·汝坟》:'既见君子,不我遐弃'。正义曰:'不我遐弃,犹云不遐弃我,古人之语多倒。诗之此类众矣'。"以后,宋·罗大经《鹤林玉露》、孙奕《示儿编》也都曾有过说明,清代时开始认识到这也是一种规律,或称"倒装文法"(姜宸英《湛园札记》),或称"倒字法"(朱亦栋《群书札记》),或称"倒装句法"(王懋竑《读书记疑》),或称"倒文"(王念孙《读书杂志》),其中尤以俞樾的《古书疑义举例》引例最多,解说最详。俞氏认为:"古人多有以倒句成文者,顺读之则失其解矣。僖二十三年左传:'其人能靖者与有几?'昭十九年:'谚所谓室于怒,市于色者'皆倒句也。"(卷一,5页)并指出:"诗人之词必用韵,故倒句尤多。桑柔篇:'大风有隧,有空大谷。'言大风则有隧矣,大谷则有空矣。今作'有空大谷',乃倒句也。"(卷一,5页)

2.省文:汉·郑玄《礼记注》已提出"省文"这一术语:"《礼记·中庸》:'郊社之礼,所以事上帝也。宗庙之礼,所以祀乎其先也。'社,祭地神,不言后土者,省文。"以后唐·刘知几《史通》、宋·洪巽《旸谷漫录》、宋·王楙《野客丛书》等也都谈到这种语言现象,分别称之为"省文"、"省字"、"省言"。清·袁枚《随园随笔》归纳了许多例句,指出:"古人文多省字法,如左氏'使之年'者,使之言年也,'楚国第'者,楚国为政以次第也。……皆省却一字。"对此作较细致分析的是俞樾,他在《古书疑义举例》第二卷中主要分析了古书中语句省略问题,并按不同情况分别归纳为三条:一、"蒙上而省",如:《左传·定公四年》:"楚人为食,吴人及之;奔,食而从之。""奔"前省略了"楚人","食而从之"前省略了"吴人"。二、"探下文而省",如:《孟子·滕文公章句上》:"夏后氏五十而贡,殷人七十而助,周人百亩而彻,其实皆什一也。""五十"、"七十"后都省略了个"亩"字。三、"语急",如:《左传·庄公二十二年》:"陈公子完与颛孙奔齐,齐侯使敬仲为卿,辞曰:'羁旅之臣……敢辱高位……'""敢辱高位"前省略了"不"。俞氏还进一步指出"省文"中的常例和变例,他说:"夫两文相承,蒙上两省,此行文之恒也。乃有逆探下文而预省上字,此则为例更变,而古书则往往有之。""蒙上而省"和"启下而省"这两种说法直到今天仍在经常使用。

3.对文:唐·孔颖达所谓"对文"是指反义词或意义明显对立的同类词,如:"对文则飞曰雌雄,走曰牝牡","……则声、音、乐三者不同矣,以声变乃成音,音和乃成乐,故别为三名,对文则别,散则可以通。"(《毛诗正义》)到了清代,人们的认识加深了,王氏父子则把"对文"看作相同结构的语言单位,并据此指出古书中的漏字、衍字。例如:"《荀子》:'少不讽,壮不论议'。念孙案:'少不讽'当从大戴记作'少不讽诵。'讽诵与论议对文,少一诵字,则文不足意矣。"(《读书杂志》)"《荀子》:'循乎道之人,纡汙邪之贼也。'念孙案:'循道之人'与'好女之色'、'公正之士'对文,则循下不当有乎者。"(《读书杂志》)

4.反语:宋·孙奕《示儿编》中已提到"反辞",如:"子曰:'如有用我者,吾其为东周乎。乎,反辞也。"元·陈绎曾《文说》也略加说明:"《论语》:'学而时习之,不亦说乎'。又曰'爱之能勿劳乎'。与《尚书》:'俞哉!众非元后何戴'。此皆反其语而道,使人悠悠致思焉。"清代学者对此似无进一步的阐述。

该阶段由于对句法的科学定义、讨论范围都不太清楚,所以,一边和音韵、训诂夹杂在一起,解释大多从意义出发,同时又和修辞法(如"互文"、"变文")、构词法(如"叠字"、"重言"、"复语")界限混淆不清,因此,这些有关句法的论述是极不完备、不成系统、不成规律的。

第六节 若干语法术语的历史演变

我们在阅读古代有关语法的一些著作或章节时,常常会碰到一些专门语法术语,如果照现在通行的说法去解释,那将百思不得其解。这是由于古代学者对专门术语往往下的定义不确切,即使是对某些术语作了解释,也常常是含混不清、模棱两可的。更应引起充分注意的是,在历史发展的过程中,这些术语名称未变而内涵却发生了变化,因为后代学者往往喜欢采用"旧瓶装新酒"的办法。因此,弄清这些术语的来龙去脉以及演变历史,是十分有意义的一件事。下面我们分别介绍一些重要的语法术语演变简史。

(1)实字、虚字:

语法理论把词分成实词、虚词两大类,最早起源于中国,只是古代中国学者称"词"为"字"。据现有文献记载,实字、虚字之分最早见之于宋人的著作。例如:

"东坡教诸子作文,或辞多而意寡,或虚字多、实字少,皆批谕之。"(宋·周辉《清波杂志》)

"词之句语有二字、三字、四字至六字、七、八字者,若堆叠实字,读且不通,况付之雪儿乎?合用虚字呼唤,单字如正、但、甚、任

之类,两字如莫是、还又、那堪之类……"(宋·张炎《词源》)

当时所谓"实字",相当于名词,"虚字"相当于名词之外其他词,至于现在所谓"虚词",当时称为"词(辞、助语等)"。例如:

"《史记·司马相如封禅书》:'囿驺虞之珍群,徼麋鹿之怪兽,罝一茎六穗于庖,牺双觡共抵之兽。'详观封禅书四句,每句首一字皆虚字非实字。曰囿、曰徼、曰罝、曰牺,乃一类也,其义可见。若以罝为瑞禾,则其句曰禾一茎六穗于庖,于句法为无义矣。"(宋·王观国《学林》)

"眼用实字:夜潮人到郭,春雾乌啼山。……朝登剑阁云随马,夜渡巴江雨洗兵。""首用虚字:无风云出塞,不夜月临关。……出关逢落叶,傍水见寒花。……"(宋·魏庆之《诗人玉屑》)

"又如枕字分上声、去声二音,若枕股而哭、枕辔而寝、饮水曲肱而枕之、枕流漱石与夫枕戈枕江之类皆去声也。上声为实字,去声为虚字,二声有辨也。"(宋·王观国《学林》)

这种划分法一直沿用到清代。例如:

"凡字有体有用,如枕,上声,体也、实也。去声,用也、虚也。"(清·阎若璩《古文尚书疏证》)

"左右二字从上声则实,从去声则虚,左之右之也。"(清·唐壎《通俗字林辨证》)

但从清代起,对"虚字"又有了新的理解,即逐步接近了现代对"虚词"的理解。例如:

"其随本字而运以长短疾徐,死活轻重之声,此无从以实字见也,则有虚字托之,而其声如闻,其意自见。故虚字者,所以传其声,声传而情见焉。"(清·袁仁林《虚字说》)

"中国字不用余音,不传语中衬字,其语气之顺逆,词意之轻

重,以十数虚字代之而灼然可知,即最简易之法。"(清·文廷式《纯常子枝语》)

"虚字"只指表语法作用而不表具体意义的"虚词",随着语言研究的深入,这种情况逐步固定下来了。有关虚字研究的专书也纷纷出版。有的把虚字分为七种:起语辞、接语辞、转语辞、衬语辞、束语辞、叹语辞、歇语辞。(清·王鸣昌《辨字诀》)有的分为六种:起语虚字、接语虚字、转语虚字、衬语虚字、束语虚字、歇语虚字。(清·课虚斋主人《虚字注释》)也有分为三十类的,如刘淇的《助字辨略》。

(2)动字、静字(附:形容词):

古称"动字"固然相当于现在的"动词",但"静字"并不等于"形容词",而主要指"名词",也包括了"形容词"。

分别动、静字的最早也是在宋代。黄震在《黄氏日钞》中指出:"霸诸侯注云:霸与伯同。愚意诸侯之长为伯,指其定位而名,王政不纲,而诸侯之长自整齐其诸侯,则伯声转而为霸,乃有为之称也。正音为静字,转音为动字。"到元代有刘鉴根据宋代贾昌朝的《群经音辨》写了《经史动静字音》一书,明代吕维祺的《音韵日月证》在卷首《音辨》中也单列出"形同而动静异音"一节。清儒比前人高明之处在于认识到"义相通而音不必异",但对划分动、静字仍保留旧说,例如:"新为采取,薪为刍荛,虽分动静,实一字也。为新旧字所专,人遂不觉耳。"(清·王筠《说文释例》)

静字的内涵也包括了形容词,例如在刘鉴《经史动静字音》的举例中,除"王、子、女……"外,另有:"空:若红切,平声,虚也。《孟子·尽心》:'不信仁贤,则国空虚。'若贡切,去声,虚之曰空。《诗·小雅》:'不宜空我师。'""深:式金切,平声,下也,对浅之称。

《诗·小雅》：'战战兢兢，如临深渊。'式禁切，去声，测深曰深。《周礼·地官》：'以土圭测土深。'"

从"静字"中分出"形容词"来，那是很迟的事了。早先仅仅是注意到它的修饰作用，如：元·王耕野《读书管见》中指出："严恭寅畏，是以四字形容其谨畏之心；徽柔懿恭，是以四字形容其和易之态。"到清代才正式出现"形容之词（辞）"的名称。例如："《诗》：'依其在京，侵自阮疆。'引之案：'依，兵盛貌，依其者，形容之辞……'"（王引之《经义述闻》）清儒还归纳出一些规律，例如："凡重言皆形容之词。"（王筠《说文释例》）"凡言有者，皆形容之词。"（王引之《经义述闻》）

但当时术语名称并不固定，也有称为"形况字"（朱骏声《说文通训定声》）、"状物之词"、"状事之词"（王引之《经传释词》）等。另外，当时所谓"形容之词"也无明确的范围，以至把一些词尾也划进来了，例如："上言洒如，此言言言斯，斯与如皆形容之词。"（王引之《经传释词》）"如字、若字，是形容之辞。"（魏维新《助语辞补》）

(3) 死字、活字：

这对术语也可追溯于宋代，例如：罗大经《鹤林玉露》中便说："作诗要健字撑柱，要活字斡旋。"范晞文《对床夜语》也说："虚活字极难下，虚死字尤不易，盖虽是死守，欲使之活，此所以为难。"

古人对"死字、活字"的解释数明代佚名的《对类》讲得最明确："盖字之有形体者为实，字之无形者为虚。似有而无者为半虚，似无而有者为半实，实者皆是死字，惟虚字则有死有活，死谓其自然而然者，如高下洪纤之类是也。活谓其使然而然者，如飞潜变化之类是也。"这段话的意思是说：实字只有死字，虚字可分为死字和活字，死字等于静字，活字等于动字。死字活用，或实字虚用即指名词作动词用。清代袁仁林在《虚字说》中阐述得十分清楚:"实字虚用,死字活用,此等用法,虽字书亦不能偏释,如'人其人,火其书,庐其居';'墟其国,草其朝';'生死肉骨';'土国城漕'之类,上一字俱系死实字,一经如此用之,顿成虚活,凡死皆可活,但有用不用之时耳。从其体之静者,随分写之,则为实为死;从其用之动者,以意遣之,则为虚为活,用字之新奇简练,此亦一法,然其虚用活用,必亦由上下文知之,若单字独出,则无从见矣。"由于这对术语和"实字、虚字"常常纠缠在一起,现在一般已不再采用,"死字"改称"本用","活字"则改称"活用",即指:凡某词类的词临时移作他类词用。

(4)词(辞)、语词(辞)、语助、X 声:

现代称为"虚词"的,古代称呼极多,达二三十种。最早单称为"辞":"'采采苤莒,薄言采之。'薄,辞也。"(汉·毛亨《诗毛传》)"'汉有游女,不可求思。'思,辞也。"(同上)许慎在《说文》中解释为"词,意内而言外也。"以后,最常见的是称为"语助"或"语词(辞)"。例如:

"'尔毋从从尔。'尔,女也,从从谓大高,尔,语助。"(汉·郑玄《礼记注》)

"'诗不云虖,民亦劳止。'止,语助也。"(唐·颜师古《汉书注》)

"'薄言采之。'言我薄者,言我薄欲如此,于义无取,故为语辞。"(唐·孔颖达《毛诗正义》)

"'季文子三思而后行,子闻之,曰:再,斯可矣。''斯',语辞。"(宋·朱熹《论语集注》)

除此以外,也有称作"X 声"的。例如:

"《诗·式微》:'式微式微,胡不归。'式,发声也。"(汉·郑玄

《毛诗笺》)

"《汉书·货殖传》:'于越不相入矣。'于,发语声也。"(唐·颜师古《汉书注》)

据不完全统计,在实际使用中,相当于"辞"、"语助"的术语有以下十几种之多:词助、句助、辞助、助词、助句、助辞、助句辞、助语辞、语助辞、语动声、发助声、声之助、句绝之余声。清代以后,术语趋于统一,先称"助字"、"虚字",后逐步倾向于统称"虚字"。

(5)疑辞、决辞:

在辞中分出疑辞的,最早见之于晋代著作,如:杜预《左传注》中:"'抑臣又闻之'。抑,疑辞。"唐以后运用更频繁了,如:"《礼记·檀弓上注》:裦以布衣木如襚与。疏云:与,疑辞也。"(唐·孔颖达《礼记正义》)"'夫子尝曰:如有用我者,吾其为东周乎。'乎者,疑词也。"(宋·罗大经《鹤林玉露》)

把"疑辞"和"决辞"明确分开的是唐代柳宗元,他在《复杜温夫书》中指出:"但见生用助字不当律令,唯以此奉答,所谓'乎'、'欤'、'耶'、'哉'、'夫'者,疑辞也。'矣'、'耳'、'焉'、'也'者,决辞也。"宋代以后也一直沿用这两种术语,如:"'君子人与,君子人也。'与,疑辞;也,决辞,设为问答,所以深著其必然也。"(宋·朱熹《论语集注》)到了清代,"疑辞"用得少了,大都改为"问辞",范围上也有所扩大,不仅指出现在句末的词,还指出现在句中或句首表疑问的词(包括疑问代词、疑问副词)。如:

"哉,问词也。若《诗·北门》:'谓之何哉'之属是也。"(清·王引之《经传释词》)

"奚也、孰也、曷也,又诘问之辞,如俗语为什么意。"(清·魏维新《助语辞补》)

"《汉书·高帝纪》:'沛公不先破关中兵,公巨能入乎?'巨与讵通,巨即大也,反问之辞,正见其不能大也。"(清·袁仁林《虚字说》)

(6)句法、字法、文法、语法:

文法最早见于《史记》、《汉书》,为一般用语,指规则法律。如:

《史记·李将军列传》:"程不识孝景时以数直谏为太中大夫,为人廉,谨于文法。"

《汉书·循吏传》:"霸为人明察内敏,又习文法。"

以后逐渐演变为语文用语,但明清以前仍泛指语文一般规律,时与语法、句法、文则、文理、文势、字法等通用,实指作文造句之法,如:

宋·吴子良《林下偶谈》(卷四):"孟子文法":"《孟子》七篇,不特推言义理广大而精微,其文法极可观。"此外,王若虚《滹南遗老集》、刘熙载《文概》、方宗诚《桐城文录》、俞樾《古书疑义举例》、章学诚《文史通义》、刘师培《文说》中提到的文法都作此理解。

文法真正作狭义理解,指语言的组词造句规律还是从《马氏文通》开始的。

与文法平行的还有多种用语,一般可通用,但侧重点似略有不同,对此,明·王世贞有一个比较明确的定义:"首尾开阖,繁简奇正,各极其度,篇法也。抑扬顿挫,长短节奏,各极其致,句法也。点缀关键,金石绮绣绾,各造其极,字法也。"(《艺苑卮言》卷一)可见,篇法侧重于篇章结构安排,句法强调语气、句调的变化,字法讲究遣字炼字诀窍,统称亦可指文法。

语法作为一门学问,据说曾经在唐代由印度传入中国,当时叫做"声明",讲名词变格、动词变位等。(《大唐西域记》:"七岁之后,讲授五明六论,一曰声明,释诂训字,诠目疏别。")其实,唐代已开始使用语法这一术语,语法最早的出处出于鸠摩罗什法师(304年—413年)《大智度论(405年)》卷44《释句义品第十二》的汉译本:"问曰:何等是菩萨句义?答曰:天竺语法,众字和合成语,众语和合成句。"①此外,唐·孔颖达《春秋左传正义》也已经使用,《左传·昭公二十年》:"'尔其勉之,相从为愈。'服虔云,相从愈于共死,则服意相从使员从其言也。语法,两人交互乃得称'相',独使员从已,语不得谓'相从'也。"可见,语法即指当时用语的方法,比文法的含义似乎更接近今义。宋、金、明、清也都如此袭用,如:

宋·陈叔方《颍川语小》:"此人用且字,而上下呼应。则用两乎字,语法尤紧。"

语法真正给以科学的定义是从1913年胡以鲁《国语学草创》开始。

(7)句、读:

"句、读"最早见于汉·何邵公《公羊传序》:"讲诵师言至于百万,犹有不解,时加酝嘲辞,援引他经,失其句读,以无为有,甚可闵笑者,不可胜记也。"给予明确解释的是唐·天台沙门湛然《法华文句记》卷一:"凡经文语绝处谓之'句',语未绝而点之以便诵咏,谓之'读'。"可见,语意完整停顿时谓之"句",句中语气停顿而语意未完处为"读"。读,音豆(dòu),故又写作"句断"、"句投"。第一次给"句""读"以新的语法定义的当推《马氏文通》。

除以上七组术语外,清以后由于对虚词研究比较细致,同时又初步具备了一些语法观念,又另外列出如:指辞(指示代词)、连及之辞(连词)、设辞、禁止之辞(否定词)等名称,这也是以前所从未出现过的。

附 注：

① 参见马国强《关于"语法"一词最早出现的年代》,《中国语文》2000 年第 2 期。

第二章 汉语语法学的草创时期

（1898年—1936年）

第一节 概述

清朝鼎盛时期，小学大兴，在文字、音韵、训诂诸方面都取得了空前未有的成就，而且在语法研究，尤其在虚字研究方面也作出了一定的贡献。但是，语法研究始终没有摆脱经学的束缚，没有跳出传统语文学的窠臼，而成为一门独立的、完整的、有体系的学科。

1840年前后，各帝国主义列强纷纷入侵中国，他们用"炮舰外交"轰垮了清政府长期以来奉行的"闭关自守"政策，从政治、经济、军事，乃至文化、教育、宗教各个方面向中国进行渗透和侵略。当时，为了适应这种侵略的需要，特别是传教的实用需要，一些帝国主义传教士试图用印欧语的语法对汉语语法进行解释，以解决学习汉语和解决汉语外语对译时碰到的一些困难，于是产生了以沿海方言和首都方言的口语为研究对象的一些语法小册子，据姚小平研究(《中国语文》2001年第5期)，最早的汉语语法著作应该是胡安—柯伯(Juan Cobo)教士在1592—1593年间所撰写的《汉语语法》(Arte de La Lengua China)，可惜没有保存下来，目前还有书可查的是多明我会(Dominican)教士瓦罗(Francisco Varo

1627—1687年)用西班牙文写成的《华语官话文法》。其他比较出名的如:英国传教士艾约瑟编写的《上海话文法》,俄国传教士毕秋林编写的《汉文启蒙》,美国传教士高第丕和中国人张儒珍合编的关于北京口语的《文学书官话》,以及甲柏连孜的《中国文法学》等。这些书显然不同于清儒所著的关于虚字解释的书,而是以各自的母语语法为蓝本,给汉语词类进行初步的分类。例如《文学书官话》把字分做十五类,初具了汉语字类系统的规模:(一)名头(即名词),(二)替名(即人称代词),(三)指名(即指示代词),(四)形容言(即形容词),(五)数目言(即数词),(六)分品言(即量词),(七)加重言(即程度副词),(八)靠托言(即动词),(九)帮助言(即助动词),(十)随从言(即副词),(十一)析服言(即否定副词),(十二)接连言(即连词),(十三)示处言(即方位词),(十四)问语言(即疑问代词和疑问语气词),(十五)语助言(即语气词和感叹词)。但是,由于编写者大多并不精通汉语,又缺乏语言学理论的基本知识,且多采取狭隘的实用主义立场,故没有也不可能对汉语进行认真而细致的研究,所以,一般地讲,这些著作科学价值并不高,谬误之处甚多,再加上由于当时中国社会重文轻语,一般知识分子视白话文为"乡曲愚夫、闾巷妇稚"的"谰言俚语",对口语语法更不重视。因此,这些书影响很小,流传范围窄小,其中只有《文学书官话》,曾由金谷昭校点刊行,漂洋过海,稍有影响。

　　1840年鸦片战争爆发,随之清政府与英国签订了卖国的"南京条约"。1894年甲午战争爆发,清政府又与日本签订了丧权辱国的"马关条约"。国内外民族矛盾、阶级矛盾日益尖锐,这就促使一部分清朝统治者和染有资本主义思想的知识分子,如光绪帝、翁同龢、张謇、康有为、谭嗣同、梁启超等人,要求联合起来抵御外敌,在政治上发动了改良主义的"戊戌变法"。与此同时,有相当一批知识分子留学西洋和日本,试图学习资本主义的科学和文化来达到救国的目的。西洋科学文化被介绍到中国来,客观上使中国人的视野开拓了。

《马氏文通》的作者马建忠是"洋务派"的左翼,思想上也是倾向维新变法的。《文通》于1898年戊戌变法这一年出版,不能说完全是一种巧合。马氏自己也并不讳言此书出版之匆忙:"一时草创,未暇审定,本不敢出以问世,友人见者……怂恿就梓。"从马氏生平事迹及所著政论来看,他是清政府中主张办洋务的积极分子之一。他所提出的一些关于政治、经济、军事、文化、教育的改革主张已带有我国早期民族资产阶级的愿望。虽然他的思想基本上还属于"洋务派"范畴,但从他向往西方议会民主,力主发展资本主义,建议"富民""禁烟"等主张来分析,可以说是近代资产阶级改良主义的先驱者之一。因此,梁启超在为马氏的《适可斋记言记行》一书作序时,不仅对马氏为人极为推崇:"顾闻马君眉叔将十年矣,称之者一而谤之者百,殷殷愿见,弥有岁年。今秋海上忽获合并,共晨夕,长言论者十余日,然后霍然信中国之果有人也。"而且对其政治主张也给予高度评价:"然每发一论,必为数十年以前洋务者所不能言;每建一议,皆为数十年后治中国者所不能易。"马氏作《文通》有其明确的政治动机,他在"后序"中写道:"则是书也,不特可群吾古今同文之心思,将举夫宇下之凡以口舌点画以达其心中之意者,将大群焉。夫如是,胥吾京陔亿兆之人民而群其材力,群其心思,以求夫实用,而后能自群,不为他群所群。"这里所谓的"自群"也就是马氏的政治理想,"群"的目的是保国保种,让中华民族自立于世界民族之林,而"不为他群所群"。可见,《文通》应运而生,有其深刻的历史原因和政治背景。

《文通》的诞生,标志着中国汉语语法学的创立,这是一件在汉语语法学史上具有划时代意义的大事。

《文通》问世以后,各种语法著作蜂起,归纳起来,大致可分为五种类型:

(一)验证派:以英语为蓝本,用汉语事实予以验证,目的仍是便于汉人学习英语,代表作品是严复的《英文汉诂》(English Grammar Explained in Chinese,1904年),该书于光绪三十年五月初版,上海商务印书馆刊行,共分十八章,较系统地介绍英语语法,并时时以古汉语为例进行说明,在推广英语教学、普及语法学知识方面发挥了一定的作用。稍后有林语堂的《开明英文文法》,基本上也属这一类,在中小学界有一定的影响。

(二)模仿派:以古代汉语为研究对象,基本上仿照《文通》体例的。如来裕恂《汉文典》(1902年)、庄庆祥《共和国教科书文法要略》(1916年)、吴明浩《中学文法要略》(1917年)、戴克敦《国文典》(1912年)、俞明谦《新体国文典讲义》(1918年)、姜征禅《国文法纲要》(1923年)、吴瀛《中国国文法》(1930年)等。这些书一般缺乏创见,影响甚微,随着时间的推延很快就被淘汰了。

(三)修正派:部分学者在肯定《文通》首创之功的同时,对《文通》提出了一些批评,并进行了修正补订工作,后人称之为"修正派"。其中章士钊《中等国文典》(1907年)写得简明扼要,浅显易懂,并有所创见,颇受一般青年学生欢迎;杨树达《高等国文法》(1920年)对《文通》修订最得力,分析细致,训释比较精当,批评亦多中肯,是研究古汉语语法的重要参考书。

(四)探索派:另有部分学者不满于《文通》的语法体系,试图仿照英语语法另起炉灶,重新构拟一个新语法体系,一方面引进逻辑的分类,另一方面也开始注意古汉语和白话文的对比研究。如:刘复《中国文法通论》(1918年),金兆祥《国文法之研究》(1922年)。这两部书由于缺乏对汉语进行深入、扎实的研究,所以分析粗疏,材料单薄,影响不大。虽然有人称之为"革新派",实际上充其量也只能称作"探索派"。

(五)革新派:真正可以称得上有点"革新"意味的语法专著是陈承泽的《国文法草创》。吕叔湘称之为"是《马氏文通》以后相当长的一个时期内最有意思的一部讲文言语法的书"。(重印《国文法草创》序)该书提出的研究语法的三点原则以及一些独创性见解,对后代的研究影响十分深远,尽管在当时并不大受人重视,甚至于遭到一些人的非难。

这一时期最引人注目的事件是汉语白话文语法研究的兴起。"五四"运动前夕,资产阶级民主革命进一步深入,迫切要求研究白话文语法,以便普及教育,提高平民的科学文化水平。杰出的资产阶级革命家孙中山便说过:"中国向无文法之学……以无文法之学,故不能率由捷径,以达速成。……马氏自称积十余年勤求探讨之功,而后成此书。……虽足为通文者之参考印证,而不能为初学者之津梁也。继马氏之后所出之文法书,虽为初学而作,惜作者于此多犹未窥三昧,讹误不免,且全引古人文章为证,而不及今时通用语言,仍非通晓作文者不能领略也……所望吾国好学深思之士,广搜各国最近文法之书,择取精义,为一中国文法,以演明今日通用之言语,而改良之也。夫有文法以规正言语,使全国习为普通知识。则由言语以知文法,由文法而进窥古人之文章,则升堂入室,易如反掌,而言文一致,亦可由此而恢复也。"(《孙中山选集》,上卷第129页)这段话明确地表示了资产阶级革命家对现代汉语语法研究的需要和希望。

1915年9月,陈独秀主编的《青年杂志》(后改名《新青年》),态度鲜明地树起了民主和科学两面大旗,会同李大钊、胡适、钱玄同、刘半农等人发起了文学革命运动,公开要求以新文学代替旧文学,以白话文代替文言文,因此,"白话文运动"随着文学革命运动而兴起,并成为整个新文化运动的一个重要组成部分。"'五四'以后,风气突变,不论教育性的书刊、文艺文和理论文,白话文都成了'正宗货'。"(徐通锵、叶蜚声1979)1920年,学校语文课程也发生了变化,首先把小学儿童三千年来一贯诵读的文言文改为白话文,课程名称也从"国文"改为"国语"。接着,研究"国语"的语法书纷纷出版,如:陈浚介《白话文文法纲要》(1920年)、李直《语体文法》(1920年)、王应伟《实用国语文法》(1920年)、杨树达《中国语法纲要》(1920年)、许地山《语体文法大要》(1920年)、黎明《国语文法》(1922年)、后觉《国语法》(1923年)、邹炽昌《国语文法纲要》(1928年)、黄洁如《语法与作文》(1930年)等。其中,胡适的《国语文法概论》从理论上阐述了研究国语文法的重要性,并在研究方法上作了些有益的探索,在当时颇有影响;黎锦熙的《新著国语文法》(1924年)则建立了一个以"句本位"为标志的比较完整的国语文法新体系,该书材料丰富,分析细致,观点新颖,影响最大,是当时研究国语文法的一部代表作。

到了30年代初,又兴起了比较文法的研究,即把古代汉语和现代汉语放在一起进行比较研究,例如:黎锦熙《比较文法》(1933年)、杨伯峻《中国文法语文通释》(1936年)、赵宗贤《文言、白话对照中国文法》(1935年)、徐锡九和牛满川《比较国文法通解》(1935

年),以及谭正璧《国语文法与国文文法》(1938年),其中以黎氏和杨氏两书影响较大。

在汉语语法理论研究方面,值得一提的有两本著作。一是胡以鲁的《国语学草创》(1913年),这是中国第一部阐述语言学理论的专著,其中有关汉语语法的某些论述颇有独到之处,也提出了一些新的设想;二是何容的《中国文法论》(1941年),虽出版稍迟,但该书是对《文通》以来几部代表性语法专著进行综合评论,并引进了叶斯泊森的一些新语法理论,在语法学史上起了一个承上启下的桥梁作用。

草创时期大致可以分为两个阶段:一是以《马氏文通》为代表的古汉语语法研究阶段,二是以《新著国语文法》为代表的现代汉语语法研究阶段。从《马氏文通》到《新著国语文法》,不仅反映了语法研究的对象从文言文转向白话文,在研究方法上,也从词本位研究改为句本位研究,从较多的模仿改进为较多的独创,无论是研究的广度还是深度都有了较明显的进步。但由于语法研究还处于草创时期,不可避免地,模仿甚至照搬印欧语系语法的痕迹还是十分明显的,同时由于传统语文学根深蒂固的影响,早期语法著作中往往自觉或不自觉地重蹈"小学"的老路,对此,我们要实事求是,恰如其分地予以评价。

第二节 我国第一部语法著作《马氏文通》

《马氏文通》是我国第一部系统的汉语语法著作,全书约三十余万字,于1898年9月(光绪二十四年)由上海商务印书馆出版,今通行本为章锡琛校注中华书局1954年出版的二卷本,以及吕叔湘、王海棻编校的《马氏文通读本》(1986年6月上海教育出版社)。

作者马建忠(1845—1900年),字眉叔,江苏丹徒人。除该书外,还著有《适可斋记言记行》、《东行录》等书。据《清史稿》记载:马氏"少好学,通经史;愤外患日深,乃专究西学,派赴西洋各国使馆学洋务",曾多次担任重要的外交谈判工作,后因"为世诟忌,摈斥家居","发愤创为《文通》一书"。马氏在学术上颇有造诣,史书赞他"建忠博学,善古文辞,尤精欧文,自英、法现行文字乃至希腊、拉丁古文,无不兼通。"不仅如此,他对舆图、历算、度数,以至于水、光、声、电及昆虫、草木、金石都进行过研究。

马氏对传统的小学研究颇不以为然,他一针见血指出其弊病:"今字形字声之最易变者,则载籍极博,转使学者无所适从矣;而会集众字以成文,其道终不变者,则古无传焉。"(序)按马氏观点,对语言的研究绝不能满足于一字一义一音的得失,而必须去探索那"历千古而无或少变""贯乎其中"之"一成之律",即"所以集字成句读之义"的葛朗玛(语法)。这种看法虽然不免偏激,第一,认为语法不变或少变缺乏历史发展观点;第二,除了语法,其他如文字、词汇、语音的研究也是十分重要的。但是,在语法学还没有成为一门独立的学科时,这种观点无疑是一种革命,是向传统语文学的一个大胆的挑战。马氏对传统的语文教育也进行了有力的抨击,他指出:对于语法,"塾师固时昧也",即使"一二经师自命与攻乎古文词者,语之及此,罔不曰此在神而明之耳,未可以言传也。"对此,马氏惊叹:"噫嘻!此岂非循其当然而不求其所以然之蔽也哉!"(序)马氏曾在欧洲考察多年,对比中西教育,深知其弊,他认为"余观泰西,童子入学,循序而进,未及志学之年,而观书为文无不明习;而后视其性之所近,肆力于数度、格致、法律、性理诸学而专精焉。故其国无不学之人,而人各学有用之学。"而与此成鲜明对比的是中国"盖万无一焉"。其原因就在于"西文有一定之规矩,学者可循序渐进,而知所止境;华文经籍虽亦有规矩隐寓其中,特无有为之比拟而揭示之。"(后序)当然学汉语书面语费时又费力,原因绝不仅仅在于无语法可循,但是,马氏第一次明确提出语文教育必须包括语法教育,并指出学习语法的重要性,这在当时有其不可抹杀的进步意义。

《文通》共分十卷,卷一为"正名"(即给语法术语下定义),共提出二十三个界说;卷二至卷六论"实字",卷七至卷九论"虚字";最后"字类既判,而联字分疆庶有定准,故以论句读终焉"(序),故卷十为"论句读"。

《文通》建立了一个比较完整的字类(即词类)系统,反映出汉语字类的某些特点。先分为实字和虚字两大类,"凡字有事理可解者,曰'实字'",分为五种:1.名字(包括公名、本名);2.代字(包括指名、接读、询问、指示);3.动字(包括内动、外动、受动、同动、助动、无属);4.静字(包括象静——形容词、滋静——数词);5.状字。"无解而惟以助实字之情态者,曰'虚字'",分为四种:1.介字;2.连字(包括提起、承接、转捩、推拓);3.助字(包括传信、传疑);4.叹字。

历来研究者大都认为"《马氏文通》是我国著名的依据意义区分词类的主张者"(陈望道 1958),其实,这个理解并不准确。马氏确实说过:"字各有义,而一字有不止一义者,古人所谓'望文生义'者此也。义不同而其类亦别焉,故字类者亦类其义耳。"但同时,马氏也认识到虚字是"无解而惟以助实字之情态者",因此在给虚字

分类时,实际上是从语法功能角度考虑的。例如:

"凡虚字用以煞字与句读者,曰助字。"

"凡虚字,以取实字相关之义者,曰介字。"

马氏给实字各类下定义时是根据类别意义,例如:"凡实字以名一切事物者,曰名字",但在实际运用时,往往也把语法功能作为划分字类的重要辅助标准。如:"'奚'、'曷'、'胡'、'恶'、'安'、'焉'六字,亦所以为询问者,而或为代字,或为状字,则以其所用为定",也就是说,"奚"等六字"用如代字者,则惟在宾次耳","凡状字,必先于其所状",可见是它们在句中的地位和作用决定其属于代字还是状字。问题在于马氏并没能把这个功能标准贯串始终,而错误地把某一类字和作某一种句子成分的功能等同起来,因而必然得出错误的结论:"字无定义,故无定类",这个结论显然和按类别意义给实字分类发生矛盾,马氏又提出一个命题:"欲知其类,当先知上下之文义何如耳","凡字之有数义者,未能拘于一类,必须相其句中所处之位,乃可类耳",这样一来,实际上实字离开了具体句子便无法确定其类了,这种观点后被黎锦熙吸收并进一步发展为"依句辨品,离句无品"说,并最终推导出汉语实字无法分类的错误结论。

在字类研究方面,特别要指出的还有以下两点:

(一)马氏注意到汉语无形态变化的特点,特别列出汉语所特有的助字和介字:"助字者,华文所独,所以济夫动字不变之穷","中国文字无变也,乃以介字济其穷"。

(二)马氏的"状字"并非一般理解的副词。马氏说:"状字本无定也,往往假借他类字为状字者,然先置先于其所状",实际上即"状语";而马氏的"状语"则为:"凡状字或名字,集至两字或三四字,以记时记处者,往往自成一顿,无所名也,名之状语",可见状语只不过是非单音节的状字而已,实际上应划入句法范畴来讨论。

讲"字类"目的在于论"句读",因此"句读"理论在该书中占有极为重要乃至主要的地位。首先,马氏建立了"词"(句子成分)和"次"(名代字在句中的位次)的学说:按字在句中所起的作用划分为七种词:1.起词(主语);2.语词(动词谓语);3.表词(非动词谓语);4.止词(动词宾语);5.司词(介词宾语作状语、补语用);6.转词(意念上为动词的间接宾语,形式上可有介词为介);7.加词("介词"结构以及同位语)。"次"实际上是因为汉语无格的变化而特地为名字代字建立的一种句法概念,不仅指名代字在句子结构中的地位,而且还包括名代字之间的搭配关系,并分为六种:1.主次;2.宾次;3.偏次;4.正次;5.前次;6.同次。而且两两配对,共构成三对相互制约的概念。"词"和"次"角度尽管不尽相同,实际所指内容还是大部分重叠的,即:主次、宾次和主词、宾词,前次、同次和转词中一部分所指重叠,只有偏次(即定语位置)是"词"类所未曾涉及的。

其次马氏还以旧瓶装新酒,对"顿、读、句"作了新的解释。"顿"的定义是:"凡句读中,字面少长,而辞气应少住者,曰'顿'。"显然只是语气表达上的一个术语,和句读处于两个平面。即可以"句"为一顿,也可以"读"为一顿,也可以"词"为一顿。但在具体使用该术语时却又常常和"读"相提并论,似乎"顿"便是非主谓结构的词组了,这种形式上的吻合,客观上使"顿"的术语发生了混乱。至于"读"和"句",马氏是作为一对既有联系又有区别的句法结构单位提出来的:"凡有起词、语词而辞意未全者,曰'读'。""凡有起词、语词而辞意已全者,曰'句'。""读"似乎是指主谓词组无疑,但实际上它的内涵却要复杂得多。受英语 Participle Phrase（分词短语）影响，汉语中大量其他结构，如某些状语结构、连动结构、联合结构，甚至一些复句中的分句都被划入"读"的范畴。对于句子，马氏按不同标准，从不同角度进行分类，一是从句与读的关系上分类：1."与读相联者"，2."舍读独立者"（即一般所谓联合复句），3."不需读惟需顿与转词者"（即一般所谓简单句）。二是按句的语气分类：1.传信；2.传疑。三是按句的谓语中动词关系来分类：1."散动之行与坐动之行，同为起词所发，惟置散动后乎坐动而已"，实际包括散动作宾语和连动结构两种。2."更有起词焉以记其行之所自发，则参之于坐散两动字之间而更为一读，是曰'承读'，于是所谓散动者，又为承读之坐动矣"，实际包括主谓词组作宾语和兼语结构两种。其中第三种分类最富有参考价值。

此外，马氏对字序和虚字的运用以及句法结构上的特点也十分注意，并归纳出若干汉语句法的特殊规律。例如：马氏总结出几种没有起词的句式：1."大抵议论句读皆泛指，故无起词，此则华文所独也。"2."无属动字，本无起词，'有'、'无'两字，间亦同焉。"3."命戒之句，起词可省。"同时，他还考察了倒装句、受动句、比较句等情况。通观全书，安排有条不紊，循序渐进，引例丰富，叙述清晰，持之有故，言之成理，创见颇多，自成系统，不愧为一部不朽的科学著作。因此，"只要看《文通》问世二十余年以后出版的一批语法著作，无论就内容的充实程度论，还是就发掘的深度论，较之《文通》多有逊色，对比之下，就可以看出《文通》的价值了。"（朱德熙《汉语语法丛书》序）

当然，由于《文通》是首创，在如何借鉴和运用国外语言学理论和方法，如何分析、归纳汉语语法的特点，如何建立起一个比较科学、比较合理的语法体系等方面都还处于一个摸索阶段,不可避免地存在着这样或那样的问题,再加上《文通》出版才两年,马氏便不幸逝世,来不及对全书进行修改和校订,致使该书在术语、引例、释文等方面有不少前后矛盾或混乱的地方。该书存在问题主要有以下几点:

(一)概念混乱。一方面袭用旧名,一方面又赋予新的含义,却未作严格定义,致使新旧概念混为一谈。如"字",有时指书写单位文字,有时指句法单位词,"顿"也如此。又如"义"有时指词汇意义,有时指类别意义,有时似指语法意义,致使读者往往无所适从。

(二)削足适履。"此书系仿葛朗玛而作",由于是以拉丁语语法来描绘汉语语法,所以常常出现拿汉语来比附拉丁语,甚至不顾汉语特点,强以拉丁语语法来套用的弊病。如"接读代字",明显是仿照拉丁语中衔接名词性子句的关系代词而设。

(三)缺乏对句子结构成分的层次认识。《文通》对汉语中词组的重要性认识极为不足,并不适当地扩大了"读"的范围,把"读"和"句"放在一个平面上分析。因而不能准确地认识句子内部的结构层次关系,如许多复句也被塞进了"句读"相连的结构。

马氏以古汉语为研究对象,以拉丁语语法为蓝本,首创以字(词)本位为中心的比较完整、比较系统、比较科学的汉语语法体系,对后世汉语语法研究影响极大。可以毫不夸张地说,后来很多卓有成效的研究都从中汲取过营养,而不少针锋相对的争论也可在这里找到源头。因此,《马氏文通》的诞生标志着汉语语法学的创立,是汉语语法学史上一件划时代的大事。

有关《马氏文通》的研究,已经形成了"马学"。早期有杨树达《马氏文通刊误》(商务印书馆1929,上海古籍出版社1991),80年代先是出版了孙玄常《马氏文通札记》(安徽教育出版社 1984),后又出版了以解读为目的由吕叔湘和王海棻撰写的《马氏文通读本》(上海教育出版社 1986),至于专门研究的当推王海棻的《马氏文通与中国语法学》(安徽教育出版社 1991)。此外,张万起编的《马氏文通研究资料》(中华书局 1987)以及侯精一和施关淦主编的纪念该书出版 100 周年的文集《马氏文通与汉语语法学》(商务印书馆 2000)也有重要参考价值。

第三节 古代汉语语法研究

一、《中等国文典》

该书 1907 年由上海商务印书馆出版。作者章士钊(1881—1973 年),字行严,湖南长沙人。曾留学日本,辛亥革命后任北京大学教授,后任民国政府教育总长,为"五四"时期甲寅派主帅,解放后任中央文史馆馆长。另一部语法著作为《初等国文典》(1907 年普及书局)。他以英语语法为蓝本写的《中等国文典》,由于对象是中学生,所以写得简洁扼要,浅显明白,每章后附有问题,每节后附有练习,颇受青年学生和初学语法者欢迎。

全书共分九章,第一章"总略",内分五节:1.词与句,2.主格与宾辞,3.词之种类,4.句之种类,5.句之分解;第二章至第九章分别论述:名词(分为固有、普通、集合、物质、抽象五种),代名词(分为人称、指示、疑问三种),动词(分为自动、他动、不完全自动、不完全他动、被动、助动六种),形容词(分为示象、示纪,包括数字),副词,介词(分前置、后置),接续词(分等立、陪从、关联),助词(分决定、疑问），感叹词等九类词。

名词代词仿照英语语法单列出"格"范畴：1.主格（包括表格、呼格、虚格），2.目的格（包括双格、副格），3.所有格。主格即主语，表格即表语，呼格为呼语，虚格指句中没出现隐含或省略的主语，双格指动词所带直接宾语和间接宾语，副格指副词性宾语，目的格即宾语，所有格为定语。

《文典》在总的体系上基本上接近《马氏文通》，但也作了某些修正，这主要表现在以下几点：

（一）严格区分了书写单位"字"和句法单位"词"，认为"泛论之则为字，而以文法规定之则为词"，并新拟了一些通俗易懂、易于被人采用的语法术语，其中不少术语一直沿用至今，如名词、动词、形容词、副词等等，并明确提出了"短语者，谓有两词以上，而不能成句之语也"，"凡介词与名词相结合者谓之短语"，并分为两种，一为形容词短语——以后置介词合名词为之；一为副词短语——以前置介词合名词为之。前者作用相当于一形容词，后者作用相当于一副词。这说明作者是从它在句中语法作用来划分类别的。

（二）按句子语气把句子分为四种：叙述句、疑问句、命令句、感叹句。这种分法及命名一直沿用至今。

（三）明确了"副词"一类，"乃附属于动词，而状其动作之情态者也。""副词于状动词之外，可别移以状形容词及其他副词。"

（四）每个词类除一般论述其作用外，还特别分析其内部构造，如名词按构词方法分为：单字、合字（A.同义，B.对待，C.连字，D.名词短语）。

（五）第一次根据英语的析句法明确提出了对汉语句子结构进行分解。《文典》第一步先把句子分为主格（即主语）和宾辞（即谓语)两大部分,第二步再分出主格和宾辞的附加辞(即定语和状语),并按内部结构关系把宾辞又分出目的格(即宾语)和"补足语"(即补语),这样的折句法是先二分再多分,实际上已初具传统语法的中心词分析法的雏形。参见下图:

主格之附加辞	主格	宾辞之附加辞	宾辞
圣	人	不	死
大	盗	不	止

《文典》的不足之处在于:

(1)虽然提出了句子分析的原则和方法,但除了"总略"中一个极简单说明之外,具体分析极少,并只列出一种模式,显然把复杂的句子类型简单化了。

(2)《文通》的基本格局并没动,只不过以模仿英语语法为主,仍以词本位为中心,对句子内部结构的分析比《文通》更不如。

(3)虽然章氏声明该书本以"西文规律""而无牵强附会之弊",实际上对汉语本身研究很不够,缺乏独创性见解。

(4)章氏认为"主格与宾辞,句中之两大干部也,缺一即不成句","非名词无以为主格","非动词无以为宾辞",这明显是受印欧语影响,而忽略了汉语句法特点,从这点讲,章氏的认识还不如马氏。

二、《国文法草创》

该书原载1921年《学艺杂志》,经增删于1922年由上海商务印书馆正式出版。作者陈承泽(1885—1922年),字慎侯,福建闽侯人。曾留学日本,习法政兼攻哲学,先后担任商务印书馆编译员,《东方杂志》《学艺》杂志编辑,毕生从事语法研究和字典编纂工作,"学问渊博,著述宏富,对于社会多所贡献。"(《学艺》1922年第4卷第4号)作者自称该书"着手在七八年之前,易稿十余次,搜集之材料,几百万言。师友之相与诘质者以十数,而其所得不过尔尔。"作者本打算另行编写《高等国文法研究》,以"详其说明,多其图表,增遗补缺,勉成一家之言。"但由于疾病,不久去世,夙愿未遂,终成憾事,后部分遗稿,发表于《学艺杂志》。

全书共分十三章,其中最有创见的是:二,研究法大纲;三,文法上应待解决之诸悬案;十三,活用之实例。其余各章分别论述字类。字类系统先分为实词和虚词,实词包括:1.名字(分为名字、代名字),2.动字(分为一般自动、关系自动、不完全自动、他动),3.象字(分为一般象字、指示象字、语助象字),4.副字(分为限制、修饰、疑问);虚词包括:5.介字(分为前置、后置),6.连字(分为一般、条件),7.助字(分为语末、语首、语间),8.感字。

陈氏提出研究语法三项原则:"其一,说明的非创造的;其二,独立的非模仿的;其三,实用的非装饰的。"根据吕叔湘的解释(《重印国文法草创序》),这三项原则实际上就是指:"第一,语法规律应该从语法现象归纳,不能凭语法学家的主观来制定;第二,一种语言有一种语言的语法,研究汉语的语法不可以西方的语法来硬套;第三,理论必须联系实际——在这方面,陈氏特别指出:(一)不用语源的说明来代替语法的说明;(二)不把修辞上的特殊当作语法上的通例;(三)不作无用的分类;(四)不以例外否定规律。"这些原则不仅在当时是十分可贵的,即使现在也仍有普遍的指导意义。

关于"文法上应待解决之诸悬案"。陈氏提出四点:

（一）字类系统问题。认为《文通》以来文法家仿效外文设九个字类"颇有冗赘与不足之处"。进而提出：1.代字"似可无须独立为一类也，而作为名字中之一细类"；2."助动字就性质上，与副字殆不能区别"，"不如一切径解之为副字"；3.动词中单列出一"关系自动字"。（即《文通》中的同动字加上必须有副语相伴的动字，如"子适卫"之"适"）

（二）字类划界问题。提出两条原则：1."各字类在文法上不辨别时，须另定一辨别之标准"；2."各字类全体之总界，须足以吸收一切之字而无所挂漏是也。"

（三）本用活用问题。认为"各字应归入之字类，必从其本用定之，而不从其活用定之"。

（四）引申顺序问题。主要讲一个字的本义和引申义用法的关系。

这几个问题虽说陈氏并没能妥善解决，但确也提出了一些新颖的见解。

首先，他对字类活用进行了细致的考察，陈氏反对马氏的"词无定类"和"词类通假"说，同时也承认词类和句子成分的对当关系。1.排除"变义"、"引申"、"兼类"，这些都不算"活用"；2.一个词用于"特定的文法"以外，称为"活用"；3.把活用分为三种情况：（一）本用的活用（共九种），如"白马之白也"的第二个"白"；（二）一般的非本用的活用（共九种），如"晚来天欲雪"的"雪"；（三）特别的非本用的活用（共四种），如"鸟不能白其羽"的"白"。

其次，他科学地阐述了"致动"和"意动"的概念。"他动字以外之字（属于体、相、用者）变为他动，而特含有'致然'或'以为然'之意者，含'致然'之意时，谓之致动用，含'以为然'之意的，谓之意动用。"并进一步指出:"致动主由动字变来,意动主由名字转来。象字之为致动、意动,在理论上盖属后起。然实际上象字之为致动、意动者最多。"这一重要创见,在杨氏《高等国文法》中得到更详尽的阐述,并广泛为后世论述古汉语语法的著作所采纳,确是一条实用价值极高的语法规律。

再次,陈氏不仅从意义上给字类下定义,并且还比较注重从字与字的结合关系上去说明该字类的语法功能。如:"名字","此类之字,原则上除为'主语''目的语'外,并得用为'领语'或'被领语',又得以数象字修饰之。"而"代名字之用法,与名字大略相同","其与名字异者,即不为被领语及单受象字之修饰或限制耳。"又如"动字",指出"此等之字,大多数得以表程度之限制副字副之。"再如"介字",指出"介字在文章论中,须与其所系语合而成分子,非能独立而为句之分子。是以大部分之介字,常可略而不用,例如'微雨自东来',可略去自字,而为'微雨东来',是也。"对汉语句法结构关系能有如此清晰明确的认识,确实大大超过了以前的语法学者所取得的成就。

最后该书还有一大优点,言简意赅,全书仅五万余字,但却包含了许多引人深思的道理,"以少许胜人多许的评语,著者是可以当之无愧的。"(吕叔湘1957)

该书也存在明显的不足之处,主要是:(1)对句法不重视,缺乏对句子结构和句型的分析;(2)不适当地扩大了活用的范围,如把名字作"领语"或象字作"被领语"都看作本用之活用,仍然把字类和某一种句法功能对等起来了;(3)提出了一些问题,但没能深入探讨,如"字类划界问题"。

该书在当时便有较大影响,该书所取得的成就和贡献明显地大于同时代的其他一些讲文言语法的著作。

三、《高等国文法》

该书1930年由上海商务印书馆发行。作者杨树达(1885—1956年),字遇夫,号积微,湖南长沙人。留学日本,专攻"欧洲语言及诸杂学",历任北京师范大学、清华大学、湖南大学中文系教授。杨氏长期从事语言文字研究工作,早期主攻古汉语语法研究,兼及修辞,后期则以文字学研究为主,兼及训诂、音韵和方言。语法方面著作尚有:《马氏文通勘误》(1920年)、《词诠》(1928年)、《古书疑义举例续编》(1924年)、《中国语法纲要》(1928年)、《中国修辞学》(1933年)等。

全书共分十章,第一章"总论",谈语言学一般原理,主要参考胡以鲁的《国语学草创》和胡适的《国语文法概论》。其中,己节"古代之文法学"是我国首次对古代语法研究进行回顾与评述的专论(后又作"中国古代之文法学",收入《积微居小学述林》)。词类划分和《中等国文典》基本相同,分为九类:1.名词(分为独有、公共、物质、集合、抽象五类),2.代名词(分为指示、人称、疑问、复牒四类),3.动词(分为内动、外动、同动、助动四类),4.形容词(分为性态、数量、指示、疑问四类),5.副词(分为表态、表数、表时、表地、否定、询问、传疑、应对、命令、敬让十类),6.介词,7.连词(分为等立、选择、陪从、承递、转捩、提挈、推拓、假设、比况九类),8.助词(分为语首、语中、语末三类),9.叹词。

由于杨氏"幼承家学,研讨声音训诂之学,著书满家"(孙楷第语),对小学研究很有造诣。同时又学习过国外语言学的原理和方法,所以对《文通》提出了不少颇为精当的见解,训释准确,引例丰富。邢庆兰评价说:"它的成就,与其说在文法方面,不如说在训诂方面——一种受了西洋文法影响的新训诂学。"(《国文月刊》1947年59期)该书特点主要是:

(一)较多地继承了训诂学的传统。对词义,尤其是虚词词义辨析比较周全详尽。据统计,全书分析了代名词98个,动词81个,形容词52个,副词243个,介词82个,连词87个,助词46个,叹词31个,从这个意义上讲,它相当于一部关于语法用例的辞书。所以他的弟子孙楷第赞叹道:"盖举二千年来所谓虚助字者,一一纳之于轨物之中,仅可谓文法界之鸿宝者矣。"

(二)材料丰富,引例严谨,训释准确。从中可以看出杨氏小学尤其是训诂学根基之深。对某些语法规律描述较为细腻,例如他进一步详细分析了关于"意动""致动"的观点,列举出名词、形容词、内动词、外动词作致动以及名词、形容词作意动的各种用法。

(三)修正了马氏一些不适当的提法。如马氏认为"者、其、所"为接读代字,杨氏则分"者"之一部为指示代词,取其复指者为复牒代词,定"其"为指示代词之重指法,定"所"为被动助动词;马氏定"咸、皆"为约指代字,杨氏改为表数副词。对马氏的批评,杨氏在《马氏文通勘误》中曾有详尽阐述,指出:"马氏之失,约有十端","一曰不明理论";"二曰所见不莹,致词类与组织动摇不定";"三曰强以外国文法律中文,失中文固有之神昧";"四曰不知古人省略";"五曰强分无当";"六曰不识古文有错综变化,泥于词位,误加解释";"七曰误认组织";"八曰误定词类";"九曰不明音韵故训";"十曰误读古书"。

(四)运用归纳法以及比较法和历史法,总结出一些语法规律。例如:"疑问代名词为宾语时,不论为外动词之宾语,或介词之宾语,必先置。"而"凡疑问代名词为介词'于''於'字之宾语时,必在'于''於'之后,为一绝对严确之例外。"

但是,该书比起《文通》和《文典》来,更加不重视句法,除在"名词"一章中提到名词有三位:"主位、宾位、领位"之外,其他章节几乎都不涉及句子内部结构分析,这是该书最大的缺点。其次,尽管材料收集比较丰富,然而缺乏理论分析,往往只满足于一词一字之训释,对总的语法特点很少论述,有价值的语法规律归纳也不多。第三,对词的分类和词的不同语法功能缺乏正确认识,往往只由于某项表现出来的功能不同,便把一个词分别归入几个词类,如"何",一为疑问代名词(内省不疚,夫何忧何惧?)一为疑问形容词(曰:何器也?曰:瑚琏也。)其实这只是一个词,只不过有时作宾语,有时作定语罢了。因此,杨氏所列举的词项,实际上有不少是可以合并的,全书显得比较臃肿。第四,杨氏受小学影响太深,所以对《文通》的批评基本上也是从传统语文学立场出发,主要批评马氏"小学甚疏,几所训释,颇多未审",而很少真正从语法分析角度出发,因此,尽管也确实指出了《文通》中的不少粗疏之处,但在语法分析上不仅没有什么新的发展,而且可以说还有所倒退,这不能不说是该书比较明显的弱点。因而,后人往往把该书看作和《词诠》相似的一部姊妹书,而很少把它看作一部真正的语法著作。

第四节 建立新语法体系的尝试

一、《中国文法通论》

《中国文法通论》1920年由上海群益书社出版。作者刘复

(1891—1934年),字半农,号曲庵,笔名寒星,江苏江阴人。他是《新青年》杂志撰稿人之一,白话文运动的积极鼓吹者。曾留学法国、德国,专攻语音学,获博士学位。回国后任北京大学教授,创建"语音实验室"。除语法研究外,最大贡献在实验语音学方面。语法著作还有《中国文法讲话》(1932年)。

该书原是北京大学预科二年级所用讲义,刘氏在"序言"里声明:本书"不是讲的文法的本身,是要在讲文法之前把许多当然的先决问题,剖剔得明白。"这是因为《马氏文通》以后,"继起的人,十分之九是因袭马氏的成就,十分之一是参酌了英文,或日本人所讲的支那文典一流书,略略有些改革。我的意思,以为我们对于文法的研究,虽然从比较的模仿的路上走去近,而对于用以比较、用作模型的东西,还得从根本上研究一番。"可见,该书实际上并不注重于讲具体的汉语语法,而是探讨若干有关语法的框架问题。刘氏研究的对象主要仍是先秦古文,兼收若干现代汉语例证,研究方法则模仿斯威特(H. Sweet)的《新英语语法》(New English Grammar),侧重于从逻辑角度给词按概念进行分类。

该书共分三讲,第一讲论述关于文法究竟是什么等问题和讨论研究语法的方法。第三讲简述语言的起源、发展、变化与分歧等一般语言学理论。重点是第二讲,目的是"在于要建立起一个研究中国文法的骨格来……虽然不能把旧说完全打破,却于因袭之中,带些革新的意味。"

第二讲又分作两个部分:一、理论的状况,二、文法之状况。刘氏试图建立一个新的语法体系,主要表现在构拟了一个与《文通》等不同的词类系统:1.实体词,2.品态词(分为永久的、变动的),3.指明词(分为量词、标词),4.形式词(分为甲、乙、丙、丁、戊、己),

5.感词。由于标准不一,所以概念比较混乱,划分结果也是混乱的,如给"实体词"确定外延时说:"凡名词、代词,及其他诸品词之用如名词者,均属此类。仅以处于主格为限。"这无异等于说:实体词等于主语,而排除了作宾语、定语的名词、代词,事实上刘氏也确实把"名代等词之领格"归入"标词",把"受词"(宾语)归入变动的品态词。其次,在句子结构分析方面设立了主词、表词、端词、加词、先词、对词等名称,但亦由于术语界限不清,术语名称不固定,使人很难准确理解,如刘氏说"山高"之"山"既是端词,又是主词,"高"既是加词,又是表词。"高山"之"高"既是先词,又是表词,"山"既是端词,又是主词。结果使人越搞越糊涂,根本无助于句法结构关系的分析。另外,刘氏断然宣称:语法研究只能用归纳法而不能采用演绎法,这种观点显然是片面的。他所举的"我、吾、余、予"用归纳法证明用法一致,实际上恰恰是错误的。由于《通论》所建立的新的语法体系比较凌乱,不能正确反映汉语语法的客观事实,又不实用,尽管刘氏自称要"革新",但客观上却没能开拓出新局面来,响应者甚少,到1932年出版《中国文法讲话》时,他自己也认识到该书"其中疏陋牵强,随在皆是也",干脆宣布收回这个"新体系"了。

当然,这本书某些章节、某些立论还是有一定特色的。(一)个别观点颇有价值,如首次提出了"兼格"。刘氏提出:"亲之欲其贵也,爱之欲其富也"中的"之"和"其"都是指象言,为什么不能互换呢?因为"之"是单格的代词,它只作"亲"、"爱"的受格,而"其"字是兼格代词,他一面作"欲"字的受格,一面又作"贵"、"富"两字的主格。这一观点后被王力吸收改造后提出为"递系式"句式。(二)注意到口语情况,认为"讲文法而不与语言合参,便是舍本逐末",

同时还分析了语调起落抑扬与句型之间的关系。(三)比较详细地讨论了复句的情况,把复句分为"主从复句":"有端句加句的分别的",以及"衡分复句":"各子句平列,不分端句加句的";并区分了主句、从句、包叠复句、扩充复句、减缩复句、省略句等格式。(四)在汉语语法研究中,第一个采用了语法术语的符号,如:实体词＝S,品态词＝A(永久＝P,变动＝C),指明词＝Q,量词＝q,标词＝m;主词＝s,表词＝p等等。

二、《国文法之研究》

1922年由上海中华书局出版。作者金兆梓(1887—1975年),字子敦,号芚庵,浙江省金华县人,曾任北京高等师范和上海大夏大学教师及中华书局编辑,解放后任中华书局上海编辑所主任,兼任上海市文史馆馆长等职。

该书深受刘复《中国文法通论》影响,基本格局和设想乃至于章节安排都相类似。全书共分三章,第一章"导言",讲述关于文法研究的一般原则,第二章探讨研究方法,第三章是重点,提出一个新的计划,分为"名学(逻辑)的现象"和"文法的现象"两部分。比起《通论》,该书也适当作了些调整和修正,叙述比较清楚,个别内容也有所不同,所以相对地说其在社会上的影响也稍大一点。

该书的词品(词类)实字分类与《通论》一样分为三类:1.体词(分为名词、代名词);2.相词(分为动词、静词);3.副词(分为副体词、副相词)。虚字的分合则有所不同,分为:4.提命虚字;5.联系虚字;6.传吻虚字;7.绝对虚字。实虚字之外又单列一类:传感字。这基本上是依照逻辑概念和关系来分类的,有两点颇有独特见解:(一)把表动相的字(即动词)和表定相的字(即形容词)合为一类,名为相词。这反映了汉语中动词和形容词难以截然分开,至今仍有不少人主张动词和形容词合称为"述词"或"谓词";(二)主张撇开词与句的分别,凡表示并列关系的是连词,表示主从关系的是介词。

在句子结构分析上,金氏重点分析了表词部分,指出动词和客词、直接客词、间接客词、足意词之间的关系,并分析了"本词与加词"、"主词与表词"、"先词与加词"的关系。值得提出的是金氏有一些认识在当时是难能可贵的:(一)"句是意义的独立单位,所以毋论一个字几个字,只要能表示完全的意思,都可以叫做句。"(二)提出"字与字连合,也合于文法的,也合于名学的,但是所表示的意义,尚未完全的"称为"字群",它的作用相当于一个名词或副词。这里实际上已经提到词组了。

该书最大特色在于作者处处把语法和逻辑联系起来研究,他认为"名学的现象是理论的,科学的;文法的现象是历史的,习惯的;所以有符合的地方,也有不符合的地方。"其次在研究方法上强调"历史的研究"、"比较的研究"、"普通的研究"三者应当同时运用。

该书存在的问题大体上和《通论》相似,也只是勾画出一个语法体系的粗线条轮廓,缺乏深入、细致的分析,但在研究理论和方法的探索上作了有益的尝试,因而具有自身独特的价值。

第五节 现代汉语语法研究的兴起

一、《国语文法概论》

为"国语"(现代汉语)文法研究在理论上鸣锣开道的是胡适于1922年发表的《国语文法概论》(收入《胡适文存》第三卷)。胡适(1891—1962年),字适之,安徽省绩溪县人,留学美国,曾任北京大学教授、校长,1949年赴台湾,曾任国民党政府驻美国大使。

该文共分三部分,第一篇:国语与国语文法。第二篇:国语的进化。第三篇:文法的研究法。胡适着重论述的是两个问题:(一)为什么说国语是进化了,而不是退化了。从杜威的实用主义观点说明国语进化、文言退化的理由,驳斥所谓"文字有进化,而语言转见退步"的错误观点,为国语的合法地位而大声疾呼;(二)探讨研究语法所应采用的方法,提出三条:1.归纳研究法;2.比较研究法;3.历史研究法;并认为其中归纳法是根本之法,其他两条都是辅助归纳法的。

胡适是五四白话文运动的首创者之一,在"五四"新文化运动中顺乎历史之潮流,发挥过相当重要的积极作用,在学术研究上也作出过一定的贡献。对此应实事求是地评价。应该承认,《概论》在巩固、维护白话文的地位,促进、完善国语文法研究方面有其不可抹杀的进步作用。这主要表现在:(一)正确认识一种方言如何才算取得国语的资格。胡适认为:第一,这种方言在各种方言中通行最广;第二,这一种方言在各种方言中产生的文学最多。(二)认识到古汉语语法和现代汉语语法的不同,认为"文法的形成是几千年演化的结果,是中国'民族的常识'的表现与结晶"。指出"马建忠的大缺点在于缺乏历史进化的观念"。(三)指出研究方法对国语文法研究的重要性,认为方法比学得知识更为重要。其中有的提法很有参考价值,如关于"历史研究法"的两条原则:1.举例时应当注意每个例发生的时代,每个时代的例排在一处;2.先求每一个时代的通则,然后把各时代的通则互相比较。

但是,由于胡适盲目崇洋,在哲学思想方面鼓吹杜威的实用主义,因而在《概论》中也存在一些错误的观点。例如他认为中国语法学之所以发生迟是由于:"第一,中国的文法本来很容易,故人不觉得文法学的必要。""第二,中国的教育限于少数的人,故无人注意大多数人的不便利,故没有研究文法的需要。""第三,中国语言文字孤立几千年,不曾有和他种高等语言文字相比较的机会,……没有比较,故中国人从来不曾发生文法学的观念。"

胡氏还过分强调和西洋各国语言的比较研究,片面地反对陈承泽所提倡的"独立的非模仿"的研究,甚至于宣称:"我老实规劝那些高谈'独立'文法的人,中国文法学今日第一需要是取消独立。"另外,胡氏的"假设"虽然"大胆","求证"却并不"小心",由于对汉语语法本身缺乏研究,因此在谈及一些具体语法问题时常得出错误的结论。例如在分析"他若不肯来,此事便休了"这一类句式时,他判断说这个"了"表示"虚拟口气",这明显是不符合事实的,因为"虚拟口气"是由于句中有"若"的缘故,和"了"并无关系。

总之,《概论》在理论和方法论上有所贡献,对进行国语语法的研究有促进作用,但在具体语法研究上却并无建树,同时也包含了一些错误的观点。

二、《新著国语文法》

在现代汉语语法研究方面第一个作出杰出贡献的是黎锦熙，他的《新著国语文法》一书奠定了现代汉语语法研究的基础，是继《马氏文通》之后在汉语语法学史上具有重大意义的一部著作，这一历史地位必须充分予以肯定。

《文法》1921年完成初稿，1924年由上海商务印书馆正式出版。黎锦熙（1890—1978年），字劭西，湖南湘潭人。1920年起任北京高师国语文法课教员，曾先后担任过北京女子师大、北京大学、燕京大学等校教授，1945年起任北京师大文学院院长兼国文系主任，并兼中国大辞典编纂处总主任，1928、1945、1949年三次任北京师范大学校长。从事语文教学和研究工作近七十年，在语音、音韵、语法、修辞、汉语史、辞典编纂、文字改革与推广普通话等方面，都有很深的造诣和丰富的著述。语法方面专著除该书之外，还有：《国语学讲义》（1919年）、《新著国语学概要》（1922年）、《国语文法纲要六讲》（1925年）、《比较文法》（1933年）、《中国语法与词类》（1950年）、《中国语法教程》（1952年），以及与刘世儒合作的《怎样教学中国语法》（1953年）、《汉语语法十八讲》（1957年）、《汉语语法教材》（1957年第一编，1959年第二编，1962年第三编）、《联合词组和联合复句》（1958年）、《汉语语法初步教程》（1959年）、《论现代汉语中的量词》（1978年）等。

《新著国语文法》共二十章：一、绪论；二、词类的区分和定义；三、单句的构成和图解法；四、实体词的七位；五、主要成分的省略；六、名词；七、代名词；八、动词；九、形容词；十、副词；十一、介词；十二、单句的复成分；十三、附加成分的后附；十四、包孕复句；十五、等立复句;十六、主从复句;十七;语气(助词);十八、叹语;十九、段落篇章和修辞举例;二十、标点符号和结论。书前有一"引论",专讲本书的教学法和使用法;第十版后,书后还附有术语索引。

作者自称:"基本的讲授只要讲前三章,这三章是全书的精华,基本上体现了作者的意图。"以后各章是分词类和句型详细描述,在教学时可简可繁。

《文法》以白话文为研究对象,以"纳氏文法"为主要蓝本,以"句本位"为指导思想建立起一个新的语法体系。

该书抛弃了自《文通》以来各家坚持的"词本位"体系,提出了新的"句本位"体系。黎氏认为:由于汉语的词类"既没有严格的分业,就多以句法的成分上异别出来","词类本身并无繁重的规律","通用的句法,于正式的组织外很多变式,并且多是国语所特有的","所以本书特重句法"。他主张研究语法必须"先从句子底发展,娴习词类在句中各部分的种种位置和职权,然后继续地研究词类底纲目。"语法研究从"词法"改为以"句法"为主,绝非偶然,显然是受了当时国外新的语法著作的影响。过去在形态丰富的印欧语里总是以词法为主,许多句法现象都放在词法里讲,到20世纪初,语法学家在分析形态变化不那么丰富的英语时,才开始重视句法,纳斯佛尔德(Nesfield)的《英语语法》便是以句法为主的,所以,黎氏一开卷便说:"诸君知道近来研习文法的新潮流吗?简单说,就叫做'句本位'。"以句法来控制词法的传统一直沿袭至今,从中国来讲,《文法》一书当是其最早源头。

句本位的思想首先体现在词类的划分上。黎氏把词分为五类九品:(一)实体词:1.名词(分为独有、普通、抽象、量词);2.代名词(分为人称、指示、疑问、联接);(二)述说词:3.动词(分为外动、内动、同动、助动);(三)区别词:4.形容词(分为性状、数量、指示、疑问);5.副词(分为时间、地位、性态、数量、否定、疑问);(四)关系词:6.介词(分为时地、原因、方法、领摄);7.连词(按复句类型分类);(五)情态词:8.助词(分为决定、商榷、疑问、惊叹);9.叹词。黎氏一方面在给词类下定义时采用意义标准:"就语词在言语的组织上所表示的各种观念,分为若干种类,叫做词类",同时在具体分析时则主张从句法功能上去鉴别:"汉语的词类,词形上既没有严格的分业,就得多从句法的成分上辨别它的用法来。"换言之,词类的划分,"有些要由词类在句中的功用而决定",这比较《文通》等主要从意义上或逻辑上给实词分类是进了一大步。但是,黎氏却又狭隘地理解为:某一类词只能充当某一句子成分。这样势必得承认马氏的"字无定义,故无定类"的观点,并进而推导出"凡词,依句辨品,离句无品"的绝对化结论,这一看法客观上也就否认了汉语词类的存在。[①]这种认识还反映在"短语"的分类上。黎氏在章氏"短语"和金氏"字群"认识的基础上,进一步指出:"两个以上的词联起来,还没有成句的,叫做短语,简称'语',旧时叫'顿'或'读'。"并按它们在句中的作用分为三类:凡作主语的即为"名词短语",凡作定语的即为"形容词短语",凡作状语的即为"副词短语"。这样,同样一个动宾关系的短语只因为在句中出现的位置不同便分属两类以上短语,这种分类显然和他的词类划分是一脉相承的。

句本位的思想还集中表现在句子结构分析上。黎氏第一次明确了句子六大成分及其内部关系,这六个成分被划为三个层次,第一层为主要成分:主语、述语;第二层为连带成分:宾语、补足语;第三层为附带成分:形容词的附带语(即定语)、副词的附带语(即状语)。在具体分析时采用"中心词分析法",即一举找出句中各种成分。这种析句法能划清主干和枝叶,有一定的成分层次观念,对辨清全句格局,确定句子类型,修改病句都有一定帮助,被广泛运用至今,是传统语法析句的典型代表。1956年拟定的《中学语法教学暂拟系统》析句法便是在该书基础上建立起来的。但这种析句法也存在不少问题,最主要的是不能反映出句子结构内部固有的层次性,因而无法合理解释一些比较复杂的句法现象;其次是完全凭意义来确定句中成分关系,如根据施事受事来决定主语宾语。

为帮助析句,黎氏还引进了图解法(Diagram)。黎氏自称:"这'就图解辨别词品'的方法,是本书所独创的","图解法底用处,在于使学者直接地敏活地一眼看清复句中各分句底功用,分句中各短语底功用,短语中各词类底功用,画图析文,或主或从,关系明确,何位何职,功用了然。"但是图解法符号、线条比较纷繁,且不能在原句上进行,手续烦琐,不易掌握,碰到稍微复杂的句子,图解法结果往往因人而异。[②]

单句图解法的公式和程序如下图:

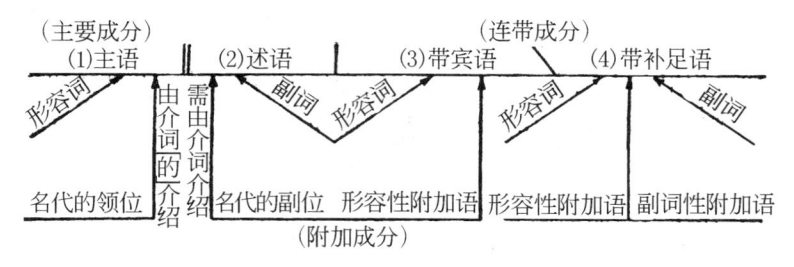

```
       (主要成分)                    (连带成分)
       (1)主语    ‖ (2)述语    (3)带宾语    (4)带补足语
      /形容词    需 /副词 /形容词   \形容词    \副词
     / 由介词    由                              
    /  的介绍   介
              词
              介
              绍
   名代的领位    名代的副位  形容性附加语  形容性附加语  副词性附加语
                        (附加成分)
```

这种图解法其实来源于美国学校里当时流行的里德和凯洛格(Reed-Kellog)图解法,不过运用于汉语则首推黎氏。

由于黎氏重视句子的分析,因而对复句的论述也比前人充分和详细。复句分为三大类:(一)包孕复句:"两个以上的单句,只有一个'母句',包孕着其余的'子句'",而"被包孕的'子句'只当母句里边的一个'词'看待"。这对进一步认识由主谓结构(即子句)充当句子成分的句子特点有一定好处。(二)等立复句:"两个以上的单句,彼此接近或互相联络,却都是平等而并立的。"内部又分为平列、选择、承接、转折四种。(三)主从复句:"两个以上的单句,不能平等而并立,要把一句为主,其余为从。"内部又分为时间、原因、假设、范围(附条件)、让步、比较六种。复句的种类,以后各家虽有出入,但都大同小异,《新著国语文法》为之奠定了基础。

黎氏在书中还提出了一些带普遍指导意义的研究原则,如"中国语法教育主要针对现实需要,简明、有用。""当我作归纳的研究工夫时,常守着一个规则:例不十,不立法……于是又默守着一个编辑的体例:法必成序,而例不求多。"他自己也身体力行,揭示了现代汉语语法中一些特殊的规律。例如:"国语句法上有一个特点,就是述语可以直接用形容词",并认为"因为它的前、后都可以添附'助动词'"(即前附的"助动词"以及后附的时态助词"了"等),"这就可以证明:它们不但在句法结构上是动性,便在实质的意义上,也含有'迁变流转的动态'了"。又如:古汉语中往往是数词直接修饰名词,而现代汉语中则必须有量词和数词结合后才能修饰名词,黎氏因而在名词内分列了一个"量词",并进行了初步分析,比刘复的"量词"讲得清楚。

《文法》一书诞生于1920—1924年间,显然是"五四"新文化运动的产物,符合历史发展潮流,符合人民大众的需求,不仅研究对象是白话文,本身也用通俗易懂的白话文写成,体系新颖,立论持重,态度严谨,行文清楚,且配有图解,所以深受欢迎,几十年来一直盛行不衰,它的贡献是第一次系统地研究了白话文语法,形成了一个完整的现代汉语语法体系,使语法知识得以普及,尤其在师范界和中学界影响极大,几乎始终占据着统治地位(一直延续到"中学语法教学暂拟系统"诞生)。当然,以后许多语法研究者对该书体系也提出不少异议,甚至是尖锐的批评,黎氏本人也屡次修订此书,③还多次进行过认真的自我批评。除以上提到过的缺点外,主要的问题仍是当时一般语法书的通病,即模仿英语语法较为严重。黎氏在1951年作"今序"时也自认:"新著国语文法的英文法面貌颇浓厚、颇狰狞。"如黎氏仿英语的格(case)设名词代词七位:1.主位,2.宾位,3.补位,4.领位,5.副位,6.同位,7.呼位。其实,不论是"格"还是"位"、"次",对形态变化不丰富的汉语来说,显然是不很必要的。其他方面也存在一些不足之处,如从逻辑出发,任意解释省略和倒装;采用例句常有古今杂用现象,多次引用《西厢记》、《琵琶记》等元明清文学作品。

尽管如此,仍然瑕不掩瑜,《文法》在推广白话文和普通话,在普及现代汉语语法知识,促进现代汉语语法研究,提高中小学语文教育水平等方面的成绩是巨大的,对此任何时候都不能低估,该书的许多观点直到现在对国内外的汉语语法研究都产生着巨大而深远的影响。

附 注:

① 黎氏后来修正为:"凡词,依靠句型,显示词类"。其实这种提法仍带片面性,因为词类的划分不仅仅只在句中观察,还要参照词与词的组合关系等。
② 1950年黎氏又提出一种简捷的"读书标志法",即用固定的成分符号直接在句子各成分下面标出,经他的学生张拱贵、廖序东略作改造,被广泛应

用至今。
③ 该书共出24版,作者宣布对该书品评,应以第22版以后诸版为准。

第六节　古今比较语法的研究

一、《比较文法》

《比较文法》是黎锦熙另一部比较有代表性的语法专著,该书前身是《文法会通》,1930年初版,经作者修改后于1933年由著者书店出版,今通行本为1957年由科学出版社重排的校订本。该书副标题为:"词位与句式",是作者计划中的第一编,计划的第二编"词类"和第三编"复式句与篇章"都未能完稿。

该书的宗旨是:"句式多矣,又将何以纲纪之?曰:以'词位'。"即把《新著国语文法》关于实体词的"七位"说单独抽出来详加说明,想从词位上讲明句法的基本结构,从句中词位的次序移动讲明句子和短语的变式结构。作者之所以这样做,出发点为:(一)认为"位"与印欧语系的"格"有相通之处,"基本上也就是从语言的结构成分出发";(二)认为应以实词的"位"来控制虚词的"用",只有这样,才能搞清中外语言之异同,了解古今汉语之变化。所谓比较,有两层含义:一、中外语法比较;二、古今语法比较。黎氏认为:相同之点与相异之点都应比较,而后者更为重要。他说:"所谓比较,重在异而不在同:同则因袭之,用不着一一比较;惟其异,才用得着比较,或大同而小异,或小同而大异,或同中有异,或异中有同。偶忆王船山《俟解》中有句话:'不迷其所同,而亦不失其所以异。'可借用为比较文法研究的原则。"

所谓"七位",即:1.主位;2.呼位;3.宾位;4.副位;5.补位;6.领位;7.同位。所谓"位",是比照印欧语系的格而设,但并不等于格。这个"位"实际上指的是实体词(或短语、或小句,此处作用同于实体词)充当句子结构成分时在句中所处的位置。从词位来讲句式,就是从逻辑语义出发考察其"位"的分类及常位变位的格式。

该书有以下几个特点:

(一)指导思想来源于《新著国语文法》,同时参照修正《马氏文通》关于"次"的学说。

(二)讲的是实体词的位,但"凡短语、子句用如实体词者,亦并及之",如"补位"的定义:"凡词或语句,用以说明句中主语或宾语之为'何'者,概谓之'补足语';实体词之用为'补足语'者,即为在'补位'。"

(三)着重之点,在于变式。即"以逻辑之常径,驭文学之权变"。

(四)着重说明的是古汉语,采用例句多选自《马氏文通》,偶尔参之以现代汉语例句。同时还适当进行汉英语的对照。

(五)每一句式,都用图解法表示,完全同于《新著国语文法》。

(六)书中夹有大量的"参考"、"附注"、"附录"、"附说",每一节后还有思考题共五十三个,校订本又增添部分"今按",书后有索引,对读者提供了一定的方便。

由于该书目的在于实用,给读者"一个有系统而最扼要的比较",所以重点并不在于探讨古今语法演变的历史及其原因,而仅仅在于以现代汉语的句法理论来排列古今汉语句式之异同,"以立其纲,而总摄一切古今文法,比较之,翻译之而已"。该书虽只是

《新著国语文法》的一个补充和发挥,但条例比较清楚,对学习古汉语有一定帮助,也是古今汉语语法比较研究的先驱著作之一。

二、《中国文法语文通解》

该书于1936年7月初版,1955年6月由商务印书馆重版。重版时正文改动很少,只绪论重新写过。作者杨伯峻(1909—1990年),湖南长沙人,曾任北京大学中文系和兰州大学中文系副教授、中华书局编审,主要从事古汉语语法研究。还写有《文言语法》(1956年)、《文言文法》(1963年)、《文言虚词》(1965年)、《古汉语虚词》(1980年)等书。

全书共十二章。除一"绪论"、二"词类总论"以及十三"标点符号"外,其余各章分别论述各词类。作者认为:"从文法的角度看来,汉语几千年来的变化,最大的是什么呢？我认为是虚词。"所以本书重点放在虚词上,实词部分只占全书五分之一弱,半实半虚词(代名词、副词)和虚词占五分之四强。本书把古今虚词综合起来进行分类排比,借此看出它们的历史情况,所以采用语文(即白话语体和文言)通解的形式。

该书在语法体系上主要是参照《马氏文通》,特别是仿照其叔杨树达的《高等国文法》的体例,全书以词法为纲,对句法基本上没有论述。①在词类划分上,作者认为"各自的词类尽有多少之不同,其大体总是一样",只是仿照旧说分为几类:名词、代名词、动词、形容词、副词、介词、连词、助词、叹词,并没有什么新的见解。在实词部分基本上只是列举了古今不同例句,在虚词部分也只是把古今不同的虚词纳入作者的分类中,虽然也附列了一些"语""文"虚词对照表,如:

文	依	按、于		如、仍	恁	即	以
语	依	按照、照	据、根据、依据	如、仍	恁	就	论

但作者只满足于字典式一条条列举,很少从语法角度进行比较,以指出用法上的差异,所以从整体来看,仍未能跳出《高等国文法》的框架。而且这种比较的重点并不在于真正说明其异,而是希望用一个框架把古今汉语语法都框进来,显然重点是放在其同。《汉语研究小史》认为该书"给语法的历史研究做了一番开先路的工作",是"一本融会前期两大潮流的总结性著作",这种评价不免失实。

当然,该书确有若干优点不容抹杀,如对虚词分类比较细致,例句也相当丰富,训释比较精当,继承了杨门优良的学风,作为一本"古今虚词使用对照手册"仍有一定参考价值。

附　注:

① 后来作者在《文言语法》(北京出版社 1956 年)中以相当篇幅论述了句法,以弥补此书不足。

第七节　语法理论的研究

一、《国语学草创》

《国语学草创》一书,1912 年由商务印书馆出版。作者胡以鲁,字仰曾,浙江宁波人。胡为章炳麟弟子,毕业于日本帝国大学博言科,专攻语言学理论。通日、英两种语言,语言学理论方面受缪勒(德国)和叶斯泊森(丹麦)影响较深。回国后曾在北京大学讲授语言学课程。

该书除"论纲"外,共分十章,为中国第一部关于普通语言学理论的专著,其中不少地方涉及汉语语法,颇有独到见解。胡氏对编写语法书有他自己的设想,认为:"语法书宜分音声、词品、词句三篇,而各宜为固有之说明,不必悬印度日耳曼语法之一格而强我以从也。""第一音声篇叙述吾国语音声之特质、特征及其发展之由来。""第二词品篇叙述吾国语词之本领及其应用上之品类。""第三词句篇,语词得句而后生活者也。其职务其意义皆定于句中之关系。"胡氏还认为"其成立之法则,舍连结配置之外无他也。"这一学说深受叶斯泊森的影响,是第一次提出用"连结配置"来观察分析汉语句法结构,后被陈望道吸收并进一步发挥。胡氏还对句法结构提出自己六条"法则":"法一:题语(即主语)置第一位,说语(即谓语)或表语置第二位,有目语(即宾语)时则目语置第三位。""法二:属语(即状语)于其所状词之前。""法三:目语常置于最后。""法四:语助节词(即虚词)置于句读终结处。""法五:语助节词置于句读终结处。""法六:助用词(即助动词)置于用词(即动词)之前。"这是第一次提出把主语、谓语、宾语列为句子三个基本组成部分。

胡氏很注意汉语的特点,指出:"语法学言语言必须主语述语二者而成立,若但发表其一必有为之含蓄者矣。然是各理论或适用于印度日耳曼语族,在吾国语则不用此理论也。"但可惜的是,胡氏往往只提出一些原则性意见,未能对汉语作具体分析,同时,由于叙述过于简略,使读者难于体会作者真实意图。

该书除语法外,其余部分也不乏有识之见,尤其对于"国语在语言学上的位置",驳斥了一些国外语言学者出于无知和偏见对汉语所作的不正确论述甚至恶意的诽谤,立论公正,批驳有力。该书第一次为汉语研究建立了普通语言学的框架,确属开创性工作,故章炳麟也极力推崇,称之"治语学者所未有也"(序)。

关于语言学理论(包括语法理论)的书,还出过若干本:黎锦熙《国语学讲义》(商务印书馆 1919 年)、乐嗣炳《语言学大意》(中华书局 1923 年)、王古鲁《言语学通论》(世界书局 1930 年,根据日本安藤正次《言语学大纲》编译)、沈步洲《言语学概论》(商务印书馆 1931 年)、张世禄《语言学原理》(商务印书馆 1930 年)、《语言学概论》(中华书局 1934 年),但影响和贡献都比不上《国语学草创》。

二、《中国文法论》

该书写于 1937 年,1942 年才由独立出版社正式出版,1948 年 8 月由开明书店改版发行,是根据作者在北京大学讲授中国文法时的部分讲稿修改整理而成。作者何容,字子祥,曾任台湾《国语周刊》董事长。作者的宗旨是"先把自己所知道的关于文法学的一些常识讲一讲,再把《马氏文通》以来的文法著作中的'理论'检讨一下,使读这些著作的人明了它的真相。"因此,虽然该书出版年月稍迟,但由于它"把十年前的几部文法著作中的理论作了一次总结算",所以仍归入"草创时期"。

全书共八章,大体上分为三部分内容。第一部分为第一章:"文法浅说",相当于理论,专门谈作者对文法和文法学的看法;第二部分为第二章:"论中国文法的研究",是对汉语语法研究历史的一个简单回顾,尽管篇幅较短,但实系第一篇关于早期汉语语法学史的专论(比陈望道的《"一提议"和"炒冷饭"读后感》早写成一年多);第三部分是:"对中国文法学里几个问题的检讨",

包括第三章：论词类区分；第四章：论语句分析；第五章：论所谓词位；第六章：论复句与连词；第七章：《马氏文通》的句读论；第八章：助词、语气与句类。每个专题都是先列举各家说法，比较其异同之点，找出原因，分析其得失。如果说第二部分类似"通史"写法，那么第三部分更像"专史"写法，即以专题为纲分别论述评价各家说法。

该书特点是以评为主，述而不作，收集材料丰富，条理清晰，分析细致，批评中肯，"多有独到的见解，至今仍不失为一部有用的参考书。"（朱德熙《汉语语法丛书》序）

何氏在语法理论上深受著名丹麦学者叶斯泊森的影响，其中不少地方照搬叶氏观点，这在"文法学的系统"和"析句与句法"两节中表现得最为明显。一是在语法体系上完全接受了叶氏的《文法理论》（The Philosophy of Grammar）中提出的主张，即"文法学除了讲音韵之外，应该分作两部分；一部分以方法——形（form）为主体，讲方法所表的意思；一部分以意（meaning）为主体，讲表意所用的方法"。二是在析句中引进了叶氏的"词级"说，认为"无论是在附加式的组合里，或是在接结式的组合里，各个词所表的观念，在这个组合所表的总意里所占的地位是不相同的，因此可以按它所表观念的重要性，把组合中的词分出等级（ranks）来。"并分为第一级、第二级、第三级。这是第一次提出了词的三级说，以后王力的"三品说"和吕叔湘的"三级说"亦和何氏同出一源。

何氏的某些观点也受到胡适、林语堂的明显影响，如关于"中国文法何以发生的这样迟"这个问题，就全盘接受了胡适在《国语文法概论》中的观点，在研究方法上也照抄胡适提出的三个方法论。

何氏在某些问题上也多有新见。例如关于"逻辑和语法"的关系,他正确地指出:"文法学里的意类,不但不是逻辑的范畴,而且和现实世界也并不相合",对语句构造可以进行逻辑的说明,但"并不是语句依逻辑而造成,而且语句的组织也并非都是可以用逻辑的关系来解释的";同时,他对某些观点的批评也较中肯,例如关于在汉语中套用印欧语法"格"的观点,指出:"中国语法里的名词根本无所谓格的分别,文法学里的三格(或三位)就是莫须有的类了。"

总的来看,该书在语法本身研究上贡献并不大,它的主要贡献,也是最有参考价值的是作者对从《马氏文通》到30年代若干语法著作按专题所作的综合分析。这些分析虽不一定合情合理,但他力求公允,不带偏见,忠实地引用原著,细心揣摩原作者的意思,加以综合比较,使读者对该问题有一个比较全面的认识。例如在"词类区分"问题上,何氏既指出:各家说法"有一个共同的认识,就是词类是由词义的不同而分的";又指出他们不同之点是由于对"义"的看法不同,对"类"的主张也不同,因此,"说字无定类,乃是说字随用而为义,随义而'辨'其类;说字有定类,乃是说字有定义,虽一义可以有数用,而数用仍属于一义,依义以'定'其类。他们所辨或所定的类,都是'义类'。"尽管何氏并没明确表示自己的看法,也没提出新的分词类原则和方法,但对弄清楚"字有定类"和"字无定类"两种说法则有所帮助。显然,该书之所以日后常被人提到,其原因就在于它对《马氏文通》以来的汉语语法研究作了一个比较全面的小结,有助于弄清语法研究中若干重大问题分歧及其产生原因,以及某些语法体系、术语的历史演变过程。

第八节 语法专题的研究

由于当时的语法研究方兴未艾,大多数语法研究者的兴趣重在著书立说,构拟自己的语法体系,而对语法专题则研究较少,且多侧重于古汉语方面。

对古汉语研究贡献较大的是杨树达,重要论文有:《中国文法学之回顾》(《民铎杂志》1923年4卷3期)、《述古书中之代名词》(《民铎杂志》1922年3卷2期)、《古书之句读》(《清华学报》1928年5卷1期)、《国文中之倒装宾语》(《清华学报》1930年6卷1期)等,都颇有见地,这些论文大多已收入《积微居小学述林》一书(科学出版社1954年)。此外,陈承泽去世后发表了一些遗稿,其中也不乏创见,例如提出了汉语中小句(主谓短语)作谓语之说(《国文和国语的解剖》,《学艺》1923年5卷4期),其他还有:《国文法概论》(《学艺》1923年5卷1—3期)、《词性概论》(《学艺》1923年5卷5期)、《文章论大要》(《学艺》1925年7卷2期)等。30年代中期较活跃的还有何容,除了发表若干评述《马氏文通》的专论,如《读马氏文通》、《马氏文通之次》、《马氏文通论句之术语》外,还写了一些语法研究的论文,如《论特有名词加数词》(北平《世界日报》1934年1月13日)等。黎锦熙的单篇论文也比较多,如《中国近代语研究法》(《河北大学文学丛刊》1929年第1期)、《三百篇之"之"》(《燕京学报》1929年第6期、第8期)、《说"把"》(《世界日报·国语周刊》1932年第27期)等。值得一提的单篇论文尚有:何定生《汉以前的文法研究》(《中山大学语言历史研究所周刊》1928年3集31—33期)及《尚书的文法及其年代》(《中山大学语言历史研究所周刊》1928年5集48—51期)、容庚《周金文中所有代名词释例》(《燕京学报》1929年第6期)、卢自然《中国文法演化的两条公律》(《国语月刊》1925年2卷3期)、林语堂《旧文法之推翻与新文法之建造》(《中学生》1930年第8期)、刘复、黎锦熙《论比较文法名称书》(北平《世界日报》1933年5月27日)等。

其中学术水平较高,对后来研究影响最大,在研究理论和方法上开一代新风的代表性论文应数赵元任的《北京、苏州、常州语助词的研究》和丁声树的《释否定词"弗""不"》。

《北京、苏州、常州语助词的研究》,刊于《清华学报》1926年3卷2期。这是中国第一篇用几个方言的语言材料进行专门语法比较的有相当高科学价值的论文。

全文共分五部分。甲:"口气"概说,指出表示口气的方法有:1.用实词,2.用副词(状语)或连词,3.用语法上词式变化(汉语无),4.单呼词,5.用语调的变化,6.语助词。乙:语助词研究的各方面,认为本文关于语助词只进行方言间语法比较研究,有时也引文言或江南官话或西文进行比较。丙:京、苏、常语助词详目,材料排列是以北京语助词的音为纲,共比较了十一种。丁:语助词的结合,指出可能有四种结果。1.各不影响,2.另有一种用法,读音不变,3.另成一个单节音,用法不变,4.音义都变。戊:结论,特别强调"北京的一个语助词不一定规规矩矩的恰跟别处的某语助词相配……并且在北京是语助词表示的口气,在别处未必用语助词来表示,也许用声调、副词、连词等别的地方法。"最后附"语助词用法简表"。

本文通过比较研究,确实发现了一些极易被人忽略却又十分有趣的语法规律。例如,发现了北京话中读为le,写作"了"的语助词实际上有两个：一是动词词尾，二是句或逗①语尾。

A. 起事

北京 le 勒	苏州 tze 哉	常州 li 哩
下雨勒	落雨哉	落雨哩
别等他勒	勿要等俚哉	勿要等佗哩

B、C、D项从略（和 A 同属一类）

E. 过去动词加数量止词

北京 le 勒	苏州 tzy 仔	常州 tze 则
我今天吃勒三碗饭	我今朝吃仔三碗饭	我基夜吃则三碗饭
睡勒两个钟头	瞓仔两个钟头	瞓则两个钟头

F、G项从略（和 E 同属一类）

作者根据以上所举语言事实指出："以上 A、B、C、D 的勒字都是句尾逗尾的。E、F、G 的勒字是动词的词尾，得要放在止词前头的。这是语法结构上很不同的地方，看苏州哉、仔的区别，常州哩、则的区别就看得出这是很不同的。广州前者是 lo 咯，后者是 tzo 咗，也是不同的。在文言，前者是矣，后者没有相当的语助词。"这一精辟见解已被普遍承认并采纳。这篇论文的重要意义还不仅仅在于具体的结论令人信服，更主要的是在于从研究方法论上作出了榜样，即如何运用方言材料（或其他语言材料）对一个同形语言单位（或结构）进行分化，区别开它们所表示的不同的语法意义。该文基本观点后来在他的《现代吴语的研究》（清华研究院丛书第 4 种，1928 年）这部中国第一部用新的语言学理论和方法写成的方言学著作中，用更丰富的材料予以验证。

《释否定词"弗""不"》，刊于《历史语言研究所集刊·庆祝蔡元培先生六十五岁文集》下册（1935 年）。该文例举了一百七十多个例句,以极为丰富而令人信服的语言材料证明古汉语中"弗""不"用法的不同。前人(例如东汉何休、清代段玉裁、马建忠)认为这两个意义相近的古汉语常用否定词有深浅曲直之别,"弗"比"不"较深较重也较曲。这种只从语气上细微差别来进行区分既很难使人理解也很难使人掌握。该文则从这两词出现的语言环境(即分布、功能)上去考察,发现了以下几条规律:"一、弗字只用在省去宾语的外动词或省去宾语的介词之上;二、内动词,带有宾语的外动词,带有宾语的介词,上面只用不字而不用弗字;三、状词之上也只用不字而不用弗字;四、由这种情况看起来,弗字似乎是一个含有代名词性的宾语的否定词,略与不之二字相当,不字则只是一个单纯的否定词。"

该文还据此校订了《尚书》中八条讹误。该文的重要性在于:它是国内首次运用结构主义语言学理论——"分布"对汉语语法典型虚词进行剖析的代表作之一,其思路新颖,富有启示性,对以后的有关专题研究有良好的影响。[2]

附 注:

[1] 即"读",念作 dou,指短语。
[2] 黄景欣的《秦汉以前古汉语中的否定词"弗""不"研究》,载《语言研究》1958年第3期,对丁文提出批评意见,他认为丁的通则"是不符合实际,不能成立的",结论是:"1.在作为否定副词方面,'弗'和'不'的用法是一致的,并没有什么区别。2.作为否定词,'弗'和'不'是有词性的区别的;'弗'字是一个单纯的否定副词,而'不'字则是一个活动性较强的,具有多种词性的否定词,它可以作否定副词,也可以作否定语气词。"

第三章 汉语语法学的探索时期

(1936年—1949年)

第一节 概述

1936年1月王力发表了重要论文《中国文法学初探》,这篇论文实质上是呼吁对旧语法体系实行革新的带纲领性的宣言书,预示着汉语语法研究迈进了一个新的时期。紧接着,上海陈望道等人又发起了一场相当热烈的关于中国文法革新的讨论,为破除旧语法体系、创建新语法体系,为结构主义语法理论的传播而大造舆论,从而形成南北遥相呼应、分头并进的局面。在这革新的浪潮中,以王力、吕叔湘、高名凯三部带独创性的语法专著为传统语法的旗帜,标志着中国的汉语语法研究进入了一个独立的、有一定创见的探索时期。

"五四"运动以后,白话文对文言文的斗争基本上取得了胜利。许多报刊、杂志的副刊都已改登用白话文写成的文章和文艺作品,各级学校的"国文"课也都转向以教授白话文为主,但同时,复古势力仍很顽固而猖獗,不时向白话文反扑过来。许多文章常常是半文不白,夹杂着不少佶屈聱牙、怪僻生硬的词语,有的则标榜"时髦",不伦不类地加上一些外国词语和欧化句式,这就必然严重地脱离人民大众的口语,妨碍了语言的纯洁性和规范化。1932年7月,文学家宋阳在《文学月刊》创刊号上发表了《大众文艺问题》一文,认为当时这种白话文跟人民大众的口语距离太远,实际上已成为一种新文言,他号召再来一次"文学革命",要求推翻"新文言",一切都用现代中国活人的白话来写,尤其是采用"新兴阶级的普通话"和当地主要的方言。接着,《文学月刊》第二期发表了止敬的《问题中的大众文艺》反驳文章,提出这种所谓"新兴阶级的普通话"是否真正存在的疑问。围绕着"大众语"和"白话文"展开了激烈的讨论。有的认为"白话文"和"大众语"并不矛盾(王钢),白话文的"反动性是在它的内容,而不在它的形式"(司马森);有的则认为要建设"大众语"必须反对白话文,因为"五四"以来的白话文只是"上层的资产阶级与一般知识分子的所有物"(家为)。这场争论历时两年之久,虽然其中有些偏激的观点,明显地带有"左"倾思潮影响,甚至于和马尔的"语言有阶级性"如出一辙,但是,在当时,对文学语言向口语靠拢,打击复古势力抬头,巩固"五四"文学革命的成果,使语言纯洁化以及指出写文章必须面向人民大众等方面都有一定的积极作用,同时,这对汉语语法研究要密切注意人民大众活生生的口语材料有良好的影响,例如陆志韦、赵元任、孙起孟、廖庶谦等语法研究就采用了大量口语材料。

中国语文运动的另一重要内容是推行中国拉丁化字母。吴玉章、叶籁士等人在苏联跟苏联汉学家龙果夫等人一起拟定了一个"中国拉丁化字母"方案,并曾在海参崴等地实验过,收到了较好效果。1933年该方案被介绍到中国,1934年"大众语"讨论中又进一步为该方案造了舆论,以后又陆续出版了一些著作,如叶籁士《中国话写法拉丁化——理论、原则、方案》(上海中文拉丁化研究会

1935年)、《拉丁化概论》(上海天马书店1935年),清华大学研究会《北方话拉丁化》等,上海、北京、太原等地还出版了拉丁化的周刊。这个方案比起其他人拟定的罗马字、注音等方案,有许多优越之处,经过几年的争辩、比较、推广以后,罗马字方案(杜子劲)、基本汉字方案(洪琛)、林峰新字(林峰)等相继衰败。这种中国拉丁化字母的推广,由于涉及词的拼写、划分词和词素、短语的原则以及确定词类的标准等问题,一定程度上影响、促进了汉语语法尤其是词法的研究,例如陆志韦在《国语单音词词汇·序论》中便提出:"……第二种是教育上的实用,注音符号或是国语罗马字是应当怎样连缀的。设若拼音文字有一天在中国实行,又应当怎样写法。……同形替代原则和这原则所产生的词汇至少可以用来参考一下。"

汉语语法研究本身到了30年代中期也具备了进行改革的基本条件。这首先在于经过前人几十年的辛勤的努力和探索,人们对如何进行汉语语法研究积累了一些可贵的经验和教训,同时这些旧的语法体系在实践使用过程中,也暴露出不少明显的缺点和不足。尤其是因模仿西洋语法忽视汉语语法特点而造成削足适履的缺点,更引起了人们的不满。从《马氏文通》问世以来,尽管大家都公认它的"首创之功"不可抹杀,但批评之辞从未停止过,对它的研究对象、材料、方法、目的以及整个语法体系都不同程度地提出了意见。根据各人对《马氏文通》态度的不同以及对建立新语法体系态度的不同,陈望道曾把《文通》以后至1936年的语法学家及其著作划为两大派:一、修正派:章士钊《中等国文典》、陈承泽《国文法草创》、黎锦熙的《新著国语文法》、杨树达《高等国文法》;二、革新派:刘复《中国文法通论》、金兆祥《国文法之研究》。其实,即使是所谓"修正派",对《马氏文通》也作了不少尖锐而中肯的批评。如陈承泽批评《马氏文通》对象是"古典的"、方法是"模仿的"、目的是"实用的"。这种批评和不满充分反映了人们力图摆脱旧语法体系的束缚而建立具有汉语特点的新语法体系的强烈愿望。

其次是在国际上语言学的理论和研究方法有了新的较大的发展和突破。当时,西方语言学界的历史比较语言学已发展到以新语法学派为代表的顶峰阶段,并开始走下坡路。19世纪末20世纪初,人们对传统语法开始了一次大检讨,产生了一批体现新的理论和研究方法,与以前的语法体系有本质不同的语法著作,最著名的是瑞士的德·索绪尔的《普通语言学教程》(1916年)、丹麦的叶斯泊森的《语法哲学》、房德里耶斯的《语言》以及尔后美国的布龙菲尔德的《语言论》(1933年),其中尤以德·索绪尔和布龙菲尔德的著作影响最大。《普通语言学教程》(由索绪尔的学生根据索绪尔的讲稿整理而成,于作者死后才正式出版),奠定了称雄一时的"结构主义语言学"的理论基石,他指出语言是一个系统,语言学应该分成共时语言学和历时语言学,共时语言学研究的对象是作为系统的语言,所以特别重要。从此,语言学的研究从着重历史的比较的心理的研究转入注重对语言结构、系统和功能的研究。布龙菲尔德则是美国描写语言学派的开山鼻祖,他的巨著《语言论》把语言看成是一连串刺激和反应的行为,他制定了描写语言结构的基本原则和方法,比如区分黏附形式和自由形式,关于直接成分分析法以及"配列"(以后发展为"分布")学说。这些理论对传统语法进行了猛烈的批判,他们的批判主要集中在两个方面:一是将现成的语法范畴套用于各种语言,却忽视了各种语言本身的特点;二是用"原子主义"的态度孤立地观察语言现象,忽视现象间的联系和制约。这些新的理论和方法给了中国语法学界以极大的震动和刺激,客观上也迎合适应了汉语语法要求革新的强烈愿望。

再次,二三十年代前后中国有不少才华出众、有一定抱负的青年学生留学国外,他们中间有些人专攻语言学,或对语言学发生兴趣,曾师事著名的语言学家梅耶、马伯乐、叶斯泊森等人,较系统地学习了从事语法研究的理论和方法,并深受他们的影响。一般地说,从英国和西欧学成回国侧重于传统语法的研究,而从美国、日本留学回来则更多地从事结构主义语法的研究,因而反映在汉语语法研究上也形成两大流派。

这个阶段发出第一声呐喊的是王力的《中国文法学初探》(《清华学报》,1936年1月第11卷第1期),他认为:"本篇的旨趣不在乎搜求中国文法里的一切系统,只在乎探讨它的若干特性,希望从此窥见中国文法的方法。"正如作者自述:"《中国文法学初探》……仿佛是一篇'宣言',我在这篇文章里确定了我的研究方向和方法。"该文可贵之处就在于认识到"此后我们最重要的工作,在乎寻求中国文法的特点",而"我们对于某一族语的文法的研究,不难在把另一族语相比较以证明其相同之点,而难在就本族语里寻求与世界之语族相异之点。"并且提出九个重大原则问题分别予以讨论。这九个问题是:一、比较语言学与中国文法;二、西洋文法与中国文法;三、中国文学与中国文法;四、死文法与活文法;五、古文法与今文法;六、本性、准性与变性;七、中国的文法成分;八、词的次序;九、事物关系的表现。这篇论文的重要意义就在于它吹响了中国文法革新的号角,标明汉语语法研究进入了一个新的探索时期,其特征就是着重对汉语语法的特殊规律进行研究。

紧接着,以上海《语文周刊》为主要阵地,由陈望道、傅东华、方光焘、张世禄、金兆梓等人参加,从1938年至1943年开展了一场关于"中国文法革新"的大讨论。这场讨论的主要目的也是为了反对直接模仿西洋文法,主张针对汉语特点建立自己独立的语法体系。由于各人对"文法革新"的途径和方法认识不一,因而发生了争论。争论中心是汉语有没有词类,词类如何划分以及文言与语体是否可用一个语法框架等问题。这场争论虽然参加的人有限,最后也没能取得一致意见,而且参加者在具体研究方面也没能作出较大成绩,但是确实震动了当时中国的语言学界,总结了经验,活跃了思想,交换了看法,大造了革新语法的舆论,为以后的研究打下了一个良好的基础,在汉语语法学史上有着承上启下的重要地位。其中,以方光焘、陈望道的主张影响最大,并在此基础上逐步形成了语法学界所谓的"南派"。

与此同时及其后,有一批年轻的语法学家埋头钻研,收集了大量的汉语材料进行了较深入细致而有创见性的研究工作,并在30年代末,尤其在40年代取得了丰硕的成果。这些论著基本上采用传统语法理论和方法,试图建立具有汉语特色的语法新体系。代表作有王力的《中国现代语法》和《中国语法理论》姊妹篇、吕叔湘的《中国文法要略》与高名凯的《汉语语法论》。这些著作都已取得国内外学术界的公认,并在汉语语法学史上起到了积极的作用。王力的两部著作,一着重于规律描写,一着眼于理论说明,两者相得益彰,可互为参见;章法条理清晰,文字清新流畅,不少地方发前人之所未发,对汉语特有句式分析尤细。吕叔湘的巨著行文严谨,分析细腻,材料丰富确切,尤其《表达论》从语义切入,角度新颖,不少章节很有独到见解,对进一步研究富有启发性。高名凯一书哲学气息浓郁,逻辑性强,长于作历史比较研究,特别对某些虚词的语法功能分析最有成果。他们三足鼎立,构成了40年代汉语语法学界的主流派。

除此之外,还有一批以中小学生和一般群众为对象的普及性语法著作问世,他们也力图以新观点去解释汉语语法,写法比较通俗易懂,在提高学生语文水平、普及语法教育方面作出了一定贡献,如孙起孟(又为"孟起")的《词与句》、廖庶谦的《口语语法》、曹伯韩的《中国文法初阶》、傅东华的《国文讲话》、周迟明的《国文比较文法》等。

40年代汉语语法学界出现百家争鸣的局面,并涌现众多分歧的语法体系,并不奇怪,由于语法学家们各人研究的目的、对象不同,使用的理论、方法不同,语言材料的取舍不同,分析的重点不同以及对语言规律的认识不同,以致产生的研究成果也会不同。这些不同主要表现为:一、术语名称不同,二、分类不同,三、全局安排繁简侧重点不同,四、揭示规律的深浅程度不同。固然语法体系的不同给学习者带来一些不便之处,有时甚至使人感到无所适从,但从另一角度讲,也正因为这样,人们才能从这些不同的语法体系的比较、鉴别中,把语法研究推向前进。

值得注意的是语法学家们不仅着力于"语法体系"的建立,而且在语法专题研究方面也扎扎实实地做了不少工作,写出了一些具有相当水平的单篇论文。这些专题研究大致可分为五个方面:(一)古代、近代的汉语语法研究;(二)现代汉语语法研究;(三)汉语语法理论研究;(四)汉语语法学史研究;(五)语法比较研究。和前一时期相比较,不仅专题研究论文在数量上成倍增加,而且其中有不少文章学术水平很高,至今仍脍炙人口,屡屡被人引用。其中以吕叔湘的研究成果最为显著,他的这些论文后来大都收在《汉语语法论文集》(科学出版社1955年)中,另外,王力也发表了一些很有影响的论文,部分论文收在《汉语史论文集》(北京科学出版社1958年)和《龙虫并雕斋文集》(中华书局1980年)中,陈望道的论文后收入《陈望道语文论集》(上海教育出版社1980年),有关文法革新讨论的论文收入《中国文法革新论丛》(文聿出版社1943年),还有一些较好的专论收在叔重编的《中国语文研究参考资料选辑》(中华书局1955年)中。其余论文则散见于《国文月刊》、《史语所集刊》、《燕京学报》、《清华学报》等报刊上。

革新时期大致可以分为两个阶段:一是文法革新讨论阶段,着重汉语语法研究理论和方法的探索;二是三部汉语语法代表作问世阶段,着重挖掘汉语语法自身的特殊规律。这个时期的汉语语法研究已摆脱了初期的模仿痕迹甚深的草创特色,开始进行独立的有创造性的、以揭示汉语语法特点为宗旨的研究,虽然也受到国外语言学理论的影响,但重点则在如何运用这些理论和方法来结合汉语语法的特点以归纳出规律来。然而,也应看到,不少地方照搬国外某种学说、观点的痕迹还十分明显,如王力、吕叔湘都套用叶斯泊森的"三品说",高名凯则全盘接受马伯乐关于"汉语无词类可分"的观点;而且由于各语法学家忙于或着重于建立自己的语法体系,对语言内部的客观规律研究不够深入、细致,有的提出了问题却并没有很好解决;另外在研究的理论和方法上仍以传统语法为主,关于结构主义语法虽然也有人进行零星介绍(如方光焘),个别地方还使用过(如陆志韦的"同形替代"),但直到40年代末期,赵元任才全面地系统地运用它,而它的影响扩大和取得具体的研究成果,则是60年代初的事情了。

第二节　中国文法革新讨论

　　这次文法革新的发端是1938年10月19日上海《语文周刊》15期上刊登其主编陈望道《谈动词和形容词的区别》一文，在讨论方言文法时偶尔涉及一般文法体系的缺点。随后，在陈氏鼓动下，傅东华写了《一个国文法新体系的提议》，金兆梓则根据自己旧作《国文法之研究》重新提出那个文法体系，写成《炒冷饭》一文，接着，陈望道写了《"一提议"和"炒冷饭"读后感》，简单回顾了中国文法学建立的历史过程，对以《马氏文通》为代表的旧文法体系从研究对象、方法、目的等方面展开了批评，最后要求对中国文法的革新开展讨论，"希望大家能宝重这革新，尽量辅助其完成"。从此，这场讨论便蓬勃开展起来了。

　　这次讨论是"革新中国文法学上机械模仿、机械照抄照搬的风气的讨论"。按照讨论的内容和时间，大体上可分成三个阶段：一、1938.10—1939.3 向旧文法体系发起进攻，共有21篇文章；二、1939.10—1940.3 为建立新文法体系继续探索，共有6篇文章；三、1940.10—1943.3 与批评这次讨论的观点进行论战，共有7篇文章。其中第一阶段的讨论最为热烈也最为重要。

　　第一阶段首先是傅东华发表了"提议"，随之他又写了三文进一步阐明自己观点，至此，辩论的另一方主将方光焘发表了《体系与方法》，从研究方法、对象等一系列原则问题向傅氏提出挑战。在傅氏答辩后，方氏又写了《再谈体系和方法》，进一步发挥自己的观点并清楚地列出双方的三个原则分歧。张世禄是袒护傅东华观点的，而陈望道则原则上支持方光焘看法，并以这场讨论的发起者和组织者身份,写了《从分歧到统一》,对讨论进行了小结。这阶段的讨论焦点集中在三处：

(一)是否可以建立一个通用于文言和语体的国文法新体系。傅东华认为:"上所分类(指分八个词类),可通用于文言与语体,以后所编国文法,但须作语文对照体,可无用自各为编。""语体文和文言文可用同一架格的文法来处理,决不会遇到窒碍。"陈望道同意傅氏这观点,也说:"我们不相信文言和白话文要有两个不同的文法体制去范围它。"而方光焘则根据德·索绪尔区分开"共时语言学"和"历时语言学"的观点,同傅氏持截然相反的观点,他说:"我以为建立一时代的文法体系,应该以同时代的,用这言语的民众的共同愿识为基础。……许多语言现象,虽然有待于历史的说明,不过建立现代的文法体系却不能不和'历史'划开,因为现代的文法体系,应该是记述的(descriptive),而不是历史的(historical)。""我不相信有一个可以通用于文言和语体的中国文法体系。"张世禄、陆高谊支持方氏观点。显然,傅氏的观点是对"五四"以来兴起的国语文法的一种倒退,在当时把古代汉语、近代汉语和现代汉语甚至于方言材料混用的现象屡见不鲜,这实质上是否认了语言的发展,否认了建立共时语言学的必要性。最后,方氏主张占了上风。

(二)究竟实行一线制还是双轴制？这实际上就是涉及汉语词类能不能分、怎么分以及是否要把词类和句子成分区分开来的问题。傅东华认为:"中国文字无形体之变化,词类之分须视其在句中之职务而定。"并提出一个原则:"分部依附于析句,析句依附于分部"。所以,傅氏把句子分析中的成分和充当成分的词所属词类合二为一,并认为只要用一套术语便可以了,所以实际上否认了汉语区分句法和词法的必要。汉语缺乏形态变化,这就是一线制主张的理论基础。方氏对一线制提出了尖锐的批评,指出:"我以为词性都不必一定要在句中才能辨别得出来。从词与词的互相关系上,词与词的结合上(结合不必一定是句子),也可以认清词的性质。"并从理论上证明"西洋文法的 parsing 和 analysis 是建立在两种不同的原理上的,parsing 是以'单语'(word)为对象,而 analysis 却以句(sentence)为对象。"陈氏支持方氏观点,从三方面详细说明一线制在理论上的缺陷。并指出:"双轴制的存在实在另外有它坚强的根据,不致因形态变化的有无而存废。""以析句合其纵而以分部连其横,纵横两面都有详尽研究,才可使词的经常性质和临时职务的关系无不彻底明了。"从本质上看,傅东华的"一线性"比马建忠的"字无定义,故无定类"以及黎锦熙的"依句辨品,离句无品"更为彻底、更为极端。马氏、黎氏还凭意义把词(字)分了类,又另立句子各成分名称,傅氏则根本取消了这两套术语,合二为一,但这种做法在实际上根本行不通,无法对许多语法现象进行解释,最后傅氏也不得不放弃"一线制",在第二阶段《文法稽古篇》中也认为:"今各国文法,皆分'辞例'(syntax)'字类'(parts of speech)为二部,此例殆不可破。"虽然从表面上看来,"一线制"观点被放弃了,但实际上这个问题并没得到真正解决。在 1953—1955 年关于汉语词类问题讨论中,高名凯坚持汉语实词无词类可分的主要依据仍然是汉语无形态变化这一点。

（三）划分词类的标准是什么？在这个问题上最有创见、也最有贡献的是方光焘提出的"广义形态"说和陈望道补充修订后提出的"功能"说。方氏立场鲜明地"反对以句子的意义做骨架,去建立中国文法的体系",他根据德·索绪尔的"能指"、"所指",指出:"我以为文法学是以形态为对象的,是要从形态中发现含义",而"词与词的互相关系,词与词的结合,也不外是一种广义的形态",因此,"只有凭形态而建立范畴,集范畴而构成体系"。张世禄持相反观点,认为:"研究中国文法,不妨把形态学上的关系暂时撇开;而专心注重在措辞学上的关系","最重要的是第三种'语词先后的次序(word-order)'",并提出要"凭语序而建立范畴,集范畴而构成体系"。这实质上仍是以句法来鉴别词类的一个翻版而已,对此方氏指出:"语序不过是一种形态,单凭'语序'这种形态,来研究中国文法,实在是不够的。"陈氏原则上赞同方氏观点,只是建议用"表现关系"来代替"广义形态",并获方氏首肯,但两人各自理解仍有些出入,方氏强调的"广义形态"属于德·索绪尔所谓记号中的"能记"(significant)部分,而与"所记"(signifie)无关。而陈氏则认为"能记"和"所记"只是标记的"内部关系",而"讨论文法时最有关系的是标记的外部关系,所谓外部关系就是一个标记对于别个标记的关系"。因此,陈氏的"表现关系"实际上包含"内部关系"和"外部关系"两个内容,统称"功能"。陈氏早在《回东华先生的公开信》中便指出:"我们不妨注重这种'功能'来研究来讨论我们的文法。"这个建议十分重要,遗憾的是对如何凭功能来划分汉语词类并没作进一步探讨,而只是停留在一些原则上,这是这场讨论明显的不足之处。

在第一阶段的辩论告一段落后,傅东华宣称:"我之所以打算暂时缄默,也就是为要'退而结网'的缘故。"张世禄也表示:"我们又须得先从考察中国语文的实际现象入手,所谓'临渊羡鱼,不如退而结网之为愈也'。"以后,他们确是先后抛出了"两张网"。傅东华的《文法稽古篇》目的是"约稽自古有关文法之言,寻其条贯以成篇者也。"具体做法为:"上探墨荀名理之谈,博采小学训诂之学,务使一名之立,一例之起,皆必千古焉有可稽征,爰乃分别部居,为'名''言''训''词'四大类,以之统摄一切字,施之于古文则通,揆之于今语亦准,而今文法削足适履之通病,或庶几乎几可免焉。"傅氏一方面不得不放弃"一线制"主张,另一方面又坚持古文和今语的文法可通一格的观点,同时企图在中国传统语文学中寻找文法研究的出路,这种做法无疑是"缘木而求鱼"。傅氏甚至还提出用文字学的"六书"来牵强比附文法的词类划分,说"字类可以助六书之学,而六书亦有助于字类之辨析也",认为"凡象形之字,必皆为物名","凡象事之字,必皆为言类之动字","凡象意之字,必皆为言类之静字,或名类之指名"等等,这是简单地把汉字字形与印欧音素文字的形态变化作比较类推。汉字属表意文字,中国文字学的研究目的是为了训诂,解释词源、词义的发展,而不是它的语法意义,因此根据六书来划词类肯定是条死胡同,连张世禄也不敢苟同,尖锐地指出:"根据中国语文的性质和习惯,各个字体的结构,只显示着原来造作时所属的本义,并没有什么可以为表明文法功用和分别词性的指标……文字学是属于各字本体的研究,而文法的研究,却须注重于各字在实际辞句中连结配置的相互关系。"但张氏在否定文字学为文法研究的依据的同时,自己又提出了以训诂学为依据来研究文法的主张,他认为:"训诂学和文法学两者常互相为用、互相助长,具有不可分离的趋势。""因为明白了辞句里各字的意义,自然能够确定各字的用法;确定了各字在辞句组织上的功用,也自然因此了解了各字的意义。"这个主张的实质仍是坚持文法研究要从词汇意义入手,同他自己所提倡的要研究"连结配置的相互关系"自相矛盾。

　　第三阶段的争论主要是在陈望道和廖庶谦、许杰之间进行。

廖氏对这次文法革新讨论总的态度是贬大于褒,他认为:"主将陈望道,他所用的方法也还是所谓'实验逻辑'。""讨论的结果,在本质上不曾超过旧日的文法体系"。在具体问题上他提出质疑的是:1."我们所要建立的新文法体系,应该是记叙的,同时又是历史的。"2."把《文通》和《国语文法》笼统地并为一谈"是抹杀了《国语文法》的进步性。3.关于"欧化"和"国化"是把特殊性和普遍性呆板地对立起来了,等等。廖氏的主观愿望是良好的,他极力主张"目前世界上最前进正确的科学,是正确地运用着辩证法唯物论的科学"。"现在的口号应该是三个:第一个是'科学化',第二个是'口语化',第三个是'中国化'。"但是他在批评这场讨论时的态度却是偏激的,不是平等地进行学术讨论,而大有打棍子、扣帽子之嫌,而且在发表他对汉语语法研究的具体意见时,则充分暴露了他对"辩证唯物主义"机械的理解。其代表性观点有三个:(一)认为词类的排列次序应"注意到那些对象发生发展的历史",所以应排为"叹、名(代)、动、介、连、形、副、助",即叹词因为是"历史的",故列第一,助词"最重要","对于叹词以外的一切词类是主导的,所以要列最后一种";(二)语序主要是时间先后所决定,由于主语是"语言对宇宙万物的最一般的反映",因此,"主语对于述语是主导的";(三)"虚实就是指相对的两种——即一个矛盾的两面,'实'是指主导方面,'虚'是指副次方面","在词类里面,只看有多少矛盾,那就有多少种虚实。"廖文《对于"中国文法革新讨论"的批评》一发表,便引起陈氏强烈不满,立即撰文抨击,指责廖文"编造历史"、"割裂人言"、"滥用学语"、"乱贴标签","装成一副异常爱慕革新的模样,而其真主意,真作用,却在取消革新,保持旧状",并逐点予以批驳。廖文在语法研究中提倡运用辩证唯物主义是积极可取的,对前一阶段讨论的批评意见也不乏可取之处(如对《国语文法》的评价);陈文则较详细地阐述了词与句子成分的关系,指出纵轴代表配置关系,横轴代表会同关系,析句为纵,分部为横,对某些重要观点作了进一步的发挥。但是两文所持态度则言辞过激,气势逼人,冷嘲热讽之情溢于字里行间,这势必影响到学术问题的正常讨论。对此,陈氏后来也有所检讨。

许杰的《中国文法革新泛论》主要批评这次讨论只注意了"文法本身的词论与句论问题,而忘记了语文现象原是被决定于语文创作者或语文使用者的人类社会的关系"。主张"通过社会契约关系来研究语文的表现方法即文法现象"。陈望道对此持反对意见,认为把两者结合起来是有用的,但是"若说一切文法的事实,都要从社会的事实出发,不如此便会徒劳无功,那就像说一切文法的事实都要从心理的事实出发,不如此便会徒劳无功,未免近乎夸张"。并指出:词汇研究可以多考虑"社会契约"关系,而句法(文法)却不一定。许杰显然是受到社会心理学派影响,他提出文法研究要考虑到社会的因素和使用者的关系,这是可取的。但是他主张文法规律都可以从社会契约中找到答案,而且认为说明这个原因比"收集并且记述……表现方法和表现规律"更为重要,这就显得比较片面了。

综观"文法革新讨论",它的重大意义在于:(一)旗帜鲜明地提出了"文法革新"的口号,对自《马氏文通》以来的文法研究作了批判性总结,并逐步认清了要建立汉语文法新体系的正确途径是:"根据中国文法事实,借镜外来新知,参照前人成说,以科学的方法谨严的态度缔造中国文法体系。"(陈望道语)如果说《马氏文通》问世是汉语语法研究的起点,那么,"文法革新讨论"就是一个重大的转折点。从此，各种新的汉语语法体系相继诞生，宣告了一个新的历史时期的到来。(二)较深入地讨论了汉语语法研究中一些重大原则问题。主要是:(1)文法学研究的对象是什么?(2)词法与句法的关系问题，即采用一线制还是两线制。(3)划分词类的标准是什么?(4)析句的原则问题。此外还涉及到广义形态与狭义形态区别，语序的正式与变式等问题。这几个问题对汉语语法整个研究都有深远意义，并直接影响到50年代关于"词类划分"和"主宾语问题"等几次大讨论。在讨论中，介绍引进了以德·索绪尔为代表的早期结构主义语法理论的一些基本观点。"陈望道提出功能说，方光焘提出广义形态说，实质上都是吸取分布理论的方法。由于在方法上有继承，有改造，有革新，所以能产生积极的影响。"(林裕文1982)(三)开创了语法理论研究的新风。在此之前尽管各种语法著作出了几十种之多，但大多是为语文教学的"实用"而编写，各自立说，极少争论，而且往往不涉及或极少涉及语法研究的理论和原则，这次讨论普遍地提高了语法理论的水平，跳出了语文教学的框框，为今后建立中国的普通语言学打下了基础，同时也为今后开展正常的、活跃的、健康的学术讨论提供了可供借鉴的经验和教训。更为重要的是:为中国文法革新大造了舆论，为建立新的汉语语法体系创造了条件。

这次讨论也明显存在着一些问题。首先是对《马氏文通》和《新著国语文法》等开创性著作的成绩肯定不够，过分地求全责备，错误地提出"打倒《马氏文通》派"的口号，对旧文法体系缺乏实事求是的分析。其次是一般的讨论较多，具体的研究较少；大多数人并没有能详尽地占有语言材料并从中总结出客观规律，而往往凭只字片语来论证，因而缺乏说服力。此外，由于对划分词类的标准只能是词的分布这一原理还缺乏足够认识,因而讨论的深度是不够的。最后,讨论前两个阶段大家尚能心平气和、相互切磋,到第三阶段时态度不够冷静,语言不免尖刻辛辣。这次讨论的文章先由汪馥泉编为《中国文法革新讨论集》,1940 年 3 月由上海学术社作为《学术杂志》第 2 辑出版,共收 26 篇文章;1943 年由陈望道重行编辑,更名为《中国文法革新论丛》,补收了第三阶段论战的八篇文章,1958 年由《中国语文》杂志社根据重庆文聿出版社印本重印时,又增收一篇,共为 35 篇,加上陈望道的"序"和"重印后记"以及"重印说明",这也就是现在所能见到的收文最齐全的本子。

第三节 汉语传统语法研究三家新体系

一、《中国现代语法》

作者王力,字了一,广西博白人(1900—1986 年)。从小因家贫失学,未能上中学,曾在家乡当小学教员,23 岁入上海南方大学,次年入上海国民大学,26 岁入清华大学国学研究院,27 岁赴法留学,入巴黎大学专攻实验语言学,以论文《博白方言语音实验录》获法国文学博士学位。1932 年回国,任清华大学中文系教授,兼燕京大学讲师,主要讲述语言学、语音学及中国音韵学,同时继续进行汉语语法研究。1939 年后在西南联大讲授普通语音学、中国现代语法及诗法。抗战胜利后,任中山大学教授兼文学院院长,创办语言系。1947 年任岭南大学教授兼文学院院长。解放后任中山大学语言系主任,全国高校院系调整后任北京大学中文系副主任、教授,兼汉语教研室主任,并被聘为中国科学院哲学社会科学部(即今中国社会科学院)委员,兼语言研究所学术委员会委员等职。王力长期从事汉语研究和教育工作。出版专著二十余种,发表论文一百二十余篇。他的主要研究范围和成果为:(一)创建了自成一家之说且比较系统、完整的现代汉语语法体系,对丰富汉语语法研究理论和方法颇多贡献;(二)用现代语音学理论整理和总结了前人关于汉语音韵学研究所积累下来的成就,并探讨了古代汉语韵部的分部,进行了古音的构拟;(三)第一个较全面地研究了汉语发展史和中国语言学的发展史,填补了这方面研究的长期空白;(四)以他为首创建了"文选、常用词、通论"三结合的古代汉语教学体系。1949年前在语法研究方面除了以上两部名著外,还有《中国古文法》(1927年),是作者在清华大学国学研究院的毕业论文,曾获梁启超好评,称之为"精思妙悟,为斯学辟一新途径"。"卓越千古,推倒一时";以及《中国文法学初探》(《清华学报》1936年)、《中国文法中的系词》(《清华学报》1937年)、《语法问答》(《国文月刊》1947年)、《关于"中国语法理论"》(《中山大学文史集刊》第一册)、《中国语法纲要》(1946年)。

《语法》和《理论》是孪生的姐妹篇,原为作者1938年秋在西南联大时的讲义,后接受闻一多建议,"把它分为两部,一部专讲规律,一部专谈理论,相辅而行"(自序)。书成于1938年冬至1940年夏。商务印书馆出版,出版日期分别为《语法》上册1943年1月,下册1944年8月;《理论》上册1944年9月,下册1945年10月。

《语法》一书,除例言、朱自清的序、自序以及导言外,正文分为六章四十六节。第一、二章"造句法";第三章"语法成分";第四章"替代法和称数法";第五章"特殊形式";第六章"欧化的语言"。

《理论》一书除"导言"外,也分六章,章目及顺序安排和《语法》完全相同,1954年出版时增加了一篇"新版自序",对此语法体系作了较全面的自我批评。

王氏语法体系简介如下:

(一)词类划分:

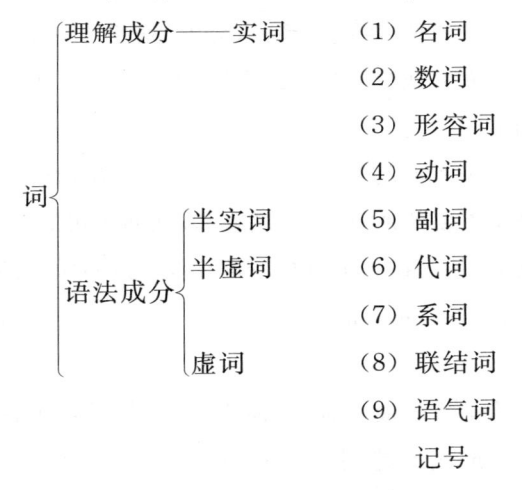

```
      ┌ 理解成分──实词   (1) 名词
      │                  (2) 数词
      │                  (3) 形容词
      │                  (4) 动词
   词 ┤         ┌ 半实词 (5) 副词
      │         │ 半虚词 (6) 代词
      │ 语法成分┤        (7) 系词
      │         │        (8) 联结词
      │         └ 虚词   (9) 语气词
      └ 记号
```

特点为:数词、系词单列一类,动词分为及物动词、不及物动词并包括助动词,记号指助词及词头、词尾。

(二)语法成分:

共分为五类:(1)词:"语言的最小意义单位";(2)仂语[①]:"凡两个以上的实词相联结,构成一个复合的意义单位者",仂语又分为主从仂语和等立仂语;(3)句子:"为完整而独立的语言单位";(4)句子形式:"凡连系式,不论其是否成为一个完整的句子,一律叫做句子形式"(凡两个以上的实词相联结,能陈说一件事情者,叫做连系式);(5)谓语形式:"凡复杂谓语,不论其是否变为谓语的一部分,一律叫做谓语形式"。

(三)句子分析:

句子可分为两部分:主语和谓语。主语可能是一个词或一个仿语,谓语可能是一个谓词,也可能是一个仿语。句子中有三位:主语中的首品所处地位,叫做主位;叙述词之由及物动词构成者,其后面的补充首品所处的地位,叫做目的位;凡首品词或首仿,用来限制谓语词,其所处的地位,叫做关系位;另外,判断句中又单立了一个表位(即系词后面的成分),"组合式中的修饰语(或为仿语里的修饰品)叫做加语"。

词品:词和词发生关系的时候所应属的品级。词在句中有三品:"凡词在句中,居于首要的地位者,叫做首品;凡词在句中,地位次于首品者,叫做次品;凡词在句中,地位不及次品者,叫做末品。"不仅词有品,仿语、句子形式都有品。

(四)特殊句式:

根据谓语形式,给句式分成六种:1.能愿式:凡句子着重在陈说意见或意志者;2.使成式:凡叙述词和它的末品补语成为因果关系者;3.处置式:凡用助动词把目的位提到叙述词的前面,以表示一种处置者;4.被动式:凡叙述词所表示的行为为主位所遭受者;5.递系式:凡句中包含着两次的连系,其初系谓语的一部分或全部分即用为次系的主语者;6.紧缩式:凡复合句紧缩起来,两个部分之间没有语音停顿者。

这两部书所建立的语法体系比之旧的语法体系,确实给人耳目一新之感,它不仅使人们获得了关于现代汉语"一个比较精确的新鲜的知识"(朱自清序),而且对进一步如何研究汉语语法有很深刻的启示作用。这首先表现在作者目的和途径明确,一开卷便旗帜鲜明地表示:"本书的目的在于表彰中国语法的特征,汉语和西洋语法相同之点固不强求其异,相异之点更不强求其同。甚至违反西洋语法书中之学说也在所不计。""从语言事实的具体分析出发才是研究语法的正确的道路……假如我这两部书有优点的话,重视汉语特点就是它们的优点。"(新版自序)其次反映在它所研究的语言材料为有代表性的现代北京话,作者接受了德·索绪尔关于"共时语言学"观点,认为:"语法只该就一时一地的语言作个别的观察,一切的对译都是不能帮助词性或用途的确定的。"该书以《红楼梦》为主,辅以《儿女英雄传》,语言材料确定的好处在于"第一,时代确定,就没有种种历史的葛藤","第二,地域确定,就不必照顾到方言上的差异","第三,材料确定,就不必照顾到口头上的变化"(朱自清序)。这一优点比起其他语法著作所引材料古今不分、地域不明来就更显得突出。再次,作者从根本上舍弃了那种以某种印欧语的语法教科书为蓝本来套汉语语法的做法,而是从方法论上着手,广泛汲取国外普通语言学的理论,其中尤以叶斯泊森的"三品说"和布龙菲尔德的"向心结构"、"背心结构"学说影响最深。作者在运用这些理论研究汉语时有所取舍有所改造。该书还摆脱了旧语法体系以"词法"为纲的束缚,另辟新径,以"句法"为纲,但和《新著国语文法》的"句本位"又不同,而以句式结构分析为主。作者认为:"这二三十年来,中国语法学家所争论的全是词的分类问题和术语上的问题。……所争论的只是语法的皮毛,不是语法的主要部分……须知所谓语法,就是族语的法则,主要部分乃在于其结构方式,并不在于人们对语言成分的称谓如何。"(《理论》导言)作者也十分重视语言材料、语法现象的对比工作,在《语法》中主要进行北京话和方言之间的比较,有时也涉及古今对比;《理论》一书则偏重于中外语言,尤其是汉英语比较。对此,作者的认识是敏锐而深刻的:"一切语法上的规律,对于本国人,至多只是习而不察的,并不是尚待学习的。但是,我们并不因为它们容易就略而不谈。我们的书是不是为外国人而著,却不妨像教外国人似的,详谈本国的语法规律。譬如有某一点,本国人学得平平无奇,而外国人读了,觉得是很特别的,那么,正是极值得叙述的地方。甲族语所有而乙族语所无的语法事实,正是族语的大特征。"正是由于如此,作者才能在语法研究上超越前人,跨出关键性的一大步。

综观全书,我们可以发现作者在发现现代汉语语法规律以及探索研究语法的理论、方法等方面颇多创见。在确定复音词和仂语界限时,作者第一个提出了在汉语中运用"插入法"[②]和"转换法"。所谓插入法即"咱们若要辨别双音词,最好的办法就是试把一个字插进那原来的两个字的中间,假使可以插进一个字,仍旧有可解说,就不能认为双音词"。所谓转换法即"仂语是可以转变为连系式的,复音词则不能,例如:'老人'可以转成'这人是老的','老婆'不可以转成'这婆是老的'。"第一个方法后来被陆志韦等在《汉语构词法》中所吸收而发展成为扩展法,后一种方法由于国外转换生成语法的勃起,正开始显示出它的生命力。作者对汉语句法中动词的作用有比较切合实际的认识。他一方面认为:在汉语中"动词并不是句子所必需的",另一方面他也看到谓语形式中大量存在着两个以上动词的情况。作者根据不同谓语形式对句子进行剖析、分类。作者第一个把带介词"把"(王力称为助动词)的句子命名为"处置式",第一个较详细地分析了"递系式"(最早是刘复提出来的"兼格"),对"被动式"的分析也很精辟,指出:"并非一切的主动式都可改为被动式",主要是因为汉语的被动式"对主语而言,是不如意或不企望的事,如受骗,受损害,或引起不利的结果等等"。关于"使成式"各种补语特别是结果补语的分析则是到那时为止最详尽的。作者划分句型与前人不同,按谓语部分的特点以及表达功能分为:(1)叙述句:"是以动词为谓词的",(2)描写句:"是以形容词为谓词的",(3)判断句:"是在主语和谓语之间,加'是'字为连系工具的"。这比有的语法书只划为名句和动句两种句型更能显示汉语语法的特点。作者对简单句和复合句的界限划分相当清楚,指出简单句是"只含一个句子形式的句子",复合句是"可以用语音停顿隔断的两个句子形式构成者",认为中国语里这些复合句有时也用"关系末品"(连词),但是用"意合法"的多。这个"意合法"说法一定程度上揭示了汉语语法的结构特点,后来被不少人所接受。另一特点是一般所谓包孕句,如"众人知贾政不知理家",作者认为是简单句,即句子形式在句中作目的语,功能和一个词相当。这种认识显然有助于划清句子和词组的不同层次范畴,比黎锦熙分析更合理,并已被大家接受。此外作者对一些语法成分、语法现象的分析也颇有见地。

　　这两部专著在国内外影响都很大,《语法》一书所建立的语法体系比较完整、系统、简明。《理论》一书讨论了不少有关语法研究的原则问题。根据《语法》编写的普及本《中国语法纲要》(开明书店 1946 年),1954 年由苏联汉学家龙果夫教授校订译注并作了序在莫斯科出了俄译本,龙果夫的序和注解对该书某些观点作了批评,主要集中在两点上:(一)认为该书在好些地方没有从语法结构上去研究语法,而偏重于意义方面的分析;(二)该书同时采用"三品说"和"向心结构"、"背心结构"学说,以致两说互相矛盾,缺乏逻辑性。作者对龙果夫批评基本上接受。新知识出版社于 1957 年重印此书,并把龙果夫的序和注解一一译出,改名为《汉语语法纲要》。

后人对王氏语法体系的批评集中在词类划分标准及"三品说"上。作者早已觉察到这一点,并表示:"假使我重写一部语法,我将取消了三品的名称,而保存三品学说的优点。我将把概念的范畴和功能的种类分别清楚。"叶斯泊森的"三品说"在当时对汉语语法研究影响是比较大的。叶氏主要研究英语,英语和其他印欧语系中的语种相比,形态变化已衰落,所以英语词类划分时也常常碰到困难,不能把形态标准贯串始终,为了解决这个难题,叶氏提出了词在句中有品级的学说。汉语比英语更少形态变化标志,因此,"若依西洋传统语法所下词类的定义,中国干脆就没有词类可言",王氏只好转而向意义求救,认为"实词的分类,当以概念的种类为根据,虚词的分类,当以其在句中的职务为根据"。当实词进入句子,词与词发生一定的关系,这时对词的功能分析便规定词在句中有品的差别,所以,王氏认为:"词在字典里的时候,分类不分品;词在句子里的时候,分品不分类。"并把品分为三个等级。作者主观愿望是想妥善解决汉语中词的活用以及词类与句子成分之间的复杂关系。但事实是:一、这样做割裂了词类和词在句中功能的有机联系,实质上把词类划出了语法范畴,使词类的划分成为可有可无的东西,正如王氏自己所承认的那样:"中国的词类可以从概念的观点上去区分,越发失了它在语法上的重要性",而变成一个纯粹的词义的分类,这显然不仅违背了划分词类的初衷,模糊了词类在语法研究中的地位和作用,而且也是不符合语言内部客观规律的。二、在词类和句子成分中间又插入了第三者"品",这样,品和句子成分的关系似乎比较一致了,即:主语、宾语是首品,谓语、补语是次品,修饰语是末品,但是和词类的关系却更加复杂化了,增加了学习语法者不必要的负担。三、品的划定主观随意性太强,王氏下的定义无法作为标准,因为句中的地位重要与否往往决定于定品者的主观看法,所以王氏同时又接受布龙菲尔德的"向心结构"(分为中心语和修饰语)"背心结构"学说时,矛盾便进一步暴露了。如"动宾"关系,动词是次品,宾语是首品,可是它又是一个向心结构,动词是中心语,宾语是修饰语,中心语成了次品,而修饰语反倒成了首品。又如"主谓"关系,主语是首品,谓语是次品,按布氏理论,它属背心结构,可同时,王氏又说:"一句话里头,可以没有主语,却不可以没有谓语。"这样,主语成了次品,谓语却成了首品。因此,三品说在理论和实践中的这些矛盾使人们难以接受,为此,作者于1954年《新版自序》中正式宣布放弃三品说,并提出一个初步解决方案:1.首先看词和词结合或词的附着成分结合的情况,其次再看词本身的意义来划分词类;2.把词类和词在句中功能直接联系起来,对词的这一活用提出区别"本用""兼类"和"×词用作××词"的处理方法。

除以上两个缺点外,作者还认为"某些地方对语言事实的分析还不够细致、不够科学"。这表现在:1.对某些句式的分析太主观,一些结论大有商榷余地。例如"处置式",不一定表示处置,而且也不是用助动词把目的语提到叙述词前面,后人对此作了许多修正补充。2.作者把许多双音词误断为仂语,如车夫、诗人、微笑、精巧、富强等。因为他认为"不论是复音词或仂语,它们的作用至少和其中一个词是相等的,……中国语到底是以单音词为主的"。这种片面的认识,显然妨碍了作者对双音词的正确认识。3.对仂语的认识也不够全面。王氏"仂语"只相当于布氏的"向心结构",即现在通常所说动宾、动补、偏正和联合短语,而排斥了主谓短语,王氏因而又另立一个"句子形式",但它既可能是句子,又可能是句子中的句子,这样便混淆了两个语法层次的概念。后来王氏修正了自己观点,句子形式只指句子中的句子(《谓语形式和句子形式》,《语文学习》1952年第2期)。4.某些地方的处理和归类不合理,如把一些词头、词尾(起结构作用)和表附加语法意义的助词(或称语尾)都归为"记号",似不那么妥当。

二、《中国文法要略》

作者吕叔湘,江苏丹阳人(1904—1998年),1926年毕业于国立东南大学外国语文系。曾在丹阳县立中学、苏州中学、安徽省第五中学等任教。1936年赴英留学,先后在牛津大学人类学系、伦敦大学图书馆学科就学,1938年回国,先后任云南大学文史系副教授、华西协和大学中国文化研究所研究员、金陵大学文化研究所研究员兼中央大学中文系教授、开明书店编辑。1950年至1952年任清华大学中文系教授,1952年起任语言研究所研究员,历任副所长、所长,兼《中国语文》杂志编委、主编。吕叔湘研究工作的重点是汉语语法,学风严谨、扎实、细致。语法专著除《要略》外,还有:《文言虚字》(开明书店1944年,1952年修订本),该书取文言里最常用的26个虚字分别举例,详加分析,反复比较,着重说明在语法上的功用,解释明白浅显;《汉语语法论文集》(科学出版社1955年初版,1984年增订本)收集作者在1940—1949年间写的十一篇论文和十二篇札记;《语法修辞讲话》(与朱德熙合著,开明书店1952年);《语文学习》(中国青年出版社1953年)、《语文常谈》(三联书店1980年);《汉语语法分析问题》(商务印书馆1979年),这是作者几十年来进行语法探索的结晶,具有承上启下的重大意义。论文主要收集在《吕叔湘语文论集》(商务印书馆1983年)和《语文杂记》(上海教育出版社1984年)中。此外,吕氏对近代汉语也颇有研究,写有《近代汉语指代词》(学林出版社1985年,江蓝生补)。1990—1993年商务印书馆出版《吕叔湘文集》六卷本,2003年辽宁教育出版社隆重推出《吕叔湘全集》十九卷本。

《要略》上卷1942年初版,中、下卷1944年初版,由商务印书馆发行;1956年合为一本修改再版。上卷"词句论"共有八章,主要是建立一个语法体系,分别论述字和词、词的种类和配合、叙事句及其起词、止词、补词、表态句、判断句、有无句、句子和词组的转换、繁句、句法的变化;下卷"表达论"之上为"范畴"共九章:数量、指称(有定)、指称(无定)、方所、时间、正反和虚实、传信、传疑、行动和感情。这是从不同范畴(包括特定的概念及其语言形式——词类)出发来论述它的各种语法形式。之下为"关系"共六章,大部分涉及复句的类型。它分为:离合、向背、异同、高下、同时、先后、释因、纪效、假设、推论、擒纵、衬托。全书共23章。

《要略》语法体系简介如下:

(一)词类划分:

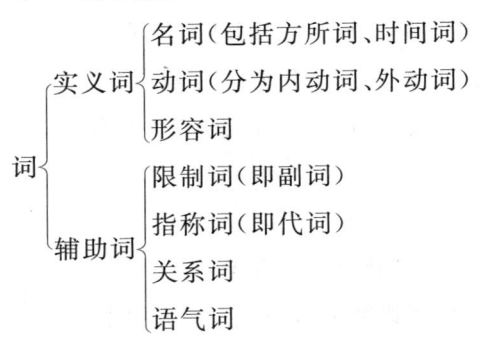

```
      ┌ 实义词 ┬ 名词(包括方所词、时间词)
      │       ├ 动词(分为内动词、外动词)
      │       └ 形容词
词 ───┤
      │       ┌ 限制词(即副词)
      │       ├ 指称词(即代词)
      └ 辅助词 ┼ 关系词
              └ 语气词
```

(二)实词与实词配合关系:

词组:联合关系 $\begin{cases} 名词相联 \\ 动词或形容词相联 \end{cases}$

组合关系
(附加关系) $\begin{cases} 端语为名词,加语为形、动、名 \\ 端语为动词,加语为形 \\ 端语为名、动、形,加语为限制词或指称词 \end{cases}$

词结:结合关系(造句关系):"凡是主语和谓语结合,不论独立与否,可以总称'词结'",句子便是独立的词结。

(三)句子结构分析:

叙事句中:起词:在句法上把动作的起点称为起词。

止词:在句法上把动作的止点称为止词。

补词:与动作有关的人或物。

句子可分为:主语,谓语。

组合关系中,主体词为端语,附加的词为加语。离开本位的成分则作外位语。

词在句中地位分为三级:甲级、乙级、丙级。

句子分为:简句:只含一个词结的句子。

繁句:含有两个或更多的词结的句子。

狭义繁句:词结与词结是构造的结合。

复句:词结与词结是关系的结合。

(四)句型:

1.叙事句,2.表态句,3.判断句,4.有无句。

《要略》语法体系总体来讲和王力的《语法》大同小异。稍加比较,便可发现许多惊人的相似之处。例如:词结(吕)相当于句子形式(王),狭义繁句(吕)相当于包孕句(王),叙事句、表态句、判断句(吕)相当于叙述句、描写句、判断句(王),词的甲级、乙级、丙级(吕)相当于词的首品、次品、末品(王)等等。但是他们又都具有各自不同的特点。吕氏语法体系另有以下几个特点:

(一)句型分析中另外列出一类"有无句",并作了比较细致的分类和描写,先分出无起词和有起词的有无句两类,后者又进一步分为时地性起词、分母性起词、领属性起词三种。

(二)在叙述句分析中,一方面指出按结构可分为主语、谓语两部分,另一方面从与动词的语义关系角度又可分出起词、止词及补词。主语可能是起词或止词,从而有助于从不同平面看清句子的内部结构关系和语义关系,避免把主语、宾语和施受关系混同起来。

(三)对补词的分析较有特色。作者把补词又分为:受事补词、关切补词、交与补词、凭借补词以及方所、方面、时间、原因、目的、比较等补词。这实际上反映了作者以动词为中心的句法观。吕氏认为:"拿叙述句来说,即是叙述一件事情,句子的重心就在那个动词上,此外见动词之所由起,所终止,以及所关涉的各方面,都是补充这个动作把句子意义说明白,都可以称为补词。"所以起词也可以称为"起词补词",止词也可称为"止词补词",只不过"起词和动词的关系最密切,止词次之",所以"才把它们另外提出来,不和其余补词一律看待"。这一观点作者始终坚持,并在三十多年后《汉语语法分析问题》一书中进一步加以阐述和发挥。

(四)该书明显受到中国传统语文学的影响,作者自己也承认:"书成十年之后我才觉察自己无意之中继承了这个传统",这不仅表现在"类集用例,随宜诠释,稍加贯通"的方法,而且也反映在一些句式的分析上,如特别分析了"致动句"和"意谓句",并指出它们和古汉语中"致动"、"意动"用法的关系。

(五)对句子和词组的转换进行了探索性的分析。作者列举了各种句型的句子转换成词组的情况,并指出转换是否可行的条件,如注释式的判断句"马,动物也"这类句子不能转成词组,不能说"马动物"、"动物马"或"马之动物"、"动物之马",而传记式判断句"中国第一大水长江"却有转换的可能,因为这种加语是头衔式加语,"中国第一大水"就是"长江",是同一性加语。这种转换方法对某些句式进行再分类是很有用的,尽管当时这种方法并不完善,但却颇有启发,是国内最早使用转换方法来分析汉语语法的著作之一。

《要略》也存在着一些比较明显的缺点,对此,作者在《修订本序》中已作了比较诚恳、中肯的自我批评,首先作者重视句法而忽视词法,认为词类的划分无关紧要,"种种分类都无非是方便说法"。划分的标准是"按意义和作用相近的归为一类",但实际上主要还是凭意义分类。后来作者在《关于汉语词类的一些原则问题》一文中对词类划分的观点有了很大改变。其次,作者将词在句中的地位分为甲、乙、丙三级。在第一类组合关系上,名词是底子,形、动、名是附加,把那作主体的名词定为甲级,附加的形、动、名定为乙级,又根据第二类组合关系,把那些附加在动词(以及形容词)上的形容词定为丙级。这和王力的三品说如出一辙,同样存在许多矛盾之处。该书再版时,作者干脆删去了"词的等级"这一小节。第三,作者对文言和白话虽然"也作了些比较,但是采用了同一间架,这就不能反映汉语的历史发展,不能使读者得到正确的认识。

这个缺点特别表现在构词法和词类的处理上。汉语的词的构成古今颇有差异,词类体系也不尽相同,本书都是笼统说去,没有好好分辨"。(修订本序)第四,作者对句子结构的认识也有欠缺之处,词与词的配合关系只归纳为三类:组合(修饰)、结合(主谓)和联合,它们虽然也十分重要,但并不足以概括句法上的一切关系,把"动宾"关系硬塞入"结合"关系,认为是省略了主语,这就更为勉强(修订本删去这一内容),至于动词(或形容词)与一般所谓补语的关系根本没有提到。除此之外。在语言材料选用上,文言文太多,有的章节几乎全是文言例句,这便造成喧宾夺主局面,使人不能把握现代汉语的语法特点;行文方面,定义、结论和一般叙述混在一起,条理不够清晰。

尽管《要略》一书在上卷所建立的语法体系有一定特色,但是该书真正有科学价值的部分则是占全书篇幅三分之二以上的下卷"表达论"。《要略》下卷的设想主要来自法国语言学家勃吕诺(Ferdinand Brunot),他认为语言和思想互为表里,学习一种语言,应该既能理解,又会表达,一般语法只顾理解的方面,忽略表达,有很大的局限。吕氏据此从两方面对汉语语法进行描写,除从形式到意义的"词句论"外,另增加了从意义到形式的"表达论",这在汉语语法研究上是一个首创,引起了人们广泛的兴趣和注意。这部分内容实际上相当于语法手段的"同义词典",与语义学、修辞学的关系甚为密切。该书在整体安排上兼有"从外到内"和"从内到外"两方面的特色,这不仅反映在上下卷的角度不同,而且在下卷具体描述上,这两种方法也是交替使用的。例如在谈"交替"这种语法意义时,指出有四种表示法:1.用关系词"或",2.用"和"、"与"等表联合关系的词,3."非甲则乙",4.用假设句法,先说一事,然后用"(要)不"转入第二事。而在谈"排除"时,则从同一表现形式揭示其内在的不同语法意义,指出它在一般情况下"除……外"表示的是排除,但有时虽然用排除的句法,实际上所包含的却是加合关系,而且多数是递进的。又如说"着",一方面指出"着"表方事相,即"表动作正在持续之中",可与"还在"合用,另一方面又指出"一个动作即在持续之中,往往就呈现一种静止的状态,尤以被动性的动词为然"。这类分析精细入微,富有启发性。

《要略》还十分重视语言的比较工作,作者认为:"要明白一种语文的文法,只有应用比较的方法。拿文言词句和文言词句比较,拿白话词句和白话词句比较,这是一种比较。文言里一句话,白话里怎么说,白话里一句话,文言里怎么说,这又是一种比较。一句中国话,翻成英语怎么说;一句英语,中国话里如何表达,这又是一种比较。只有比较才能看出各种语文表现法的共同之点和特殊之点。"(初版例言)《要略》特别着力的是古今汉语对照;某种语法意义,现代汉语怎样表达,古代汉语又如何表达;古代汉语这样表达,现代汉语又有什么变化,从这个意义讲,《要略》可说是一部古今比较语法。例如讲"动相"(第九章)时,指出白话里所用单位词有三类:(1)专用的单位(问一声,走一趟),(2)表现动作的工具(看一眼,踢一脚),(3)即以动词为单位(笑一笑,说一说)。然后指出文言里通常只在动词前加数字,这种说法和白话的第(3)类相等,间或也采用第(2)类说法,但绝无第(1)类说法。《要略》有时也引英语比较,如第二十章谈表相承的"则"和"而";有时引方言材料比较,如第十五章谈语气和语气词用四川话、云南话和北京话作比;至于文言之间、白话之间相比那就更多了,前者如"矣"和"也"作比,指出它们根本区别在于:"'矣'字表变动性的事实,'也'字表静止性的事实。"后者如"假设句、推论句、因果句"作比,指出三种句式的同异可以综括如下:"假设句:若甲则乙,甲乙皆虚,理论的,一般的,泛论因果。推论句:既甲应乙,甲实乙虚,应用理论于实际,推断因果。因果句:因甲故乙,甲乙皆实,实际的,个案的,说明因果。"这样的比较说明不仅醒目,而且极有说服力。

作者还十分注重语言材料的搜集、选择、归纳,从中概括出若干规律来。典型例句选择好坏,确实很可以看出研究者功力的深浅厚薄,例如在谈"我们"和"咱们"区别时,作者指出其规律是:"'我们'包括我和其他人,你不在内;'咱们'包括我和你(或你们),有没有第三者在内,没有关系。"接下去举了《儿女英雄传》第七回中一个例:"那和尚庙里不知羞耻的妇人夸说了一阵'人家大师傅'给他穿的怎么好,吃的怎么好以后,说:'咱们配么?'那女子(十三妹)说道,'别咱们!你!'。"这个例子相当精彩,极有说服力。以上三个研究方法论上的特点贯串全书,而在下卷中表现尤为突出明显。

下卷"表达论"按意义范畴和关系分门别类详加描述,实质上已初具描写语法雏形,其中不少章节都可单独成篇,对后人进行语法专题研究具有重要参考价值。作者从汉语语言事实出发,摆脱前人的束缚,得出许多有一定深度的规律来。如关于疑问代词,一般语法书只说"代表所不知道的事物"(《新著国语文法》),用于疑问句中,而《要略》则进一步指出:"'谁'、'什么'、'怎么'、'哪儿'等词平常称为'疑问指称词',因为他们的主要用途是询问人、物、情状等疑点。可是这些词也可以不作疑问用……这样用法的时候,可以称之为'无定指称词'。无定指称词用途有二:表不论的可称为任指,表不知的可称为虚指。"有些规律前人曾谈到过,但不很准确,甚至有错误,作者一一予以补充修正。例如以前不少语法书用英语动词的过去、现在、将来三时来解释汉语中的"了、着、过、将、方、已"等,吕氏则认为:"将"、"方"、"已"等限制词的时间观念已经融化在动作观念里,所以"这些限制所表示的不是'时间',是'动相'",即可以分为表动作之将有,表动作正在进行,表动作已经完成。同时,又进一步指出:"在白话里,除应用这些限制词外,又另外发展出一些专以表示'动相'为作用的词,本身的意义更空洞,已经近于词尾,但把各种动相表示得更加细密。"并分为:方事相"着",既事相"了",起事相"起来",继事相"下去",先事相"去"、"来",后事相"来"、"来着",以及一事相、多事相、短事相、尝试相、屡发相、反复相等。

《要略》不重理论的说明,而重规律的揭示;不重体系的构拟,而重事实的描述;从而开创了描写语法的一代学风,也是迄今为止对汉语句法全面进行语义分析的唯一著作。

三、《汉语语法论》

作者高名凯(1911—1965年),福建省平潭县人。1935年毕业于燕京大学哲学系,1936年赴法国,入巴黎大学专攻语言学,1940年毕业获博士学位。1941年任燕京大学国文系助教、讲师,1942年任北京中法汉学研究所研究员,1945年起任燕京大学国文系教授、系主任。1952年后一直任北京大学中文系教授、语言研究所学术委员会委员。高氏的学术活动基本上可以分为两个阶段:解放前主要从事汉语语法研究;解放后主要从事普通语言学理论研究。除该书外,重要著作还有:《汉语介词之真价值》(巴黎Rodstein书局1940年),是作者博士论文;《普通语言学》(上海东方书店 1954 年),《语法理论》(商务印书馆 1960 年),《语言学概论》(与石安石合编,商务印书馆 1962 年),《语言论》(科学出版社 1963 年)等。

《汉语语法论》1948 年初版,1957 年修改重版。修改的地方很多,主要在于理论部分,例如汉语词类的划分问题、汉语的句法问题等,并且增加了许多新的内容,使其更为完整。在内容的安排上也有所不同;如把"范畴论"移至"造句论"(旧名"句法论")之前,把讨论词类的一章从"绪论"里抽出,加以重写,插在"构词论"里。原为"句法论"、"范畴论"、"句型论"三编,修订后改为"构词论"、"范畴论"、"造句论"、"句型论"四编。该书"绪论"讨论了五个问题:1.汉语之范围及其重要,2.汉语有语法吗? 3.汉语的词,4.汉语的特点,5.怎样研究汉语语法。第一编"构词论",论述汉语的词类问题以及划分词类的具体方案,并讨论复合词的构造方式;第二编"范畴论",研究汉语的虚词所表示的这些与词类功能有关的语法范畴;第三编"造句论",论述汉语句子内部的各种结构关系以及省略句、绝对句、简单句、复杂句、复合句的结构特点;第四编"句型论",从命题的角度对汉语各种句型分别进行阐述。

作者开宗明义宣称:"这本书的精神是就我对汉语语法特点的理解,运用普通语言学的原理而来尝试建立一个科学的汉语语法体系。"事实上他也确实创建了一个与王力、吕叔湘三足鼎立、别具一格的新的汉语语法体系。

高氏语法体系简介如下:

(一)词类划分:

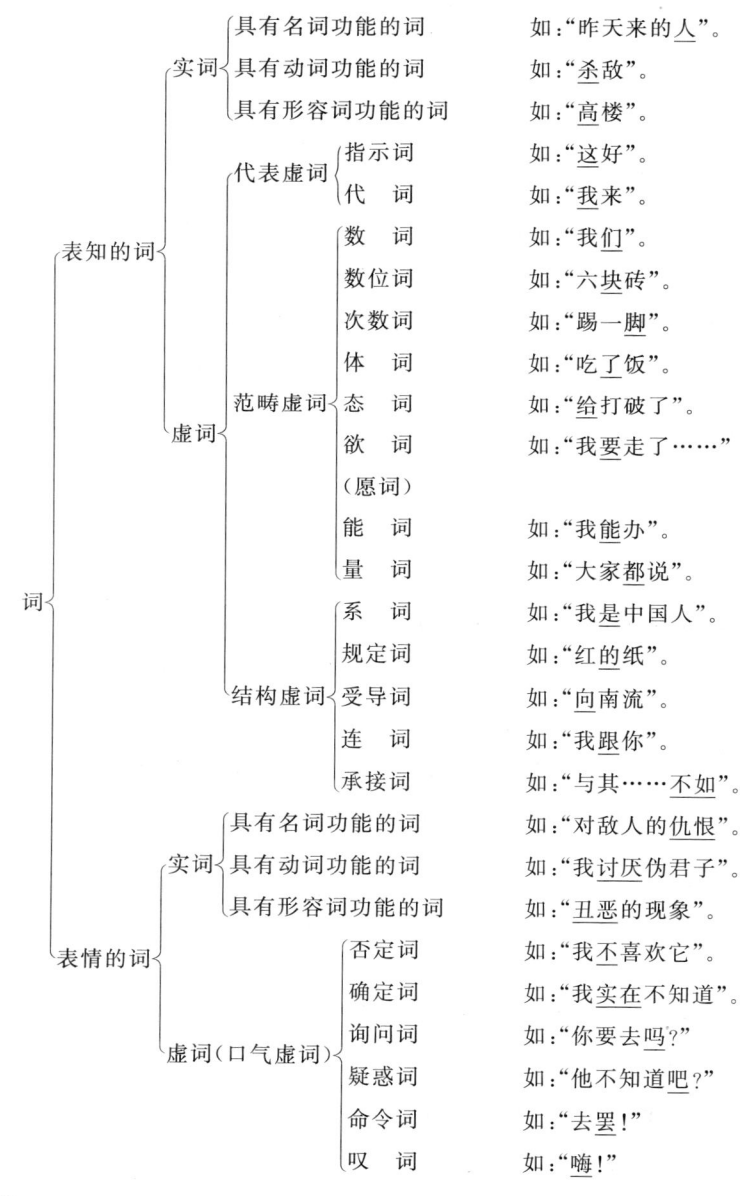

词	表知的词	实词	具有名词功能的词	如:"昨天来的<u>人</u>"。
			具有动词功能的词	如:"<u>杀敌</u>"。
			具有形容词功能的词	如:"<u>高</u>楼"。
		虚词	代表虚词 ┤ 指示词	如:"<u>这</u>好"。
			└ 代　词	如:"<u>我</u>来"。
			数　词	如:"我<u>们</u>"。
			数位词	如:"<u>六块</u>砖"。
			次数词	如:"踢<u>一脚</u>"。
			范畴虚词 ┤ 体　词	如:"吃<u>了</u>饭"。
			│ 态　词	如:"<u>给</u>打破<u>了</u>"。
			│ 欲　词	如:"我<u>要</u>走了……"
			│ (愿词)	
			│ 能　词	如:"我<u>能</u>办"。
			└ 量　词	如:"大家<u>都</u>说"。
			结构虚词 ┤ 系　词	如:"我<u>是</u>中国人"。
			│ 规定词	如:"红<u>的</u>纸"。
			│ 受导词	如:"<u>向</u>南流"。
			│ 连　词	如:"我<u>跟</u>你"。
			└ 承接词	如:"<u>与其</u>……<u>不如</u>"。
	表情的词	实词	具有名词功能的词	如:"对敌人的<u>仇恨</u>"。
			具有动词功能的词	如:"我<u>讨厌</u>伪君子"。
			具有形容词功能的词	如:"<u>丑恶</u>的现象"。
		虚词(口气虚词)	否定词	如:"我<u>不</u>喜欢它"。
			确定词	如:"我<u>实在</u>不知道"。
			询问词	如:"你要去<u>吗</u>?"
			疑惑词	如:"他不知道<u>吧</u>?"
			命令词	如:"去<u>罢</u>!"
			叹　词	如:"<u>嗨</u>!"

(二)句子结构分析:

词和语在句子内部的结构关系分为两大类五小类:一、内在关系:"两个词或语,在其所表达的意义上,发生了直接的关系,其中的一个词语范围了另一个词语的意义或给另一个词语一个归宿的地方。"它又分为:1.规定关系(相当于主谓、偏正关系),2.引导关系(相当于动宾、介宾关系)。二、外在关系:"两个或两个以上的词语排在一起时,其中的一个在句子中的价值和另一个是相同的,两者虽是同时存在,却不互相影响;或两个及两个以上的句子而是相联络的。"它又分为:1.对注关系(相当于同位语关系),2.并列关系,3.联络关系(相当于复句之间关系)。

(三)句子类型:

主要按句子谓语部分分类:

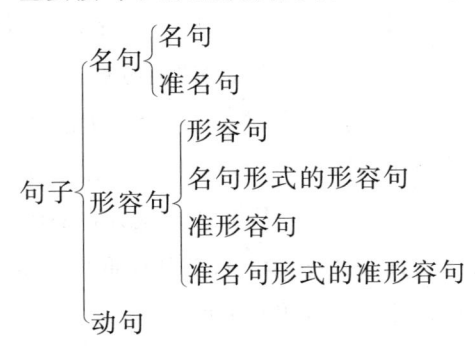

```
       ┌ 名句 ┬ 名句
       │      └ 准名句
       │      ┌ 形容句
句子 ──┼ 形容句┤ 名句形式的形容句
       │      │ 准形容句
       │      └ 准名句形式的准形容句
       └ 动句
```

动句内部又分出一些复杂结构:1.兼语式动句,2.动补式动句,3.连动式动句。

比较王氏、吕氏、高氏三家语法体系,可以发现其中仍有一些相同或相近之处。例如按构成谓语的词类不同划分的句类都是三种(高氏初版时只有两种:名句和动句,这显然是受房德里耶斯影响,修改本增加了形容句):

	名 句	动 句	形容句
王　力	判断句	叙述句	描写句
吕叔湘	判断句	叙事句	表愿句
高名凯	说明句	叙述句	描写句

又如：高氏也有"句子形式"的说法，其内涵与王氏"句子形式"相同。但是，相对地说，高氏语法体系和王、吕两家有较明显的差异。这不仅表现在一些语法术语上，更主要的是反映在他们研究的出发点和侧重点大不相同。高氏对汉语语法研究有一整套自己独特的看法和原则。他认为：一、从一般的普通语言学的原则来说，（甲）："应当以口语为出发点，不应当专靠书本上的记载"；（乙）："应当注意语法形式的存在，不应当过分注视逻辑的背景"；（丙）："应当注意语法形式的内部规律，不应当割断历史"；（丁）："注意语法的系统，不要孤立地看问题"。二、从汉语语法的特点方面来说，要特别强调加强，（甲）："注重造句的研究"；（乙）："表示语法范畴的虚词的研究"；（丙）："句型的研究"。三、从比较的研究方面来说，可从事：（甲）："一般的比较"；（乙）："同族语言或方言的语法的比较的研究"。其中，第二方面是主干，第一、三则应同时照顾到。《汉语语法论》就是忠实地按照这个设想写成的。

作者十分重视虚词和词序的语法形式。他认为："汉语言在形态方面比印欧语言贫乏，但在词序的安排和利用虚词方面则比印欧语言，尤其是古代的印欧语言丰富得多。"该书的重点是第二编"范畴论"和第三编"造句论"，以虚词和词序为纲的骨架是高氏语法体系的特色。

作者对汉语词类的划分及其标准有其独特的看法。他深受法国语言学家马伯乐的影响,马伯乐就认定汉语无词类可分。高氏在这一点上忠实地继承了他老师的衣钵,他反对"根据词的词汇意义而加以分类",他认为"词类是词的语法分类,划分词类是拿意义(而且是语法意义,不是词汇意义)、句法功能和词的形态三位一体的标准来规定的,其中又以词的形态为主"。因此,他的结论是:(1)汉语的词可以分为实词和虚词两大类;(2)实词不能再分类,但根据它们在句中所具有的词类的功能,却可以分成具有名词功能的词、具有形容词功能的词、具有动词功能的词;(3)虚词是语法工具,它表达关系语义,可以分成若干类。作者认为词类是词的语法分类,因而反对根据词义划类,这是正确的,但是他又走到另一极端,即主张必须以"词的形态"为主来分类,这显然仍然没有跳出印欧语法的束缚,比起方光焘、陈望道所提倡的"广义形态"和"功能"说来,不免稍逊一筹。在词类划分问题上,作者有三点主张值得注意:一是他一方面认为实词不能分类,一方面又根据它们在句中所具有的词类功能分成相当于名词、形容词、动词功能的词,这样处理实质上和傅东华所主张的一线制可谓不谋而合、殊途同归了,因而一个词必将没有固定的词类,只能根据它在句中充当的成分来临时决定它的归属,句成分和词类合二为一了,从中也可以悟出为什么高氏基本上不谈句中成分的道理了。但在进行句子具体分析论述时,不能笼统称为实词,只能称之"具有×词功能的词",不仅烦琐而且实无此必要。二是作者提出另一条重要的原则:"表知的词应和表情的词分开,因为同一个词可以拿两种不同的态度去表达它。"所谓"表知的词"和"表情的词"的划分根本不是语法的分类,也没有客观的科学依据,因而不足取。三是把一般认为是实词或半实词的一些词也划入虚词范畴,如:代词、助动词、指示词、系词等,从高氏自己的原则来讲固然能自圆其说,但这种归类法在句子结构关系分析时将会带来许多麻烦和矛盾。

作者特别注意语法范畴和语法形式之间的有机联系。他认为:"语法的范畴也可以有许多不同的表达形式……把许多语法意义归成类,就叫做语法范畴。研究语法的人就是要细细地分析在其所研究的语言中到底有多少语法形式会表达多少的语法意义或语法范畴。"例如"汉语有表达因果的语法意义,然而其表达的方式则不止一个。我们可加一个'因'字在表示'原因'的命题之前,如'因雨延期',也可以用'所以'两个字插在前后命题之中,以表因果关系:'下雨,所以延期'"。从这一点讲,该书和《要略》的"表达论"有相通之处,只是两者对范畴的认识和确定不同罢了。

该书在建立自己语法体系的同时,比较注意从理论上予以说明,这一点虽与《要略》和《语法》重于描写、揭示客观规律不同,但却和王氏《理论》有相似之处。因此,文中有不少章节采用反复辩驳论证方式写成。另外,作者还十分注意语法比较,除引英语及汉语方言材料外,着重于古今语法比较,对所有的虚词进行了细致的分析,并尽可能地探讨某些词的渊源,其中一些章节写得很有见地。例如"数词"一节,对中国数目系统作了探求,指出除了通用的十进位制外,还有"十六系统"和"十二系统"的存在,作者许多地方都能不拘泥于陈说,如对高本汉的"读破说"和"古汉语代名词有格变说"的批评都很有说服力。

《语法论》在理论上有明显的错误之处。一是认为汉族人民的思想方式具有原子主义和表象主义的两个特点,因而"中国的语言在表现具体的事实方面是非常活跃的,而在抽象观点的说明方面则比较的没有西洋语言那样的正确"。[③]二是全盘接受了马伯乐关于中国语纯粹是单音节语的观点,因而忽视了汉语大量复音词的存在。[4]

在具体分析上,也存在不少欠缺之处。1.有些论述比较混乱,例如讲"并列"、"联络"时讲了句子间关系,讲"复合句"时又讲"并列"、"主从",部分内容是重复的。2.作者自己拟了一些新术语,如"规定词"、"引导词"等等,而在具体论述时,则用"宾词"、"附加语"、"补语"等常用术语,对这些新术语未给以明确说明,也不清楚新旧术语之间究竟是什么关系。3.比附西洋语法的地方也不少,如在分析"规定关系诸形式"时,提到"相当于西洋语法的形容词者","相当于西洋语法的领格者","相当于西洋语法的副词者","相当于西洋语法的关系代名词及其所领导的句子"等,作者自己也承认"其实这种分法也是不健全的,因为翻译的语法功能,并不是真正的汉语语法"。4.某些分析比较粗疏,因而影响了结论的可靠性。如关于"将"和"把"的分析,作者认为"'将'和'把'都是'拿'、'握'的意思"。因此,"'将他丢在河里'的'将'和'把他打得半死'的'把'都还具有动词的功能,这两句话的意思是'拿着他,丢在河里','拿着他,打得他半死'。"这一看法显然和语言事实不相符。5.作者花了不少篇幅追求某些语法手段在其历史上的表现形式,但对现代汉语中的一些规律反而重视不够,在揭示平面的静态的语法规律方面跟王、吕两位相比有一段距离,这恐怕也是《语法论》的影响不及另外两部专著的原因之一了。6.在语言材料选用上,尽管作者一般分为古文和口语两种,可是列入口语的材料仍十分庞杂,有现代小说,也有唐俗文学、宋元话本及明清小说,有时为了证实自己的观点,造出的句子不符合规范。该书立论不够严密,论证也较粗疏,文字亦较艰涩,与王、吕二氏著作相比,不能不说稍逊一筹。但从总体来讲,它仍不失为一部有自己特色的汉语语法专著,从而无愧于成为探索时期的汉语语法代表作之一。

40年代汉语语法研究取得了丰硕的成果,王力、吕叔湘、高名凯三家各有千秋的语法体系相继问世,在国内外引起了广泛的兴趣和注意,这对改变当时中国语法学界守旧、停滞的局面,进行独创性的汉语语法研究起了巨大的推动、促进作用,是继"文法革新讨论"之后的又一件大事。这三家汉语语法体系共同的特点就在于:都是以普通语言学理论做指导来对汉语语法进行研究;都不满于模仿西洋语法的旧语法体系,主张详尽地占有汉语语法材料,并从中归纳出规律来;都普遍运用比较的办法,进行古今、中外和方言间的语法比较。正由于此,所以都各自取得了不同程度的成就。

王力的《语法》和《理论》,既有规律的描述,又有理论的阐述,从而建立了一个比较完整的汉语语法新体系,着重于意义的分析和句式的特点,在国内外影响最大。吕叔湘的《要略》包括了从形式到内容和从内容到形式两个方面的描写,着重于语法意义的表达和精细的语法规则的描写,对科学语法的建立贡献最大。高名凯的《语法论》基本上是部关于汉语语法理论的著作,观点别具一格,自成一家之言,偏重于思维范畴的表达和句子内部结构关系的分析,哲学气息浓厚,逻辑性强,虽影响不及前两者,但也很能发人深省。

总之,这三部专著在汉语语法学史的发展过程中具有承上启下、继往开来的重要地位;三位语法学家中,尤以吕叔湘的学术思想对汉语语法研究产生的影响最大。

附 注：

① 相当于一般所谓"词组"、"短语"。
② "插入法"最早是叶斯泊森提出的,用能不能拆开来区别词和仂语。
③ 这一错误观点在修订本中已删去。
④ 修订本已增加了"汉语的复音词"一节。

第四节　通俗性的语法普及读物

通俗性的语法普及读物当时涌现了不少,其中有一定影响的有以下几本:《词与句》(孙起孟,开明书店1936年)、《读和写》(沐绍良,开明书店1936年)、《中国新文字的文法和写法》(魏龙根据龙果夫、周松源《文法初步教科书》编译,太原出版社1936年)、《国语文法与国文文法》(谭正璧,中华书局1938年)、《文言虚字》(吕叔湘,开明书店1944年)、《中国语文概论》(王力,商务印书馆1939年)、《口语文法》(廖庶谦,上海光华书店1946年)、《字与词》(上、下)(蒋伯潜、蒋祖怡,上海世界书局1947年)、《国语文法》(曹伯韩,致用书店1947年)、《中国文法初阶》(曹伯韩,文艺书店1948年)、《开明文言读本》(朱自清、吕叔湘、叶圣陶,开明书店1948年)、《国文比较文法》(周迟明,正中书局1948年)等。现择其较有特色的介绍几本:

(一)《词与句》:作者孙起孟(又署名"孟起")。当时开明书店编了一套《开明少年丛书》,作为青少年学生的课外阅读书籍,该书便是其中之一。该书采用书信体方式,通过一位在外地执教的母亲给留在家中的几个孩子的信件,系统地讲述有关语法的基本知识,文字浅显易懂,语气亲切感人,颇受青少年欢迎。全书14章,从字、词、词类及其功能、词组、句子、复句与子句、句之解析以及常见语法错误改正和标点符号用法等方面分别讲述。

作者主张"按理论,词类是依据词之文法功能而分的",他把词分为四类:1.实体词,2.动词,3.形容词,4.连系词(包括附隶和并列两小类)。他的"文法功能"仍然只指词在句中充当的成分,因此,他说:"词本'无性',视'用'而异,词可分类,以'用'为定。"这和黎锦熙的观点完全一致。在分析句子结构时,作者把"做动作的'主动者'在文法上叫做主词,做动作的承受者叫做受词,补充说明的则做补足词,限制实体词底涵义的叫做形容词"。可见他把句子成分的主词、受词同意念上的施事、受事完全对等起来了,又把实体词的修饰语也称为形容词,和词类中形容词完全对等起来,这反映了这样一个观念:凡修饰语必是形容词。作者对句法结构的认识是比较肤浅的,他列举的句型只有三种:(1)实体词+不及物动词;(2)实体词+及物动词+受词;(3)实体词+关系动词+补足词。他所举的词组只有两种:实体词词组和形容词词组。所以该书远远不能反映出汉语语法的丰富性和科学性。但是,该书有两个优点是值得赞许的:一是选用例句注意思想性,体现了作者强烈的反帝反封建的进步思想;二是不仅分析语法现象,而且注意改正病句和错误的标点符号,这对初学者来说很有帮助。

(二)《口语语法》:作者廖庶谦,1941年3月写成初稿,上海读书1946年出版。原计划写二十万字,因资料欠缺及生活问题,写成五万字左右,因而"略为带了一点大纲性"。作者对该书颇为自负,认为"由笔者个人所提出的新意见是很多很多的,并且有一些自己还认为对于中国文法上多少有一点小补"。全书二十章,一、二章相当于绪论,三至六章论述感叹句、呼唤句、陈述句、问答句的发生,七至九章论述单句、复句及其种类,十章谈短语和复音词,十一章专论感叹词和感叹句,十二至十八章分别谈动词、名词、介词、连词、副词、形容词、助词,十九章句子的变化,二十章段落篇章和句子的关系。

该书最大特点是作者试图用辩证唯物主义来解释语法中的一系列规则和说明它们发生发展的原因。值得肯定的是作者在语文观点上的进步性,旗帜鲜明地指出:"第一,我们所研究的语法应当是我们当前口头上的语法,尤其要是在一般大众口头上的语法。第二,我们的语法要把中国语言里面的特殊性具体地凸显出来。对于西洋文法上的规律,只可以批判地接受。第三,我们要把前进的科学理论,在中国文法上展开;同时,还要把中国文法本身上发生发展的规律性,好好地研究出来。"作者还对文法研究的范围提出了很有参考价值的意见,认为不单要研究词类、短语、句子,还要研究段落、篇章;不单要分别研究,而且要联系起来综合研究;不单要从句子上去研究词类,而且要从短语上去研究词类等等。

尽管作者主观愿望很积极,但是由于他没有能正确理解辩证唯物主义是一种世界观和方法论,在每门特殊的学科中还有其特殊的理论和方法,因而恰恰忽略了"具体问题具体分析"这一更为重要的基本原则。例如他错误地认为"社会进到了一个新的阶段,便产生更进一步的语言和语言里面的文法",他还机械地套用"劳动创造语言"论断,主观地判定词产生的次序为:1.叹词;2.动词;3.名词;4.介词;5.述词;6.副词;7.形容词;8.助词。在具体分析时也有不少武断的说法,例如他认为"'红'字首先是从作动词,然后才用作形容词的","花红得很"中的"红"是动词,"升温升了十度"、"张三送李四一本书"中的"十度"、"一本"表数量,也都是动词等等。这种奇特的观点显然离开人们的语感太远,无法使人接受。在语言材料处理上也有明显的错误,例如"徐妈煮饭在锅里"和"徐妈在锅里煮饭",作者认为前者是可说的,后者不是事实,也没有意义,但事实恰恰相反,前者在普通话里是不能说的,后者则是可以说的。

总的看来,该书作了一些尝试性工作,提供了一些有参考价值的意见,但作为一个语法体系来看,不够慎重也不够细致,对辩证唯物主义理解比较机械,甚至有庸俗化倾向。

(三)其他语法著作

《国语文法》:作者曹伯韩(即曹朴)。该书吸取了"文法革新讨论"中的一些意见,有争议的"斟酌去取,还是暂时采用一般人的说法,特别在术语的采用上"。词类分为:1.名词;2.代名词;3.动词;4.修饰词(又分为形容词和副词);5.关系词(又分为介词和连词);6.助词;7.感叹词。立论比较平稳,文字通俗易懂,颇受群众欢迎。

《读和写》:作者沐绍良。该书为"开明少年丛书"之一,曾在《中国儿童时报》上连载过,用故事体裁写成,每个故事说明一个主题,兼顾阅读与写作,富有文学趣味。其中谈文法的有五章:长句和短句的读法和写法,文句的变化,接尾语的用法比较,文章的中心思想,标点符号使用法。

《国文比较文法》:作者周迟明。除序、附录外,该书有36章,语法体系基本上仿照《新著国语文法》,也是讲句本位,讲词类目的仍在讲句子的组织。特点是言文对照,文言大多采用近代文言。

《文言虚字》:作者吕叔湘。该书取文言里26个常用虚字,充分举例,详加说明,重点在分析它们在语法上的作用,并尽可能跟现代汉语作比较,简明扼要,深入浅出,是学习古汉语入门的重要参考书。

这些著作在当时为提高广大群众,尤其是青年学生的语文水平,普及语法知识,或多或少都发挥过作用。其中有的已被新的更好的普及读物所代替,有的则一版再版,如《文言虚字》,仍在并将继续发挥其积极的作用。

第五节 语法专论介绍

跟"草创时期"相比较,这一时期除了在语法研究理论、方法上有所更新,并出现了几种颇具特色的有代表性的语法专著外,还有个显著的特点,即发表了一定数量的汉语语法专题研究论文,这些论文不仅涉及范围大大超过了以往,而且在质量上也有了较大程度的提高,有的至今仍一再被引用,成为有关专题的经典性文章。这些论文主要发表在《国文月刊》、《中国语文》、《语文》、《清华学报》、《燕京学报》、《史语所集刊》、《中山大学文史集刊》等杂志上,而《国文月刊》则在其中发挥了十分重要的作用,它是发表语言研究论文的主要阵地。《国文月刊》,1940年创刊,由开明书店接办,编辑为:夏丏尊、叶圣陶、郭绍虞、朱自清等。

这些语法论文,大致可分为七类:

(一)通论:最著名的是王力《中国文法学初探》,比较有影响的还有陈刚的《建立中国文法体系的基本问题》(《国文月刊》1946年46期),该文主旨是"说明研究语法应当以语言的组织为对象",作者认为:"研究文法应该注重的是形态,以使得阅读者可以从形态了解句子中语词和语词的关系;写作者可以将心中的意思利用何种形态表现出来。"他所谓"形态","一种是比较有积极意义的,即屈折语和附着语的种种变形;另一种是有消极意义的,即方光焘所说的'广义的形态'"。此外,还有许杰的《关于文法的基本了解》(《自修大学》1937 年卷 6 期)、王力的《逻辑和语法》(《国文月刊》1940 年卷 2 期)、杨树达的《国文法的研究方法及研究文法之实用》(《华年周刊》1936 年 5 卷 45 期,《出版周刊》新 211 期)、邢公畹的《说动词目的语兼论文法学的方向》(《国文月刊》1948 年 40 期)等。

(二)古代、近代汉语语法专论:一种是属于汉语史性质的,着重于某种语法现象的发生、发展、演变。著名的文章有王力的《中国文法中的系词》(《清华学刊》1937 年 12 卷 1 期),作者引用大量语言材料,从历史发展角度论证:1."表明语为形容性者,不用系词",2."表明语为名词性者,在六朝以前,没有真正的纯粹的系词"。该文极为大胆而又令人信服地否定了上古的"是"为系词,认为只是"指示代名词","是"成为系词是六朝以后的事。[①]该文运用了历史比较法进行研究,开创了汉语历史研究的先例。吕叔湘的《释您、俺、咱、喒,附论们字》(《中国文化研究所集刊》一卷二期,1940 年),作者用丰富的例句证明:1."们"字始见于宋代,历史上有"弭、伟"(唐代)"懑(满)瞒(喒)、门(们)"(宋代)"每"(元、明代)等不同写法;2."'们'字的最常见也是最重要的用法是加在代词我、你、他、咱以及准代词的尊称谦称之后,造成一种复数形式";3.根据名词加"们"的不同情况,可见"'们'字的作用不完全是化单为复,又超出于西文的复数语尾的作用之外";4."俺"来于"我们",

"您"来于"你们",喒来于"咱们"。此外,吕叔湘还有《论底、地之辨兼及底字的由来》(《中国文化研究汇刊》三卷,1943年)、《说代词语尾家》(《国文月刊》1949年)等。

另一种是属于断代的平面描写。这方面研究工作做得最细最扎实的是吕叔湘,他曾想写一部近代汉语历史语法,因而陆续写下了若干篇有关论文,如《释景德传灯录中在、著二助词》(《中国文化研究所集刊》一卷三期,1941年)、《相字偏指释例》(《中国文化研究汇刊》二卷,1942年)等。丁声树发表了《论〈诗经〉中的"何""曷""胡"》(《史语所集刊》1948年10本)等。

(三)现代汉语语法专论:一种是分析、描写性的论文。其中吕叔湘的几篇尤为突出。《从主语宾语的分别谈国语句子的分析》(《开明书店二十周年纪念文集》1946年)是分析主语、宾语论文中最有参考价值的,作者主张"比较妥当的方法是依照位置和施受关系分别一些句子类型,然后再讨论各种可能的分析法"。并比较了四种标准(A依施受关系,B相对的主语主义,C依位置先后,D绝对的主语主义)的得失利弊,认为"A、C都是硬性的,B、D较多弹性",虽然作者最后并未下定论,但却是对该专题的一次较全面的考察,为进一步探讨提供了各种可能的途径。《把字用法的研究》(《中国文化研究汇刊》八卷,1948年),作者着重从"全句的格局"进行观察,作了细致的分类描写,指出"动词的处置意义,宾语的有定性,这些都是消极条件,只有这第三个条件——动词前后的成分——才具有积极的性质,才是近代汉语里发展这个把字句的推动力"。

另一种是实例的调查,属于资料性的。如张洵如的《国语重叠词之调查》(《国文月刊》1948年67期)、《国语量词之调查》(《国文月刊》1949年81期)等。

（四）语法比较研究:张其春的《国语之大小主词》(《国文月刊》1947年56、57期)，就主谓词组作谓语这种句式进行汉英语法比较，认为汉语中大小主词之间的关系计有五种:1.分子关系,2.主从关系,3.空间关系,4.时间关系,5.特殊关系。这种语义分析有助于对句法结构内部关系的进一步了解。邢公畹的《汉语"子""儿"和台语助词Luk试释》(《国文月刊》1948年68期)以及《汉台语构词法的一个比较研究》(《国文月刊》1949年72期)是汉藏语系内语法比较的一个有益尝试。所谓"台语"是指"汉藏语系侗台语群"，它包括台语(指流行于贵州中部南部和云南东南的布依语,云南和广西的侬话,广西的壮语,云南的台话以及国境以外的暹罗话和掸话)和侗水语(指流行于贵州和广西的羊黄话、莫家话、侗话、水话、锦话)。此外还有陆志韦的《汉语和欧洲语用动词的比较》(《燕京学报》1936年20期)等。

（五）史论:即评论汉语语法学的历史，主要有陈望道的《"一提议"和"炒冷饭"读后感》以及邢庆兰(即邢公畹)的《中国文法研究之进展——〈马氏文通〉成书第五十年纪念》(《国文月刊》1947年59期)，该文把汉语语法研究史分为三个阶段:1.成熟的训诂学时期,2.新训诂学时期(以《马氏文通》为标志),3.建立汉语语法时期(以王力的语法著作出版为标志)，并对《马氏文通》和《中国现代语法》作了比较详细的讨论。

（六）评论(包括序、跋、评、介绍文章等):其中最著名并且有相当学术水平的是朱自清的《中国现代语法序》，作者当时就独具慧眼，对王力的研究给以高度的评价，认为王力"根据他看到的中国语的特征提供了许多新的意念，奠定新的语法学的基础"，并具体地一一指出其优点。作者通过评论也阐述了自己对语法问题的一系列观点。杨联陞的《中国语法理论》(原刊美国《哈佛大学学报》十卷一期,由王均译出刊于《中山大学文学院研究所集刊》1948年1期),第一个公开批评了王力所采用的"三品说"。

(七)札记:这是属于杂记、小记一类的语文随笔,因为涉及范围较广,题目往往较小,较琐碎、繁杂。主要有吕叔湘的《语法札记》(1944—1947年,一部分发表于《国文杂志》,一部分发表于《国文月刊》)和郭绍虞的《语文小记》(《国文月刊》1947年56期)。

综观该时期的语法专题研究,可以看到有以下几个明显的特点:

(1)从热衷于整个语法体系的构拟而转向单个专题的研究,这从后期(1946—1949年)专题研究特别活跃便可看出其发展趋势。

(2)在研究方法上,普遍重视归纳法和比较法,即收集大量实例,从中引出一些规律,并注意古今对比、汉外对比以及本身的对比。至于运用新的结构主义语法理论来研究汉语语法在当时还十分稀少,吕氏的《从主语宾语的分别谈国语句子的分析》部分地采用了"分布"学说。

(3)语法专题的研究刚刚起步,研究的人数很少,力量薄弱,取得的成果也还不多,尤其在质量上,无论从广度还是深度上讲,都很不够。但,这毕竟是一个良好的开端,它标志着"革新"的种子在汉语语法这块土壤上已经生根、发芽。

附 注:

① 后来王力自己修正为系词产生年代是东汉。

第四章 汉语语法学的发展时期(上)

(1949年—1978年)

第一节 概述

汉语语法学经过长期的酝酿后诞生,又经历了草创、探索时期,终于进入了全面发展时期。汉语语法学这门学科已摆脱了草创时不可避免的稚气,健康地茁壮地成长了。这首先是由于中华人民共和国成立以后,人民当家作了主人,不仅成了物质的主人,而且也成了文化的主人。为了适应社会主义革命和社会主义建设的需要,广大干部和工农群众迫切要求尽快提高自己的科技文化水平,这一要求必然促进语法知识的普及以及随之而来的语法教学的开展和语法研究的深入;其次,国家投入了大量的人力物力,设立专门机构,鼓励和推动出版各种书刊杂志,大力普及中小学教育,为汉语语法学的发展创造了各种必要的条件;第三,由于广大语法工作者有了一个比较安定的政治局面,他们心情舒畅,愿意并且可能为祖国和人民贡献出自己的聪明才智;此外,中国共产党一再提倡"百花齐放、百家争鸣",学术空气十分活跃,各种不同观点可以充分交锋,相互辩驳,从而推动了语法研究的逐步深入。以上四点是汉语语法研究之所以能在1949年之后得到比较迅速发展的深刻的社会原因和重要的外界条件。

从汉语语法学这门学科本身来讲,一是人们经过几十年辛勤摸索,积累了正反两方面的经验教训,对汉语语法的一般规律和特殊规律有了比较清醒的认识;二是1950年斯大林的《马克思主义与语言学问题》和一批苏联汉学家的语法著作翻译介绍到国内,这些无疑都起到了一定的促进作用;三是50年代初期推广普通话和文字改革运动蓬勃开展,这在客观上对汉语语法研究提出了新的任务,如词的确定与词的连写、方言语法与普通话语法对比研究等等。更为重要的是:受美国描写语法学派的影响,汉语语法研究开始运用结构主义语法研究的理论和方法来进行全面的分析和描写。其标志就是赵元任的《国语入门》和丁声树等人的《现代汉语语法讲话》两部著作的相继问世。这两部著作奠定了汉语描写语法的基石,预示汉语语法学从此进入了新的"发展"时期。

"发展"时期大致可以分为三个阶段:

1949—1957年为第一阶段,简称"繁荣阶段"。

1957—1966年为第二阶段,简称"曲折阶段"。

1966—1978年为第三阶段,简称"萧条阶段"。

(一)繁荣阶段

1950年5月21日《人民日报》,在转载吕叔湘的批评文章《读报札记》(原载《学习》第二卷第五期)的同时,发表短评《请大家注意文法》,短评认为:"我们应该努力树立正确的文风,这种正确的文风的一个因素就是正确的文法。"并号召大家"都来注意文法","努力用正确无误的语言文字来表达正确无误的思想"。1951年6月6日《人民日报》又发表一篇社论:《正确地使用祖国语言,为语言的纯洁和健康而斗争》,该文深刻地论述了使用规范化语言在政治上的重要意义,尖锐地批评了当时严重存在着的"乱造生词"、"滥用省略"、"文理不通"等现象,指出:"这种语言混乱现象的继续存在,在政治上是对于人民利益的损害,对于祖国的语言也是一种不可容忍的破坏。"并号召大家要"为祖国语言的纯洁和健康而斗争",《人民日报》于同日开始连载吕叔湘、朱德熙编写的《语法修辞讲话》,这一行动本身就有着深远意义,从而在全国范围内掀起了一个学语法修辞的群众性高潮,这对当时普及语文教育,提高全民族科学文化水平作出了特殊贡献。

在此期间,各地陆续出版了成百种致力于语法知识普及的书刊,其中最有影响的有吕叔湘的《语法学习》、张志公的《汉语语法常识》以及曹伯韩的《语法初步》等,1950年苏联发表了斯大林关于语言学问题的几篇重要文章,并在语言学界开展了对马尔新学说的批判,这两件事对中国语言学界影响都比较大。

为加强对语言研究的规划和指导,1950年6月中国科学院语言研究所在北京成立;为加强对语言研究人才的培养和教育,1954年8月,全国高校院系调整后,好多高等学府的中文系设立语言专业;为推动现代汉语规范化工作,1955年10月25日至31日,由中国科学院哲学社会科学部在北京召开"现代汉语规范化问题学术会议",对语言研究工作的开展以及语文知识的普及起到了推进作用。1949年以后有几十种语文杂志陆续出版,其中较有影响的有以下几种:

1.《中国语文》:1952年7月20日创刊于北京,至1966年6月22日停刊,1978年4月复刊。它的方针任务是:"(一)讨论和研究文字改革、普通话的推广和汉语规范化的问题;(二)介绍先进语言学理论,推动语言科学的研究;(三)介绍有关少数民族语文工作的情况;(四)联系全国语文工作者,交流工作经验。"这是国内学术水平最高的汉语研究杂志,50 年来发表了成千上万篇优秀的论文,也培养了许许多多才华横溢的学者。

2.《语文学习》:1951 年 10 月 20 日创刊于北京,1960 年 6 月停刊。原由开明书店出版,1953 年 5 月起改由中国青年出版社出版,1955 年下半年起,改由人民教育出版社出版。该刊以中小学语文教师和具有中等文化程度的语文爱好者为主要对象,是一本帮助读者学习汉语的普及性刊物,兼顾普及与提高。它的目的是:"(一)为了把握正确的学习方向,建立正确的学习态度,而经常刊载一些论文;(二)为了学习正确地使用语文,在语法、逻辑、修辞、写作、标点符号各方面,将经常提供一些资料;(三)为了学习作家们的思想和语文技术,将介绍一些好的作品作为范例。"这本杂志被许多读者,特别是中学语文教师看作良师益友。

3.《语文知识》(月刊):1952 年 5 月 5 日创刊于上海,1960 年 8 月停刊,上海东方书店出版。这是一本通俗的语文刊物,它的主要任务是:"(一)普及语文知识;(二)帮助语文教学;(三)研究文字改革;(四)促进语文健康。"并以推广拼音文字、宣传文字改革为主,也发表一些语法方面的文章。

4.《语言研究》(年刊):1956 年 12 月创刊,1959 年停刊。为语言学界学术性专门刊物,发表具有一定质量、篇幅较长的专论,以推动科学研究的前进。北京科学出版社出版。由于出版时间不长,所以影响不太大。

5.《语言研究通讯》:1956 年 5 月创刊,1957 年 12 月停刊,共出 12 期;1958 年 7 月复刊,1966 年停刊。是语言研究工作者的内部刊物,用来报道情况,交流经验,也发表一些提出"新的材料、新的论据、新的看法、想法,不一定成熟但是值得讨论的"短篇论文。1978年8月再次复刊后,改名为《中国语文通讯》,仍为内部刊物,季刊。

除此之外,还有《语言学论丛》、《语文教学》等。

以《中国语文》和《语文学习》为阵地,语法学界组织了多次学术讨论:(一)1953.10—1955.7关于汉语词类问题讨论;(二)1955.7—1956.3关于汉语主宾语问题讨论;(三)1957.4—1957.12关于汉语单句复句划分问题讨论。这些讨论有力地推动了语法研究的开展,活跃了思想,虽然不一定得出一致的看法和结论,但为进一步揭示汉语语法规律打下了良好的基础。

在这个时期,汉语语法研究各个领域、各个分支学科都取得丰硕的成果。现代汉语语法研究方面出版了好几种很有特色的专著:黎锦熙和刘世儒的《汉语语法教材》、陆宗达和俞敏的《现代汉语语法》(上)、陆志韦的《北京话单音词词汇》、陆志韦等人的《汉语构词法》,胡附、文炼的《现代汉语语法探索》等;在语法教学研究方面,主要有徐世荣的《语法教学讲话》以及胡附、文炼的《中学语法教学》等;在对外汉语教学方面有北京大学外国留学生中国语文专训班的《汉语教科书》;在古汉语语法研究方面,有杨伯峻的《文言语法》、刘景农的《汉语文言语法》等。除专著外,还有数以百计的语法论文,其中部分见之于三次语法讨论,其余的散见于《中国语文》等杂志和各高校学报,较有影响的如:吕叔湘《语法三问》(《语文学习》1953年第8期)、朱德熙《现代汉语形容词研究》(《语言研究》1956年第1期)、林焘《现代汉语补足语里的轻重音现象所表现出来的语法和语义问题》(《北京大学学报》1957年第2期)、王力《语法的民族特点和时代特点》(《中国语文》1956年第10期)、邢公畹《现代汉语的构形法和构词法》(《南开大学学报》1956年第2期)等。

50年代广大群众学习语法的积极性空前高涨,同时,中小学语文教育也正常开展起来,对语法教学提出了新的要求。当时各家语法体系林立,语法术语使用混乱,特别在中学里教学语法时往往无所适从,显然,教学语法和专家语法不大一样,它要求有相对的稳定性和统一性,1954年初,教育部决定在全国实行汉语、文学分科教学,责成人民教育出版社组织力量,编写《汉语》和《文学》课本,这样,确定一个教学语法系统成了当务之急。经过全国语法学家和广大语文工作者、中小学语文教师共同努力,由张志公主要负责,历时两年半,终于编成了"暂拟汉语教学语法系统",并以此为提纲,编成一本教学参考书《语法和语法教学》,同时编写出中学《汉语》课本的语法部分,于1956年秋在全国推行。1958年取消汉语、文学分科后,中学《汉语》课本经过删改、调整,作为一般汉语书出版,改名为《汉语知识》,同时,在"暂拟系统"确定后,各高等师范院校以及大部分高校中文系的《现代汉语》语法部分改而采用该系统,并编写了一批解释、补充、修订性并符合大学教学用的教材。"暂拟系统"的产生,是汉语语法学史上的一件大事,它是在教育部统一领导下,发挥了集体智慧的力量,吸取了许多语法学家几十年来研究的成果,消除了当时存在的体系林立、术语混乱的不良影响,自立体系,极大地促进了语法知识的普及,尤其是中小学的语文教学工作。尽管从客观上讲,它的产生一定程度上束缚了语法研究的争鸣和发展,同时由于它本身博采众说,难免有不少地方采取了调和折中的观点,不可避免地存在着矛盾和不妥之处,但从历史发展上来看,它的功绩是巨大的,是主流。

"暂拟系统"产生后,语法学家们不再致力于追求新语法体系的构拟,而转向某些语法专题的深入研究和开拓新的研究领域,同时,由于"整风反右"斗争开始,紧接着的批判资产阶级学术思想运动的开展,语法研究逐步进入了有起有伏的曲折阶段。

(二)曲折阶段

这一阶段大体上也可以划为三个小段。

1957—1961年为第一小段。1957年中国经历了一场疾风暴雨式的"整风反右"运动,首当其冲的是政治、文艺等领域,语言学界也受到了冲击,一些著名的语法学家被打成"右派"。作为这场政治运动在学术界的连锁反应,从1958年3月起,并于9月达到高潮的是一场批判资产阶级学术思想的运动。一大批语法学者被批判。批判的主要内容为:1.理论脱离实际,为研究而研究;2.厚古薄今;3.抄袭西洋资产阶级学者成果;4.轻视马克思主义对语言研究的指导作用;5.主观唯心主义的研究方法。

对一些学者的一些语法著作进行和风细雨的批评以及与人为善的商榷,是完全可以的,也是必要的,但问题在于这场学术批判运动明显地受到"左"倾思潮的控制,因而出现了许多不正常的现象,这表现为:(一)对以前的著作缺乏实事求是的精神,几乎全部否定,一笔抹杀;(二)盲目上纲上线,不仅乱扣"唯心主义"、"厚古薄今"、"崇洋媚外"等大帽子,而且有的还把学术问题与世界观、政治立场问题混淆起来;(三)不能以理服人,而是抓住一点不及其余,因此挫伤了相当一部分学者的积极性,也滋长了另一部分人的片面性、盲目性,这显然极大地妨碍了语法研究的正常的健康的发展。如上所述,这场批判运动带来严重的后遗症,我们理应从中吸取深刻的教训。

1959年下半年,这场批判运动已近尾声。为迎接国庆十周年来临,有关方面集中力量总结语法研究的经验与教训,撰写了一批关于汉语语法研究历史的论文,如陆仁的《十年来汉语语法学的成就》,郭锡良、祝敏彻的《解放前汉语语法的研究》等。但该阶段的语法研究相对地说比较沉寂,成果也很少。

第二小段:1961.2—1964.12。1961年后,党中央实施了"巩固、充实、调整、提高"八字方针,在学术界又重新强调"双百方针",1961年2月《中国语文》发表了社论"进一步贯彻党的百家争鸣政策",社论在回顾了历史后,提出要特别注意以下这些方面:(1)要加强团结;(2)要有批评和自我批评的态度;(3)要充分占有材料,认真钻研;(4)反对门户家派之见,反对学术上的垄断;(5)一个问题在讨论一个时期之后,要进行适当的总结;(6)开展学术讨论和批评的方式方法要多样化。这以后,语言学界又重新活跃起来了。

首先,表现在汉语描写语法的发展。不仅比较多地介绍了结构主义,特别是美国描写语法的理论和方法的重要文章,而且出现了几篇运用这些理论和方法来研究汉语语法并作出可喜成绩的论文,如:朱德熙的《说"的"》、《句法结构》,吕叔湘的《关于"语言单位同一性"等等》、《说"自由"和"黏着"》等。

其次,表现为语法学界讨论的重新开展。这两个阶段一共进行了三次较有影响的讨论:(一)1959—1960年间,关于"语法意义"和"语法形式"如何结合的讨论;(二)1960—1961年底,关于"文法"和"语法"术语使用的讨论;(三)1961—1966年间,关于《说"的"》及其方法论的讨论。

第三,表现在高校教学语法形成了三个各具特色的体系:1.以胡裕树主编的《现代汉语》语法部分为代表的"结合派";2.以北京大学中文系汉语教研室(朱德熙为主要执笔者)编的《现代汉语》语法部分为代表的"描写派";3.以刘世儒编的《现代汉语语法讲义》为代表的"传统派"。这三家体系各有千秋,在高校影响较大,其中尤以前两本影响最大。

第四,表现在其他与语法研究有关的各个领域中都取得了一定的成果。一方面出版了一些有较高学术水平的专著,有的还填补了某些研究领域的空白,如:王力的《汉语史稿》和《中国语言学史》、袁家骅主编的《汉语方言概论》、高名凯的《语法理论》以及王力主编的《古代汉语》等;另一方面发表了一批占有较丰富的材料,有一定新见的专论。

第三小段:1965.1—1966.5。1964年12月23日《光明日报》发表了张和珍等六位复旦大学学生的《对〈中国语文〉的意见》一文,对《中国语文》杂志提出了尖锐的批评。该文指责:"《中国语文》变成了宣传资产阶级、封建主义学术思想的阵地",批评它"厚古薄今、脱离实际"。应该承认:《中国语文》在62年、63年的办刊方针及指导思想上确实存在着某些问题,但该文在指出这些问题的同时却缺乏实事求是的态度,对某些正确的观点和正常的做法也进行了批评,例如对吕叔湘在《关于"语言单位的同一性"等等》一文中提出对结构主义语法所应采取的态度也进行了偏激的指责。当时,城乡正在开展所谓的"社会主义教育运动",把阶级斗争扩大化,因而这篇文章在客观上迎合了当时这股"左"的思潮,成为在语言学界再次开展学术批判运动的一颗信号弹。

在这样恶劣的政治气氛下,《中国语文》杂志也慌了手脚,一方面赶紧作自我批评,另一方面又被迫组织了对结构主义,尤其是描写语法学派的围剿。

1965年底,姚文元的《评新编历史剧〈海瑞罢官〉》出笼,十年浩劫终于揭开了序幕。从1966年初起,学术研究活动基本上已处于停滞状态。《中国语文》逐期增加与语言学毫无关系的所谓批判文章,出到第4期后就被迫停刊。汉语语法研究从此也进入了空前萧条、冷落的低潮时期。

这个阶段的总的特点就是起伏曲折,经历了一个倒马鞍形:批判——复苏——再批判,因而影响了语法研究成果的取得。其原因就在于:(1)政治上动荡不安,运动繁多。1957年的反右运动和1958年的批判运动极大地挫伤了许多人的积极性,人们心有余悸,不敢动笔,徘徊不前,成天担心要作为"白专"典型挨整挨批。(2)客观上由于"暂拟系统"的制定,各种语法体系的分歧暂时得到了统一。

(三)萧条阶段

1966年夏,以"五·一六"通知下达为标志,所谓的"史无前例的无产阶级文化大革命"开始了。这场政治风暴席卷了全国各条战线、各个领域,学术界包括语法学界无一能幸免。语言研究所、各语文协会、各种研究机关的工作全部陷于瘫痪,各种语文杂志全部停刊,各高等院校全部停课。更为惨重的是大批语言学工作者遭到政治迫害,几乎所有的大学教师以及研究者被下放、被剥夺了研究和教学的权利;解放十七年以来几乎所有的研究工作及取得的成果也都被扣上了"封资修"、"大洋古"、"三脱离"的大帽子。这种状况一直到1971年才有所好转,因为大学部分恢复接受推荐来上学的"工农兵大学生",为了应付上课,各高校中文系不得不重新开始编写有关的语法教材,这些语法教材种类繁多、五花八门,但学术价值并不高,内容相当贫乏,紧跟"形势"的政治口号不少。其中写得比较好并有一定影响的有以下三本:(1)北京大学中文系汉语教研室编《语法修辞》;(2)复旦大学、上海师范大学中文系合编《语法、修辞、逻辑》(第一分册语法);(3)华中师范学院中文系现代汉语教研室编《现代汉语语法知识》。这几部教材共同的特点是都偏重于实用,跟修辞乃至于逻辑联系比较紧密,而且都是集体编写的。

相比之下,语法专题研究更少,十年间,仅仅出版过两篇专论,即陈望道写的《论现代汉语中的单位和单位词》(上海人民出版社1973年)和《汉语提带复合谓语的探讨》(上海人民出版社1973年)。当时作者署名为"复旦大学语言研究室"。

十年浩劫给语法研究带来了极为严重的后果:

(1)国外这十年,语法理论又有了飞速发展,而中国却对此几乎一无所知,大大落后于世界水平。

(2)十年里语法研究基本上处于停滞状态,语法研究队伍青黄不接,人才培养中断了十年之久。

(3)许多学者精神上受到极大摧残,有的被迫害致死,更多的学者被迫放弃了自己的专业,十年里几乎一无所获。

(4)许多图书、资料、手稿、设备被丢失或遭到破坏,给以后研究工作的恢复带来极大困难。

1976年10月十年动乱时期结束,经过两年的调整,从1978年党的十一届三中全会以后,全国各行各业才又重新走上欣欣向荣的道路,语法学界也开始进入了一个崭新的时期——创新时期。

回顾这段历史,我们可以看到:本来,在描写时期繁荣阶段语法学习和语法研究蓬勃开展的基础上,理应有一个较大的发展,但是,由于种种干扰,主要是"左"的思潮的干扰,使这种发展受到了很大挫折,走过了一条弯弯曲曲的路径,并在十年动乱中处于全面瘫痪的境地,致使汉语语法研究不论在理论方法的探索还是语法规律的描写上,都大大地落后于世界各国语法学研究的水平。从中,我们应该吸取深刻的教训。

第二节 汉语描写语法的崛起

标志着汉语描写语法学派崛起的代表性著作是赵元任的《国语入门》和丁声树等人的《现代汉语语法讲话》。

一、《北京口语语法》

作者赵元任(1892—1982年),江苏常州人。从南京江南高等学校毕业后,1910年获国家奖学金到美国康奈尔(cornell)大学学习理论科学和数学,选修语言学。1914年毕业后在哈佛大学担任哲学研究工作,1918年完成哲学博士论文《论连续性——方法论的研究》,1920年回国在清华大学教物理,1921年回哈佛大学教哲学和中文,同时系统学习语言学,1925年到清华大学教中国音韵学和音乐,1924—1938年任中央研究院语言学部主任和语言调查指导,1941年再次到哈佛大学教书,1945年任美国语言学会会长,1947年任加利福尼亚大学东方语言和语言学教授,1952年任Agassiz基金会东方语言和语言学教授,1960年任美国东方学会会长。赵元任不仅是著名的语言学家,而且是著名的翻译家、音乐家和教育家。在语法研究方面,1968年出版《汉语口语语法》(吕叔湘译,商务印书馆1979年),在国内外影响极大,另外还有《语言问题》(1959年)等论著。《国语入门》原是用英文写成,全名为

"Mandarin Primer, An Intensive Course in Spoken Chinese",1948年由哈佛大学出版,后由李荣编译成汉语,先用《国语语法纲要》之名于1951年分期刊于《新建设》和《光明日报》,1952年5月由开明书店正式出版,改名为《北京口语语法》。

《国语入门》本来是专门为美国人写的汉语教科书,中译本只是把书中的前言抽取出来单独成书。该书是第一次全面而系统地运用美国描写语法学派的理论和方法来研究汉语语法的专著,不仅构拟了一个崭新的汉语语法体系,而且在方法论上开辟了一条新的途径,成为汉语描写语法学派的奠基石。以前由于种种原因对该书评价偏低,或故意回避,或有意贬低,我们应还以历史的本来面目。

该书分两篇:第一篇"汉语跟汉字",简略介绍中国方言分布的情况,官话(即北京话)在汉语中的地位,汉字跟汉语的关系。第二篇"北京口语语法",分为八章:1.词;2.句子;3.造句法;4.造词法;5.复合词;6.词类;7.否定跟问句;8.汉英语法比较。

该书最大特色就是从句法结构入手对汉语进行分析,从而发现了许多前人所不曾发现的规律。这主要是:

(一)该书根据词、语素的结合功能,第一次明确了"自由字"和"黏附字"概念(字相当于语素)。指出:"要是一个字同时又是一个词",即"自由字";"要是他一定要跟别的字(无论一个或者几个,无论自由的或者黏附的)联合起来才能造成一个词",即"黏附字"。"黏附字永远是黏附的,可是自由字只是有时候儿是自由的"。

(二)该书提出的划分词类的标准是词与词的结合关系。例如"酒"字后头决不能跟表示动作完成的后加成分"了"字;表示程度的"更"字绝不能跟数字连在一起;"打"字的后头总跟着体词等等。并得出一个词类系统:体词(名词、代词),动词,形容词,介词,副词,连词,单呼词,决定字(数字,指示字,疑问字),助名词(即量词)。

(三)该书第一次完全只根据句内的位置来确定主宾语,从而向传统语法关于"主语—施事"、"宾语—受事"的陈旧看法提出了挑战。作者认为:"主语可以从字面解释成主题,谓语不过是跟主题有关的话。"因此,汉语里的主语不仅有体词主语,而且还包括动词主语、主谓主语和宾语兼主语。而谓语也"不一定要指主语所指的那个东西的动作或者特性",因此,"这地方儿可以游水"、"我是两毛钱(我买的这个东西是两毛钱)"都可以理解为主谓句。

(四)该书还第一次提出了动词"向"的新观念,"汉语动词没有主动式被动式的区别,动作的向看上下文而定",并通过歧义句式"鸡不吃了"的分化,阐述了动词的"向"和施受之间错综复杂的内在关系。

(五)该书还对各种造句结构十分重视。第一次明确列出五种基本结构格式:1.主谓结构;2.并列结构;3.主从结构;4.动宾结构;5.动词结构连用式。其中动词结构连用式高名凯虽在《汉语语法论》中曾提到过,但他所举三种却非真正的连动式。《国语入门》对句法结构关系的认识还表现在构词法中,认为"复合词的成素跟成素之间的造句的关系"应分为:1.主谓;2.并列;3.主从;4.动宾;5.动补。对汉语结构(包括构句和构词)这种统一的认识对后人的研究影响极为深远。

(六)该书在分析句子结构时,第一次采用了结构层次分析法(虽然作者并未明确宣布),例如作者认为"要是一个句子有两三个主词,里头包括时间词、地位词,全句句子可以当作好些层主谓结构谓语看",如"我今天城里有事","我"是"今天城里有事"的主语;"今天"是"城里有事"的主语;"城里"是"有事"的主语。

由于作者运用了结构主义新的理论和方法,不仅在总的语法体系上提出了一系列新颖的观点和设想,而且在许多具体问题上,得出了不少十分有趣的新鲜的结论,或者提出了一些值得进一步探讨的课题。例如:1.汉语有个强有力的趋势,即把无定指称的名词搁在宾语的位置,把有定指称的名词搁在主语的位置或者前置外动词的后头。2.分出词尾后加成分"了"和句尾后加成分"了"。前者表示"动作完成",后者表示出现新的情况。3.动词、形容词加"的"造成"体词结构",如:"这个水果是生的","他是来拜望你的"。4.注意到口语中的歧义句式,如"他是1948年选举的总统"有三重歧义:(1)他是1948年当选的总统,(2)他1948年当选总统,(3)1948年他投票选举总统。5.用某些特定的结构格式作标准对动词进行再分类,并据此分成七类:

种 类	例 词	(1)不	(2)句尾了	(3)词尾了	(4)着	(5)很	(6)把
动作内动词	来	+	+	(+)	+	－	
性质内动词	大	+	+	(+)	－	+	
状态内动词	病	+	+	(+)	+	+	
动作外动词	看(戏)	+	+	+	+	－	+
性质外动词	爱(财)	+	+	+	－	+	－
类别外动词	在(家)	+	+	(+)	+	－	－
助动词	会(飞)	+	+			+	－

根据(1)(2)决定它们为动词,根据(5)可划出一般形容词,根据(3)(4)划出助动词,等等。这个分类标准是否妥当当然可以再讨论,

但这种方法和途径是很有启发性的。

当然,该书也存在一些问题,主要是所使用的理论和方法还不能贯串始终,许多地方仅仅提出一种设想,还缺乏详细而严密的论证。有些提法似乎也可以商榷,如把助名词复合词归之为代词,比方说"这儿有两个凳子,给你一个"。其中"一个"被定为"代词";又如把动词"来"算作代词或者代动词,比方说"你不会铺床,让我来。"其中"来"也被定为"代词"。此外,有一些分析不那么符合语言事实,如作者认为有些个主谓谓语有两种否定方式,例如"我头不疼了","我不头疼了"。其实,"我头不疼了",是指一种生理现象,头原先真的疼;而"我不头疼了"则指一种心理现象,并非头真的疼,而是表示厌恶的意思。前者是主谓结构的词组,后者是主谓组合的动词。有些分析和作者自己确定的原则发生了矛盾,如造句法中根本没有提到"动补式",因为作者把这类格式都看成是复合词而归入构词法了,他说:"造词法里跟连动式相合的是动词补足复合词,例如:'我吃饱了'。"当然,汉语中确有动补式复合词存在,如"提高、扩大、证明、缩小"等,但这并不等于否认动补式词组的存在,作者如此处理同他划分词组和复合词的标准也发生了矛盾,因为他认为"在真正主谓结构的谓语里,当间儿可以插进别的字,主谓结构复合词都是一个冻结的单位"。同样道理,"吃饱"也可以插进其他字;"吃得不饱",可见仍是一个词组,而不是复合词(这一观点后来作者作了修正)。

以德·索绪尔为代表的传统结构主义语言学和以布龙菲尔德为代表的美国描写语言学的研究理论和方法,从20年代到40年代,已陆续被介绍到中国来了,也有人尝试用来分析汉语语法,但这些介绍和运用都还是零星的、个别的。真正系统地全面地把它运用于汉语语法研究,首推赵氏。该书篇幅虽不长,但它以新颖的思想,精辟的分析,独特的方法,引人深思的结论震动了整个汉语语法学界,并在尔后产生了不可估量的影响,丁声树等人的《现代汉语语法讲话》就是吸收了该书的理论、方法和结论写成的。

二、《现代汉语语法讲话》

该书是个集体合作的产物,曾以"中国科学院语言研究所语法小组"名义于1952.7—1953.11从《中国语文》创刊号起连载,当时题名为《语法讲话》,发表后引起很大反响,后参考各方面意见,经过近十年修订,直到1961年12月才由商务印书馆正式出单行本,改名为《现代汉语语法讲话》,同时取消原"语法小组"名义,由参加编写者个别署名,他们是:丁声树、吕叔湘、李荣、孙德宣、管燮初、傅婧、黄盛璋、陈治文等八位。

该书共分二十章,大致可分:第一部分总论性质:(一)引言;(二)词类;(三)句法结构;(四)句子的基本类型。第二部分为句子分析:(五)主语、宾语;(六)修饰语;(七)补语;(十二)连动式、兼语式、连锁式;(十三)复合成分、复合句。第三部分为词类分析:(八)时间词、处所词、方位词;(九)几个特殊的动词——"有、是"等;(十)助动词;(十一)次动词;(十四)代词;(十五)数词、量词;(十六)副词。第四部分论述跟句类有关的几个问题:(十七)否定;(十八)问句;(十九)语气。第五部分为(二十)构词法。[①]该书深受结构主义语法理论影响,不少观点采用赵元任《国语入门》中的说法,但是它又不完全拘泥于结构主义语法,而是尊重语言事实,适当地吸收传统语法的一些长处,努力摸索适合于分析汉语语法的新路子,体系比较完整、严密,分析也细致、深刻,达到了相当高的学术水平。

该书语法体系有以下特点:

(一)词类划分按照性质和用法,一般采用列举法,同时对其功能特点稍加说明,并不过多地作理论上阐述和具体如何划分的论证。词类分为:1.名词;2.代词;3.数词;4.量词;5.动词(包括助动词、次动词);6.形容词;7.副词;8.连词;9.语助词;10.象声词。

(二)句子分析特别重视结构关系,分为:1.主谓结构;2.补充结构;3.动宾结构;4.偏正结构;5.并列结构。分析句子成分时主要依据语序,取消所谓主语挪后和宾语提前说,凡在动词前可以作主语的词语尽量称作主语,凡在动词后可以作宾语的词语都称作宾语,因而主、宾语的范围便相应扩大了,不仅一般体词可作主宾语,各种句法结构亦可如此。主语不仅指施事,也指受事以及无所谓施受的词语,只要是谓语陈述的对象;宾语类别更多,包括受事、施事、处所、类别、结果、存在的事物等。

(三)分析句子结构的步骤明确引进了"层次分析法"(俗称"二分法"),认为"除了并列结构可以由两个以上的成分组成之外,其他都是由两个成分组成的"。这种结构方式规定了分析句子的步骤:对并列结构采取"多分法",其他结构一律用"二分法"。例如:

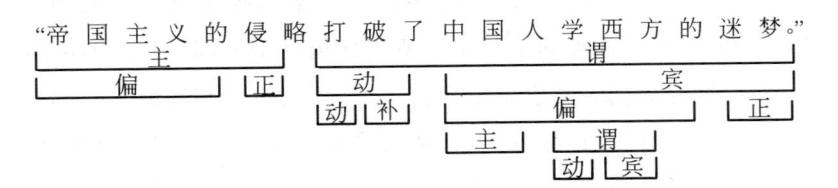

"帝 国 主 义 的 侵 略 打 破 了 中 国 人 学 西 方 的 迷 梦。"

这一分析法对揭示句子内部的结构层次关系有着积极作用,尽管该书对此法阐述并不太充分,但影响却很大,并逐渐被人们接受而得到广泛运用。

（四）划分句子类型可以有多种标准，该书特别重视谓语的结构，并按此把句子分为：1.体词谓语句，2.形容词谓语句，3.动词谓语句，4.主谓谓语句。由于主语的外延扩大，主谓结构范围也扩大。

（五）把"连动式"、"兼语式"、"连锁式"作为汉语中三种重要的特殊句式专门予以论述。由于把介词看作动词，因而把凡有次动词带宾语结构存在的句子都归入了连动式，如"从前天开始"、"泪落在地上"，这和赵元任的观点是一致的；对兼语式特别注意它和主谓结构作宾语句式的区别，提出了两个标准："兼语和它前面的动词结合得很紧，中间不能停顿"，"也不能加副词或副词性的修饰语"，另外把"被"字句（包括"教、让、给"）也称作特殊的兼语式；连锁式指有副词照应的，如"越……越……""非……不……"，以及用动词照应的，如"以……为……""管……叫……"，前一部分格式一般语法书归入"复句"范畴，或称为"复句的紧缩"。

该书之所以受人称赞，有几个优点是大家公认的：(1)尽量通过语言事实来阐明语法特点，而且所举语言材料能让人认真思考。(2)不仅重视规范的书面语，而且十分注意规范化的口语。(3)特别重视语法结构关系以及语序，例如"你什么都懂，你什么都知道"和"你都懂什么，你都知道什么"，所用词语完全相同，只是词序变了一下，随之结构关系也发生变化，全句语义也大相径庭了。(4)对语言现象观察分析细致入微，从而挖掘出不少人们司空见惯然而未加留心的语法规律，例如"的"字的另外一些用法说明就相当精彩。(5)例句选择精当，出色的例句叫人一看就明了其中的规律，例如为说明"和'把'字等照应的'给'字可有可无"，引了同一作者(老舍)说同一事情的两句句子:"(王五)头上有块疤——据说小时候被驴给啃了一口"。"(祥子)脸上永远红扑扑的,特别亮的是颧骨与右耳之间一块不小的疤——小时候在树下睡觉,被驴啃了一口。"前句有"给",后句无"给",读了使人信服。(6)叙述深入浅出,语言准确简洁,而且讲究表达方式。例如第九章"几个特殊的动词——'有、是'等",着墨不多,讲得层次井然,清楚透彻。

该书有些分析和结论也并非无懈可击,例如:"把几千年封建地主的特权,打得个落花流水。"认为是"带'得个'的补语",问题是"得个"是个词吗?"打得落花流水"、"打个落花流水"都可以说,因此"打得个落花流水"很可能是前两种格式的杂糅。书中某些问题讲得不详细,致使读者难以捉摸,有的似乎作者自己也还摇摆不停,似此似彼。例如讲次动词造成的动宾结构时,一方面讲"大多数用在连动式里",一方面又说"这类动宾结构在前的时候,可以认为是另一动词的修饰语;在后的时候,可以认为是另一动词的补语"。这就使人感到难以适从了。此外某些章节、某些问题没能深入分析,使人感到不很满足,例如关于助词"了、着、过"的分析只是在"构词法"中提了一笔;关于双宾语问题其实也比较复杂,也只是轻轻点了一下,几乎未作什么论述。该书"通过举例来说明问题,拿具体的例子来引导读者独立思考",这一点是要肯定的,但是由于大部分地方故意避免下定义,所以对于学习语法的读者来讲就不太方便了。

该书是集体智慧的结晶,运用了一些新的语法理论和方法,又继承了传统语法的一些优点,尊重语言客观事实,采取了慎重负责的态度,又经过了比较长时间的修订,的确是一部杰出的现代汉语描写语法,为深刻揭示现代汉语语法规律、建立起具有中国特色的汉语语法体系打下了扎实的基础,在汉语语法学史上占有极为重要的地位。该书后来由实藤秀惠、北蒲藤郎合译为日语,书名改为《中国文法讲话》。

附　注:

① 这最后一节是修改时增补上去的。

第三节　语法知识的大普及

一、《语法修辞讲话》和《语法学习》

《语法修辞讲话》:作者吕叔湘、朱德熙,该书稿原在《人民日报》上连载,1951年开明书店出单行本,1952年10月由中国青年出版社出合订本。1978年8月修订再版。

全书共分六讲:(一)语法的基本知识;(二)词汇;(三)虚字;(四)结构;(五)表达;(六)标点。主要讲语法问题,也随时涉及一些修辞问题,但也只限于句子范围,并且以消极修辞为主。该书语法体系主要体现在第一讲中,和吕氏《中国文法要略》有明显的不同。首先按意义把词分为实、虚两类。实词包括:1.名词,2.动词,3.形容词;虚词包括:4.副名词(即量词),5.副动词(即介词),6.数词,7.代词,8.副词,9.连接词,10.语气词,11.象声词。句子成分包括:主语、谓语、宾语、表语、附加语(又分为名词、动词、形容词和全句的附加语四种)、同位成分和外位成分。

该书语法体系的特点是:1.依意义施受来决定主宾语;2.名

词、形容词可以直接充当谓语,这种谓语不论前面有否"是",都是表语;3.复杂谓语中依据这些动词是否属于同一主语分为两个类型,甲:几个动词属于同一主语,乙:第二个动词的主语就是第一个动词的宾语;4.短语按它内部结构分为:(1)联合短语,(2)主从短语,(3)动宾短语,(4)主谓短语。其中"主谓短语"比较特殊,和一般理解的主谓短语不同,它是指一个主语和一个谓语,中间用"的"字连接,如"中国的解放"、"态度的坦白",同时又另设"句子形式"(即一般的主谓短语);5.分析句子结构有一定的层次观念,认为"句子里头可以包括句子形式,短语里头也可以包含短语"。

第一讲是正面阐述作者的观点,第二讲至第六讲则主要是通过剖析一些病句、错句来说明正确的遣词造句的方法应该是什么。因此,综观全书,"所引的例子,错误的或有问题的要比正确的多得多",这是由本书目的偏重于实用而决定的。其中以第四、五两讲写得比较扎实。该书在摸索如何以简驭繁,帮助读者在较短时间内提高正确运用语言水平方面作出了可喜的尝试。

这本书存在的问题,正如作者在再版时自己所说:"有'过'与'不及'两方面。'过'是说这里边有些论断过于拘泥,对读者施加不必要的限制。'不及'又有两点:一、只讲用词和造句,篇章段落完全没有触及;二、只从消极方面讲,如何如何不好,没有从积极方面讲,如何如何才好。这样,见小不见大,见反不见正,很容易把读者引上谨小慎微,不求有功但求无过的路上去。"例如原书认为"着"表示行为的持续,所以,动词本身含有持续的意思也就不必用"着"。"有着"的"着"是多余的。其实,"有着"在现代汉语里广泛地使用着,而且使用范围还在扩大。[①] 此外,作为语法体系也有不少可商榷之处,如把"中国的解放"称为主谓短语就不那么合适。

该讲话由于在《人民日报》上连载,加上与以往一些侧重于建立自己语法体系的语法著作很不相同。重视实用,联系实际以达到"匡谬正伪",颇具特色,所以影响很大,一时许多地方都选作教材,成为50年代初最畅销的热门语法书。

吕叔湘还写了另一本书《语法学习》,该书写作比《语法修辞讲话》略早一些,从1951年1月起在《开明少年》上连载(后移到《进步青年》上连载),1953年6月由中国青年出版社作为"语文学习丛书"之一正式出版。该书主要面向具有初中文化水平的青少年读者,目的是为自学之用,所以作者力图文笔写得生动活泼、语言平易近人。全书共分九章:(1)语言的单位和文字的单位;(2)一句话和半句话;(3)行为和人物;(4)数量;(5)指示和替代;(6)修辞和补充;(7)从简单到复杂;(8)种种关系;(9)种种语气。每章后附有练习题,书后附有练习答案。该书语法体系和《讲话》基本相同,例如词类可分十一类,仂语也分四种,也另设句子形式,复杂谓语则明确指出分为连动式和递谓式。所以,该书实际上是对《讲话》第一讲的一个较详细的说明和补充。该书1954年由太原信一、伊地智善继译成日语,书名为《中国语法学习》。由于该书在语法体系论述上比《讲话》详细、完备、严密,因而后来在讨论语法体系分歧时,往往引用《语法学习》,而不大引用《讲话》;业余教育选用语法教材时也更多地选用该书,而把《讲话》作为辅助材料。

二、《汉语语法常识》和《语法学习讲话》

作者张志公(1918—1997年),河北南皮县人,生于北京。1937年入中央大学外语系学习,后转入并毕业于金陵大学外语系。毕业后,先后在金陵大学和海南大学外语系教英语、欧美名著选读和语言学概论等课程。1951—1960年任《语文学习》主编，1955年起历任人民教育出版社汉语编辑室主任、副总编辑、北京语言学会会长等职。张氏研究重点是汉语语法和修辞，是"暂拟系统"制定的主要负责人。除该书外，还著有《修辞概要》(1954年，署名张瓌一)、《语法学习讲话》(1962年)、《语文教学论集》(1981年)，并选编了《中国语文研究参考资料》(1955年，署名叔重)。

该书原在《语文学习》上从1952年1月起分段发表，后经修改于1953年11月由中国青年出版社出版。作者在"序"里说他写这本书有四个原则："第一，不谈理论；第二，少讲道理多举例子；第三，只谈一个大概的轮廓，不求全面；第四，只据现存的比较一般的说法来谈，尽可能地少提个人的看法。"该书最大的特点是：善于汲取各家长处，并尽可能融合一体。从整体来看，立论都比较平稳，更是博采众说，但也不乏独到见解，加上讲理浅显，举例详明，着眼实用，所以很受广大群众，尤其中小学语文教师欢迎。

全书共分六部分：(一)词和句；(二)单句的基本结构；(三)几类实词的用法；(四)句子成分的扩充；(五)句子成分的变化；(六)疑问句、祈使句、感叹句。词类系统分为实词：1.名词；2.动词；3.形容词；4.数量词；5.指代词。虚词：6.系词；7.副词；8.介词；9.连词；10.助词；11.叹词。实词的组合分为：1.主谓仂语；2.主从仂语；3.联合仂语。另外又设立虚词与实词的结合，分为：1.系词结构；2.助词结构；3.连词结构；4.介词结构；5.副词结构。

该书语法体系有几个特点是很明显的：(一)把系词"是"和副词归入虚词，把一般的助词分为三类：结构助词(的、地、得)，时态动词(了、着、过)和语气助词。(二)提出"常式句"和"变式句"，认为变式句有三个特点："第一，有一定的规律"，"第二，变式句和常式句的实际含义相同,差别主要在语气上","第三,只要某个句子有跟它相对应的变式句,和它同一类型的句子都可以有同样方式的变式句"。(三)作者认为主语和动词的关系有两种:一是施事,二是受事;宾语和动词的关系有四种:一、宾语是动作行为的承受者或动作行为的对象,二、宾语表示动作行为的地点或方面,三、宾语表示动作行为的来源或工具,四、宾语表示动作行为的结果。并进而把"后门跑进一伙人来"中的"一伙人"称为"存现宾语",实际上即按语序(动词位置前后)来决定主宾语。(四)提出从词本身来断定词类的六项办法:一、词尾,二、词尾性助词和助动词,三、词头性的副词,四、轻声、原声、重读,五、重叠的方式和读音,六、问话和答话。其中一些观点后被"暂拟系统"吸收,如动词分为三类,存现宾语以及某些"结构"提法。但是,该书存在的问题也是比较明显的。一是作者一面说:"虚词不能单独的作为句子的基本成分",一面又把系词和副词划入虚词,这就势必发生矛盾;二是如果承认"常式""变式"理论,那么,什么是常式,什么是变式往往是主观的,缺乏一个客观标准,变式有时还会产生新的意思而不仅仅是语气的变化,又该作何解释?而且变式句是否完全可以依此类推呢?要不要受其他条件的限制?三是"副词结构""连词结构"是否有必要专门设立。

这本书的意图显然是指导读者,尤其是初学语法的读者,在众说纷纭的情况下拣一条折中的、比较平坦的道路来走。从这一点讲,该书可以说取得了相当的成功。不仅仅如此,它还试图在研究方法上把传统语法和结构主义语法在一定程度上结合起来,这对以后的语法研究也有一定的影响。

张志公后来又写了一本《语法学习讲话》(上海教育出版社

1962年6月),该书稿最初曾在《语文学习》于1958—1960年连载过。该书在语法与修辞结合研究方面作了可喜的尝试,同时在研究方法上更多地吸取了结构主义语法的理论。其特点是:(1)把重点放在应用上;(2)讲最基本的东西;(3)多从逻辑关系上着眼;(4)联系说话和写作中的修辞表达以及语气情态等问题;(5)为构拟更符合汉语特点的语法体系作了试探工作。实际上是作者试图把语法、修辞、逻辑"熔为一炉"的一种初步探索。语法体系上既强调结构,又注重意义,同时兼顾修辞、逻辑乃至语气情态等等,在析句方法上采用了层次分析法。该书篇幅不长,但处处为读者实用考虑,文字清浅简明。但总的来看,写得比较粗略,许多问题仅仅点到,未能作较深入阐述,同时个别地方有前后照应不全之处。

三、《语法初步》

作者曹伯韩(1897—1959年)又名曹朴,湖南长沙人,1949年任出版总署编审局通俗读物编审处处长,1952年任文改会副秘书主任,1954年后历任研究员、汉字整理部副主任等职,毕生致力于语法研究和语法知识普及工作以及文字改革工作。解放前写有《国语文法》(致用书店1947年)和《中国文法初阶》(文光书店1948年)等书。

该书1952年8月由工人出版社出版。这是一本用通俗易懂、浅显明白的文字写成的,面向广大群众的介绍语法初步知识的著作,内容比较简单,篇幅也很短,着眼于普及入门。

全书分二十九节,1—3节是字、字眼(即词)、句;4—10节是词类分析;11—13节是构词法;14—20节是句子成分分析;21—29节是短语和句子分类。书后有三个附录:(一)练习题答案,(二)术语对照表，(三)本书字眼离开写的规矩。本书语法体系基本上采用黎锦熙的，字眼(词)也分为九类；句子成分分为主干成分和枝叶成分；句子格式分为简单句、包孕句和连环句(即"兼语句")。本书特点为：一、由于作者是推行拼音文字的积极倡导者，该书行文时，首次把拼音文字中词儿连写的一些原则运用到汉字书写上来，即以词为单位，在词与词之间空出一定的间隙，如："我的 家 在上海 黄浦滩 外白渡桥 北面。"二、汲取了赵元任对短语的某些观点，给短语以比较重要的地位。三、词类分析时采用例举法，例如："形容词就是'大'、'小'、'新'、'旧'、'好'、'坏'、'高'、'矮'、'漂亮的'、'诚实的'……这些个字眼。"不作理论上的阐述，也避免下定义。这对初学者来说，也不失为一种入门的简单可行的办法。该书写得比较粗略，分析也比较简单，在学术上并无什么新见解，但对当时的语法知识普及工作曾起过一定的作用。

这时期出版的致力于普及工作的语法书尚有一大批，其中不乏态度认真负责、内容丰富扎实、对读者颇有帮助的著作，如：任铭善的《小学语法讲话》(浙江人民出版社，1953年)，王力的《有关人物和行为的虚词》(中国青年出版社，1955年)，张汝舟的《简明语法》(五十年代出版社，1955年)，林裕文的《通俗语法讲话》(通俗读物出版社，1956年)等。

附　注：

① 这一段修改再版时已经删去了。

第四节　五十年代三次语法专题讨论

一、"汉语词类问题"讨论

汉语词类划分一直是语法学家们很感兴趣的研究课题,从马建忠以来各家都提出过自己的看法,但很少展开过针锋相对的争论。从1952年起,《中国语文》和《语文学习》便陆续刊登了有关文章,但真正引起大家广泛兴趣并开展热烈讨论的还是由高名凯的《关于汉语的词类分别》(《中国语文》1953年第10期)一文发表后开始的。高氏始终主张汉语实词不能分类,支持该观点的有刘正琰、李行健等人,但大部分语法学家,如:曹伯韩、王力、吕叔湘、黎锦熙、胡附、文炼等都不同意高氏观点,讨论一直延续到1955年7月,有关论文分别收入《汉语的词类问题》(中华书局,1955年)和《汉语的词类问题(第二集)》(中华书局,1956年)。

这次讨论的中心论题有四个:1.汉语有没有形态？2.汉语有没有词类的分别？3.如果有词类,划分的标准又是什么？4.标准是一个还是两个以上？几个标准之间哪个是主要的？几个标准同时用呢,还是一次只用一个为主？这些问题之所以能引起广泛兴趣并非偶然,因为历来汉语划分词类可以有四个标准:1.以黎锦熙为代表的"依句辨品,离句无品",即以句子成分来确定词类,离开了句子只能是词无定类;2.以王力、吕叔湘早期著作为代表,即"凭着意义来分";3.由方光焘、陈望道提出的"广义形态"、"结合关系",并由陆志韦、赵元任、丁声树等人尝试过的"语法功能";4.以陆宗达、俞敏为代表所主张的"形态变化"。虽然大家都作了很大努力,但显然离圆满解决该问题的距离还很远。

高氏认为:区分词类不能拿词的意义、声调变化、功能和结合关系作标准,只能拿标明各种词类的特殊形式,即狭义的词形变化作标准(大前提),而这种狭义的词形变化汉语中是不存在的,汉语的构词形态也不足以作为区分词类的标准(小前提),因此,汉语的实词没有词类的分别(结论)。高氏的论文是针对苏联语言学家康德拉的《论汉语》(苏联《语言学问题》1952年第3期)[①]提出的批评。康文的中心内容就是论述汉语不是单音节和无形态的语言,同时举出一些例证说明汉语不仅有丰富的形态,而且可以和印欧语系一样依此来划分词类。

主张汉语词类可分的学者中,具体观点也不尽相同。其中代表性观点有以下几种:

一是赞同方氏、陈氏"广义形态"说的,如胡附、文炼《谈词的分类》,认为"因为在汉语中,单词有形态变化的毕竟是少数,不足以作为汉语区分词类的主要标准,也正因为如此,使得我们不得不求助于广义形态",即"必须从结构上来区分,从词和词的相互关系,词和词的结合上来区分,即是说从形态学上来区分"。

二是主张意义和功能相结合,如曹伯韩的《关于词的形态和词类的意见》,认为:必须根据词在句子中的功能,同时结合词的意义来看;功能是要由形态表现出来的,但形态可以包括词和词的关系(词在句中或短语中所占的地位),不能单凭词的本身形态来分别。

三是提出意义、形态、句法三结合标准,如王力《关于汉语有无词类的问题》(《北京大学学报》1955年第2期)认为:汉语划分词类的三个标准是:"第一,词义在汉语词类划分中是能起一定作用的,应该注意词的基本意义跟形态、句法统一起来;第二,应该尽先应用形态标准(如果有形态的话),这形态是包括构形性质的和构词性质的;第三,句法标准(包括词的结合能力)应该是最重要的标准,在不能用形态标准的地方,句法标准是起决定作用的。这三个标准是有机地联系着的。不是根据三个标准来分类,而是要求同时适合这三个标准。"

此外,吕叔湘的《关于汉语词类的一些原则性问题》一文具有承上启下的小结性质,集中讨论了三个原则问题:1.汉语的词能不能分类?2.按句子成分、各种结构关系、"鉴定字"、重叠形式、词的意义分别给词分类的利弊得失;3.各种标准如何配合?作者最后得出的重要结论是:1.词类是根据词的语法特点来分的……汉语的词,包括实词,可以分类。2.划分词类要做到基本上词有定类,类有定词。3.结构关系,"鉴定字",能否重叠以及用什么方式重叠——这些都可以用来划分词类。问题在于怎样配合。4.结构关系能照顾的面最大,宜于用来做主要的分类标准。

高氏始终坚持自己的观点,并在《再论》和《三论》中重申并发挥自己的论点,他的反驳意见有四条:1."汉语尽管没有词类分别,说汉语的人却有'名''动''形容'等概念,不过这些概念是拿词汇的方式表达出来,不是拿语法的形式表达出来罢了。"2."汉语既没有区别词类的特殊形式,汉语的词就没有词类的分别。"3."汉语的'着'、'的'、'了'等等只是语法工具,只是虚词,不是形态,与形态有本质的不同。"4."声调的变化代表的是意义的不同","声调变化之后有词类的分别,仍然是从意义出发"。高氏的观点虽然比较偏激,受到大部分人的反对,但在这场讨论中,他敢于独立思考,对科学负责,不怕孤立,显示了一个正直学者应有的风度,他提出的不少观点富于启发性,有力地推动了讨论的深入发展。然而也有个别人受到"左"倾思潮影响,盛气凌人,唯我独"左",把学术讨论中的不同观点和世界观、政治立场等混淆起来,乱扣帽子,乱打棍子,从而造成了很坏的效果。如《试评我国语言学目前存在的资产阶级思想》一文(《中国语文》1955年第3期),甚至说"汉语有没有词类"问题不是"纯粹的学术性讨论,而是一个严肃的思想斗争","只有帝国主义学者才故意抹杀这些事实,企图证明汉语没有词类,汉语没有语法"等等,这种无限上纲的错误做法理所当然地遭到参加讨论的大多数同志抵制和谴责,然而遗憾的是这种恶劣的不正之风在以后的岁月里反而越刮越烈。

这场讨论是解放以来第一次规模较大的语法专题讨论,虽然最终并没能取得完全一致的意见,但至少搞清楚了几个问题:一、极大部分人认为汉语是可以划分词类的;二、不能单凭意义来划分词类;三、汉语是有形态的,但这形态所指和印欧语形态并不一致;四、汉语划分词类要综合使用几个标准,光凭一个标准是行不通的。这场讨论的历史功绩在于:开创了一个民主讨论的风气,推动了汉语词类研究的深入发展,并产生了一些有较高科学价值的专题研究论文,如朱德熙的《现代汉语形容词研究》(《语言研究》1956年第1期)等。

这场讨论本身也存在着一些明显的缺点:一是有些文章材料不足,考虑不周,分析不透,往往使人有隔靴搔痒之感;二是有的文章态度不正确,乱扣帽子,乱打棍子,不是以理服人,平等待人;三是扎扎实实进行专题研究的论文较少。

二、"汉语的主宾语问题"讨论

在汉语的词类问题讨论告一段落后,紧接着在《语文学习》上又开展了解放后第二次大规模的语法讨论——汉语的主宾语问题。这个问题,长期以来也是汉语语法里一直引起争论的比较重要的问题。各家依据不同的原则作了不同的处理,有的甚至于针锋相对,例如像"车里走出好些人来"这类句子,有人认为"人"是后置主语,"车里"是状语;有人则认为"人"是宾语,"车里"是主语。问题还不仅仅在于对一些具体句子的处理,实际上涉及研究语法的理论和方法。对此,许多语法工作者曾经从不同角度探索过,并且取得了一些研究成果。比较早的如方光焘、陈望道、张世禄、傅东华等在1938年"文法革新讨论"中就曾涉及该问题,而第一个比较全面、系统地论述该问题的是吕叔湘《从主语宾语的分别谈国语句子的分析》(《开明书店二十周年纪念文集》,1946年)。解放后,王了一(王力)的《词和语在句中的职务》(《语文学习》1952年第7期)、高名凯的《关于句法的一些问题》(《语文学习》1953年第11期)、张汝舟的《谈谈"句子"构造》(《语文教学》1952年第8期)以及黎锦熙的《变式句的图解》(《语文学习》1953年第3期)等都谈及该问题。

1955年7月《语文学习》在发表吕冀平等几篇专论同时,加了个《编者按》,表示"希望能在今天已有的成绩的基础上,把这个问题的研究向前推进一步"。这次讨论的文章编成《主语宾语问题的讨论》,作为《中国语文》丛书之一于1956年12月由中华书局出版。

吕冀平的《主语和宾语的问题》一文带有"宣言"性质,内容为三部分:一、介绍从结构和施受观念出发可能有的七种处理情况;1.施—动—受,2.施—受—动,3.受—施—动,4.施—动,5.受—动,6.动—施,7.动—受。二、比较几部有影响的语法专著对此的

不同处理(下图略有简化):

作者	书名	例句	这样的事情谁肯干	台上坐着主席团
黎锦熙	《新著国语文法》		宾—主—动	动—主
王力	《中国现代语法》		宾—主—动	动—主
吕叔湘	《语法学习》		宾—主—动	动—主
语法小组	《语法讲话》		主—‖主—动	主—动—宾
张志公	《汉语语法讲话》		主—‖主—动(变式)	主—动—宾

三、分析了区分主语宾语的两个标准的利弊得失,如完全凭意义,凡"施事一律为主语,受事一律为宾语,不管它们在动词前或在动词后",这样就必然会碰到一些无法克服的困难:1.无主句过分膨胀,2.许多句子无法确定施受,3.倒装句往往无法还原,4.省略句往往很难有客观标准。如完全凭词序,"凡在动词前的一律为主语,动词后的一律为宾语,不管它们是施事还是受事",但那样动词和宾语的关系就大为复杂了,抛弃了意义就容易走上形式主义的道路。作者原则上主张"语法分析必须充分注意结构","但重视结构不能脱离意义",但该文只摆出了分歧,对如何把这两者有机地结合起来,具体解决汉语中施受和位次不协调的问题则没有进一步阐述。

在讨论中,几乎所有的人都主张要兼顾"形式"和"意义",但是侧重点及具体看法各不相同。一是强调以意义(或逻辑)为主要标准的有曹伯韩、徐重人、王宗炎、王力、胡附、文炼、颜景常等;二是强调以结构(或词序)为主要标准的有徐仲华、邢公畹、洪心衡、任铭善、肃父、祝孔嘉等;在讨论后期又出现了一种折中办法,即主张

"宾语"改名为"补语",这一设想最早是吕叔湘在《中国文法要略》中提出的,赞成者有陈望道、李人鉴、陈仲选等。

下面以三个典型例句"台上坐着主席团"、"这件事他不知道"和"王冕死了父亲"为例具体说明各家的处理有何不同:

台上坐着主席团	句式名称	主张者
主—动—宾	动词谓语句	洪心衡、肃父、邢公畹、任铭善、祝孔嘉
状(附)—动—主	倒装句(变式)	王宗炎、曹伯韩、张其春、王了一、H.贾布基娜
状(附)—动—宾	无主句	徐仲华、高名凯
主—动—主	反宾为主句	黎锦熙
主—动—补		陈望道、李人鉴、陈仲选

这件事他不知道	句式名称	主张者
宾—主—动	宾语提前句	王宗炎、周祖谟
主—主—动	主谓谓语句	邢公畹、徐钟华、祝孔嘉

王冕死了父亲	主张者
主—动—宾	邢公畹、王宗炎、颜景常
大主—动—小主	曹伯韩

汉语中主宾语之所以造成问题,原因有三:1.汉语缺乏形态标志,从词形变化上分不出主语、宾语来;2.如果只靠词序来区别主宾语,那又同传统的施受观念发生矛盾;3.一般人往往把主语和宾语看成一对相互对待相互依存相互转化的矛盾体。这次讨论最后也没能取得比较一致的意见,但有以下几点收获:一、明确了从意义上讲,动词和它前面以及它后面的体词之间存在着许多复杂的

关系,不仅是施、受,还有工具、处所、原因、结果、涉及对象等等;二、从而也认识到光靠施受关系来决定主宾语必然会带来许多难以克服的困难,就会出现许多类似"宾居主位"、"主居宾位"等复杂的情况;三、认识到主语只是和谓语相对而已,即一是陈述的对象,一是陈述的方式;而宾语则是谓语中和它前面的动词发生关系的那个成分;主宾语在一定条件下可以转换,但是这并不意味着它们处于一个层次上,了解这一点显然有助于认识宾语的语法特点。

这次讨论的重心从词法转移到了句法,围绕着这个问题,实际上是传统语法和结构主义语法的一场前哨战,不仅对主宾语问题认识有了提高,而且对语法研究如何进一步贯彻意义和形式相结合的方法作了有益的探讨,可惜的是发表的论文缺少像吕叔湘的《从主语宾语的分别谈国语句子的分析》那样高水平的文章,也缺乏从语法研究理论和方法的高度来论述的论文,而是纠缠于具体句子的太多,真正提出新见的不多。

三、"汉语单句复句划分问题"讨论

1957年1月《中国语文》上发表了孙毓苹的一篇短文《复合句和停顿》,认为胡附、文炼在《现代汉语语法探索》中否认停顿是区别复合句和简单句的一项重要标准的说法是不妥的,接着,郭中平发表了《单句复句的划界问题》(《中国语文》1957年第4期),在比较各家说法后,归纳出六个标准:1.结构,2.意义关系,3.语音停顿,4.连词,5.连词以外的关联词语,6.谓语的多少繁简。并指出:"不同的标准难免获得矛盾的结果。"从此揭开了汉语单句复句划分问题讨论的序幕,并先后发表了近十篇文章。

划分单句复句是汉语语法中分歧较大的难题之一,主要原因

是因为各人采用标准不同,侧重点也不同;是几个标准同时起作用,还是以一个为主?加上有时主语不好确定、主语暗换等,情况就更复杂了。

各家语法体系＼标准	语音停顿	结构	意义关系	连词
黎锦熙《新著国语文法》		②+	①+	③+
王力《中国现代语法》	①++	③+	②+	(+)
吕叔湘《语法学习》	①+	③+	(+)	②++
丁声树等《语法讲话》	①++	②+	③+	(+)
张志公《汉语语法常识》	(+)	②+	①+	(+)

说明:++为特别重视,①②③为标准的次序,空白为根本没提及,(+)为可有可无。

从以上图表中可以看出当时较有影响的几家语法体系所采用划分单复句标准及其次序几乎没有两家是相同的。讨论中,刘世儒提出了一种新的"成分划定法",从而扩大了单句的范围,把一些别家划归复句的句子也称作单句。他的总的出发点是:"句子本是结构学中所研究的主要对象,而单句、复句之别又是结构上的不同:单句是由主语、谓语、宾语、定语、状语等成分构成,复句是以句子为单位由几个小句子(分句)构成的。复句的构造材料不是词、词组,而是简单句。单、复句之别本质在此。"(《试论汉语单句复句的区分标准》,《中国语文》1957年第5期)因而他给单复句划分重新下了定义:"凡包有几个语言单位,其中有一个或几个能够被划定为另一个语言单位的成分的,这种语言单位就是单句;反过来说,凡不能够被划定为另一个语言单位的成分,而只能各以句子资格互相联结起来的,这种语言单位就是复句。"他的具体主张是:

1.包孕句归入单句,如:"我知道他病了";2.在副位的名词句也是包孕句,归入单句,如:"他因为天下雨不来了";3.复成分句(包括复主语,复谓语)归入单句,如:"老师们和同学们都很喜欢他","他们爱祖国,爱人民,爱正义,爱和平","听了伯父的话,我难过了好几天";4.连环句归入单句,如:"皇宫前面有一道门,是专给皇帝走的";5.状语移前句归入单句,如:"在祥子眼里,曹先生必定是孔圣人";6.定语挪后句归入单句,如:"她一次生下三个孩子,都很健壮"。刘文强调从句子结构入手的观点在当时影响很大,对以前主要依靠逻辑意义、关联词语为判断标准的传统观点是一种冲击。

此外,丁勉哉的《谈复句的紧缩》(《中国语文》1957年第12期)一文也别树一帜,他分析了"越……越……"、"一……就……"、"不……不……"、"非……不……"、"不……也……"、"再……也……"、"……就……"等七种句式,认为它们是一种以单句的形式来表达复句的内容的句子,不是紧缩的复句,而是由复句紧缩而成的单句。

这次讨论除主要围绕着"单复句划分标准"进行外,还涉及另外三个问题:(1)包孕句的归类问题;(2)复句内部划分标准问题;(3)简单句的分类问题。但都只是提出了问题而未能深入地进行讨论。这次讨论与第一、二次相比,时间短,文章也少,不到一年便无形之中宣告结束。

附 注:

① 译文摘要载《中国语文》1952年第9、10、11期,全文由彭楚南译出,1954年由中华书局出版。

第五节　几本有特色的汉语语法专著

50年代初,百家争鸣、百花齐放的方针深入人心,语法学界的研究十分活跃,各种不同流派从不同侧面研究的汉语语法专著相继问世,有好几本是很有特色的。

一、《汉语语法教材》

黎锦熙于1950年出版了《中国语法与词类》(北京师范大学出版部),主要讲图解法和复合词的构成方式;1951年7月又给天津的《语文教学》撰稿,后结集为《中国语法教程》上册(北京大众出版社1952年10月),该书1958年重订再版时改名为《汉语语法初步教程》,是作者在新形势下配合《新著国语文法》进行语法教学的一本参考书。1952年秋,黎氏和他的学生刘世儒(当时在北京市第一中学任语文教师)合编《怎样教学中国语法》(商务印书馆1953年3月,1958年7月重订13版时改名为《汉语语法十八课》),目的是为中学语法教学提供一本简明的教科书。为配合这一"教本",于1953—1955年又合编了一部《中国语法教材》(北京五十年代出版社,1953年9月起分七册陆续出版,1955年8月出版最后一分册),任务是"系统地详加项目,补充例句;全面地研究问题,结合理论";1957—1962年,黎刘二位又以该书为基础,汇合各方面意见和自己发现的错误矛盾之处,重新修改合编为《汉语语法教材》(商务印书馆,1957年10月第一编,1959年12月第二编,1962年7月第三编)。

《中国语法教程》原定分为三大纲:(一)句的组织(语法基本规

律);(二)词类的系统(词汇和虚字);(三)复式句的关系(分组、分段、标点符号、篇章结构和思想表达)。从体例上讲,每一章节又可分为三部分内容:(一)基本教材(即课文本身,主要是定义、规律,大部分引于《新著国语文法》,部分引自《中国语法与词类》以及《语法修辞讲话》);(二)理论和教法说明、系统性的标题和典型性的释例,这是该书主要组成部分;(三)参考材料(包括:实习例题,例句解释,理论探讨)。

《怎样教学中国语法》是配合初中语文课本用的语法教科书,按一学期的时间每周一课,分十八课讲完,故后改名《汉语语法十八课》,例句全部采自初中语文课文,对《新著国语文法》有些观点作了修改,同时在内容上力求简明,例句上也有所出新。"全书以句子结构的六大部分作中心,在成分里讲明词类"(序)。和《教程》体系基本一致,但不再讲实体词"七位"(只讲同位和呼位),并强调使用图解法。

《中国语法教材》所采用的基本教材和《教程》不同,不是直接引《新著国语文法》,而是引《汉语语法十八课》,因而是一本配合《十八课》而编写的详细参考书,在实际上已替代了《教程》一书。《教材》和《十八课》存在明显的对应关系:

《教材》	第一册	第二册	第三册	第四册	第五册	第六册
《十八课》	1—8	9—12	13—14	15—17	18(上)	18(下)

第七册"附编"收:语文分析总图解,词类大系,汉语构词法,标点符号用法,注音字母发音表。

《汉语语法教材》分为三编:第一编:基本规律,以句法成分为纲说明词类、词组、单式句的基本规律;第二编:词法,主要讲词类和构词法;第三编:(1)复式句拟定十一个类型,(2)段落、篇章和总图解,(3)标点符号。

从语法体系来看,自《新著国语文法》到《汉语语法教材》基本上是一致的,但从《怎样教学中国语法》以后体系上有所变动,可称为黎刘新体系,把新旧两个语法体系作一比较,可以发现有新的变化:

(一)第一次明确提出以六大成分为中心的语法思想,认为"汉语语法的基本规律在'造句',首先要把句子的成分搞清楚;'六大成分'是本书的中心系统,所有'用词'的位置次序,'词类'的划分转变,组织格式的'正变'和'繁省',都是在六大成分上掌握住的"。(《教程》序例)它虽仍以句本位为出发点,但角度和着重点已不同。

(二)更强调句法,认为"造句法是中国语法的'核心',从'造句'讲到'用词',拿'句法'来控制词类。"(《十八课》绪言)因此,词类分拆散在句子组织各章节中讲,直到最后一讲才作"系统的总结"。

(三)划分词类时放弃了原"依句辨品,离句无品"的标准,只是说:"词类是语词的分类,依照它们在句法成分中的作用可分为五类九品。"但实际上仍留下很深的痕迹,如对形附、副附的分析。

(四)短语的分类,《十八课》只列举了两种,《教材》则吸取了其他各家说法,分出六种:1.主谓短语,2.动宾短语,3.形名短语,4.副动短语,5.副形短语,6.联合短语。而《新著国语文法》对该语法单位基本上是忽略的。

(五)对原图解法进行了改革和简化,提出了"读书标记法"(亦称"加线法"),即用"‖"分开主语和述语,用"══、——、——、( )、[ ]"直接标在各词下面或两侧,分别表示主语、述语中主要动词、宾语、定语和状语。比起原图解法来,简明而且可在原句格式上进行,故此方法后由黎氏学生张拱贵、廖序东作修改,成为现在通行的六大成分标记法,被中小学语文教学普遍采用。

(六)重视了构词法,特地在《中国语法教材》第七分册附编中,单列了"汉语构词法"一章。

黎刘新语法体系在教育界颇有影响,以句子六大成分为核心的语法体系后来也成为《暂拟系统》的基本没想,该体系到60年代初在刘世儒的《现代汉语语法讲义》一书中又有新的修改和发展。

二、《现代汉语语法》(上)

作者陆宗达、俞敏。陆宗达(1905—1988年),生于北京,浙江省慈溪人。1928年北京大学毕业,先后在暨南大学、辅仁大学、中国大学、东北大学、民国大学任教,北京师范大学教授,对音韵、文字、训诂都很有研究。俞敏(1916—1995年),天津人。1935年入北京大学国文系读书,1953年起任北京师范大学副教授、教授,长期从事汉语音韵学和语法研究。1954年7月北京群众书店出版了《现代汉语语法》上册,全书原计划写十七章,但只写出了上册九章:一、引论;二、声音;三、语法的材料跟部门;四、词的分类;五、名词;六、形容词;七、数量词;八、代词;九、动词。附录:民族语言、文学语言跟地域语言。

严格地讲,这是一部描述北京方言语法的专著,它以地道的北京口语为研究对象,同时也采用客家、粤、闽、吴四种方言和古汉语作一些比较研究。它是一部描写语法,较忠实地(某种程度讲几乎是自然主义地)记录了语言的客观事实,它强调的是以形态标志作为划分词类的标准。该书通篇采用北京口语来叙述,从而形成了独特的文风。这部著作有许多与众不同之处,一问世便以它特定的研究对象,特别的形态标准,特殊的行文风格而引起人们广泛的注意,所以被人称为"异军突起"的一部语法著作。

由于两位作者从小生活在北京,所以他们所选用的材料是比较可信的,据作者自称:"我们的材料都是先翻成标音谱,分析完了再翻成方块字的。"正由于摆脱了文字的束缚,所以作者能发现不少单纯依靠书面语观察不到的生动、有趣的语言现象。例如:单音缀形容词重叠格式中,a)重音挪到第二个音缀上去,b)第二个音缀用高平调,c)第二个音缀照规矩应该加上儿化;而单音缀动词重叠格式中,第二个音缀则把重音跟调形丢了,并且连元音都变了。这就在很大程度上弥补了以往语法研究只注重语言的书面形式而忽略活生生口语的不足。不过,作者有的材料作为方言研究似乎并无不可,但作为现代汉语普通话研究则应予以删除,例如单音缀动词加词尾"巴"构成的"剁巴剁巴"、"脱巴脱巴"、"团巴团巴"等等恐怕也只有老北京才说了。

作者对以往用意义给汉语实词分类的方法持完全否定态度(不过对虚实词的区分仍采用意义标准),也不同意用功能来分类(但对虚词分类仍采用功能标准),而强调使用形态标准。他们的分析方法是:根据能否自由替换以及是否一个重音来确定词与非词界限,然后主要采用"重叠方式"来划分实词,并据此分出五类:名、代、形、数量、动词。汉语有无形态变化,历来有争论,作者显然是受到建国初期"学习苏联"这股风的影响,也比附俄语在汉语中大找"性、数、态、体"等语法范畴的具体表现形式。应该承认:作者的努力并不是徒劳的,经过辛勤的挖掘,确实发现了不少接近于形态的东西,这是前人没有注意的或注意不够的;特别在构词方式上观察到不少新鲜的成分。例如关于形容词一章描写就很细致,列出了单音缀的重叠式(红红的)和带黏附成分的格式(红彤彤)、双音节的重叠式(漂漂亮亮)和其变式(黑不溜秋、糊里糊涂)等。但是作者由于过分强调形态,不适当地扩大了形态的范畴,因而把许多不属于形态变化的东西也硬拉了进来,这就招致不少人的批评。例如作者认为动词的词尾有二十几个,把"见、成、死、给、到、开、下、住"都称作词尾,还认为"看不见"中的"不"是"词嵌"等等,这就显得生硬而牵强。作者不仅观察细致,而且不少观点对进一步研究很有启发性,对传统的一些结论提出了挑战。例如:"名词、量词、形容词、助词、代词、动词、带补足语的动词"加上"的"这个格式中,"de"一般认为是形容词词尾,而作者则认为应是名词词尾,因为整个格式可以受数量词修饰;"形容词重叠式"带"de",这个 de 则是形容词词尾。这一精辟的见解后来被朱德熙所采用并加以详细论证、发挥。当然,作者有些观点未免太武断,缺乏事实证明。例如作者正确地看到了量词"个"的适用范围逐渐扩大的趋势,但因此而认为:"整部汉语发展史占了三千年,里头有一项从头贯串到尾的大事,就是量词由发展到衰退,并且快要消灭的历史。"这显然不符合事实,有点危言耸听,很难令人信服。此外,作者对"语法功能"的理解也不够全面,对形态和功能之间的关系认识也不大清楚。因为功能不仅指词在句中的地位,而且包括词与词的各种结合关系,而形态只不过是功能的外在标志之一而已,从本质上讲,形态和功能是一致的、相呼应的,而作者却认为:动词和形容词按作用分类分不开,因而只能依靠形态(即重叠形式)来区分,这个观点也是不符合事实的。

  需要着重指出的是作者对划定词以及词类划分标准所持观点

带有较大片面性。判断是不是"词"用重音这个标准作为参考当然是可以的,但要作为最主要的决定性的标准则是不妥的。事实上,不少词到底是有一个还是几个重音都还难以确定;只用词的重叠形式来划分实词也太绝对,不仅代词、数词无法重叠,名词能重叠的也极有限,只有少数单音节的可以,即使动词和形容词,也有一些无法重叠(如:进行、加以;优美、幽默),所以拿此作为划词类的唯一标准在事实上是行不通的。

由于下册始终未曾问世,所以对作者关于虚词和句法的观点无法了解,后来作者之一俞敏又出了一本书《语法与作文》(中国青年出版社,1955年9月),其中第四讲到第九讲为语法,除词类部分总体精神与前本书基本相同外,另增加了句法部分,分别讲述句型、副词、语气词和关联词(复合句)。该书对单部句作了比较细致的分析,分为名词单部句、形容词单部句和动词单部句(包括"一个等于动词的词组"),并指出该类句子"占一段文章的句子的百分之四十左右"。在分析双部句时认为不仅名词,而且动词、形容词都可以担任主语,而不必认为是转类或活用。特殊句式则分为六种:(一)连动式;(二)传递式;(三)表达被动意思的传递式;(四)倒装句;(五)正反句(都是问话);(六)包孕句。同时,在列举虚词时,注意了一些只在口语中常用的虚词,例如:光、净(分量副词),好(程度副词),反正、敢情(情态副词),登时(时间副词);来着、喽、呕(语气词)等。该书由于是本教材,因而注重实用,在理论上没能详加说明。

三、《北京话单音词词汇》

作者陆志韦(1894—1970年),浙江吴兴人。1915年赴美留学,在芝加哥大学心理系毕业,并获哲学博士学位。1920年回国后历任南京高等师院、东南大学、燕京大学教授、系主任,燕京大学校务委员会主席、校长。1952年后到语言研究所从事研究工作,任研究员、学部委员。

该书原名《国语单音词词汇》,分成:一、序论,二、词汇表。前者曾于1938年单独发表,后者直到1951年才正式出版。1956年修改后改名《北京话单音词词汇》,修改主要有两点:(一)修改、增删了一些例子;(二)增加了一些批评性注解。"词汇表"共收北京话单音词和单音词根六千多条例句,说明每个词或词根的用法。"序论"分两章:第一章"汉语的词";第二章"单音词的词类"。该书在理论上和方法上最大的特色是根据美国描写语法学派关于"分布"的原则,提出划分词的界限的"同形替代法"。例如要确定"我吃饭"中"吃"是不是一个词,可用下列句子分别予以替代:

甲:我　吃　饭　　　　乙:我　吃　饭
　　他　吃　面　　　　　我　盛　饭
　　猴儿吃花生　　　　　我　煮　饭
　　……　　　　　　　　……

用甲项和乙项句子分别替代以证明"吃"是句子里比较可以独立的分子,"这种分析到不能再分析了,从而得到的语音符号就叫做'词',因此,'词'是同形替代的法子的最后产品。"不过,这种同形替代是有条件的,即:1.同词类,2.意义相类似,3.格式结构相同。表面上看来是以能否替代来作为确定词的标准,实质上就是以词和别的成分结合的能力大小来作确定词的标准。

这个尝试应该说是有启发性的,但是问题在于它本身存在一些无法克服的矛盾,既然词是从语言片断中切分出来的,那么尚未切分之前又如何知道来替换的就是词,而且是同一类词呢？这很容易陷入"循环论证"的泥潭中去;而且结合频率的高低不能说明词的划分,即如果一个语言格式内部的两个组成成分,它们各自结合能力都很强,但并不能证明这格式是两个词,例如:"铁路"、"布鞋"中每个字都可与许多字结合,但它们仍是一个复合词,而不是词组。如果彻底按照这种方法来确定汉语里的词,就势必把许多词素也划入词的范畴之中,"词汇表"中凡第1、2、3类和一部分第5类的,差不多都不能算词,只是词素。1955年4月作者在《中国语文》上发表了《对于单音词的一种错误见解》,对"同形替代法"作了严肃认真的自我批评,他说:"据作者目前所能理解的,书里所用的'同形替代法',用在语法结构的分析上是适当的,也许是任何研究法所不能避免的,但是用在构词法上,就是基本错误。同形替代也是分析词素和音位的正当手续,不过用他来认识词,为词下定义,特别是对于像汉语那样的语言来说,这手续是学院式的,不切合作为社会交际手段和汉语的实在结构。"这在事实上已宣布放弃了这一分析方法。

该书的意义在于第一次明确探索了汉语中如何把词从一个语言片断中提取出来的方法和手续。尽管同形替代法并没能真正解决问题,但作者作了大胆的尝试,为今后的研究提供了经验和教训;同时,作者还收集了大量北京话口语材料,无论对语法研究还是汉语试行拼音文字都有一定的参考价值。

四、《汉语构词法》

陆志书等著,1957年11月科学出版社出版。该书于1953年冬开始准备资料,搜集了三四万条意义紧凑的北京口语里能单说的例子,从1954—1956年分类整理,写成了初稿。1957年1月19日语言研究所学术委员会专门召开扩大会议讨论这个报告,根据会议内外所提的意见,又补充了理论性说明,修改了辞句,才正式出版。后又于1964年1月修订再版,修改本除了改用当时使用比较一致的语法术语外,主要着重说明汉语构词法的基本特点。

该书是集体合作的产物。全书除序言和一篇附录("关于词的问题"A. N 斯米尔尼兹基),共分二十章。第一章"构词学的对象和手续"讨论本书的研究方法和资料;第二章"虚字"讨论虚字的种类和作用;从第三章到第十一章讨论向心格的名词、动词、形容词、副词、连词以及数量结构等;第十四章到第十九章讨论后补格、动宾格、主谓格、并立格、重叠格和并立又重叠的格式;第二十章讨论后置、前置成分。

作者自称:"我们的工作极力想做到平淡无奇,尊重各家的结论,不求自立门户。"该书主要贡献为两条:

一、提出"扩展法"作为确定构词学对象——"词"的手续,并进行了大量的实践。该书吸取了布龙菲尔德的"自由运用"和叶斯泊森的"隔开"方法,进一步发展了王力在《中国现代语法》中提出过的插入法。

扩展法就是:假设 A 和 B,在 A 和 B 之间不能插入其他成分,如"金子",那么 AB 就是一个词;如果能插入 C,并且 ACB 和 AB 为同一类型的语法形式,那么 AB 便不是一个词,而是一个词组,如白布→白的布。从本质上讲,就是看 A 和 B 结合的紧松程度来确定 AB 是不是词。

作者提出四点注意事项:1.插入成分后,和原语法形式结构关系要基本相同;2.扩展要分句内句外,区别对待,如"羊肉"句内不能扩展,句外可以;3. A 和 B,其中一个不能单说,AB 必定是词(排除虚词);4. 不拒绝凭狭义形态上的一些标志来确定词,如轻音、儿化等。

但扩展法事实上也碰到一些困难。一是扩展必须讲层次,否则就会带来混乱,扩展不可能抛开意义不管,作者认为扩展可以不管意义是不妥的;二、真正适用扩展还有许多条件要限制,这些问题尚待进一步研究。

二、对现代汉语的构词方式进行了详细的分析和例举。这些构词方式是:(一)多音的根词:玻璃、凡士林、噼里啪啦;(二)并立:弟兄、横七竖八;(三)重叠:哥哥、明明(儿)、想想、思想思想、思思想想;(四)向心(修饰):羊肉、飞船、通红、快走、开路神、红绿眼镜儿;(五)后补:红透、吓坏、走出来、来不及;(六)动宾:写字、鞠躬、打哈哈、红脸;(七)主谓:心焦、老头地乐、驴打滚儿;(八)前置成分:老黄、第三;(九)后置成分:桌子、看头儿、说着、看了、美得。

五、《现代汉语语法探索》

胡附、文炼著,吴文琪校订,1955 年 8 月上海东方书店出版。在 1952 年 3 月两人曾合写了一本《中学语法教学》(春明出版社,1954 年),该书分为五章:(一)基本知识;(二)语法教材;(三)语法教学;(四)教学中的几个困难问题;(五)对进修的意见。作者抽出该书中有关语法理论的部分章节加以补充修正,辑成《探索》一书,全书除"前记"外共分十三个专题论述:一、语法、语法学、语法学体系;二、语法学的组成部分;三、词的范围、形态、功能;四、词和短语的界限问题;五、构词法;六、词的分类;七、动词及物和不及物的区别;八、句子的分类;九、动词谓语句中的主语问题;十、"把"字句问题;十一、连动式、兼语式;十二、复合句问题;十三、汉语语法学简史。

这是一本理论探索性质的专题语法讨论集。针对某个问题,作者往往回顾历史,评述各家说法,比较其利弊得失,并进而提出自己的研究心得。由于分析比较中肯,评价也公允,指出症结较准确,自己的看法一般地说比较平稳、合理,所以能获得人们的支持。作者观点深受方光焘和陈望道的影响,例如对"广义形态"说就加以进一步阐述发挥。他们一方面不同意传统语法以意义为主要标准的研究方法,另一方面也不赞同结构主义语法纯以形式为主要标准的研究方法,而是主张在传统语法的基础上,尽可能地吸取包括结构主义语法在内的新的语法研究理论和方法,即作者自称要尽力做到"形式和意义相结合",从而在摸索闯出一条适合于汉语语法研究的道路方面做出了积极的贡献。在一些具体看法上更加接近于吕叔湘和张志公。该书在当时历史条件下还受到苏联汉学家如契科巴瓦、库兹涅佐夫、龙果夫、康德拉等的影响。最后一章"汉语语法学简史"是50年代以来第一篇试图运用马克思主义对汉语语法研究整个历史作出正确评价的专论。该书在当时颇有影响,其中许多观点已奠定了60年代初《现代汉语》(胡裕树主编)教科书语法部分的基础。

第六节 《暂拟汉语语法教学系统》的产生

50年代初,随着语文知识的大普及,继《语法修辞讲话》以后出版了上百种语法教科书、语法参考书、普及性语法读物,这对普及语法知识、提高广大群众科学文化水平起到了积极的作用。同时,50年代以前出版的一些语法著作,从《马氏文通》到《汉语语法论》也纷纷重版或修改再版。各家语法体系对于相同的语言事实各有自己不同的解释,使用各不相同的名称术语;有时即使同一位语法学家,前后发表的著作中讲法也不尽相同;有时即使同一种著作,修改前后的说法也大有出入。这中间有同有异,同异交叉,既有名同实异,也有名异实同。这就给语法学习者和教学者带来极大的不便。语法体系的极大分歧和广大群众要求语法简明易学这一对矛盾日益尖锐,随之,要求统一语法体系的呼声,从上到下,从语文界到各行各业越来越强烈。1955年《语文学习》5月号上刊登了署名为"华东军区一群语法学习者"给黎锦熙、王力、吕叔湘、张志公及语言研究所语法小组等语法界的同志们的一封信,建议他们"尽快地组织起来,共同研究,共同商讨,展开争论、辩论,以求达到思想统一,共同编写出一本语法书来,供给广大的人民群众学习和教学"。同期也刊登了黎锦熙等人的回信,诚恳地表示完全支持这一正确合理的要求。

1955年10月,中国科学院社会科学学部召开"现代汉语规范问题学术会议",罗常培、吕叔湘在题为《现代汉语规范问题》报告中,指出近年来几乎所有的力量都用在体系的争论上,基础研究还是做得很少,而没有通过基础研究积累起来的资料,体系问题也是很难得到满意的解决的。并提出应该在一两年内求得一个暂时可以同意的体系,供教学应用。

广大群众的强烈呼吁,语法学家的积极态度,以及中小学语文教学的迫切需要,这就促使《暂拟汉语语法教学系统》得以顺利诞生。

同时,从语法研究本身来看,产生统一的教学语法体系的条件也趋成熟。(一)从《马氏文通》以来,经过广大语文工作者几十年的共同努力探索,对汉语语法规律的描写已比较精细和准确了,对汉语语法特点的认识也比较清楚和深刻了。许多语法专著、专论都作出了可喜的成绩,这就为制定一个共同的汉语语法教学体系提供了扎实的基础。(二)解放以来党和政府对语法研究和语法知识的普及工作极为重视。三次语法问题讨论以及大批语法著作的出版,使汉语语法学的水平得到迅速发展和提高,并使语法学从语法学家的书本中和课堂上解放出来,成为广大群众手中的武器和工具,同时广大语文教师在语法教学方面也积累了不少宝贵的经验,从而在客观上为建立一个汉语语法体系打下了深厚的群众基础。(三)从表面上看来,语法体系的分歧似乎十分复杂,但是事实上,有一部分只是名称术语不同而已,实质是一致的,如:兼语——递系,连词——连接词等等;当然也有不少地方确是观点不同,但是也并非没有相通之处,只要尊重语言事实,还是可能找出一个折中办法来的。而事实上也有人在这方面取得了比较成功的经验,这就是张志公的《汉语语法常识》一书所做的尝试工作。所以,这个《暂拟系统》最后由张志公任主编。

这个《暂拟系统》的制定得到了全国广大语文工作者的关心和支持,具体由人民教育出版社中学汉语编辑室负责。主编张志公,参加编写的语法学家共26人。编写的原则是:"首先是尽可能地使这个系统能把几十年来我国语法学者的成就融会起来。这就是说,暂拟的语法系统希望是一个综合性的系统,而不是单纯依据任何一种系统的。""其次是尽可能地使这个系统的内容(从立论到术语)是一般人,特别是中学的语文教师比较熟悉的。这就是说,有些最近才提出来的新的看法,尽管它在将来未尝不可能被证实为正确妥善的,但是在今天大家对它还很生疏的时候,教学系统里就不急于采取。"根据以上原则,1954年上半年初步草拟了一个系统提纲,同年秋季按照这个系统提纲在北京市教师进修学院对二百五十多位教师进行试教。1955年初,又作了修改,并广泛征求意见。以后,又作了再次修改,并经领导部门和语法学者的审订,修改成"暂拟汉语语法教学系统"。1956年7月,全国语法学者在青岛举行语法座谈会讨论语法研究中的各种问题,《暂拟系统》也被提到会上征求意见。并又根据这个"暂拟系统"约请二十一个编写者就它的各部分内容分头撰文阐述,合编成一书,叫《语法和语法教学》(人民教育出版社,1956年5月),该书包含三部分内容:一、介绍汉语课本中语法系统产生过程和内容梗概;二、由王力、任铭善、高名凯、高向夫等撰文说明语法教学的几个重要的原则性问题(四篇);三、比较详细地阐述这个系统在词法和句法方面的各种论点(十六篇)。又以此为依据,编成中学《汉语》教科书语法部分,并于1956年秋至1957年在全国中学里推广使用。1958年中学取消了"文学"、"汉语"分科教学的方法,相应的这两套教科书也停止使用。根据读者建议,并吸取了各方面的意见,删除了一些烦琐的内容,修改了个别的讲法,改换了部分例句,调整了练习和编排方式,使之便于自学参考,编为《汉语知识》,于1959年12月由人民教育出版社作为一般汉语书籍出版。

因此,《暂拟系统》本身由"提纲"→《语法和语法教学》→《汉语》课本→《汉语知识》经历了三个发展阶段,内容基本一致,但稍有更动。"暂拟汉语语法系统"这个名称,据主编张志公说,它包含有三层意思:"它是'暂时'的,意思是说,它不是固定不移的,而是有待改进的;它只是适用于学校的'汉语教学'的,语法研究不受此限;它只是一个'系统',就是教学中用的这么'一套'讲话,还说不上是个严密的完善的'体系'。"(《关于汉语语法体系分歧问题》,《语言教学与研究》1980年第1期)

《暂拟系统》语法体系基本情况如下:

(一)词类分为实词、虚词。实词包括:名词(附方位词)、动词(附能愿动词、趋向动词、判断词"是")、形容词、数词、量词、代词(又分为人称代词、疑问代词、指示代词);虚词包括:副词、介词、连词、助词(分为结构助词、时态助词、语气助词)、叹词。共计十一类。

(二)词组分为四种:联合、偏正、动宾、主谓关系。

(三)句子成分分为主要成分(基本成分):主语、谓语,次要成分(连带成分):宾语、补语、定语、状语。另外还有特殊成分:独立成分和复指成分。

(四)句子的类型分为:

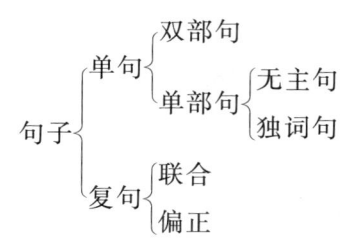

$$\text{句子}\begin{cases}\text{单句}\begin{cases}\text{双部句}\\ \text{单部句}\begin{cases}\text{无主句}\\ \text{独词句}\end{cases}\end{cases}\\ \text{复句}\begin{cases}\text{联合}\\ \text{偏正}\end{cases}\end{cases}$$

该语法体系综合了几十年来各家研究的成果,有以下四个显著的特点:

(1)在构词法方面,吸取了最新研究成果,对汉语的合成词进行了比较科学的分析,指出了构词、构成词组和构成句子的语法关系有相通之处,从而对汉语语法关系起作用的范围有了一个全面的认识。

(2)在词类划分方面,吸取了词类问题讨论的成果,采用了"词汇·语法范畴"标准,即根据词的意义和词的语法特点来划分,但划分实词时实际上仍以概念为主要标准,没有或很少运用词的结合关系等语法特点标准。

(3)在句法分析方面,在句子成分分析法基础上强调中心词分析法。同时吸取了主宾语问题讨论的成果,主要根据语序位置来决定主、宾语,承认"施事宾语"的存在,并使用了"主语部分"和"谓语部分"的概念,对句子整体进行直接组成成分的分析,客观上为采用结构主义语言学的直接成分分析法创造了条件。

(4)句法部分特别重视谓语部分的分析,一是把由能愿动词、趋向动词、判断词构成的谓语称为"合成谓语";二是把一般所谓的连动结构、兼语结构、联合结构、主谓结构作宾语、复句紧缩等都称作复杂谓语。

《暂拟系统》是在党和政府领导之下,发挥集体的智慧,调动了各方面积极因素,实现了群众、专家、领导三结合,采用各抒己见、取长补短、民主与集中相结合的方针,在较短时间内产生出来的一个新的教学语法体系。它的产生在汉语语法学史上是一个具有重大意义的事件。它吸收了从《马氏文通》以来各家的说法,加上好些新的意见,形成了一个比较完整的体系。由于它的出现,全国中小学的汉语语法教育有了一个"共同纲领",师范院校和一些综合性大学的汉语语法教学也有了一个基本依据,也推动了我国的汉语语法教学。

但是,也正由于《暂拟系统》是博采众长综合而成,不免有顾此失彼之弊,给人一种"大杂烩"之感;同时由于当时历史条件的局限、语法研究水平的束缚,不可避免地存在一些问题,这些问题集中表现在：

1. 词类划分所依据的标准实际上仍然是意义。

2. 许多复杂的结构关系用"合成谓语"、"复杂谓语"统起来,不很妥当。

3. 坚持了动词、形容词的名物化说法,究竟"化"了没有？不清楚。

4. 称为单部句的说法并不确切,有些句子并非省略了一部分而只留下来另一部分,该名称易引起误会。

5. 对词组分析过简,对其在汉语中的句法地位明显重视不够。

6. 句法分析采用了句子成分分析法以及由此发展而成的"中心词分析法",由于缺乏考虑句子的层次结构关系,因而不能准确地合理地解释汉语句法结构中的一些问题；由于坚持要找"中心词",所以一方面承认主谓词组、联合词组可作句子成分；另一方面碰到偏正、动宾词组时又不承认词组可作句子成分,而必须先找出其中的中心词来；在理论上陷于矛盾,在实践中带来不必要的混乱。

对以上几点,意见最大的是集中在句子分析方法上,因而在80年代初关于《暂拟系统》修订的讨论中,大家最关心的问题也是争论焦点就是集中在这一问题上。

为适应《暂拟系统》的教学需要,配合中学《汉语》课本的发行,由上海新知识出版社出版一套"汉语知识讲话",分六个部分：一、绪论；二、语音；三、文字；四、词汇；五、语法；六、修辞。其中语法部分共出书二十种,包括《词类》(王力)、《名词、动词、形容词》(俞敏)、《处所、时间、方位》(文炼)、《能愿动词、趋向动词、判断词》(洪心衡)、《数词和量词》(胡附)、《代词》(林祥楣)、《副词、介词、连词》

(郭翼舟)、《助词和叹词》(孙德宣)、《词组和句子》(张中行)、《主语和谓语》(徐仲华)、《宾语和补语》(孙玄常)、《定语和状语》(朱德熙)、《复杂谓语》(吕冀平)、《"把"字句和"被"字句》(王还)、《复说和插说》(叶南薰)、《简略句、无主句、独词句》(郭中平)、《联合词组和联合复句》(黎锦熙、刘世儒)、《偏正复句》(林裕文)、《紧缩句》(向若)、《直陈句、疑问句、祈使句、感叹句》(黄伯荣)。这些小册子中,作者大多花了不少精力,有的学术水平也相当高,并在后来语法研究和讨论中经常被引用。

《暂拟系统》制定后,各大学尤其是师范院校为了使毕业学生能胜任中学的汉语教学工作,中文系的《现代汉语》教科书的语法体系便有意识向该系统靠拢,陆续出版了一批以《暂拟系统》为基本骨架的大学《现代汉语》语法教材,比较有影响的如:《现代汉语》(第三册,语法部分)(西南师院函授讲义,杨欣安、李远益、赵荣璇、林序达编著,重庆人民出版社,1956年8月);《现代汉语语法》(马忠著,云南人民出版社,1959年3月)等。

第五章 汉语语法学的发展时期(下)

(1949年—1978年)

第一节 六十年代三次语法专题讨论

经过1958年到1959年疾风暴雨式的政治运动、学术批判运动,从1960年起我国开始经历三年国民经济困难时期。这时,人们的头脑也逐渐冷静下来了,各种学术活动,包括语法研究又重新走上了正轨,大家又能比较深入地讨论一些学术问题,较正常地开展一些专题研究了。从1960年到1965年间,重要的语法问题讨论一共是三次,第一次是"论而少争",各讲各的观点,正面交锋几乎没有,所以并不热烈;第二次是"争而少论",争论相当热烈,但由于问题本身局限,对语法研究影响不大;第三次是"有争有论",不仅紧密结合汉语事实,而且涉及到研究的方法论,有一定深度。除此之外,还有一些小规模的讨论,如关于"助动词"、"副动词"、动词"给"、动词重叠、连词划分、"连动与兼语"等的讨论。

一、"语法研究的原则和方法"的讨论(1959.3—1961)

语言研究所现代汉语小组打算编写一部规范化的《现代汉语语法》,在《中国语文》1959年第3期上发表《语法研究上要求加强协作》,提出了语法研究原则和一些尚未能解决的课题。文章说:"我们研究语法的主要精神是遵守意义和形式相结合这个原则"。但对此原则并未详加说明。同年第6期《中国语文》上发表的徐思益《谈意义和形式相结合的语法研究原则》对此谈了自己见解,作者认为:"一种语言所以不同于另一种语言,主要在于表现语法意义的语法形式不同。语法的研究,重要的不在于语法意义,而在于用什么语法形式来表现这种语法意义。"因此,"作为研究语法的重点,应当从语法意义的物质凭借,亦即从语法形式入手。"并坚决反对"把研究语法的出发点放在意义上,再去寻找与意义相照应的表现形式"。作者最后认为"问题的关键在于:怎样使意义和形式相结合,怎样理解形式"。这些观点说明作者受结构主义语法理论影响颇深,因此不可避免地忽略了问题的另一方面:即从语法意义入手去研究它的表现形式也是语法研究不可缺少的课题。其实,问题在于:反对的应该是只限于满足于一般意义的解释而不是去寻找与之相适应的复杂多变的语法形式的那种纯意义的研究方法。对该问题阐述得比较透彻的是文炼的《论语法学中"形式和意义"相结合的原则》(《上海师范学院学报》1960年第1期)。作者同意并阐述了陈望道关于"意义"分为三种的观点,即:1.个别意义(每个词的具体意义),2.会同意义(同一类词所共有的概括意义),3.配置意义(即词与词结合后的关系意义)。并认为:"同一形式可以表示不同的意义,而同样的意义也可以用不同的形式来表现。""语法意义必须有语法形式的表现,离开了语法形式无所谓语法意义。语法意义和语法形式的统一体是语法结构,它是语法学唯一的研究对象。"这种观点比较全面,但作者对"意义和形式"如何具体结合仍未能深入阐述。

就该问题展开争论是由李临定、范方莲的《语法研究应该依据意义和形式结合的原则》(《中国语文》1961年第5期)引起的。作者认为:"在语法研究中要真正贯彻意义和形式结合的原则,必须用唯物辩证的观点,从联系中看问题。应该通过意义掌握形式,从形式中看意义,而不能把意义和形式割裂开来孤立地去看,或者偏重于形式而忽略了意义,或者偏重于意义而忽略了形式。"并且具体批评了有这两种倾向的几篇论文,一是偏重于形式忽略了意义的,如《论助动词》(刘坚,《中国语文》1960年第1期)、《论兼语式和一些有关句子分析的问题》(陈建民,《中国语文》1960年第3期)、《"连动式"还是"连谓式"?》(王福庭,《中国语文》1960年第6、10期);一是偏重于意义而忽略了形式的,如黎锦熙、刘世儒的《汉语语法教材》(第二编)。作者的批评不能说没有一点道理,但是具体贯彻自己的"意义与形式"结合的原则,则未必能令人信服。如"红"的词类问题,因为"红"可作主、宾语,表示事物的名称,又可以作谓语,表示动作变化,又可以作定语,表示事物的性质,所以作者认为汉语中有三个"红",分属名词、动词、形容词。如果把这一原则和方法推而广之,那么汉语中原先的形容词几乎都应分属两个以上词类(有的可以作状语,表示一种情态,那么应是副词等等),不仅形容词如此,其他词类何尝不可如此,这显然又回到黎锦熙的"依句辨品"的老路上去了。

接着,在《中国语文》1961年第6期发表了陆志韦的《试谈汉语语法学上的"形式与意义"相结合》。陆氏曾负责《论助动词》等几篇论文的指导工作,他针对李、范的批评文章,指出:"语法意义和语法形式一开头就是结合着的,并且永远结合着,赤裸裸的不联系物质的语法意义是不存在的。"问题在于"在语法形式和语法意义结合得错综复杂,不容易描写的场合,研究的人迷失了方向"。作者还举例分析了汉语如何凭借"词序"来分析语法,为《论助动词》等论文作了些解释,并特别批评了那种认为"语法意义"和"语法形式"是"一对一"的简单化观点,指出:"汉语里综合性的语法成分和分析性的副词都相当灵活地交叉着使用。"实际上是委婉地批评了李、范的分析方法。

以后零散地发表过几篇有关论文,如:张静《论语法意义和语法形式相结合的原则》(《郑州大学学报》1963 年第 3 期)、黄伯荣《汉语语法的研究》(《甘肃大学学报》1960 年第 1 期)、高华年《试以语法意义和语法形式相结合的原则论汉语兼语式的问题》(《学术研究》1962 年第 1 期)等。

这个问题涉及到语法研究的根本原则和方法,因此引起人们普遍重视,一般地说,大家都赞同"语法意义"和"语法形式"相结合的原则,但对如何理解"语法意义"和"语法形式",两者又如何结合起来研究,两者之间究竟存在着什么样的错综复杂的关系都还有着不同的解释。这次讨论提出了一些原则性意见,但是缺乏交锋,基本上只是各谈各的;而且缺乏运用自己的原则对汉语进行实践的好文章,还仅仅停留在一般理论上的探讨。

二、"语法"和"文法"术语使用的讨论(1960.11—1961.12)

从历史上看,"语法"和"文法"术语的使用大体上经历了三个阶段。开始是"文法"为正名,而"文通"、"文律"、"文则"、"语法"都是别名,如《马氏文通》、《中等国文典》、《国语文法》等;以后,"语法"、"文法"并用混用,其他别名则自动衰亡,如王力便同时使用过"文法"和"语法"的名称:《中国文法学初探》和《中国现代语法》;解放以后,越来越多的人使用"语法"为正名,"文法"则成了别名,并逐渐衰落。1960年11月25日陈望道、吴文琪、邓明以联合在《文汇报》上发表《"文法""语法"名义的演变和我们对文法学科定名的建议》,建议文法学科采用"文法"这一个词作为定名,至少来用"文法"这一个词为正名,而以"语法"这一个词为别名。作者的理由是:1.历史上一般都以"文法"为正名,以文律、文则、语法等等为别名。2."文法"这个名称的含义比较明确、简洁。3."文法"一词修辞的功能也比较强,可以作种种的譬喻用法用,"语法"却没有这种能力。4.作为语言的组成部分共有三个要素:语音、词汇、文法,用"文法"这个名称和语音、词汇配合,比用"语法"的名称更为整齐、匀称。5.在我们党的文献中都只用"文法"而不用"语法"。①

文章一发表,便引起语法学界和其他学术界广泛的注意和兴趣。上海语文学会专门组织了"文法学科定名问题"讨论,讨论中两种观点争论很热烈,《文汇报》、《中国语文》、《学术月刊》、《新建设》都发表文章参加讨论,其中上海的学者多数主张以"文法"定名,代表作为杜高印、赵蒙良:《文法学科定名未能统一的缘由和谋求统一的途径》(《学术月刊》1961年第8期)和上海文法学科定名主张调查小组:《近年来若干语文工作者排斥"文法"改称"语法"的调查报告》(《学术月刊》1961年第10期),他们试图证明近年来一部分人"突然都用起'语法'来的主要缘由"是直接间接地受到刘复、王力、吕叔湘的影响,而他们排斥"文法"的理由"又都是想当然的",如"文法容易发生误会"、"文法是译名"等。而北京的学者多数主张"语法"定名,最有说服力的文章是陈炳迢《语法学科定名渐趋统一的缘由和用词的社会性》(《学术月刊》1961年第12期),作者指出:1."'语法'一词逐渐取得优势地位,正是人们对语言现象认识深化了的表现。"因为"语是文的基础。语是第一性的,而文是第二性的。再说,不论落了书面没有,它本质上仍是语而不是文"。2."语言学中有许多术语是用'语'来构成的。例如'民族语''世界语''语系''语支'……。可见,'文法'一词和语言学术语的构词系统是格格不入的。不仅如此,'语法'一词还构成了一系列极常见而又重要的用语,如'语法形式''语法意义''语法分析''语法手段'……。这说明'语法'一词不仅对语言学术语系统有适应性,还具有派生用语的巨大能力。"3.从约定俗成角度说明"一个明确、好懂、人人乐用的术语,不可能由于少数人的'排斥'而废除,反之,一个含义不清的术语,纵使少数人怎样去倡用,也不可能在群众中扎下根来。'语法'一词的通行,也正是广大人民自然选择的结果"。

这场争论,虽然只是一个术语之争,但也从一个侧面反映出语法学界对一些问题认识的逐步深入。经过这场论争,尽管似乎双方谁也没说服谁,但事实上,除了极个别人坚持"文法"术语之外(如陈望道1978年出版的书仍叫《文法简论》),"语法"这一术语已深入人心了。

陈望道之所以提出这个问题来进行讨论,实际上着眼不完全在于一个术语之争,而是另有深意。陈氏在几次演讲中反复强调:研究语文应发扬爱国主义和国际主义精神。他强调要采用"文法",正是因为他认为"文法"是中国化的,而"语法"则是舶来品。他的出发点虽然不错,但是选择的突破口却没能找准,立论也欠说服力。

三、关于《说"的"》及其方法论的讨论(1961.12—1966.1)

60年代最重要的一次语法问题讨论就是围绕着朱德熙的《说

"的"》一文展开的。《说"的"》(《中国语文》1961年第12期)一文运用美国描写语言学派的"分布"理论,对现代汉语中最常用的语素"的"作了新颖的独特的分析,认为同形的"的"存在着三个不同的"的",即:副词性的$_1$,形容词性的$_2$,名词性的$_3$。

《说"的"》论证方法是:"比较不带'的'的语法单位——假定为X——跟加上'的'之后的格式'X的'在语法功能上的差别,由此分离出'的'的性质来。"即作者认为"的"的作用有两方面:(1)表示X和"X的"之间的对立,(2)表示"X1的"和"X2的"之间的对立。并由此推导出:现代汉语中的"的"是语音形式相同的三个语素。这种分析方法的实质是把两个带"的"的模式语法功能上的异和同归结为"的"的异或同。换言之,是根据"X的"这一套结构体的功能(即分布)来决定它的分化。

1. 设双音节副词为F,F＝F的("＝"表示左右两个语法格式的语法功能相同),"F的"只能作修饰谓词性成分,不能作其他成分,这里的"的"跟副词功能基本相同,为"的$_1$"。

2. 设单音节形容词为A,单音节形容词重叠以后为R,即R＝AA儿,"R的"可以单说,可作谓语、补语、状语,部分作定语,这里的"的"为形容词性语法单位的后附成分"的$_2$"。

3. A的≠F的,A的≠R的,"A的"功能跟名词功能基本相同,所以这里的"的"为名词性后附成分"的$_3$"。而A的＝D(动词)的＝M(名词)的,这些"的"也都是"的$_3$"。

该文的分析法和结论跟传统语法大相径庭。传统语法分析"的"有两种办法:一是把"的"看作一个,只是在书面上作状语时写作"地",其他场合写作"的";[②] 二是依据X性质来定"的"的性质(如黎锦熙《新著国语文法》),形容词后的"的"为形容词语尾,名词、代词后的"的"为特种介词,动词和主谓结构后的"的"为准介词,"X 的"后面没有名词时,"的"是联结代词。朱文一发表即在国内引起很大反响,不仅仅由于结论新颖,更由于作者全面而系统地引进了"功能、分布、层次、同一性、常体、变体"等描写语法的原则、方法和概念来分析汉语最常见的语言事实。这以后,先后发表过八篇论文围绕着《说"的"》开展了讨论。其中陆俭明的《"的"的分合问题及其他》(《语言学论丛》第五辑)是完全支持朱文观点的,黄景欣、言一兵、季永兴等的几篇则基本上不同意朱文分析,尤以黄景欣的《读〈说"的"〉并论现代汉语语法研究的几个方法论问题》(《中国语文》1962 年 8—9 期)较有代表性。最后吕叔湘发表了《关于"语言单位的同一性"等等》(《中国语文》1962 年第 11 期),本想进一步引起讨论,结果却成了小结。朱德熙后来又写了《关于〈说"的"〉》(《中国语文》1966 年第 1 期)则是对批评文章所作的公开回答。

　　这次讨论的中心是"描写语言学的方法究竟是怎么个方法,又如何应用在汉语研究上"(吕叔湘 1962),争议意见集中反映在两个问题上:

　　一、把"的"分成三个"的"是否唯一合理的结论。吕氏指出客观上处理"的"可以有四种方法。1.只看"的"字前面 X 的性质;2.只看"X 的"的性质;3.兼看 X 和"X 的"的性质;4.只有一个同形的"的"。并认为除了 2(即朱文所采用的方法)之外,4 也是可以的,因为"无妨说它的语法功能就是造成'的'字结构,它的分布是独一无二的"。

　　二、如何理解语法单位的"同一性"。黄氏认为"白的书"和"这是白的"两个格式中"白的"并不同一。前者是形容词性的,应为

"的$_2$",和"白白的纸"中的"白白的"同一;后者则是名词性的,为"的$_3$"。对此,吕和朱都不同意,认为"白的纸"和"白白的纸"只在作定语这一点上相同,可是从全部功能上看,它们是不同的,所以不是"同一"的,而"白的纸"和"这是白的"中两个"白的"正好互补,相当于一个名词性结构,所以它们才是"同一"的。

总起来看,朱文极富启发,为研究汉语语法闯出了一条新路,作了可贵的尝试。当然,朱文也并不是无懈可击的。

一是论证并不严密,在区分的$_1$和的$_2$时采用如下步骤:

(1) X1(M)+的→X1 的   因此,X1 和 X2 后的"的"同为"的$_3$"
          ≠   =
     X2(D)+的→X2 的

从语法功能来讲,虽然(1)"木头"(X1)不等于"吃"(X2),但"木头的"(X1 的)等于"吃的"(X2 的),所以,这里的"的"同为"的$_3$"。

(2) X1(F)+的→X1 的   "X1 的"语法功能同于形容词,为的$_2$;
          =   ≠   "X2 的"语法功能同于副词,为的$_1$。
     X2(F)+的→X2 的

例如(2)"好好"、"远远"(X1)只能够作状语,是副词,可加上"的"(X1 的)以后,却变成了形容词,这个"的"是"的$_2$";而"忽然"、"非常"(X2)也是副词,等于"好好"、"远远",可加上"的"(X2 的)以后功能却不等于"X1 的",仍然是副词,这个"的"是"的$_1$"。这两个证明应该说是有道理的。但是,在进一步论证"A+的"时,却说"A 的≠F 的,A 的≠R 的,可见 A 后头的'的'不是'的$_1$',也不是'的$_2$',我们把这个'的'记为'的$_3$'"。用图表示即为:

(3) X1(F)+的→X1 的
          ≠   ≠

$$X2(A) + 的 \to X2 的$$
(4) $X1(R) + 的 \to X1 的$
   $\neq \qquad \neq$
$$X2(A) + 的 \to X2 的$$

(3)"忽然"(X1)不等于"干净"(X2),"忽然的"(X1 的)也不等于"干净的"(X2 的);(4)"小小"(X1)不等于"干净"(X2),"小小的"(X1 的)也不等于"干净的"(X2 的)。可是,在(3)(4)式中,X1 和 X2 对立,"X1 的"和"X2 的"也对立,所以它们之间根本无法进行比较,也无法把"X1 的"和"X2 的"对立归结为一定是"的"的不同。这里的情况和(1)(2)式显然不同,因为那里不是"X1 的"同于"X2 的",就是 X1 同于 X2,完全可以进行比较。

二是朱文中关于"我会写的"中的"的"是"的$_3$"运用了一些变换式,也是不大成功的。

三是对一般认为属语气词的"的"未能作较深入论述,也是个缺憾。

这次讨论所产生的影响远远超过了分析语素"的"本身的价值,它不仅证明了描写语法的某些理论和方法对分析汉语语法是很有帮助的,而且引起了人们广泛的兴趣,并产生出一系列运用该种理论和方法研究汉语语法的专题论文,从而为建立和发展汉语描写语法开辟了一条新路。

附 注：

① 第 5 点在收入《陈望道语文论集》时已删去。
② "五四"运动后曾有人提倡作定语时写作"底",但未通行。

第二节　汉语描写语法的发展和
对结构主义的批判

美国描写语法学是结构主义语言学的一个最重要的流派,风靡世界几十年。早在60年代,结构主义语言学的鼻祖德·索绪尔的一些基本理论和观点就零零星星地介绍到中国来了。尤其在"文法革新讨论"中,方光焘提出的"广义形态"以及陈望道主张的"结合关系"就是以此作为理论依据的。但是,由于历史条件的局限,方、陈的主张还只是停留在一些原则和个别例证上,缺乏系统的、深入的对汉语进行研究。以描写语法理论来全面分析汉语语法的第一部著作是赵元任的《国语入门》,它同丁声树等人的《现代汉语语法讲话》一起奠定了汉语描写语法的基石。其后,为汉语描写语法的发展作出贡献的是吕叔湘和朱德熙,尤其是朱氏,1956年发表了《现代汉语形容词研究》,是汉语描写语法的经典之作,被赵元任称为同类研究中最好的论述。此外,关于词类问题和主宾语问题的讨论,从本质上讲,也是描写语法对传统语法的一种挑战。通过讨论,"功能"、"分布"原则逐步代替了单凭形态或意义来进行分析的旧有模式;"层次分析法"注重揭示语法结构的层次与关系,也被越来越多的语法研究者所掌握、所运用。可以这样讲:1949年到1966年这十七年的汉语语法发展的历史就是汉语描写语法不屈不挠地向汉语传统语法发起攻击,并一步步地扩大自己的阵地,巩固自己的胜利成果的历史。这样说,并不是抹杀了传统语法所作出的贡献,而且在事实上,至今为止,描写语法所取得的成果还是局部的,它没有也不能最终代替传统语法。它们在语法研究领域中都应占有自己的一席之地。

　　从1958年起,国内对结构主义语法学理论作了一些介绍,包括布拉格的功能语言学派、哥本哈根的语言单位论学派以及美国的描写语言学派。例如:《语言学论文选译》第六辑"结构主义问题讨论专辑之一"(中华书局1958年4月),《语言学译丛》1959年第4期和1960年第1期等等。但是,在理论上,结构主义语言学始终处于受批判的地位,被扣上"形式主义"、"机械主义"、"形而上学"等等帽子,而在具体研究中,这种理论和方法则逐步得到了广泛的使用。这种矛盾的状态使汉语描写语法始终没能亮出它鲜明的旗帜,而是一直躲在传统语法的羽翼之下悄悄地扩大自己的势力。这种状况到了1961年后有了较大改变。当时由于重新强调"双百"方针,语法学界民主讨论的空气比较活跃,致使关于描写语法的理论和方法得以在刊物上公开讨论。关于《说"的"》的讨论便是明显的标志,这次讨论及其之后发表的吕叔湘《说"自由"与"黏着"》(《中国语文》1962年第1期)、《论句法结构》(朱德熙,《中国语文》1962年第8—9期)表明汉语描写语法已趋成熟,在汉语语法学史上具有十分重要的地位。

　　继赵元任之后,朱德熙是汉语描写语法的代表人物。尽管出于某种原因,他本人竭力否认这一点,并在1966年郑重声明:"《说'的'》发表以后,有人说这篇文章用的是描写语言学派的方法。其实我们的方法远没有这么'摩登'。这根本不是什么新方法,而是传统语言学对付印欧语系各种语言时沿用的老办法。"但人们都十分清楚:朱氏是一位敢于大胆探索,引进新的理论方法与汉语语法紧密结合起来,并作出成绩,具有自己独特研究风格的学者。他在建立和发展汉语描写语法的过程中发挥着十分重要的作用。

《论句法结构》是朱德熙继《说"的"》之后又一篇重要的论文。如果说《现代汉语形容词研究》是把描写语法理论运用于汉语词类分析的一个尝试,而《说"的"》则是把词类分析和句法分析综合起来的一个范例,该文则是把描写语法理论全面运用于汉语句法分析的一个纲领。作者吸取了描写语法的实质和精髓,但并不拘泥于它的框架,也不呆板地套用它的让人望而生畏的术语和极为烦琐的程序,而是巧妙地结合汉语语言事实,深入浅出地、密切联系实际地揭示了汉语句子结构的内部关系。

　　作者说:"本文的目的在于给这些宽窄程度不同的结构类型作形式上的分析,即指出决定这种种不同的结构类型的形式上的因素是什么。"作者先引用 F. Hockett 在《语法描写的两种模型》一文里的结构模型,说明即使是"相同的词按照相同的顺序造成的句子",也可能具有不同的层次结构,例如 a 型和 c 型,它们的表现形式都为 b 型,因为"层次是独立于词形和词序之外的初始观念",接着介绍了"直接成分分析法",然后顺次介绍了 1. 狭义同构,2. 广义同构,3. 异类同构,4. 同型结构,5. 变换。作者不仅深入浅出地介绍了描写语法的一系列重要概念,如:语法形式、扩充式、扩展式、变换式、推导式、向心结构、背心结构,等等,而且还据此合理解释了汉语句法中的一些疑难问题,如根据"异类同构"原则证明"助动词+动词"格式应解释为述宾关系,而不是一般理解为修饰关系;根据变换式来分化 S_1 "台上坐着主席团"和 S_2 "台上唱着戏"这样狭义同构异义的句式。

　　该文逻辑推理严密、叙述清晰、举例贴切,既注意语法形式的剖析,又考虑到语法意义的揭示,结论合理,很有说服力。特别是作者在该文和《说"的"》中都运用变换方法,这显然是受到美国从

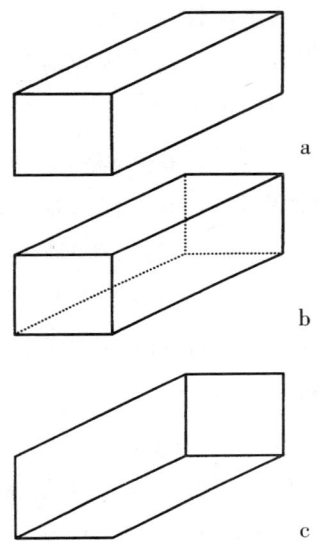

  1957年新崛起的Chomsky转换生成语法学派理论的影响,对这种大有潜力的分析方法,作者作了初步尝试,以后在70年代末、80年代初,作者又有新的突破。

  值得一提的还有朱德熙与卢甲文、马真合写的《关于动词、形容词"名物化"的问题》(《北京大学学报》1961年第4期),该文第一次从理论上系统地批驳了那种认为动词、形容词作主语或宾语时,已"当名词用"、"转成名字"或"名物化"的观点,指出这种理论实际上就是句子成分定类论的一个组成部分,起源于《马氏文通》,发展于《新著国语文法》,作者从"事物范畴与名词性"、"词类的共性与个性"、"对立与分类"、"已实现的语法性质与未实现的语法性质"几个方面进行论证,特别重要的是指出:"划分词类的时候,不能根据个体词在句子里所实现出来的语法性质给它分类,必须先把证实了同一性的个体词归纳为概括词,再在概括词的基础上进行分类。"因为"概括词的语法性质则是隶属于这个概括词的所有的个体词的语法性质的总和"。这一观点对词类划分具有极重要的指导意义。该文结论是：可以充当主语、宾语本来就是动词、形容词的语法功能之一,根本不存在"名物化"问题。文章有一定理论高度,分析深刻,批评中肯,是阐述汉语描写语法的重要论文之一。当然,文章也有一些片面性,例如动词形容词在主语或宾语位置上出现,实际上也已经获得了某些不属于动词形容词的属性;而且动词和形容词作主语和宾语这样的功能跟它们作谓语的功能还是有区别的,不处于同一平面上。

吕叔湘的早期语法研究基本上都是在传统语法的框架中进行的,但也吸收了描写语法的一些方法。他的《关于"语言单位的同一性"等等》是《说"的"》讨论中最重要的一篇论文,该文对描写语法的一些原则及其在汉语中的运用进行了具体的分析,指出用在不同结构层中的价值和局限,实际上也是对解放以来汉语研究中运用描写语法理论和方法的一个小结。

他的另一篇重要论文是《说"自由"与"黏着"》(《中国语文》1962 年第 1 期)。全文分三部分。一、简要评述 Bloomfield, Charles, F. Hockett 和 Sweet 提出的关于运用"自由形式"和"黏着形式"来确定词和非词的语法理论;二、探索把自由和黏着的概念应用于汉语的词与非词上所存在的问题;三、运用这个原则来分析汉语语法,如虚词、短语等。作者观察到了一些重要的语言现象,指出汉语里的有类字在一定环境里能单说或单用,在另一种环境里却不能单说或单用;指出既不能用词汇意义也不能用能否充当句子成分来确定虚、实词,主张虚词"属于成员少而开放性小的那些类的词"。该文不少问题提得相当尖锐,对传统语法的结论是一个冲击,但并没能得出什么可靠的结论,只是引起人们思考;正因为如此,该文的影响也就不能不受到一定局限。

这些属于汉语描写语法的重要论文的发表,震动了国内的语法学界,引起了一连串积极的反响。人们的眼光开拓了,投向了未来,投向了更宽广的领域。《中国语文》同时也介绍了两篇苏联学者关于结构主义语法研究的论文,《语言学资料》1963年第6期还出了关于描写语言学(语法部分)的专辑,介绍了著名的美国描写语法学家F. Harris, S. Wells, F. Hockett, S. Pittman, A. Nida, G. Lounsbury的七篇经典论文。但是,好景不长,随着政治形势的恶化,《语言学资料》1964年第3期又发表了与结构主义语言学持相反观点的八篇批判文章。

1965年初,张和珍等人批评《中国语文》的文章发表后,形势急转直下,该文对《中国语文》介绍结构主义、刊登我国学者关于汉语描写语法的研究论文提出了蛮横的抨击,并点名批判了吕叔湘对国外新的语言学理论所持态度。在这种形势下,《中国语文》被迫组织了几篇批判结构主义语言学(包括描写语法学)的文章,对结构主义语言学进行围剿。发表不同观点,这是完全正常的,而且事实上结构主义语法理论本身也确实存在不少缺点和问题,但是扣上种种政治大帽子丝毫无助于科学健康地发展,而只会起阻碍和破坏作用。

汉语描写语法从一开始就受到了歧视,几乎从来没得到过它应享有的合法地位。它一直被指责为资产阶级的"异端"、"邪说",似乎维护传统语法就是在维护马列主义语言学,似乎赞同描写语法就是向资产阶级唯心主义屈膝投降,这种偏见和误解延续了二十多年。50年代初和60年代初的短时期内,汉语描写语法得以崛起并迅速发展,但是好景并不长,1958年和1965年两场批判,矛盾都指向它,它正是在这种艰难曲折的环境中顽强地成长起来的。

第三节 大学语法教学的三个代表性体系

语法研究与语法教学是有联系又有区别的两回事。一般地说,语法研究总是处于活动的状态,否则语法学科便不会发展;而语法教学则相对地比较稳定,因为这里有个教材编写和教学方法的问题。语法研究的成果必将反映到语法教学上来,它影响、决定了语法教学;而语法教学则体现了语法研究的成果。当然,语法教学中发现的问题也会促进语法研究的开展。50年代中期《暂拟系统》的制定,显然是总结了前几十年语法研究中那些被大部分人接受了的成果。在这以后,不仅中、小学,而且大部分高等学校,尤其是师范院校为了学生毕业后能适应中、小学语文教学,基本上都采用了这个语法系统。经过几年教学实践,这个语法系统存在的固有矛盾和缺点便逐渐暴露出来了;另一方面,随着语法研究的逐步深入,各高校《现代汉语》的语法教材要尽量吸取这些研究成果,因而必须冲破《暂拟系统》的束缚。到了60年代初,在大学《现代汉语》语法教学方面形成了三个不同的体系。

一、胡裕树主编的《现代汉语》

1962年9月上海教育出版社出版。1979年11月修订再版,1981年7月增订三版。以后又多次修订,1981年11月出版"重订本"第1版,1995年第5版。语法部分执笔人为张斌、杨庆蕙、胡裕树。为教学参考,同时还出版了《〈现代汉语〉使用说明》一书,对一些问题作了必要的说明和解释。该书是在《暂拟系统》基础上,适当吸收描写语法的理论和方法进行局部改良,被称为传统语法跟描写语法的"结合派"。

该书语法体系和《暂拟系统》相比较,有以下几个特点:

(一)词的分类标准不是"词汇·语法范畴",而是"基本依据词的语法功能"即"词同词的组合能力","能够单独充当句子成分的是实词,不能够单独充当句子成分的是虚词"。词类系统为:

实 词		虚 词
名词　数词	代词	连词
动词		介词　助词
形容词　副词		语气词
叹　词		

其特点是副词因可作句子成分,归入实词;名词附类为:(1)量词,(2)方位词;动词附类为:(1)趋向动词,(2)能愿动词,(3)判断词。附类特点是它在特定结构中表现出"虚词性"。叹词(包括拟声词)"通常不同其他实词发生特定的关系,也不充当句子成分",但能独立成句,所以单列出来,不分虚实;代词也不分虚实。助词包括"们""似的"、动词后的"着"、表概数的"来、把";语气助词单列为语气词;取消名物化说法,承认动词、形容词可作主、宾语,在一定条件下能带上某种类型的定语。

(二)该书的"结构"包括结构方式和结构成分,是指形式和意义的统一体;而"词组"则是结构的一种,专指实词与实词的组合。

"词组"分为七种:偏正、联合、动宾、主谓、连动、兼语、同位。实词和虚词结合也称结构,如:"的"字结构、方位结构、介词结构、量词结构。因此,广义的结构包括词组和狭义的结构两种。

(三)析句方法是"在《暂拟系统》的基础上加以改良,改良的目标是尽可能向层次分析法靠拢"。即一个句子先分成主语部分和谓语部分,如果谓语部分是动宾结构,则再分为谓语和宾语,其实质便是把宾语从原附加成分升级为主要成分,而不在动宾结构中再找中心语。如果主、谓、宾三部分是偏正词组,则找出中心语,否则就再分析它们的内部结构。定语、状语、补语在词组中对中心词而言,在句子分析中对主语、谓语、宾语而言。分析出来的定、状、补,如果是词组可以再分析,则不属句子成分的分析。

该书这种处理方法有其自身特色,但也存在一些明显的问题:

(1)采用"能愿合成谓语"和"判断合成谓语"说法,没能把词与词关系说清楚;设立名词、动词附类,不仅使词类系统太复杂,而且也无助于问题的解决。

(2)析句法虽然作了些调整,但基本上仍是"中心词析句法",无法反映出语言本身的结构层次关系,因此不仅旧的不足依然存在,而且产生了新的矛盾。第一,遇到偏正词组和动宾词组,有时找中心,有时不找中心,失去了方法上的一贯性。第二,主、谓、宾三部分跟主谓句概念不相容,主谓相对有其坚实的逻辑基础。三分法破坏了这个基础,因而不易为人们接受;而且碰到补语出现在宾语后面的句子,如"我找了他三次",划分为主、谓、宾三部分就有困难。第三,主、谓、宾三分与层次分析相矛盾。

该书指导思想上认为《现代汉语》应强调基本知识的教授,而技能是属于写作课范畴的,所以对病句修改、虚词的运用只是一笔带过,对知识的阐述则比较细腻,每节后还附有思考和练习。该教材是教育部组织的统编教材,加上本身的一些特点,因而在当时被国内许多高校中文系所采用,是三部代表性教材中影响最大的一部。

二、北京大学中文系编的《现代汉语》

1962年4月商务印书馆出版,是在原"教育改革"的成果1959年出版的《现代汉语》三册本的基础上重新修改而成。主要执笔人为林焘、朱德熙。参加改编的还有王理嘉、杨贺松、卢甲文、陆俭明、马真等。该书语法体系是以丁声树等人编的《现代汉语语法讲话》为蓝本,适当吸收传统语法的一些研究成果,被称为"描写派",但这种"描写语法"并不同于那种纯粹的描写语法学派,而是带有中国色彩的改良的描写语法。该书语法体系有以下特点:

(一)词类划分标准"主要根据词的语法功能;词的意义只能作参考"。"实词的意义比较具体,能够单独成句。""虚词没有具体的意义,不能单独成句。"

词类系统为:实词:(1)名词,(2)动词,(3)形容词,(4)数词,(5)量词,(6)代词;虚词:(7)副词,(8)介词,(9)连词,(10)助词,(11)语气词,(12)象声词。其特点是划分虚实词标准有两项:意义和能否单独成句,故副词划入虚词范畴;名、动词不设附类,"是"归入一般动词;没有合成谓语的说法,取消"名物化"说法,语气词单列一类,限制了助词的范围。

(二)对结构给以特别的地位。一般结构分为偏正、述宾、述补、主谓、联合;特殊结构分为连动、递系。作者认为。"词组可以是句子的一部分,也可以自己形成句子。"这一观点虽没充分阐述,但是十分重要,到 80 年代又得到进一步发展,是"词组本位"思想的雏形。

(三)析句方法采用改良过的"层次分析法",即不但分析其层次结构,而且进而说明其结构关系。该书没有采用层次图解法,也没作理论上说明,只用文字简略介绍了该方法。这是国内大学教材中首次使用"层次分析法"。

该教材继承了 1959 年那套教材的一些好传统,虽然"写作"部分已分出单独成课,仍强调"提高学生运用语言能力仍然是一年级《现代汉语》课的一项重要任务",所以一方面十分重视常用虚词的使用方法,另一方面特别重视语法实践,专门讲解"句式的选择"和"病句的修改",提出检查语法错误的"类比法"和"简缩法"。

该教材存在的问题:

(1)有些提法不太妥当,如不用"语素(词素)",而用"字"来说明词的内部结构关系;有的说法不太明确,如结构和词组关系含糊不清,把"介词结构"和"连动结构"、"递系结构"相提并论也不太妥当。

(2)析句法采用了层次分析法,但书中同时又采用六大成分说,其中的关系交代不清楚,对层次分析法讲得又不深不透,似用非用,使学生(读者)捉摸不到作者真正意图。

(3)该教材原设想为中文系公共课使用,语言专业到二年级另再开设专业课《现代汉语》(二),所以内容编得较简略,基本知识也嫌太单薄了一些。

该书作为大学教材首先采用了描写语法的一些基本理论和方法,别具一格,和《暂拟系统》有较明显的不同,但整个体系显得尚不够完整和成熟。

三、刘世儒编写的《现代汉语语法讲义》

1963年8月商务印书馆出版。刘世儒(1922—1980年),河北省沙河县人。1948年入北京师范大学中文系学习,毕业后在北京市一中任教,1954年调北京师范学院中文系,先后任讲师、教授。刘氏是黎锦熙语法体系忠实的合作者与继承人,解放后曾跟黎锦熙合作编写了《汉语语法十八课》和《汉语语法教材》等书,使用过程中,普遍反映《十八课》太简浅,《教材》又太浩繁,都不适宜于作为高等师范教材用。于是,刘氏便把他在北京师范学院的讲义整理出版。该书的语法体系基本上同于《教材》,但也有些变化。

(一)划分词类注意词义和语法特征两者同时使用。区分实词、虚词按其是否充作句法成分来划分。词类系统为:实词:(1)名词;(2)代词;(3)动词(包括系动词和助动词);(4)形容词;(5)数量词;(6)副词。虚词:(7)介词(包括前置和中置介词);(8)连词;(9)助词;(10)叹词。

特点是:代词中包括了联结词"的、所";"能、肯、愿意"等,称作动词前附;"着、了、过"等称作动词后附;把"的、地、得"称作中置介词。

(二)句子成分分为九种:句子的主要成分为主语、谓语;谓语的连带成分为宾语、足语;句中其他成分的附带成分为定语、状语、补语;句子的特殊成分为同位语、独立语。

作者放弃了以施受定主语的办法,从谓语出发,把主语分为:(1)施事主语;(2)受事主语;(3)主题主语;(4)状性主语。从动词出发,把宾语分为:(1)受事宾语;(2)成就宾语;(3)补性宾语。

(三)词组分为:(1)联合词组;(2)主从词组(又分为名词词组、

动词词组、形容词词组);(3)动宾词组。不设主谓词组,另列"子句"。

(四)复句部分运用"成分划定法",复句的分类明确提出"按照逻辑、语法范畴的标准",具体分法同于《教材》。

该书十分注意改正病句,几乎每节都有专门分析,另外,每节后附有配合正文的练习题,形式多样,同时还提供不少思考题,对学生颇有启发;这种种都说明该书十分注重教学效果。虽然作者尽可能地作了修补工作,但就其骨架来讲,依然是脱胎于《新著国语文法》和《汉语语法教材》。该教材在师范院校中有一定影响,不失为一家之言。

第四节 其他现代汉语语法著作

除以上各节已介绍的语法著作外,其他有关著作大体上可以分为三类:一是专题性研究,二是语法教材,三是普及性的通俗读物。其中也不乏比较精彩并有一定特色的著作。现选择若干种介绍如下:

(一)《语法论集(一)》:中国语文杂志社编,1957年9月中华书局出版。收史存直、黄盛璋等13人的论文,内容大体分为四部分:第1—5篇讨论词的定义与确定方法;第6—11篇讨论词类的性质与划分;第12篇是对苏联加尔基娜—菲多卢克教授新著《判断与句子》提出商讨意见,第13篇是提出一个汉语语法学的新体系。其中史存直的长篇论文《论词儿和判定词儿的方法》是作者对在"什么是词儿"讨论中所写论文的补充和说明。

(二)《语法论集(二)》:中国语文杂志社编,1957年10月中华书局出版。收高名凯、宋采夫(苏联)、太田辰夫(日本)等论文 9 篇。高名凯《语法范畴》一文,从语法学史角度论证语法范畴的含义,并阐明语法范畴对划分词类的重要意义,从而证明汉语实词不能分类的观点。余健萍的《使成式的起源和发展》一文提出例证证明这种句式远起于周秦时代,从而修正了王力认为该句式产生于汉代的说法。

(三)《文章的语法分析》:张拱贵、廖序东著,张世禄、胡附校订,1955 年 4 月上海东方书店出版。该书分两部分:一、术语和分析的说明;二、文章的语法分析,具体分析了 14 篇短文和几个复句。重点是介绍一种简便的语法分析的方法——加线法(依据黎锦熙创拟的"读书标记法"修改而成),即:1.先把句子分成主、谓两大部分,2.谓语如是动词,看它带不带宾(表)语,3.然后在主、谓、动、宾、表语上再找出中心词,4.剩下的不是附加语就是补语。符号规定为:══主语,——谓语,～～宾语,﹏﹏兼语,〈〉补语,()附加语,短语作主语或宾语时用方括号[ ]。

(四)《语法比较》:张静著,1955 年 11 月湖北人民出版社出版。作者把黎锦熙、吕叔湘、王力、张志公、曹伯韩、"语法小组"六家语法体系及所用术语作了比较和解释,并提出自己某些教学体会。第一部分:关于词和短语;第二部分:关于句子的成分;第三部分:关于句子的分类。该书着眼于语法体系的比较,对帮助读者认识这些语法体系的特点有一些帮助,但有时没能准确理解别人观点,有的结论比较空泛。

(五)《句型学习》:李峻峰著,1957 年 5 月江苏人民出版社出版。该书主要依据《暂拟系统》对汉语常见句型进行整理归类,全书分六章,例句丰富,文字通俗。一共归纳出三大句型,基本句型八种,复杂句型五种,复句类型两种。这是对句型研究的一种尝试,但缺乏自己的见解,结论比较一般化。

(六)《汉语语法问题研究》:洪心衡著,高名凯校订,1956年9月新知识出版社出版。共收专题研究论文12篇,除一篇词法外,其余都是关于句法的。该书对汉语语法中一些长期有争议的问题在比较几种说法后发表自己的意见。作者对语言材料比较重视,例如在分析空间语能否作主语时,列举九种情况,就颇有启发。缺点是材料罗列多,理论分析浅,缺少新的见解。

(七)《汉语语法问题研究·续编》:洪心衡著,1963年7月福建人民教育出版社出版。共收11篇论文,都是关于句法的,是对《暂拟系统》提出一些补充意见,或提出一些问题来讨论。材料比较丰富,但研究工作没有什么突破,有的只是给语法现象分分类。

(八)《句子的分析与辨认》:黄伯荣著,1963年10月上海教育出版社出版。该书以《暂拟系统》为依据,着重谈句子成分与句型的分析和辨认方法,并以一些中学语文课文作句法示范分析,依次作句子成分分析和句型分析。由于内容相对集中,叙述清楚,对中学语文教学有一定帮助。

(九)《汉语的修饰成分》:李子云著,1963年12月上海教育出版社出版。该书语法体系也依据《暂拟系统》,但在分析词组时注意到层次关系以及语义关系,在分析定语、状语方面比一般语法著作说得详细,例句也较丰富。在论述定语、状语的复杂化、结构类型和次序问题上有一些自己独到的见解。

(十)《汉语讲话》:王力著,原名《中国语文概论》,系根据作者1936—1937年在燕京大学暑期学校所用的宣讲稿改写而成。1950年改名为《中国语文讲话》,由开明书店出版,1955年8月重新改写后使用该新名。语法部分有四节,其中"各地语法的异同"和"古今语法的演变"两节颇有特色,采用比较法,对方言语法和语法演变史作了初步描述。

(十一)《语文常谈》:吕叔湘著,该书稿原载于1964年《文字改革》,1980年9月才结集由三联书店出版。其中,第四节"字、词、句"是专门讲语法的,第六节"古今语殊"涉及语法的发展变化和差异。语言深入浅出、生动活泼,也不乏独到见解。

除此之外,还有郎峻章的《汉语语法》(辽宁人民出版社1955年4月)、马汉麟的《语法概要》(新知识出版社1957年3月)、陈书农的《现代汉语语法》(湖南人民出版社1957年4月)、高耀墀的《现代汉语语法》(河南人民出版社1957年7月)、张涤华的《现代汉语》(高等教育出版社1958年6月)等都在当时产生过一定影响。

第五节　汉语语法各分支学科的兴起和发展

一、汉语语法的理论研究

汉语语法的理论研究在我国一直是比较薄弱的环节,极大多数语法研究者感兴趣的是解决实际问题,而不同程度地忽视了理论的探讨。解放前最先进行这方面研究的是胡以鲁的《国语学草创》,以后,何容的《中国文法论》、王力的《中国语法理论》、高名凯的《汉语语法论》以及"中国文法革新讨论"一些文章中都涉及汉语语法理论问题。1949年以来,在繁荣阶段,由于斯大林《马克思主义与语言学问题》等若干论文的发展,开始对语法理论研究重视起来,并在几次语法专题讨论中大量接触到这些问题。但作为理论专著,还是比较少的。其中有些影响的是傅子东的《语法理论》和岑麒祥的《语法理论基本知识》,在曲折阶段有高名凯的《语法理论》。

1.《语法理论》:傅子东著,1954年10月五十年代出版社出版。除自序外,分为六章:(1)词的构成,(2)词的种类,(3)词的职务,(4)对唯心论者叶斯泊森语法体系及受他影响的中国语法学家著作的批判,(5)词的位次,(6)汉语的发展。该书在批判"三品说"和"离句无品说"方面尚有可取之处,但通篇来看,几乎全盘否定了以前所有的语法研究成果,甚至乱扣"唯心主义"的帽子,而自我标榜是"唯物主义"。但事实上,作者的许多观点存在着不少问题,前后矛盾之处甚多。例如:作者认为:"词由形体、声旁、意义三件东西组成;方块的汉字就是它的形体,声旁和意义都是从它产生出来。"其实形体(文字)只不过是词的书写符号,是后于词产生的,这显然是本末倒置了;又如划分词类时,作者认为在词的性质和词的功用间发生矛盾时应在词的性质的基础上决定词的种类,即按"常识"来断定词类,这一见解显然也是不妥的,根本无法操作。

由于作者态度盛气凌人,文风不正,错误又多,所以此书一出版,便遭到一些学者的严肃批评,如许绍早的《汉语语法理论中的一些问题——读傅子东著〈语法理论〉后》(《中国语文》1956年第1期)等。

2.《语法理论基本知识》:岑麒祥著,1956年8月时代出版社出版。全书分为六节:(1)语法、语法种类,(2)形态学单位及其表现方式,(3)形态学与构词法,(4)语法范畴,(5)词类,(6)句法。这是本普及性的语法理论通俗读物,作者从德语、英语、俄语等语法说到汉语语法，对初学语法者很有帮助。全书简明扼要，清浅明白。但由于篇幅限制，许多问题只是提到而没能讲深讲透，有些说法也可以商榷。

3.《语法理论》：高名凯著，1960年2月商务印书馆出版。全书共分十三章：(1)语法学简史，(2)语言是什么？(3)语法形式学和语法意义学，(4)词法学和句法学，(5)形态，(6)词法范畴，(7)词类，(8)造词学，(9)词组，(10)句子，(11)句子的结构，(12)句子的类别，(13)句法形式学。这是作者多年来从事普通语法理论研究的一个总结，几乎传统语法学中所有重大原则问题都讨论到了，也不乏新的见解，例如建议分别建立"语法形式学"和"语法语义学"。该书特点是尽可能联系汉语语法来讨论理论问题，对前几年曾讨论过的问题，如词类划分、主宾语确定、词儿划分等都表示了自己的态度。作者基本上采用的是传统语法观点，许多地方参考并引用了苏联语言学家的观点，全面地批判了结构主义语法理论，比较系统地介绍了一些有关传统语法理论的概念、术语，收集了大量资料，对深入研究语法很有参考价值。缺点是在联系汉语语法方面没有太多新鲜的见解，该书行文比较艰深难懂，一定程度上影响了读者的理解。

二、汉语语法教学的研究

跟语法研究密切相关的一个分支学科就是语法教学的研究。研究语法的重要目的之一就是要教育学生使他们掌握并能运用这些语法规律，因此，研究如何进行语法教学便是一个十分重要而且迫切需要解决的课题。

在这方面，长期从事语法研究和语法教学的黎锦熙为我们作出了很好的表率。他编的语法教材都十分注意教学效果,除了正文外,另附有许多说明、附录、参考、夹注,印刷时用各种字体区别开来,体现了学习语法的"循序渐进"和"因人施教"的原则。

50年代初期,由于汉语知识大普及,中小学教育和业余成人教育飞速发展,在语法教育方面也取得了积极的成果。这些论题大体上可以分为三类:(一)语法教学的目的和任务;(二)语法体系与语法教学的关系;(三)如何进行语法教学。该阶段的单篇论文有:黎锦熙《中学应系统地讲授语法》(《中国语法教程》引言)、任铭善《中等学校语法教学问题》(《语文教学》1952年第9期)、吕叔湘《语法三问》(《语文学习》1953年第8期)、徐世荣《中等学校语言教学中的几个问题》(《中国语文》1953年第3期)、殷焕先《语法体系与语法教学》(《文史哲》1954年第1期)等。

有一定影响的专著有如下两本:

(1)《语法教学讲话》:徐世荣著,1953年9月大众出版社出版。该书主要是以中学语文教师为对象,以当时苏联的教育理论和教学经验为主要依据,结合汉语语法教学的具体问题加以阐述。内容大体可分为三部分:(一)汉语语法研究的历史和现状;(二)语法教学的原则和实际问题;(三)介绍语法教学的几种方法。其中尤以第三部分为核心,作者提出:(甲)讲述理论,(乙)比较现象,(丙)分析结构的教学方法。书中所用语法术语,基本参照《语法修辞讲话》,同时也参照了《新著国语文法》和丁声树等人的《语法讲话》。

该书在"暂拟系统"未出之前对中学界的语法教学有一定的指导作用。

(2)《中学语法教学》:胡附、文炼著,1954年8月春明出版社出版。全书共分五章:(一)基本认识;(二)语法教材;(三)语法教学;(四)教学中的几个困难问题;(五)对进修的意见。后来主要在第(四)(五)两章基础上扩充修改成《现代汉语语法探索》一书。该书核心为第(三)(四)章,第(三)章"语法教学"重点解决语言教学与文学教学关系,语法教学与语言教学中其他内容(词汇、修辞、逻辑、标点符号)的关系,以及语法教学的一般进程,对语法作用的正确估价。该书也深受苏联教学经验的影响,这是时代打下的烙印。全书密切联系教学实践,对中学语文教师很有帮助和启发。

另外,必须提到的是对外国人进行汉语语法教学的问题。由于北京大学长期以来承担了教授外国留学生汉语的任务,从而积累了相当丰富的经验。1958年10月北京大学外国留学生中国语文专修班编的《汉语教科书》(Modern Chinese Reader)由时代出版社分上下两册出版。本书以初学汉语的外国留学生为对象,以实用为目的,包括绪论、语音、语法三部分,图文并茂,深受国外读者欢迎。

有关的重要论文如:王力《中学语法教学问题》(《语文学习》1953年第12期)、朱德熙《从作文和说话的关系谈到学习语法》(《新闻战线》1959年第5期)、文炼《谈谈学习语法》(《语文学习》1957年第10期)等。

三、汉语方言语法的研究

关于方言的研究,在我国始于西汉末年的扬雄(公元前53年—公元18年),他整理编写的《輶轩使者绝代语释别国方言》(简称《方言》)是世界上第一部方言比较词汇集。在漫长的封建社会里,对方言的研究一直不曾间断过,但都是以考察音韵和词汇为主。用比较的方法对汉语方言语法进行研究则是从赵元任开始的。1926年赵元任的《北京、苏州、常州语助词的研究》问世，这是中国第一篇用几个方言的语言材料进行专门语法比较的科学论文。1928年他又出版了《现代吴语的研究》，收集了23个方言点对96个语助词进行了比较研究，得出了更进一步的结论，同时也收录了一些方言语法材料。尔后，虽然陆续出版了陶燠民的《闽音研究》(1930年)、罗常培的《厦门音系》(1931年)和《临川音系》、赵元任的《钟祥方言记》(1939年)和《中山方言》(1948年)、黄锡凌的《粤音韵汇》(1941年)以及赵元任、丁声树等五人合著的《湖北方言调查报告》(1948年)等一批方言著作，但都偏重于语音和词汇的调查整理，有关语法的材料都是微乎其微，最多也只是记录了一小段故事，如"太阳和北风的故事"等，至于研究就更谈不上了。

50年代，为配合汉语规范化、推广普通话和汉字改革这三大任务的开展，由中央教育部和语言研究所合作，组织了全国各省、自治区、市教育厅、局和各高校，从1956年起进行全国汉语方言的调查，至1959年10月全部调查工作基本完成，以县为单位，应查2298个点，共普查了1849个点，占81%，编写了调查报告1195种，学普通话手册一类小册子300多种(正式出版72种)，19个省(市、自治区)编出方言概况初稿。在方言的调查中各地也培养了一批方言的调查研究人才，形成了一支骨干队伍。这项规模巨大的普查工作为以后汉语方言的研究工作打下了扎实的基础。

1955—1956年北京大学中文系开设"汉语方言学"课程，由袁家骅主讲。在讲授过程中，组织了部分方言点的调查并写出初步报告，如谢自立的苏州话、郑骅雄的浙江永康话、向熹的湖南双峰话、熊正辉的南昌话、何耿丰的客家话、温端政的浙江平阳的闽南话。1957年后，石安石、詹伯慧、王福堂等参加合作，在原讲稿和这些材料基础上,由袁家骅主编,写成《汉语方言概要》一书,于1960年2月由文字改革出版社出版。这是一部开创性的汉语方言综合研究专著,从而填补了我国语言学研究的一项空白。

该书分十二章,1—3章相当于绪论;4—11章分别描写北方话、吴方言、湘方言、赣方言、客家方言、粤方言、闽南方言和闽北方言;12章结论,从语音、词汇、语法三方面举例说明现代汉语方言的亲疏关系。每种方言的语法部分大体上按词法(构词构形)、词类(实词虚词)、句法(词组和句式特点)来论述。由于材料多少不同和研究深浅程度不同,各方言语法部分的详略、优劣亦各不相同。其中,吴、粤语较为详细,客家、闽南、闽北语次之,湘、赣、北方话最少。

由于受到调查点的局限,加上处理的手续和方法不统一,所以全书显得比较粗略,只能给人一个大致的概况了解,对方言语法尤其缺乏全面、系统的描写,与语音部分相比显得单薄。

此外,解放后出版的几种方言专著大多都注意到了该方言的语法特点,如:李永明的《潮州方言》(中华书局1959年4月)第五章分为十一节讲语法;河北省昌黎县县志编纂委员会和语言研究所合编的《昌黎方言志》(科学出版社1960年7月)第三章第五节"昌黎方言语言特点"分四小节论述;《江苏省和上海市方言概况》(江苏人民出版社1960年7月)也谈到了语法特点。

1958年后,随着方言普调的开展,关于方言语法研究的单篇论文显著增加。据不完全统计,1949—1957年为15篇,1958—1963年为47篇。其中值得一提的是詹伯慧、黄家教的《谈汉语方言语法材料的收集和整理》(《中国语文》1965年第3期),该文主要分两部分:(1)方言语法材料的收集,作者认为要经过两个阶段:

(一)"打好基础,从浅到深,按照预制的语法调查大纲来收集";(二)"深入一步,广开思路,通过记录长篇的材料来收集"。(2)方言语法材料的整理,也可以分为两步:(一)"汉语方言语法材料的审核和归纳";(二)"汉语方言语法材料的分析"(即从构词法和构形法、语词组成词组的方式、语词在句子中的位置、某几类句子的结构方式、方言中特有的句式、各类实词中存在的特殊语法现象、各类虚词中存在的特殊语法现象等七个方面来加以分析)。该文是作者多年从事方言语法研究的经验之谈,体会较深刻,办法也行之有效,注意事项也提得较为切实中肯,是一篇带指导性的关于方言语法研究原则和方法的论文。

1958—1959年间在《中国语文》上还展开了一次关于潮州方言语法特点的讨论。先是《中国语文》1958年第5期刊登了两篇论文:詹伯慧的《潮州方言的一些语法特点》和李新魁的《潮州方言的数量词》,引起了广泛的兴趣,1959年1月同时发表了四篇论述潮州方言语法特点的论文,对詹、李两文提出商榷意见。可惜讨论并未开展,便草草收场。

方言语法研究之所以一直比较薄弱,其原因为:

(1)客观上汉语方言之间语音分歧最大,词汇次之,语法又次之,因此人们迫切感到寻找方言和普通话语音对应规律的必要性,以便更好地学习普通话,而语法方面则无此紧迫感。

(2)由于汉语方言语音的调查研究工作开展得还很不够,致使语法研究也深受影响,因为方言语法材料的调查首先要求能记音,这就有赖于语音系统的调查整理研究。

(3)方言语音调查,甚至于词汇调查已经积累了比较多的经验,摸索出一套切实可行的理论和方法、手续,而方言语法材料的调查、研究对许多人来说还很陌生,还没有多少现成的比较成功的经验可以借鉴。

(4)1956年开展的方言调查,由于迫切要求配合推广普通话的教学工作,因此势必把语音调查作为重点来抓,而语法材料的调查几乎是捎带而已。材料的不足,必然影响到研究工作的进行。

(5)不少人主观地认为汉语方言语法没有多少东西可搞,不值得花大力气去搞。而实际上不少方言语法很有特点,而且对此认识的加深将有助于现代汉语语法的比较研究。

四、古代汉语语法的研究

汉语语法研究的重点从黎锦熙的《新著国语文法》开始,便转向现代汉语,这一历史发展趋向是不可抗拒的。解放以后,现代汉语语法研究更是成了主流。对于古代汉语语法的研究则开始走上另一条道路,即不再是着力于建立语法体系,而偏重于与现代汉语语法进行比较,寻找其特殊之点,以利于教学和实用。在此背景条件下,产生了一些讲授古代汉语语法的教科书和参考书。

1958年以前,以杨伯峻的《文言语法》等为代表:

(1)《文言语法》:杨伯峻著,1955年1月北京大学出版社出版(1956年11月修订版北京出版社)。该书对文言文所常见的语法和句法作了系统的叙述和分析,并和现代汉语语法进行了比较。全书共分三编:上编包括绪言、词法概述、短语和句法;中编词法,分别介绍各词类的特点;下编句法。书末附"索引"(重要虚词和重要术语)。跟《中国文法语文通解》相比较,可以看出作者开始重视句法,吸收了汉语语法研究的一些新成果,对双宾语、补语式、连动式、兼语式都作了较详细的分析。本书特点还在于:例句大部分从高中语文课本中选出,故对中学生自学参考有方便之处;说明力求扼要明确,不纠缠于体系之争、术语之争,偏于实用,是学习古汉语较好的入门参考书。

后来作者在此书基础上修改增删,又写了一本《文言文法》(中华书局,1963年7月)和一本《文言虚词》(中华书局,1965年8月),内容上大同小异。

(2)《古汉语语法》:张贻惠著,1957年湖北人民出版社出版。全书分为词法(共十节)和句法(共六节)两大部分。重点为词法,每节后都附有"复习和练习"。该书写得比较简明,条理清晰,通俗易懂。

(3)《汉语文言语法》:刘景农著,1958年8月中华书局出版。作者用现代汉语语法作基础来研究古汉语语法,通过古今对比,找出其间的共同点和特殊点,分别进行论述。该书分九章:(一)古今语法的演变;(二)文言词类的语法特点;(三)文言和现代汉语相同的句式;(四)文言句式的特点;从第(五)章起以虚词为纲结合句式来谈:代词与句式,副词与句式,介词与句式,连词与句式,语气词与句式。该书写法比较特别,即以虚词为纲结合句式来叙述,但由于打破了古汉语语法的间架,显得脉络不太清楚,把各类虚词和句式机械地配对,能否讲清楚各种句式特点似可商榷。

1958年以后则以王力主编的《古代汉语》教材为代表:

(4)《古代汉语》:王力主编,1962年9月—1964年5月中华书局出版。该套教材是教育部组织的统编教材,集中了各高校多年来教学古代汉语的经验,集思广益,采用了北京大学中文系首创的"文选、常用词、通论"三结合的教学体系。它以文选为纲,其他两部分则有机地和它相结合,语法则包括在通论之中(即"通论"七—

十四),语法部分执笔人为:马汉麟、郭锡良、祝敏彻。作者指导思想是:"把学习古代汉语所必需的语法基本知识传授给学生,所谓学习古代汉语所必需的语法基本知识,也就是古今差别较大的语法。由于古汉语语法研究不够,还没能建立一个科学的体系,所以只是采用一个暂拟的体系,不作理论上的探讨。"(王力《古代汉语的教学》,《中国语文》1963年第1期)语法体系广泛吸取各家研究成果,但基本上是依据王力的观点,如认为在先秦时"是"不是系词,而是"指示代词作判断句的主语或谓语","非"属副词而不是否定性系词,"为"是动词,而不是系词等等。语法部分在通论中占的比重并不大,但写得简明扼要,重点突出,易懂易学,而且例句紧密结合文选,对理解课文很有帮助。这是一部内容丰富、体系完整、效果显著也最受欢迎的古汉语教科书。该书于1981年4月修订后再版。

(5)《古代汉语读本》:南开大学中文系语言文学教研室编,1960年9月人民教育出版社出版。该书是1958年教改中的集体科研产物,主编为马汉麟。以古汉语语法中重要问题为纲,配合一组组有代表性的短文并予以说明,共分十讲。该书条理比较清楚,每一讲重点突出,适宜于讲学。缺点是材料比较零乱,缺乏系统性和连贯性,有些语法观点还需斟酌,但不失为一本较简明实用的古汉语教材。1981年4月修订本由天津人民出版社出版。

(6)《古今汉语比较语法》:张静、张衍著,1964年1月河南人民出版社出版。"前言"说"本书的体系,不是根据一家之言,而是兼采各家所长,并夹杂了一些我们的意见"。全书分九章:(一)语法概述;(二)—(五)词法,重点讲虚词和各类实词的用法;(六)—(九)句法,重点讲句子成分分析。特点是古今语法都讲,碰到古汉语中比较特殊的多讲一点,句子分析采用层次分析法。每节后面附有古今汉语语法比较表,可以帮助读者提纲挈领,但是由于它不仅求其异,也证其同,所以内容比较庞杂,而古汉语语法的重点则反而被掩盖了,同时在学术上也缺乏新意。

古汉语语法专题研究方面成绩并不太多,专著主要有二本:

(1)《殷墟甲骨刻辞的语法研究》:管燮初著,1953年上海科学院。这是我国第一本系统地研究甲骨文语法的专著,研究对象为盘庚迁殷(今河南安阳小屯村)至帝乙归妹(今河南淇县北)约二百余年(公元前1324—前1135年)殷商王室的档案材料——殷墟甲骨刻辞。释文主要根据郭沫若的《殷契粹编考释》。全书分四部分:(一)引论;(二)句法;(三)词类;(四)结论。结论为三条:(一)刻辞中假借用字很多,这一现象反映了甲骨刻辞以口语为基础的殷墟书面语言的特点;(二)句子结构大部分和现代汉语语法差别不大;(三)刻辞中词类可分为十二类。该书不仅是首次对甲骨文语法作了系统研究,同时也证明了汉语语法当时已经比较成熟,已构成了一个比较完整的体系,为汉语语法史研究提供了宝贵的材料。

(2)《魏晋南北朝量词研究》:刘世儒著,1965年6月中华书局出版。这是作者《魏晋南北朝语法研究》的一个部分,初稿曾以论文形式在《中国语文》上陆续发表过。全书除绪言外,分为五章:(一)总论;(二)陪伴词;(三)陪伴·称量词;(四)称量词;(五)动量词。作者通过大量语言材料对魏晋南北朝的量词进行了断代描写,归纳出一张"魏晋南北朝量词类系总表",并进一步考察了量词的句法特征和词法特征,列举200多个量词进行具体的论述,从而修正了王力的《汉语史稿》中的某些结论,如汉语动量词的兴起是在"唐代以后",刘氏则指出汉朝时便有了动量词。

专论主要有以下若干篇:

周迟明的《汉语连动性复式动词》(《山东大学学报》1957年第1期,《语言研究》1957年第2期)、洪诚的《论南北朝以前汉语中系词》(《语言研究》1957年第2期)、黄景欣的《秦汉以前古汉语中的否定词"弗""不"研究》(《语言研究》1958年第3期)等。这些专论的共同特点是:材料相当丰富,归纳分析比较可靠,在前人研究的基础上都有所出新。

五、汉语语法史的研究

跟古代汉语语法研究密切相关的一个分支学科,是汉语语法史的研究,这是关于汉语语法发展变化规律的一门科学,也是一门历史相当短的新兴学科。从《马氏文通》以来,有关古代汉语、近代汉语语法的一系列成果为建立纵向汉语语法发展历史打下了必要的基础。杨树达、王力、吕叔湘、张相、管燮初、丁声树、洪诚等都为此作出过自己的贡献。但是,这些研究往往只是横断面的静态描述,而没能从历史动态发展的全程上来研究汉语语法的发展规律。第一个运用历史比较法建立起汉语语法发展史体系的是著名语法学家王力。他的早期著作《中国文法学中的系词》就有了探索汉语语法如何发展的端倪,经过长期的积累和比较研究,从1956年起他在北京大学中文系开设《汉语史》课程,并在该课讲稿基础上写出了我国第一部《汉语史稿》。

《汉语史稿》,中华书局1956—1958年初版,1980年6月修订本,共有三册,中册为"语法的发展",参加中、下册改写工作的有许绍早、唐作藩、黄铖、左言东。"语法的发展"分为两大部分:(一)历史形态学,分八节讲述九类词的发展情况;(二)历史句法学,分十四节,分别讲述:构词法的发展、系词的产生及其发展、词在句中的临时职务、名词的关系位、句子的仂语化、使成式、处置式的产生及其发展、被动式、递系式的发展、语气词的发展、省略法的演变以及"五四"以后新兴的句法以及句法的严密化。在形态学方面,作者特别注意到上古词的声调变化和词性变化的联系、中古词尾的形成和发展;在句法学方面,则特别强调复音词的增加和句子的严密化。其中对汉语语法中各种句式的演变发展论述尤为详细。通过研究,作者大体上搭起了一个架子,构拟了一个体系,也得出了部分结论,筚路蓝缕之功难能可贵,其中确实不乏精彩的见解。但是,由于断代的语法研究尚不够深入,所掌握的材料还不够全面、确切,更因为它是草创,因而可以商榷之处甚多。一是某些语言现象的产生时代说得太迟,如关于系词"是"的产生和发展,作者认为始于东晋,盛于南北朝,后经洪诚研究,证明始于"西汉末年或东汉初叶"。[①]又如动量词,作者认为起于唐代,而据刘世儒研究,至少可以上推到魏晋南北朝。名量词词尾化,作者说起于宋元,而据黄盛璋研究则起于汉代。二是某些结论欠妥,如作者认为"对于'于'的原始意义,用'于'用'於'均可;对于'於'的新兴的意义和新兴的语法作用就必须用'於'"。据洪诚研究,"介词'於'和'于'进入书面语虽然有先有后,它们的用法并无差别,《春秋》用'于',《论语》则用'於'。"该书的出版,填补了我国语言学研究的一项空白,具有重大的意义。当然客观上还存在不少问题,所以,这方面的研究仍亟须加强。

1959年教改中,北京大学中文系1956级语言组曾编写了一部《汉语发展史》(初稿),这本书编写得比较粗糙,没有正式出版过,只在《中国语文》1960年第12期上发表了《绪论》和《编写〈汉语发展史〉(初稿)的几点体会》,这以后还发过两篇论文:《汉语史研究中的几个问题》(《光明日报》1961年1月4日)、《试论汉语发展史的分期》(《光明日报》1961年5月10日),其中观点受"左"的影响较深。

六、汉语语法学史的研究

汉语语法学本身是一门比较年轻的学科,汉语语法学史的研究就更年轻了。第一篇有关论文是杨树达的《我国古代之文法学》(1930年,刊《积微居小学述林》),主要论述《马氏文通》以前汉语语法研究处于酝酿阶段的情况,文章虽短,但却是汉语语法研究史的先驱之作。后来,陈望道的《"一提议"和"炒冷饭"读后感》和何容的《中国文法论》、邢庆兰的《中国文法研究之进展》都谈到了汉语语法研究发展的历史经验和教训,50年代这方面研究工作大为加强,有关的论文、著作大体上可以分为四类:

(一)汉语语法学简史:刘景农《"马氏文通"以前的语法研究》(《山东大学学报》1962年第2期),胡附、文炼《汉语语法学简史》(《现代汉语语法探索》第十四章),陆仁《十年来汉语语法学的成就》(《中国语文》1959年第10期),刘冕群《十年来汉语语法理论的发展》(《华南师范学院学报》1960年第2期),《解放前汉语语法的研究》(《语言学研究与批评》第二辑,执笔郭锡良、祝敏彻),吴席儒《十年来语言学若干问题讨论简介》(《学术月刊》1959年第12期)以及高名凯《语法学简史》(《语法理论》第一章)等。

(二)语言学研究通史(其中包括汉语语法学史的内容):岑麒祥《语言学史纲要》(科学出版社,1958年7月)、王力《中国语言学史》(原连载于《中国语文》1963年第3期—1964年第2期,后增补第四章,1981年8月由山西人民出版社出版)、北京大学中文系"近六十年中国语言学"编写组编《近六十年中国语言学提纲》(初稿)(1960年1月内部发行)、王立达编译《汉语研究小史》(商务印书馆,1959年11月出版)、彭楚南《语言学简史》(《中国语文》1957年第3期)、吕叔湘《十年来的汉语研究》(《科学通报》1959年第23期)、濮之珍《建国十年来语言科学的成就》(《语文教学》1959年第10期)等。

(三)语法研究的资料汇编:郑奠、麦梅翘《古汉语语法研究资料汇编》(中华书局,1964年3月)、《中国语文》编辑部编《十年来我国语言学界记事》(《中国语文》1959年第10、11期)等。

(四)关于语法论著的评论:这方面评论文章很多,比较重要的有:殷焕先《〈语法讲话〉读后报告》(《文史哲》1954年第2期)、吕冀平《〈现代汉语语法讲话〉读后》(《中国语文》1962年第6期)、叶圣陶《从〈语法修辞讲话〉说起》(《人民日报》1955年1月15日)、周祖谟《汉语语法常识》(《语文学习》1954年第8期)、陈望道《漫谈〈马氏文通〉》(《复旦大学学报》1959年第3期)、王维贤《〈马氏文通〉句法理论中的"词"和"次"的学说》(《杭州大学学报》1963年第2期)、洪诚《王力〈汉语史稿〉语法部分商榷》(《中国语文》1964年第3期)、马炎武《关于〈语法理论〉中的几个问题》(《中国语文》1961年第4期)等。

现择其最重要的论著介绍如下:

(1)胡附、文炼《汉语语法学简史》:作者把汉语语法研究的历史分期划为:第一阶段为《马氏文通》以前,第二阶段是《马氏文通》出版到斯大林《马克思主义与语言学问题》发表前,第三阶段为斯大林《马克思主义与语言学问题》发表之后。以斯大林著作发表为界,这是由当时历史政治等原因决定的,但该文把《新著国语文法》为界的前期称为"几乎是纯粹的模仿",似乎言过其实。另外对《北京口语语法》和《语法讲话》的某些批评也是不能令人信服的。但全文总的来讲是文字简约、评价较为公允,是试图用马克思主义历史观来阐述汉语语法研究史的第一篇论文,因而具有重要意义,也可以说是正式建立汉语语法学史的奠基性论文。

(2)郭锡良、祝敏彻执笔《解放前汉语语法的研究》:这篇文章原为北京大学中文系教改中集体科研项目《近六十年中国语言学》的上编第五章,该书由汉语教研室部分青年教师、研究生和54级语言班部分同学共十七人合作编写,全部提纲(初稿)曾内部印行广泛征求意见。该文较详细地分析了从《马氏文通》以来到解放前夕汉语语法研究的历史,重点评述了《马氏文通》和《新著国语文法》的得失,同时对赵元任、陆志韦、王力、吕叔湘、高名凯等重要语法学家的观点、方法进行综合评述。总的来看,由于受到1958—1959年批判资产阶级学术思想中"左"倾思想影响,因而对成绩肯定不足,往往抽象肯定,批判则具体而详尽,而且批判调子过高,帽子太大,不够客观和公正。另外,作者对这一历史阶段的分期界限不够明确,前后写法体例不够统一(即前段以评著作为主,后段则以评观点为主);作者注意到了一些普及性语法读物是可取的,但对它们往往评价过高(如廖庶谦的《口语语法》),用政治观点或例句的思想性来代替其语法研究的水平和成就,对其在语法研究上一些基本观点谬误之处几乎没有指出,这也是不妥的。对有些有影响的著作,如何容的《中国文法论》只是点了一下,不作任何评述,有的连名字都没提到,如胡以鲁的《国语学草创》,作为一部

"史",那是不很周密的。

(3)陆仁《十年来汉语语法学的成就》:该文力图对解放以来的汉语语法研究作一较全面评述,注意理论联系实际,注意社会历史发展对语法研究的影响,注意语法流派的产生和发展,评价比较客观,充分肯定成绩,同时也指出不足之处,是一篇立论正确、言之成理的有一定水平的论文。但描绘的线条太粗,似乎是个提纲,有了骨架,缺少具体的分析。

(4)王立达编译《汉语研究小史》:1959年11月商务印书馆出版。此书系根据日本出版的《中国语学研究史》翻译删节改编而成。原书为日本"中国语学研究会"为庆祝该会十周年而编写的《中国语学事典》(东京江南书院,1957年9月)中的第三种。全书分为十二章,语法部分是第三章:中国的汉语语法研究(《马氏文通》以前),第四章:中国的汉语语法研究概述(解放以前),第五章:中国解放以后的汉语语法概述。这部分内容有以下几个特点:(1)历史分期比较合理。如《马氏文通》之前分为三个时期:(一)训诂期,(二)自觉期,(三)综合期,名称虽然不一定妥当,但这样划分还是有一定道理的;又如解放前分为1898—1936年和1936—1949年两个阶段也是符合汉语语法学发展历史的。(2)对一些语法著作主要是客观介绍,即使评价也比较谨慎,过褒过贬之词都较少。(3)资料收集比较丰富,并附有《汉语语法研究参考书目》,收录了《马氏文通》以来各种语法著作69种。(4)关于苏联(包括帝俄时代)、日本、欧洲、美国的汉语研究介绍占一半以上,在中外文化交流不发达的情况下,对了解国外汉语语法研究的历史和现状有一定帮助。但评述太简略,缺少具体分析,对历史发展以及语法理论的探讨都不够。同时对一些语法著作存在的问题指出不够。

更由于执笔人不一,前后章节有重复,详略不同、说法不一之处甚多。

1949年以来断断续续有人进行汉语语法学史的研究,尤其在建国十周年前后,出现了一批有一定质量的有关论文。但总的来看,数量并不多,而且大多只是简略介绍,只是勾画了一个粗线条的轮廓,远未能进行比较细致而深入的工作,但它为80年代的该分支学科的发展打下了基础。

附　注:

① 修订本已根据这一说法作了修正。

第六节　1966年—1978年的语法研究

1966年起,中国人民经历了十年浩劫,汉语语法学界同其他学科一样,遭受了空前的磨难。但广大语法工作者即使在这样严酷的岁月里,也仍尽一切可能不倦地工作、研究。从1971年后,各高校为了复课需要,陆续编写了一批语法教材,其中在国内比较有影响的有三种。1976年10月四人帮被粉碎,又经历了两年左右的调整期,出版了唯一的一本语法专著《文法简论》。

一、《语法修辞》

署名为北京大学中文系汉语教研室,主要执笔者为朱德熙。1973年8月商务印书馆出版,该书前身为《语法、逻辑、修辞》(河北人民出版社,1973年3月),内容过于简单。该书分为八章:

(一)词、词组、句子;(二)虚词;(三)分析句子的两种方法;(四)常见的语法错误;(五)句式的选择;(六)词语的选择和锤炼;(七)常见的逻辑错误;(八)标点。

该书语法体系基本上是在原北京大学中文系编的《现代汉语》基础上修改并调整而成。它的特点主要是:

(1)把词、词组、句子列为语法的基本单位,并认为"辨认这五类词组是很重要的,因为这是我们进行语法分析的基础"。从而大大提高了"词组"在句法中的作用和地位。以后这种思想逐步发展为"词组本位"的新语法体系。

(2)明确提出对句子要"采用一分为二的方法,按层次进行分析",比原先遮遮掩掩的做法前进了一大步。

(3)特别重视"虚词"在句子结构中起的特殊作用,认为"虚词的数目不多,可是作用非常重要,用错一个虚词,往往会影响整句的结构和意义"。因而把单用虚词分为十九组予以介绍。

(4)注重实用。较详细地分析各种语法错误,保留了原《现代汉语》中关于检查句子语法错误的"紧缩法"和"类比法"以及如何选择句式的注意事项,并增加了语法与修辞、逻辑之间关系的论述。

该书1978年又出了修订本,增加了三节:词语的搭配,复句的组织,长句分析;并把原"常见的逻辑错误"改为"句群的组织"。

二、《语法、修辞、逻辑》(第一分册语法)

署名为复旦大学、上海师范大学《语法、修辞、逻辑》编写组,语法部分主要执笔者为文炼(张斌)。1974年6月上海人民出版社出版。全书分为十章:(一)概况;(二)造句的材料——实词;

(三)造句的材料——虚词;(四)句子成分的省略和残缺;(五)句子成分的搭配问题;(六)句子的修饰语;(七)几种句型的分析;(八)复句中使用关联词语的问题;(九)几种析句的方法;(十)标点符号使用中的几个问题。

该书语法体系特点是:

(1)词类分得比较细,共有13类。副词归入虚词,动词不设附类,助动词单列一类。

(2)句子分析法基本上保留了原《现代汉语》(胡裕树主编)的方法,即主要成分为:主、谓、宾;附加成分:定、状、补。具体分析时综合使用"简缩法"和"层次法"。作者主张"把逐层分析的方法主要用于句子的某一部分,不能代替整个句子的分析"。

(3)注意语言的运用,加强病句分析和修改,重点讲述几种常用句型:连谓句、兼语句、把字句及被字句。

(4)只讲词与词之间的关系,但不设立"词组"这一语法单位。

该书不纠缠于术语的分歧,注意语言运用,有一定特色,但基本知识介绍较少,忽视"词组"作用,不能不说是明显的缺点。

三、《现代汉语语法知识》

署名为华中师范学院现代汉语教研室,主要执笔者为邢福义和高庆赐,1972年12月湖北人民出版社出版。

该书除"概说"外,分九节:(一)句子和句子的成分;(二)词类和句子成分;(三)词组和句子成分;(四)连谓式和兼语式;(五)同位成分、外位成分和独立成分;(六)复句和复句内部的各种关系;(七)多重复句和紧缩句;(八)语气;(九)标点。在内容上,舍弃了许多对会说汉语的人说来不必讲的规则,大量削减了词法部分的内容,并增加了一些对提高句子分析能力有益的知识,加强有关句法的内容。在编排上,"以句法问题为主线,由简单到复杂、由低级到高级、由一般到特殊的编排体系"。

语法体系是在《暂拟系统》基础上作一些修正,其特点是:

(1)因为注重实用,有意回避词类划分标准,但注意了对词类语法意义和语法功能的描写,共划分为十一类词,副词归入虚词,保留名物化、合成谓语的说法。

(2)词组分为一般词组:联合、偏正、动宾、主谓;特殊词组:数量结构、指量结构、介词结构、方位结构、"的"字结构、比况结构。认为词组都可以充当句子成分,即动宾、偏正词组可作句子成分。

(3)析句法采用句子成分分析法,但是把"主、谓、宾"看作是句子主干,"定、状、补"为它们的枝叶;对词组分析时采用层次分析法,不找中心词。这一点上和胡裕树主编的《现代汉语》比较接近。

该书当时在众多现代汉语教材中可以说是异军突起,因为它偏重句法,注意实用,内容相对地说比较充实有效;另外,当时流行的"口号"、"套语"、"批判"内容很少,文风平易近人,故而颇受群众欢迎。

四、《文法简论》

作者陈望道(1890—1977年),浙江省义乌县人。曾任复旦大学教授、校长,上海语文学会会长。陈氏用毕生精力从事语文的教学和研究工作,对汉语语法和修辞研究尤为精深。他提出"根据中国文法事实,借鉴外来新知,参照前人成说,以科学的方法严谨的态度缔造中国文法体系",一直被奉为汉语语法研究的宗旨。陈望道是30年代中国文法革新讨论的发起者和组织者,他第一个对汉语语法学史进行了较系统、全面的总结,1960年他还发起了关于"文法"、"语法"术语使用的讨论;《文法简论》则是他几十年来从事语法研究的一个纲领式总结。

《文法简论》1978年4月由上海教育出版社出版,这是十年浩劫后出版的第一部较有影响的语法专著,也是陈望道从事汉语语法研究60年心得体会的一个总结,作者对文法研究的一些原则有自己独到的见解,他提出建立汉语文法体系"应该具有妥帖、简洁、完备这三个条件",并具体阐述了"研究文法必须从语文事实出发","必须抽象概括","必须扣住组织和功能","必须有发展的观点"等四个注意事项,可谓言简意赅,发人深省。该书重点在于讲清词与词的各种组织关系,自成体系,独树一帜。但是某些观点也不无可商榷之处。如把词串(即"主谓词组")和词、词组并列不尽妥当。最后,该书还有一个较大的不足之处,即作者一向偏爱自己创造新的语法术语,如:断词(即"判断词")、衡词(即"能愿动词")、词串、节次分析法等等,这给读者带来很大的不便。

(一)提倡运用功能观点去研究汉语语法。他是国内第一个明确宣布应该从功能观点去研究汉语语法的学者,这就从根本上弥补了单纯从意义上或狭义形态上去研究语法的片面性。不仅如此,他还对如何理解"功能"作了深入的探讨。陈氏认为:"'结合功能'和'句法功能'不是两类东西,而是功能表现的两个方面,即:词在组织中的活动能力(功能),具体表现为词和词组相互结合的能力和词在句子里担任一定职务的能力。"这就给"功能"作了比较科学的解释。陈氏的"功能说",并不排斥意义和狭义形态,而是把它们两者都统括进来的。

(二)对划分词类提出了精辟的见解。陈氏运用功能观点来区分汉语词类,特别强调了配置功能和会同功能。他认为"词的分类要以词的配置功能作枢纽,从配置求会同,从会同定词类"。配置功能指语文组织中单一配置的分子与分子之间的配排关系,会同功能指语文组织中众多配置的分子与分子之间在文法上可以代换的关系。因此,配置功能的分子是有限的,会同功能的分子是无限的;配置功能是显在的,会同功能是隐存的。

(三)提出"从事实缔造学说"的原则,从调查入手,总结语法规律。陈氏十分重视语法理论的建设,同时也对一系列具体的汉语语法现象作了详细的分析,揭示出不少语法规律。例如关于"吗"和"呢"的区别,他认为"吗"和"呢"两个助词同是非、特指、抉择三种询问句之间的对应规律是:是非问句可用"吗",其余两种问句可用"呢"。

五、语法专题研究

在语法专题研究方面几乎是空白,陈望道所出版的两本书也只是应景之作。

1.《论现代汉语中的单位和单位词》

作者不同意黎锦熙、刘世儒的"量词"说,主张把这种词叫做"单位词",并构拟了一个单位词体系:

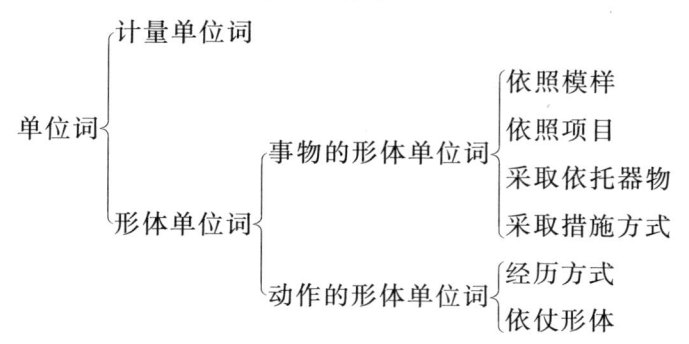

```
           ┌ 计量单位词
           │                              ┌ 依照模样
单位词 ┤                              │ 依照项目
           │           ┌ 事物的形体单位词 ┤ 采取依托器物
           └ 形体单位词 ┤                              └ 采取措施方式
                        │                              ┌ 经历方式
                        └ 动作的形体单位词 ┤
                                                       └ 依仗形体
```

其实问题并不在于叫什么名称的分歧上，而是在于依据什么给这类词内部再分类的问题。

(1) 所谓"计量单位词"，即一般表示度量衡单位的那部分词，它固然有自己的词汇意义特点，但在语法功能上却和一般的量词并无什么区别，作为语法上分类似无必要。

(2) 所谓"形体单位词"，其实也只是从词汇意义上的一种概括，而且只概括了其中的部分情况。

(3) "形体单位词"分为"事物的"和"动作的"，这和分为名量词、动量词并无区别；然而每类内部再分类所采用的标准仍是凭词汇意义，而不是凭语法功能，所以在语法研究上并无什么价值。真正的分类应该：(1) 从量词和其他词结合关系上去考察；(2) 从语义的选择性上去考察。

总之，该文在研究方面和方法上都存在不少问题。后来，黎、刘两位专门写了《论现代汉语中的量词》(商务印书馆，1978年1月)进行辩驳。

2.《汉语提带复合谓语的探讨》

所谓复合谓语即一般的复杂谓语，提带复合谓语即一般的"动补式"，但该式内涵并不太确切，因为从举例来看，还包含了"动词＋时态助词"的结构。因此作者说"这些用作随带成分的词都是动词或者形容词"，但又包括"过、了、着、起来、下去"等，显然有矛盾。作者还认为"一个提带组织的随带成分由两个以上的动词或者形容词的类组成"，举例是"阿Q放下烟管，站「了起来」"，把「了起来」划为一个语法单位，缺乏层次结合观念。作者在讲"提带成分"和"随带成分"关系时，完全着眼于词汇意义，如认为"打破"和"说破"中的"破"不同，但这根本就不是语法关系的分析，对真正的

251

语法关系却根本没讲,如"打败"和"打胜"形式一样,但内部语义结构关系却大为不同。此外,研究的是现代汉语语法规律,但却大量引用近代汉语例句,这不能不说是一个失误。

第六章 汉语语法学的创新时期(上)

(1978年—)

第一节 概述

1976年10月,十年动乱终于结束了。经过两年左右拨乱反正的恢复工作,各项工作开始逐步纳入正轨。然而真正扬起风帆,开始新的征程,应该从1978年算起,因为那年召开了具有划时代意义的中国共产党的十一届三中全会。党中央制定了新的正确的改革、开放的方针政策,保证了我国社会主义经济建设有了新的举世瞩目的飞速发展。

从汉语语法学史的角度来观察,这一创新时期也应该以1978年为界。其标志:一是《中国语文》(1978年5月)复刊以及"中国语言学会"(1980年10月)和各地语言学会纷纷成立或恢复活动;二是吕叔湘《汉语语法分析问题》(1979年)和朱德熙《现代汉语语法研究》(1980年)先后出版。从此,汉语语法研究出现了崭新的局面,不仅学术空前繁荣,而且思想极为活跃。这主要得益于改革开放的国策的实施和深化。

从1978年到1990年这十来年间,汉语语法学界出现了从未有过的一片兴旺繁荣景象,学术思想十分活跃,研究工作相当出色,取得了一批批丰硕的成果。这一时期大致可以分为前后两个阶段。前一阶段是恢复阶段(1978—1985年),思想上拨乱反正,组织上健全机构,学术上总结以往的经验与教训,出版了一系列带小结性的语法著作,如吕叔湘的《汉语语法分析问题》、《现代汉语八百词》、朱德熙的《现代汉语语法研究》、《语法讲义》、《语法答问》等,并开始介绍、引进国外新的研究理论,如转换生成语法、生成语义学、格语法、切夫语法、系统语法等,并且开展了"析句方法"讨论以及进行《暂拟系统》的修订。以中年学者为主的现代汉语语法讨论会从1981年起,连续举办多次,并且每次会议出版一本论文集《语法研究和探索》,从而在全国产生了很大的影响,涌现出以陆俭明、邢福义、李临定、范继淹为代表的一批杰出学者。

后一阶段是深入阶段(1986—1990年)。其标志是1986年召开的现代汉语语法研讨会(青年),这一个会议预示着新时期所培养的以研究生为主体的新一代开始登上历史舞台,并且迅速成长为一支生力军。这个阶段语法研究在原有基础上向研究的广度和深度进军。各地语法研究的学术沙龙如雨后春笋纷纷成立,中年一代已日益成熟,并成为研究的中坚力量,发挥了承上启下的重要作用;同时,青年一代开始脱颖而出,他们最少保守思想,力求在务实基础上创出新的研究路子来。这一阶段无论在研究理论和方法还是在研究的领域和风格诸方面,都呈现出一些前所未有的特点来。

前十年朱德熙的语法思想占据主导地位。其特色是:第一,提出"短语本位",强化了短语研究,从而大大提高了短语在语法中的地位。第二,宣称"语法研究的最终目的是弄清楚语法形式和语法意义之间的关系",从而大大加强了语义在句法研究中的作用。第三,指出需要加强共时的方言语法研究以及历时的比较语法的研究,从而使狭义的现代汉语语法研究由于纵横比较研究而显得更加丰富多彩。此外,胡裕树和张斌关于"句法、语义、语用"三个平面的思想也深入人心。

这一时期语法研究的总趋势表现为五个方面的结合:语法形式与语法意义、描写研究与解释研究、静态研究与动态研究、微观研究与宏观研究、事实研究与理论研究相结合。而这一切又都是以研究理论和方法上的创新为标志的。没有理论和方法上的创新,语法研究就不会有突破;而没有脚踏实地的务实精神,创新也只是一句空洞的口号。在创新指导下求务实,在务实基础上开拓创新是该时期的总特点。

(一)思想上拨乱反正

当时,语言学界正面临着一个极其光荣而艰巨的历史任务,即重新整顿、组织专业队伍,积极开展语言科学的研究,为极大地提高整个中华民族的科学文化水平、为把我国建设成为伟大的社会主义现代化强国而做出贡献。1978年5月,《中国语文》复刊,同年8月,《中国语文通讯》复刊(仍为内部刊物,1986年起改名《中国语文天地》正式公开发行)。1978年4月14日—20日《中国语文》编辑部在苏州召开了语言学术发展规划座谈会,参加会议的有二十九个省、市、自治区的语言学工作者共一百二十多人,这是继1955年"现代汉语规范化会议"以来规模最大、面最广的一次语言学界盛会。会议肯定了"文化大革命"前语言学界的成绩,并且热烈讨论了今后工作的设想,为制定语言学科学发展规划献计献策。

这次会议为语言学的深入发展在舆论上作了准备,交流了看法,明确了方向。

(二)语言研究的组织机构逐步健全

从1957年起酝酿达二十多年之久的"中国语言学会"于1980年10月21日在武汉成立。在50年代至60年代间已成立的上海语文学会、天津语文学会和广东语言学会先后恢复活动;同时,从1978年4月起,各省、市、自治区(除台湾外)也相继成立了语言(语文)学会。香港也于1979年成立了中国语文学会(并于1979年6月创刊《语文杂志》,后改名为《语文建设通讯》)。此外,还成立了一批全国性的专科学会、研究会。

(三)各种语文杂志、丛刊纷纷出版

学术性较强的研究刊物除《中国语文》外,新出版的还有《方言》(季刊),1979年2月创刊,由语言研究所《方言》主办;《语言教学与研究》(季刊),1978年试刊,1979年9月正式出版,北京语言学院(现为北京语言大学)主办;《语言研究》(半年刊),1981年7月创刊,华中工学院(现为华中科技大学)中国语言研究所主办;《语文研究》(季刊),1980年6月创刊,山西省社会科学院《语文研究》主办;《汉语学习》(双月刊),1981年1月创刊,吉林省延边大学主办;《语文导报》(月刊),1985年1月由原《语文战线》改刊而成,杭州大学中文系主办;《语文建设》(双月刊),1986年由原《文字改革》改刊而成,语言文字应用研究所主办。

此外,还有不定期出版的丛刊,如北京大学中文系编的《语言学论丛》恢复出版;中国人民大学编的《语言论丛》、南开大学编的《语言研究论丛》等。另外还有中国语言学会编的《中国语言学报》、上海语文学会编的《语文论丛》、北京语言学会编的《语言论文集》、中国逻辑与语言研究会编的《逻辑与语言研究》等。

不少高校还办起了面向中、小学语文教学的普及性杂志,其中在全国范围内有较大影响的为四家;(1)《语文学习》(月刊),上海教育出版社编辑出版;(2)《语文战线》(月刊),杭州大学中文系创办,后改为《语文导报》;(3)《中学语文教学》(月刊),人民教育出版社和北京师范学院中文系合办;(4)《语文教学通讯》(月刊),山西师范学院创办。

(四)学术交流活动广泛开展

各大学、各学会、研究会举办多种形式的学术交流活动,如年会、讲座、报告会、研讨会、座谈会、讲习班、研究班等等。跟语法研究密切相关的重要会议如:1979年11月—1980年1月上海语文学会举办"现代语言学"讲座;1981年4月15日起北京语言学会组织了"现代汉语讲座";1984年10月南京大学为纪念方光焘逝世廿年举行学术讨论会;1985年11月语言研究所现代汉语研究室在厦门主办"句型和动词学术讨论会";1986年1月安徽大学中文系举办"语言学新观点、新方法系列讲座";1987年10月复旦大学中文系、语言文学研究所、华东修辞学会为纪念陈望道逝世十周年举行学术讨论会等等。特别值得一提的是中年语法学家于1981年5月(北京)、1982年6月(北京)、1984年7月(延边)、1986年10月(北京)、1988年5月(北京)、1990年10月(安徽)连续举办了六次现代汉语语法学术讨论会,并相继出版了《语法研究和探索》多集,在语言学界产生很大反响;此外还有"现代汉语语法研讨会(青年)"举办了两次:1986年9月(武汉)和1990年4月(上海),青年语法学者开始一展身手。

(五)介绍、引进国外新的语法研究理论和方法

一是陆续翻译出版了一些国外语法理论著作。如:诺姆·乔姆斯基《句法结构》和《句法理论的若干问题》、布龙菲尔德《语言

论》、德·索绪尔《普通语言学教程》、赵元任《汉语口语语法》、霍凯特《现代语言学教程》、爱德华·萨丕尔《语言论》、L.R.帕默尔《语言学概论》、W.P.莱蔓《描写语言学引论》、詹斯·奥尔伍德《语言学中的逻辑》、弗·帕默《语法》、R.P.斯托克威尔《句法理论基础》、安妮·桥本《现代汉语句法结构》等。

二是举办中外学术交流的国际会议。如1980年8月12日—20日"中美汉语作为外语教学学术讨论会"在北京举行,会议论文收入《语言教学与研究》1980年第4期;1982年8月17日—19日"第十五届汉藏语言学会议"在北京召开;1985年4和1987年8月第一届、第二届国际汉语教学讨论会先后在北京举行;1983年6月和1987年5月在哈尔滨先后举行第一届和第二届国际生成语法讨论会。这些学术交流活动促进了汉语语法研究的发展。

三是出版了定期刊物《国外语言学》(原名《语言学资料》,1978年复刊改名《语言学动态》,内部发行,1980年1月再次改名后正式发行),不定期丛刊《语言学译丛》,由中国社会科学出版社出版,着重翻译对当代语言学影响较大的专题论文。此外,一些外语院系出版的杂志,如《现代英语》、《外国语》、《外语教学与研究》、《现代外语》等也经常刊登一些有关国外语法研究的译介文章。

(六)编写或修订《现代汉语》教材

大学《现代汉语》教材出版了几十种之多,比较有影响的是7部:(1)胡裕树主编《现代汉语》(上海教育出版社1979年9月"修订本",1981年7月"增订本",1987年6月第4版,1995年6月重订本);(2)黄伯荣、廖序东主编《现代汉语》(甘肃人民出版社1980年3月初版,1981年2月修订本,1983年9月第3版;高等教育出版社1991年7月增订一版,1997年7月增订二版);(3)张静主编

《新编现代汉语》(上海教育出版社1980年6月初版,1986年6月修订本);(4)张志公主编《现代汉语》(人民教育出版社1982年8月初版,1985年3月新一版);(5)钱乃荣主编《现代汉语》(高等教育出版社1990年4月)等。

为配合这些教材,还编辑出版了一些辅助读物、参考资料。如胡裕树主编《〈现代汉语〉使用说明》(上海教育出版社1987年6月增订本)和《现代汉语参考资料》(收录1949年10月至1979年12月间发表的有关重要论文,上海教育出版社,上册1980年10月,中册1981年6月,下册1982年5月)、鲁允中等选编《现代汉语资料选编》(甘肃人民出版社1981年)、辛安宁、黄伯荣主编《现代汉语知识丛书》(湖北、甘肃人民出版社和中国社会科学出版社共同出版)、王松茂主编《汉语语法研究参考资料》(中国社会科学出版社1983年)、高更生等编《现代汉语资料分题选编》(山东教育出版社1984年)。

其他的现代汉语教材还有:陈垂民、黎运汉主编《现代汉语教程》(专科本)(广东高等教育出版社1987年7月)、徐青主编《现代汉语》(师专本)(华东师范大学出版社1990年4月)、吴启主主编《现代汉语教程》(湖南师范大学出版社1990年10月)等。

(七)学术空气活跃

学术空气相当活跃,经常开展各种专题讨论。其中最热烈的一次是关于析句方法的讨论,《中国语文》从1981年第2期到1982年第1期发表了一系列讨论文章。此外,还有若干次小型讨论,例如关于"贵宾们所到之处"(严修1978年)、"'的'字结构与判断句"(朱德熙1979年)"说'结构'"(张寿康1978年)、"主语能不能放在介词结构当中"(李裕德1979年)、"汉语书面语言的歧义现象"(徐仲华1979年)、"'在黑板上写字'及相关句式"(朱德熙1981年)、"古汉语三种被淘汰句型"(马汉麟1982年)、"定语后置问题"(陆俭明1983年)、"要了白要,不要白不要"(程工1985年)等等。

(八)集体修改《暂拟系统》,并制定《系统提要》

在语法学界开展关于"析句方法"讨论的基础上,1981年7月2日—12日,由人民教育出版社、黑龙江大学和哈尔滨师范大学负责主办,在哈尔滨召开了"全国语法和语法教学讨论会",出席的各方面代表一百二十余人,经过热烈的讨论,产生了"《暂拟汉语教学语法系统》修改说明和修改要点"。有关论文和资料汇编成《教学语法论集》一书(人民教育出版社1982年4月)。会议以后,又经过两年多反复征求意见和修改,产生了《中学教学语法系统提要(试用)》,根据这一《系统提要》,各地陆续出版了一批诠释性质的《现代汉语》教材。

(九)出版了一大批学术水平较高的语法专著

除上面已提及的吕叔湘、朱德熙的几部重要语法著作外,比较重要的也有一定影响的语法专著有:朱德熙《语法丛稿》、郭绍虞《汉语语法修辞新探》、胡附、文炼《汉语语法研究》、陆俭明、马真《现代汉语虚词散论》、邢福义《语法问题探讨集》、李临定《现代汉语句型》和《汉语比较变换语法》、《现代汉语动词》、范继淹《范继淹语言学论文集》、陈建民《北京口语》和《现代汉语句型论》以及史存直《句本位语法论集》、孟琮等《动词用法词典》等。

(十)形成了一支老、中、青相结合,有一定学术水平的语法研究队伍。老一辈语法学家"宝刀未老",新著迭出,起到了引路人的作用。吕叔湘、朱德熙、胡裕树、张斌是公认的学术带头人,此外,张志公、胡明扬、王维贤、吕冀平、邢公畹、王还等也保持着学术上的青春,经常发表或出版论著,为年轻人树立了表率。

更可喜的是中年一代语法学家已迅速成长,成为汉语语法研究的中坚力量。在科研和教学方面都发挥了承前启后的重要作用,涌现出像陆俭明、邢福义、李临定、范继淹等一批杰出的中年语法学家。其他,例如范晓、史有为、龚千炎、陈建民、孟琮、刘月华、沈开木、傅雨贤、林杏光、高更生、徐思益、宋玉柱、张寿康、吴启主、马真、徐枢、施关淦、饶长溶、范开泰、于根元、田小琳、赵淑华、吕文华、郑懿德、鲁川、吴为章、刘叔新、卞觉非、史锡尧等也都各有所长,做出自己独有的贡献。

与此同时,引人注目的是一批有志于语法研究的青年一代正在茁壮成长,他们在老一辈和中年语法学家的精心培育下,生机勃勃,富有创新精神。1982年初上海青年语言工作者率先成立了现代语言学讨论会,尔后,武汉、北京、广州等地也纷纷成立青年学术沙龙。1986年9月在武汉举行了首届青年现代汉语(语法)学术讨论会,标志着语法研究的第三梯队已开始形成。其代表人物是马庆株、邵敬敏、沈家煊,以及廖秋忠、陈平、陆丙甫、尹世超、邹韶华、杨成凯、黄国营、张爱民等。

这一切都说明了汉语语法研究已恢复并且超过了十年动乱前的规模和水平。尤其应该指出的是:第一,曾恶性发展的"左"的思潮已遭到了批判,在广大语言工作者中已基本上没有市场了,这就保证了学术上的长期、稳定的繁荣兴旺。我们只有坚决地排除来自"左"的和"右"的种种干扰,坚持四项基本原则,才能从根本上保证汉语语法学永远保住这种健康而迅猛的势头。第二,汉语语法学是汉语语言学各门学科中最活跃的、成果也是最突出的。但是,这同国际上语法学界的发展情况相比还存在很大差距,无论在研究的广度还是深度上都存在不少问题。要想在今后的十年、二十年之内有所突破,建立起具有中国特色的汉语语法学,必须挣脱陈旧的习惯势力的束缚,在战略观念上进行更新,在研究的理论和方法上作出新的探索。

第二节 当代著名语法学家研究的特色

汉语语法学界历来有南派、北派(又叫"海派"、"京派")之说,郭绍虞在《汉语语法修辞新探》"革新中的南北两派"中认为"北派是沿刘复的道路以进行的,南派则是沿着金兆梓的道路而发展的"。这一说法并不确切。南北两派是在30年代以后才逐渐形成的,北派的代表人物是王力和吕叔湘,南派的代表人物是陈望道和方光焘。特别需要指出的是:语法学界的南北两派之分不同于传统语法、结构主义语法和转换生成语法三大学派之分,后者是以研究理论和方法的不同来划分的,而前者则主要是依据各自研究的风格和重点不同来区别的。

北派素以谨严、扎实的研究著称,他们重视汉语语法事实的描写及其规律的揭示,并从中体现出理论和方法的探求。南派则以探索、革新为其研究特点,他们重视研究理论和方法的改造、创新,并以此来解决汉语语法研究中的实际问题。几十年来,两派学者都作出了不懈的努力,并取得了相应的成果。相比之下,北派学者的研究成绩比较显著一些,从而形成了汉语语法学界的主流派。近几十年来,南北两派都有杰出的代表产生,北派以朱德熙为代表,南派以胡附(胡裕树)、文炼(张斌)为代表。如果说朱德熙的研究往往是通过具体的汉语语法专题研究来探求研究理论和方法的改进,那么,胡张则更多的在理论和方法方面直接提出重大的原则,并用汉语事实予以说明。双方的研究都重视理论和事实的结合,形式和意义的结合,静态和动态的结合,描写和解释的结合,只是各自侧重点不同,研究的风格不同,然而又正巧形成一种互补局面。虽然在某些方面双方的做法和观点仍存在着一定的差距,但是,在总的研究原则上双方是极其相近的,而且他们的研究正在相互靠拢,取长补短。朱德熙更加重视从理论上探讨,如《变换分析中的平行性原则》,而林裕文则更加注重语法规律的揭示,如《谈疑问句》。由此可见,南北两派取长补短、相互交融必将成为 21 世纪,乃至更长历史时期汉语语法研究的主流。

一、《汉语语法分析问题》和吕叔湘的语法研究

吕叔湘的治学一向以严谨著称,在语法研究上他又是一位紧跟时代步伐、善于吸收新的语法理论和方法来不断地丰富自己的杰出代表。他研究的特点是通今博古,兼收并蓄,有所创新。从《中国文法要略》发表一举成名以来,他的语法研究历经四个阶段:(1)1949 年之前以《中国文法要略》和《汉语语法论文集》为代表;(2)50 年代初以《语法修辞讲话》和《语法学习》为代表;(3)60 年代初以《关于"语言单位的同一性"等等》、《说"自由"和"黏着"》为代表;(4)70 年代末以《汉语语法分析问题》为代表。

吕叔湘的语法研究博大精深,形成了自己独特的风格:

(一)善于选择研究题目。能选中有价值的研究课题本身就显示研究者的水平与学识。吕氏所研究的不少课题往往是被前人所忽视的。如《现代汉语单双音节初探》一文集中讨论了现代汉语中一个重要的语言现象——词的双音化趋向。《试论非谓形容词》

(同饶长溶合作)则对形容词中特殊的类首次进行了考察。

(二)善于旧瓶装新酒。问题虽陈旧,角度却新颖,从而得出一些新鲜的结论。例如《把字用法的研究》一文开拓了一个新的研究角度,着重从动词几乎必须有前加成分或后续成分这一结构特点入手进行研究,指出"只有这第三个条件——动词前后的成分——才具有积极的意义,才是近代汉语里发展这个把字句式的推动力"。因此,这就成为迄今为止研究"把"字句最重要的论文之一。

(三)强调"务实"精神。一切从语言事实出发,从事实中总结出规律来,这显然是继承了我国传统语文学的优良传统,因此十分重视例句的积累、搜集、选择和整理。例句选用大多很准确、贴切,有的简直是绝妙,它的作用绝不是信手拈来或随意编造所能达到的。这一风格在他参编的《现代汉语语法讲话》和《现代汉语八百词》中也得到了充分的体现。

(四)方法论上兼收并蓄。作者在研究理论和研究方法上以传统为主,但又不墨守成规,而是不断吸取其他流派的观点和方法,各取所长,融为一体,努力形成了适合汉语语法研究的、中国化的研究理论和方法。正因为如此,所以他不断地与时俱进,不断地有所出新,同时,得出的结论往往切实可靠,符合汉族人的语感。

(五)特别注重语义的分析。例如《中国文法要略》的下半部"表达论",是全书写得最精彩的章节,第一次建立起"数量"、"指称"、"方所"、"时间"、"正反"等汉语语法的范畴系统,以及"离合"、"向背"、"异同"、"高下"、"释因"、"纪效"等"关系"系统。后来他的《近代汉语指代词》对指示、称代也做了详尽的分析。

(六)研究态度及作风稳健、严谨,看法比较全面,结论比较可靠,经得起反复推敲和时间的考验,处理疑难问题尤为稳妥,有时宁可存疑,决不轻率下结论。

80年代以来,他又发表了若干篇重要的语法研究论文,这主要有两种类型:第一种是偏重于语义分析,例如《歧义类例》(《中国语文》1984年第5期)、《疑问、否定、肯定》(《中国语文》1985年第4期)以及《说"胜"和"败"》(《中国语文》1987年第1期)等,他强调"语法结构是语法结构,语义结构是语义结构,二者既有联系,又有分别"。第二类偏重于动态分析,例如《主谓谓语句举例》(《中国语文》1986年第5期)、《汉语句法的灵活性》(《中国语文》1986年第1期),对句式的变化以及移位、省略等现象进行了讨论。90年代以后,他年事已高,逐渐退居二线,但他的学术思想在汉语语法学界影响仍然很大,不仅成为中青年语言工作者学习的楷模,而且还将影响到21世纪汉语语法研究的走向。

最能够体现吕叔湘语法思想的当推《汉语语法分析问题》一书,该书1979年6月由商务印书馆出版,这是作者几十年来刻苦治学的结晶,也是对近百年来汉语语法研究的一个提纲挈领式的小结。它不同于一般以建立一套完整的语法体系为目的的语法著作,也不同于其他着重阐述某种语法研究理论和方法的著作,它有着自己独特的风格,兼顾了历史和现状,普及和提高,事实与理论,是一部面对客观实际,大胆提出问题,深入分析矛盾,探索解决途径,发人深省的语法著作。

全书除"序"之外,分为四章,共99小节:一、引言:介绍研究语法的原则和方法。作者主要采用传统语法框架,同时较多地吸取一些描写语法的方法,适当采用某些转换语法的理论。二、单位:简述各语法单位,如语素、词、短语、小句、句子等特点。三、分类:按结构和功能的不同标准对各语法单位进行分类,目的是为了讲语句结构。四、结构:主要讲句法结构,包括分析结构层次和结构关系以及两者之间的关系。

该书有以下几个鲜明的特点:

(一)敢于揭示矛盾、分析矛盾,并且有一定深度。一般语法书最大的毛病,与其说是体系上不够严密、科学,不如说在于回避矛盾、掩盖矛盾,以求自圆其说。此书恰恰相反,它用很大篇幅摆出语法学界长期争而未决的问题,以及还不曾被人注意到然而又很重要的一些问题。大的问题如:确定主宾语时的施受关系和位置次序的矛盾;区分单句和复句的三个因素的交叉关系;词类划分的两个半标准等等。虽然是旧话重提,但分析入理,颇有见地。小的问题,如省略和倒装;"是"的分合;并列成分的加合关系中两种不同情况等等,也有独创见解。所以作者说:"本文的宗旨是摆问题。"通观全书,便有可能对汉语语法研究中到底还存在哪些问题得到一个比较全面、概括、系统的了解。

该书不仅摆问题,而且还力图讲清楚问题产生的来龙去脉,指出问题的症结所在。有时还比较几种不同的处理方法,评价其利弊得失,最后提出作者自己的看法,言之成理,条理清晰。如谈到汉语语法分歧意见特别多时,作者指出:"根本原因是汉语缺少严格意义的形态变化",同时又进一步指出:"用句法功能做划分词类的依据",不仅"有单一标准和多重标准的问题",而且还有多重标准如何协调的问题,这就揭示了在汉语词类划分问题上分歧众多的根本原因所在,有时作者也认为没有把握解决它,宁可存疑,决不妄论。态度严谨、负责。

(二)评议有相当深度,并提出了一些独创性见解。有一些提法尽管有前人或有人曾提出过,但并未引起足够重视,作者重新提出来大声疾呼,并加进了自己的新见。如关于"短语结构",作者的见解新颖而中肯:"把短语定为词(或者语素)和句子之间的中间站,对于汉语好像特别合适",并指出"句子可以不改变其基本意义而改变其内部次序,短语很少能够这样"。这样,便把"短语结构"的研究提到一个新的高度上来了。而更为可贵的是作者有不少创见,其中有的是带有根本性的。如作者认为"词,短语,包括主谓短语,都是语言的静态单位,备用单位,而句子则是语言的动态单位,使用单位"。这一重要见解为汉语语法的分析开辟了一个新的途径。此外,许多具体问题,如把宾语改为补语,提出"非谓形容词"、"类前缀、类后缀"、"短语词"、"词汇的双音化趋势"等都独具慧眼。

(三)研究方法以传统为主,又兼收并蓄。"基本上还是在传统语法的间架之内谈,别的学派有可取之处也不排斥。"从结构主义语法那儿主要吸取了句法结构层次观念和层次分析法,指出"分析句子最好还是守住层次的原则","句子成分分析法要吸收层次分析法的长处,借以丰富自己"。同时,作者又吸取了转换语法的某些观点,提出今后要"研究句子结构的复杂化和句子格式的多样化",这是"在静态研究的基础上进行动态的研究,是不仅仅满足于找出一些静止的格式而是要进一步观察这些格式结合和变化的规律"。

(四)简明扼要,深入浅出。此书篇幅不长,内容充实,风格朴素明快,阐述详略得当。既照顾到面,又突出了必要的重点和难点。如谈到名词,只挑出两点来讲:一是名词"跟能不能用数量词以及选用哪一类量词有关",二是最困难的问题为"怎样区别哪些动词已经变成名词(兼属两类),哪些动词只是可以'名用',还没有能转变成名词"。

全书文字清浅、流畅、生动、活泼,不少地方口语化,颇为风趣。该书是近年来最出色的语法著作之一,极富有启发性,在汉语语法学史上起着承上启下的重要作用。当然由于篇幅限制,有些问题似乎未能展开。如两种析句法如何结合,关于研究句子的复杂化和多样化等问题,都只是点到为止,缺乏进一步的探讨。

二、《现代汉语语法研究》和朱德熙的语法研究

朱德熙(1920—1992年),江苏省苏州市人。1939年入昆明西南联合大学物理系学习,1940年转入中文系。1946年起在清华大学中文系任教,1952年院系调整后一直在北京大学中文系任教,任北京大学教授、系主任、副校长兼研究生院院长、北京大学计算语言学研究所所长、中国语言学会副会长、会长、世界汉语教学学会会长,1989年先后应华盛顿大学和斯坦福大学的邀请赴美国进行合作研究。50年代初曾和吕叔湘合作写了《语法修辞讲话》,在国内外产生相当大的影响。他的学术著作主要有:《现代汉语语法研究》(商务印书馆,1980年5月)、《语法讲义》(商务印书馆,1982年9月)、《语法答问》(商务印书馆,1985年7月)、《语法丛稿》(上海教育出版社,1990年1月)。1999年商务印书馆出版《朱德熙文集》五卷本。

朱德熙的语法研究,大致可以划分为三个阶段:

(一)50、60年代。基本上以结构主义语法理论和方法,如层次分析、分布、功能等来分析汉语语法,着眼于句法结构形式。

(二)70年代。主要引进变换语法、格语法等理论和方法,着眼于歧义结构的分化。从而,从结构形式的分析转向深层语义与表层形式对应关系的分析。

(三)80年代。在共时分析基础上寻求历时的证明,在方言分析基础上寻求共时的证明,换言之,加强了纵向和横向的比较,并且加强了研究方法论的探索。

《现代汉语语法研究》收录作者已经发表的语法论文7篇以及一个附录(与卢甲文、马真合写的一篇),这些论文大致可划分为两个阶段,50、60年代的5篇为第一阶段,70年代的3篇为第二阶段。这是朱氏30年来从事现代汉语语法研究的一个阶段性小结,也是国内汉语语法研究新水平的代表性著作。

当年朱氏的《现代汉语形容词研究》一文便以它崭新的研究角度、独特有效的研究方法和出色的结论引起国内外同行的注目。尔后,他又进一步全面运用结构主义"分布"学说写了《关于动词形容词的名物化问题》、《说"的"》以及《论句法结构》三文,更是把词法和句法研究紧密地结合起来,无疑对汉语描写语法的发展起到了积极的重要的推动作用。尤其是《论句法结构》一文为全面研究汉语的句法结构,揭示其中不同层次、不同组合的奥秘提供了可靠的理论和方法依据。

70年代末的三篇新作是作者运用转换语法和其他一些由此而派生出来的语法理论来分析汉语语法的一个大胆的尝试,他出色而娴熟地运用经过改造的变换方法,对动词进行再分类,以深层结构理论为背景,揭示了汉语中隐藏在显性语法关系后面的隐性语法关系。这一切都为我们更深入更细致地分析汉语的句法特色和语义结构及其关系打开了思路。

朱氏论文数量并不多,但几乎篇篇都是呕心沥血之作,是以质胜量的典型代表。即使是对朱氏所采用的理论和方法以及研究结论持怀疑甚至反对态度的人,对他不倦地进行探索、求新的精神也都表示敬佩。

这些论文,尤其是《论句法结构》和《汉语句法中的歧义现象》两文在汉语语法学史上占有极为重要的地位。

《语法讲义》是比较全面体现作者对汉语语法体系认识的一个框架。作者从1961年起连续几年在北京大学中文系开设《现代汉语(二)》,这是一门专为语言专业学生开设的必修课,该书就是根据该课讲稿增补、修改而成。

全书分十八章,大体上可分为:第一章"语法单位",相当于总论,第二章"词的构造"、第三章"词类"是词法;第四、五、十三、十四、十六章分别介绍各词类;第七—十二章讲句法结构;第十五、十七、十八章讲疑问句和祈使句,复句,省略和倒装。

该书体例同一般语法教科书相仿,但实际上偏重于研究和探讨,是有关研究理论和方法同具体语法规律的描述相结合的一本语法专著。它是国内继丁声树等《现代汉语语法讲话》之后,运用结构主义语法理论对现代汉语语法进行全面描写,并具有浓郁中国特色的一部重要语法著作,它构拟了一个崭新的体系,为汉语描写语法的发展作出了积极的贡献。

该书语法体系总的特点是:

(一)划分词类根据词的语法功能,而"一个词的语法功能指的是这个词在句法结构里所能占据的语法位置",这一见解比一般讲词的语法功能体现为词与词的结合关系,更明确地提出必须以词的"分布"来决定它的词类归属。

(二)关于词类系统,体现了层次观念,即"词有不同的个性,所以大类之下可以分出小类来","异类的词之间也可以有某些共性,所以有时我们又把不同的词类归并为一个大类"。

(三)对句子分析全面采用层次分析法,并指出:不仅要找出"组成这个系统的直接成分",而且还要"确定两个直接成分之间的结构关系"。

(四)集中讲述六种句法结构,体现了"词组本位"的主导思想。"句子是前后都有停顿并且带着一定的句调表示相对完整意义的语言形式",因此,一个词组如果独立,"即它前后都有停顿,那么此时它是一个句子"。

该书的特点不仅表现在语法体系的总体思想上,而且还充分表现在对具体语法规律的描写和处理上。

(1)对某些问题作了独特的处理。例如:取消同位词组,归入偏正结构;取消兼语结构,归入连谓结构,并把由介词结构修饰动词或动词词组算作连谓结构的一种;保留结构助词为一类,而把时态助词算作动词后缀。作者之所以如此处理,有其独到考虑,作者认为语义关系和结构关系应分别考虑,不能混为一谈,如果承认主语不一定是施事,那么兼语式赖以成立的基本依据也就站不住脚了。"请客人吃饭"和"买一份报纸看"在结构上应是一样的,区别只是在语义上。这样的处理颇有见地。

(2)提出了不少新颖而有创建的观点。例如不少人认为"把"字的作用在于把动词后头的宾语提前。因此,把"字"句可看成"主—动—宾"句的变式,作者力排众议,指出"跟'把'字句关系最密切的不是'主—动—宾'句式,而是受事主语句",这对进一步研究"把"字句很有启发作用。

(3)对一些语法现象进行了细致的描写,有独到见解,例如表示可能性的"看得见"和表示状态的"看得多"这两类格式中的"得"性质不同,前一"得"是独立的助词,后一"得"则是动词,"看得"应分析为"看得得"，"只是因为两个'得'语音形式相同，所以把助词'得'略去了。"

（4）适当采用了变换分析方法对某些语法形式作了进一步的分化。例如对"在黑板上写字"、"台上坐着主席团"、"是瓦特发明的蒸汽机"句式的分化，又如对"准宾语"（即"张三的原告"、"他的篮球打得好"）也采用了变换法以获得较合理的解释。

《语法答问》虽说只是一本小册子，但言简意赅，在学术上很有价值。该书"目的是针对一些常常引起争论的基本概念和观点进行分析和评论"，因此偏重于理论和方法的探讨。值得引起注意的是三点：

（一）重新认识汉语的语法特点。作者认为主要有两点：一是汉语的词类跟句法成分之间不存在简单的一一对应的关系；二是汉语的句子构造原则跟词组的构造原则基本上是一致的。由这两个特点决定了汉语语法其他一些具体的特点。

（二）明确提出以词组为基点的词组本位语法体系。作者认为它比句本位优越：一是内部一致，没有矛盾；二是具有简明性。

（三）对语法形式与语法意义关系给以新的解释。作者认为"语法研究的最终目的就是弄清楚语法形式和语法意义之间的对应关系"。因此，进行语法研究应该把形式和意义结合起来。真正的结合则是两者互相渗透，讲形式的时候能够得到语义方面的验证，讲意义的时候也能够得到形式方面的验证。

该书采用对话形式，富有论辩色彩。如果说《现代汉语语法研究》是研究性的，《语法讲义》是描写性的，那么《语法答问》主要是说理性的、解释性的。该书的论题集中在一些有争论的问题上，所以显得重点突出，颇吸引人。作者努力摆脱印欧语的干扰，摆脱旧有观念的束缚,试图运用朴素的眼光看汉语,从而能提出一些新的富有启发性的意见。

80年代后期,朱德熙的语法研究思想有了新的发展,这主要体现在《语法丛稿》一书所收录的论文中。一是加强了句法结构中的语义分析,特别是运用语义特征的分析来解释一些歧义句法现象,颇有说服力。二是强调普通话语法跟方言语法的比较研究以及历史语法的比较研究。

朱德熙的语法研究有以下显著特点：

(1)善于吸取国外新的语法理论和方法,而且经过了去粗存精、去伪存真的改造,一切都要经过汉语语言事实的验证,因而有所修正,有所发展。例如《句法结构》中,他指出：X_1Y_1 和 X_2Y_2 同构的条件都是:"(1)$X_1Y_1 = X_2Y_2$,(2)$X_1 = X_2$,(3)$Y_1 = Y_2$"并说明"对于某些形态比较丰富的语言来说,条件(1)可能是多余的。但是汉语的情形显然不同。因为在汉语里满足条件(2)和(3)的语法形式不一定同构,例如：

$$A\begin{cases}烤白薯(述宾)\cdots\cdots(A_1)\\烤白薯(偏正)\cdots\cdots(A_2)\end{cases}$$"

(2)善于吸取前人研究的成果,在此基础上开拓出新的研究领域,把研究水平提高到一个新的高度。例如关于动词"向"和歧义格式研究受到赵元任影响,关于形容词研究和语尾"的"研究则受益于陆宗达、俞敏的《现代汉语语法(上)》一书。

(3)善于抓住纷繁的汉语语法现象中某一个专题,而该专题往往能较好地体现出汉语语法研究的一些原则问题,所以具有"以小见大"、"以实显虚"的特点。例如《说"的"》《与动词"给"相关的句法问题》便是这类代表作。

（4）研究理论及方法前后的连贯性和对此不断地进行完善、改进。这种连贯性使他的论文在总的方向上始终保持前后一致，而这种改进性则使语法研究得到不断深入和发展。例如在《论句法结构》中专门谈到了变换方法，但那只是作为区分"狭义同构"内部小类的一种方法提出来的，而发展到现在，则已成为证明是否具有相同语法意义的一种可靠的形式标志。

（5）密切注意语法形式与语法意义的相互关系及其验证。例如作者在批评布龙菲尔德关于"向心结构"定义时，指出"向心结构和它的核心关系包括语法和语义两方面。从语法上说，功能相同；从语义上说，受到相同的语义选择限制"。重视语义在语法研究中的作用，这一点在作者 70 年代以来的研究中表现尤为明显。

（6）重视纵向的（历时的）和横向的（共时的）比较。例如《汉语方言里的两种反复问句》（《中国语文》1985 年第 1 期）便运用了这两种比较法，作者发现汉语方言中反复问句有两种形式："VP 不 VP"和"可 VP"，两者只取其一，不存在并存的方言。从历史上追溯，考察了《西游记》、《儒林外史》和《金瓶梅》，证明了这种论断的正确。

（7）在理论和研究方法上不断进行探索。这一点贯串了朱氏的全部研究，而在《变换分析中的平行性原则》（《中国语文》1986 年第 2 期）和《自指和转指：汉语名词化标记"的、者、所、之"的语法功能和语义功能》（《方言》1983 年第 1 期）中表现更为突出。作者提出"变换式矩阵里的句子无论在形式上还是在语义上都表现出一系列的平行性"，并指出"句子里组成成分之间的语义关系是有层次的"。此外，作者还指出了"自指"（名词化造成的名词性成分与原来的谓词性成分所指相同）、"转指"（名词化造成的名词性成分与原来的谓词性成分所指不同)以及"句法成分的提取"等新观念,这不仅对分析汉语语法,而且对其他语言语法的分析也都有普遍指导意义。

朱氏是国内思想最活跃、最富有创新精神,研究卓有成效的著名语法学家之一。几十年来,他坚持从汉语语言事实出发,不断地借鉴国外一些新的语法理论和方法,并融会贯通,改造出新,对汉语语法进行科学的精细的分析,从而得出令人信服的、富有启迪性的结论。并通过典型汉语语法现象的分析研究,进一步提出在语法研究理论和方法上的新的富有创见的看法,从而为建立起具有中国特色的汉语语法体系而做出极为重要的贡献。

三、《汉语语法研究》和胡裕树、张斌的语法研究

胡裕树(1918—2002年),笔名胡附,安徽省绩溪人。1945年上海暨南大学中文系毕业,1949年到复旦大学工作至今,复旦大学中文系教授。张斌,笔名文炼,1920年生,湖南长沙市人,1943年毕业于国立师范学院,现为上海师范大学中文系教授。他们两位学术思想相近,从1952年起便开始合作研究汉语语法,除50年代合出过《现代汉语语法探索》外,又把三十五篇论文编成《汉语语法研究》,1989年5月商务印书馆出版。他们的友谊、合作和进取精神在汉语语法学界传为佳话,为后辈学者树立了榜样。张斌还有《汉语语法学》(上海教育出版社,1998年7月)。

早在50年代初,《谈词的分类》一文便引起语法学界重视,他们发展了方光焘关于"广义形态"的观点,提出了一些具体的结合关系作为区别词类的标准,很有参考价值。尔后,《现代汉语语法探索》一书比较系统地讨论了现代汉语语法研究中的若干理论问

题和具体问题,受到语法学界的好评,至今仍有相当影响。《暂拟系统》制定后,他们为《汉语知识讲话》丛书编写了《数词和量词》(胡附)、《处所、时间和方位》(文炼)。每本小册子篇幅虽然有限,但写得深入浅出,颇受欢迎。

60年代胡裕树受高教部委托,主编《现代汉语》,并同张斌一起负责语法部分的编写工作,该教材是当时全国使用范围最广的,70年代末和80年代又多次修改增订,语法部分几乎重写,有许多新的发展,反映了作者对汉语语法体系以及研究的理论和方法的看法发生了重大的变化。

80年代以来,他们的语法研究十分活跃,发表了不少重要论文,提出了一些十分有价值的见解。这主要表现在以下四个方面:

(一)提出"三个平面"的区分和联系。在《现代汉语》(修订本)中已明确提出:"必须区别三种不同的语序。语义的、语用的、语法的。"例如"你看我"和"我看你"是功能相同的词的替换导致语义不同,属于语义平面;"你哥哥来了吗?"和"来了吗,你哥哥?"有不同色彩,是为了在交际过程中适应具体环境的需要而产生的语序变换,属于语用平面;只有"客来了"和"来客了"的差别,由"名 + 动"(主谓关系)变成了"动 + 名"(动宾关系),这才属于语法平面。在《句子分析漫谈》(《中国语文》1982年第3期)中又进一步指出:"虚词的作用也有语义的、句法的和语用的。"关于三个平面这一观点在《试论语法研究的三个平面》(胡裕树、范晓,《新疆师大学报》1985年第2期)中阐述得最为详细。作者认为"句中词语与使用者(符号与人)之间也有一定的关系,这种关系是属于语用的","三者之中,句法是基础,因为语义和语用都要通过句法结构才能表现"。

这一思想的提出,关键之点:一是强调了"语义"研究的重要性,要注意句法跟语义的区别与联系;二是强调了"语用"平面的存在,提醒人们既要在研究句法时,排除语用的种种因素,同时又要加强对语用平面的研究,因为语义、语用和句法这三者是既有联系又有区别的。

(二)引进了"话题"概念,开辟了话题与主语关系的研究。《现代汉语》(增订本)认为"主谓谓语句的主语大都是说话的起点,含有话题的性质",而且话题"在意念上,往往不只影响一个句子,尽管在结构上往往是属于一个句子(分句)的"。在《试论汉语句首的名词性成分》(胡裕树,《语言教学与研究》1982年第4期)中对话题作了精辟的分析,作者认为"VP前的名词性成分都属于句子,但它们有分别:主语属于句法结构,即句子的内层结构,其余的属于句子的外层结构"。"确定主语、主题以及其他外层结构,应该遵循形式化(formalization)的原则。"并根据汉语主语的三个主要特点((1)不带介词;(2)位置固定,一般不移后;(3)与VP的语义关系密切)来鉴别主语和话题。这一研究引起大家广泛兴趣,推动了对语用平面的研究。

(三)揭示"选择性与次范畴"的内在联系。《现代汉语》(增订本)指出词与词的选择性有两种:(1)词汇上选择,是受词汇意义的制约;(2)语法上选择,具体表现在各类实词的次范畴的搭配关系上。在《词语之间的搭配关系》(文炼,《中国语文》1982年第1期)中又进一步涉及到动词的"向",他把与动词发生联系的名词性成分分为两种:强制性的和非强制性的。只有强制性的名词性成分才决定动词的"向"。研究词语选择性和次范畴的关系,为我们进行词类内部的精确再分类和句型的确定提供了重要的依据。

（四）提出了建立句型系统的构想。《现代汉语》（增订本）的一个重大贡献就是构拟了一个现代汉语的句型系统。作者认为"句子的结构分析的终极目的,是为了确定句型",并提出了根据句子的语法结构来确定句型的方法："第一,从上位句型到下位句型,依此确定。""第二,句子的整体如果是个偏正结构,它的类型由被修饰的中心部分来确定。"这一思想在《句子分析漫谈》中又有了发展:"句子分析的终点是确定句型,但确定句型并不等于完成了析句的全部任务。句子里复杂的语义关系须通过进一步的句法分析加以阐明。"而"句子中的语义关系的发现,必须从结构上、语言材料的类别（次范畴）上,以及词语的选择性上加以说明"。

总的来说,胡附、文炼的语法研究在汉语语法学界产生了深远的影响,他们往往在研究的理论和方法上率先提出一些有关汉语语法研究大局性的问题,引起人们的深思。他们的研究可以这样予以概括:发扬传统,兼收并蓄,为我所用,立足革新,不断探索。

（1）坚持探索精神,特别重视研究理论和方法上的探讨。他们认为汉语语法研究之所以不能深入的症结在于理论和方法上的探讨不够。所以主张"在提倡加强事例的调查的同时,还得提高理论的水平"。

（2）思想解放,善于吸取国外新的语法理论,同时又密切结合汉语实际。他们认为"科学研究的成果是属于全人类的",因此"我们不盲目崇洋,但外国有用的东西,我们完全应该借鉴",而这种借鉴则应"不拘泥于具体材料的处理而把着眼点放在方法的运用上"。

（3）不拘泥于一家之说,主张"兼收并蓄",而更重要的还在于"有继承、有改造、有革新",即"不是照搬人家的东西,而是立足于汉语语法科学的现代化"。正因为如此,他们的研究才会有深度,才能产生积极的影响。

另外还有一位语法学家林祥楣跟胡附、文炼二位关系很密切。林祥楣(1921—1992年),浙江省瑞安县人,浙江大学国文系毕业,1949年后即到华东师范大学工作,任华东师范大学中文系教授。他们三人经常在一起切磋学问,撰写文章,他们合作的共同笔名为"林裕文",发表的主要论著如《词汇、语法、修辞》、《偏正复句》两本小册子以及为《中国语文》创刊三十周年而写的《回顾与展望》(《中国语文》1982年第4期),该文对三十年来汉语语法研究从理论和方法上作了回顾,对"规范化和现代化"、"体系和方法"、"理论和事例"、"继承和发展"这四组关系发表了重要的看法,说理透彻,是对汉语语法学史的一个理论性概括。林祥楣个人在50年代出版过《代词》(新知识出版社),80年代发表了《简练与配搭》(《语言教学与研究》1985年第3期)、《层次、功能、关系》(《华东师大学报》1984年第6期)等,都有一定影响。

第三节 转换生成语法理论在汉语中的实践与发展

乔姆斯基的转换生成语法理论,简称"形式语法",一般认为经历了四个阶段:(一)古典理论阶段;(二)标准理论阶段;(三)扩展的标准理论阶段;(四)修正的扩展的标准理论。80年代在国内影响最大的是标准理论,尤其是关于"深层结构"的学说和"变换"的种种方法。转换生成语法理论在汉语中的实践与发展大致可以分为三个阶段:

(一)尝试阶段

用变换的方法来分析汉语语法,在我国传统语法中早已尝试过,例如吕叔湘的《中国文法要略》第六章专门讨论"句子和词组的转换"。以后有些语法学家也注意到句法中某些词组可以改变位置而句子的基本语义不变的情况,例如张志公在《汉语语法常识》中专门讨论了"常式"和"变式"之间的对应关系,这同乔姆斯基核心句与非核心句理论十分相似。但是,这种所谓的"变换"都只是偶一为之,既没有成为一种主要的句法分析方法,也没有形成一套完整的理论体系,因而没能引起人们普遍的重视。

国内第一个有意识地运用"变换"方法来分析汉语语法的是朱德熙,他在 60 年代初《说"的"》一文中,用"我会写的"可以变换为"我是会写的"来证明其中两个"的"都是"的$_3$"。但这个证明不很成功,因为增添"是"以后很难保证变换前后的句式语义相同。尽管如此,吕叔湘对这种方法本身还是大加赞赏,并极有远见地指出:"变换肯定是语法研究中一种有极大潜力的方法。"后来,朱德熙又在《句法结构》中成功地分化了狭义同构体:"$M_f + D + 着 + M$"。它的意义不仅仅在于为分析汉语语法提供了一种新的分析方法,还在于打开了人们的眼界,看到了形式与意义之间存在着错综复杂的对应和不对应的关系。需要特别指出的是:(1)朱德熙一直声明自己的变换更接近于哈里斯的变换,言下之意不同于乔姆斯基的变换,因为这种变换不是指由深层结构到表层结构的一种语句生成过程,而是揭示形式相同而意义不同或形式不同而意义相同的某些句式之间的对应的一种手段。(2)采用变换手法,是因为在句法分析中碰到运用层次、扩展、替换等都不能解决的问题,因而必须在分析方法上予以改进。换言之,变换只是一种分析方法。显然,只有注意到这两点,才能准确地认识转换生成语法理论在汉语语法研究中不同阶段所起的不同作用,以及人们对这种理论认识不断深化的过程。

(二)实践阶段

70年代后期,乔姆斯基的理论全面地、系统地、集中地被介绍到国内来了,形成对汉语语法研究的一个新的冲击波。这个阶段有几个明显的特点:(1)乔氏理论本身也有一个不断补充、修正与发展的过程。这时,第二阶段的标准理论正处于统治地位,因而理所当然地引起国内的青睐,从而避开了第一阶段某些比较粗疏观点的影响。(2)转换生成语法学派本身已开始分化,并相继形成了"格语法"、"生成语义学"、"切夫语法"、"系统语法"等,这些源于乔氏理论而又持不同观点的学派先后被介绍进来,因而,汉语语法学界就有可能进行比较、鉴别、取舍,从而更广泛地吸取各家之长,融会贯通,而不是只借鉴乔氏一家之说。(3)这种种理论,在解决汉语语法本身问题的过程中,经过中国学者的消化、更新,有所发展,并逐步形成了自己研究的风格和特色。

这个阶段的有关研究主要集中在三个方面:(1)歧义结构的分化;(2)汉语句型的动态研究;(3)计算机语法的构拟。这些研究都涉及到一个根本性的理论问题:对深层结构的理解和分析。对深层结构的理解存在着明显的分歧,有人认为根本不存在着什么表层结构和深层结构的区别。即使承认有深层结构的人对此理解也不相同。有人把它解释为一种结构关系,例如"SVCO"有五种深层结构:(1)$S^s V^p + S^s(CO)^p$,(2)$S^s(VO)^p + O^s C^p$,(3)$S^s V^p + O^s C^p$,(4)$S(VO)^s C^p$,(5)$S^s(有 O)^p + O^s V^p + O^s C^p$,然后语义(如施事、受事、工具)再对此结构加以说明。也有人提出"潜主语"、

"潜宾语"、"潜定语"、"潜状语"的名称,同时又使用"施事"、"受事"等术语,可见,深层结构和语义结构是两套东西。当然,也有人把深层结构直接理解为语义结构,即取消"潜主语"等名称,而用语义关系来解释深层结构。从国内研究情况来看,这种分歧的对立并不突出,因为不管具体如何解释,深层结构和表层结构的对立与联系对形式与意义的对应关系有很强的解释力。现在的研究有两个侧面,一是研究同形歧义句,着眼于分化;一是研究同义歧形句,着眼于沟通,两者异曲同工,殊途同归。

(三)发展阶段

经过70年代末到80年代初的反复实践、不断摸索,同时受到乔氏最新理论的影响,汉语语法研究出现新的动向。

一是根据汉语语法特点,修正或补充乔氏理论。例如范继淹《多项NP句》(《中国语文》1984年第1期)修正了乔氏的重写规则（S⟶NP+VP),因为汉语中一个句子可以没有NP,也可以没有VP;可以有几个NP,也可以有几个VP,因此,汉语的重写规则应改为:S⟶$NP_1+NP_2+……+NP_n+VP_1+VP_2+……+VP_m$,其中n值域为0—4,m值域为0—5。同时又提出"派生过程"以区别于"转换程序",目的是用来掌握汉语句式的多样性。

二是对变换成立原则的探讨。变换前后句式的意义是否改变,以及变换得以成立的原则这两个问题历来是大家所关心的。朱德熙的《变换分析中的平行性原则》(《中国语文》1986年第1期)试图回答这两个问题。由于句子里组成成分之间的语义关系是有层次的,即分为低层次语义关系和高层次语义关系,因此,变换前后句子的语义不变的是低层次语义关系,变的是高层次语义关系。变换式成立的可靠性有一个鉴别标准,就是"平行性原则",

即只有当 A_1 和 B_1 意义上的差异与 A_2 和 B_2 意义上的差异相当时,才能保证 $A_1 \longrightarrow B_1$ 和 $A_2 \longrightarrow B_2$ 属于同类型的变换。总之,指出语义关系有高低层次之分以及提出变换的平行性原则都具有重大的理论意义和现实的指导意义。

三是对乔氏最新的制约理论发生兴趣,徐烈炯《管辖与约束理论》(《国外语言学》1984年第2期)作了精辟而深入的介绍;赵世开《语言结构中的虚范畴》(《中国语文》1986年第1期)运用虚范畴理论尝试解释了一些汉语现象,颇有启发。吕叔湘在《汉语句法的灵活性》(《中国语文》1986年第1期)中着重讨论了移位和省略,虽然未作理论上的解释,但举出丰富的语言材料,给人以启迪。邵龙青《汉语语法分析中的零形式》(《语文研究》1984年第1期)认为"语言中,ø(零)也只是在与 Y(有)的对立和联系中","才存在于 W(序列)的某个空位上"。这是国内公开发表的第一篇涉及零形式的语法论文,其实,有关研究早已进行,例如徐烈炯的《移位、空语类与领属条件》以及宁春岩的《汉语空范畴研究》(均见《1983年哈尔滨国际生成语法讨论会论文集》)。虽然目前有关研究才开了个头,但是,省略、移位以及由此而产生的空位问题将有助于人们进一步了解语言结构中语法和语义的表达及其规则。

回顾近十年来汉语语法研究,表明转换生成语法理论的影响是广泛而深刻的,其特点主要表现为:(1)兼收并蓄,不拘泥于一家之言。即主要得益于乔姆斯基的转换生成语法理论,同时又能没有门户之见,尽可能地吸取了其他各家学派的合理内核而熔为一炉,因而避免了一些不必要的争论,而在实质性问题上取长补短,为我所用。(2)简化手续,注重实用效果。即取其神而弃其形,这就避开了转换生成语法学派某些表述上晦涩艰难的弊病。例如从深层结构到表层结构,本来有一系列极为复杂的转换步骤,在汉语研究中则或合并或省略,变得简洁清楚,从而取得较佳效果。(3)一切从汉语语法事实出发,最终又对汉语事实做出解释。即着重运用转换生成语法学派的某些理论和方法来解释汉语语法事实,而不是用汉语事实来证明或完善转换生成语法的理论体系,因而能充分照顾到汉语语法的特点,并对研究方法做出必要的改进。例如李临定的《汉语比较变换语法》(中国社会科学出版社1988年2月)就是一个有益的尝试。

第四节 新编的大学语法教材

当大学教育开始逐步走上正轨时,一方面各学者纷纷整理自己的讲稿予以出版,一时,《现代汉语》教材蜂起,当然其中不少是很有学术水平的,然而也难免有鱼目混珠的;另一方面,随着教学工作的深入发展,各高校都迫切希望能像60年代初那样集中力量编写几部质量比较高而又有一定特色的语法教材出来。1978年郑州大学等二十三所高等学校《现代汉语》教材协作会议经协商制定出两份各具特色的《现代汉语教学大纲》。一份特色是注意理论知识的系统性,又注意结合实际,提高学生语言运用的能力,即黄伯荣、廖序东主编的《现代汉语》;另一份特点是理论知识力求精当,强调语言训练,着力培养学生语言运用的技能技巧,即张静主编的《新编现代汉语》。当文科教材会议在武汉举行时,会议又决定修订胡裕树主编的《现代汉语》,和另外两本教材同时作为高校推荐教材。后来,随着成人高等教育事业的发展,为了配合中央和地方电视大学教学的需要,由张志公主编的《现代汉语》教材也问世。这样,在70年代末、80年代初,国内就产生了四家不同风格、不同特色的有一定代表性的大学现代汉语教材。这四套教材的语法部分,一般地说都比较简明、实用,经多年教学实践证明,在同类教材中是比较成功的。

一、胡裕树主编的《现代汉语》

上海教育出版社,1962年9月第一版,1979年9月修订本第二版,1981年7月增订本第三版,1987年6月第四版,1995年6月重订本第五版。该书多次修改,尤其是语法部分改动更大,但是总体框架还是在传统语法体系跟结构主义语法体系之间平衡,每次修订都或多或少向结构主义语法倾斜。

该教材新语法体系是:

(一)词类划分的"基本依据是词的语法功能",这"首先表现在能不能单独充当句法成分上边",依此分出实词和虚词,其次表现在"实词的不同语法功能表现在词和词的组合能力上边"以及"虚词的不同语法功能表现在它同实词或词组的关系上边"。实词分为七类:名词、动词、形容词、数词、量词、副词和代词;虚词分为六类:连词、介词、助词、语气词、叹词、象声词。

(二)词组专指实词与实词依靠一定的语法手段(如"虚词"、"语序")组合起来的语言单位,分为:(1)偏正词组;(2)后补词组;(3)动宾词组;(4)主谓词组;(5)联合词组;(6)同位词组;(7)连动词组;(8)兼语词组。结构则指实词和虚词各为一方的组合,包括"的"字结构和介词结构。对复杂词组的分析采用层次分析法。

(三)指出句子的结构分析的最终目的是为了确定句型,因而建立起一个比较完整的句型系统,并且提出了确定句型的步骤和方法：即从上位句型到下位句型依次确定。例如单句分为主谓句和非主谓句，主谓句又分为名词谓语句、动词谓语句、形容词谓语句和主谓谓语句，动词谓语句又分为动宾、动补、连动、兼语谓语句等等。还必须严格区分句子分析和句法分析，句法分析采用层次分析法。因此，主谓句的直接成分是主语和谓语，而宾语、补语、定语、状语又是句法成分即词组成分而不是句子成分。

（四）吸取语法学界最新的研究成果，提出若干有新意的主张。这主要是：第一，词与词组合的选择性关系，具体表现在各类实词的次范畴的搭配关系上。第二，对由于层次以及结构关系而引起的歧义现象进行了初步的分析。第三，区分了主语与话题，并界定了它们的范围。第四，指出语序必须严格区分语义、语用、句法三个平面。第五，对动词的宾语从语义上进行了分析，提出受事宾语、施事宾语和关系宾语三类。第六，讨论了句式的变换以及跟歧义消除的关系和语义的辨认的关系。第七，区分语气和口气，根据句子的语气可以分为陈述、疑问、祈使和感叹四种，而口气则指肯定与否定、强调与委婉、活泼与迟疑等。

该教材语法体系在80年代初被公认为理论上最有创见，思想上最为解放，在科学性方面比较有特色，不仅在语法教学界，而且在汉语语法学界也很有影响。但是，教材对某些问题只是触及而未能讲透，某些处理也有不太妥帖之处，而写法不太像教材，因而在教与学两方面都带来一些困难。

为帮助读者进一步了解编者意图，还出版了一本《〈现代汉语〉使用说明》，第一部分是课程和各章节的说明，第二部分是"思考和练习"的提示，"增订本"（上海教育出版社1987年6月）又增加了"附录"，选编了16篇文章作为教学参考资料。另外为配合教学又选编了《现代汉语参考资料》(下册"语法")(上海教育出版社 1982年 5 月),收录有关语法专题研究论文 58 篇。

二、黄伯荣、廖序东主编的《现代汉语》

甘肃人民出版社,1980 年 3 月第一版,1981 年 2 月第二版,1983 年 9 月第三版。增订第一版 1991 年 1 月改为高等教育出版社出版,1997 年 7 月出增订第二版,2002 年 7 月增订第三版。黄伯荣,1922 年生,广东省阳江县人,1949 年毕业于中山大学语言学系,1951 年研究班毕业,1958 年起在兰州大学任教,现为青岛大学中文系教授。廖序东,1915 年生,湖北省鄂城县人,1941 年毕业于北京师范大学国文系,1957 年起在徐州师院任教,现为徐州师院中文系教授。

该书的语法体系是:

(一)划分词类的根据是它们的语法特征,"包括词的形态特征(主要是词形变化)、词与词的组合能力和充当句子成分的能力"。实词分为八类:名词、动词(包括判断词、助动词、趋向动词)、形容词(包括象声词)、数词、量词、副词、代词、叹词;虚词分为四类:介词、连词、助词、语气词。

(二)词组的基本类型为:主谓、述宾、偏正、补充、联合五类。但词组在该语法体系中不占重要地位。

(三)析句方法试图在中心词分析法基础上吸取层次分析方法,因而采取"阶梯式图解法"和"简易加线法"并存。这种方法可以归纳为十六个字:"从大到小,基本二分;寻枝求干,最后多分。"(黄伯荣《谈句法分析》)

(四)增加了"句组"的内容。

该教材语法体系写得重点突出,简明扼要,条理清晰,较多地继承了传统语法,处理方法也较稳当妥帖;注意语言的运用,专门安排了"实词的运用"、"虚词的运用"以及"句子结构常见的错误"等章节,应用性强,而且写法上注意教材的特点,好教好学,因而深受欢迎。

增订本注意吸取语法学界新的研究成果,不仅增补了短语、句群等内容,而且在许多方面采用了新的提法,例如:词类增加了"区别词";强化了虚词的运用;指出了汉语词类跟句子成分不能一一对应的复杂关系;加强了句法中的语义分析,把主语和宾语分为施事主语、受事主语、当事主语和受事宾语、施事宾语、当事宾语;讨论了变式句和省略句以及句子的变化(包括句类的变化和句型的变换)。但是,总的来看,传统语法的痕迹比较明显,语法研究一些比较成熟的新理论和新方法没有能够得到很好的反映。

为配合教学需要,该教材编委会还编辑出版了一套《现代汉语知识丛书》作为辅导教材,如张寿康《构词法和构形法》(湖北人民出版社1981年8月)、邢福义《词类辨难》(甘肃人民出版社1981年8月)、吴启主《句型和句型选择》(甘肃人民出版社1981年9月)、高更生《长句分析》(中国社会科学出版社1983年1月)等,并由鲁允中等选编了《现代汉语资料选编》(甘肃人民出版社1981年6月)一书。

三、张静主编的《新编现代汉语》

上海教育出版社,1980年6月初版,1986年1月修订本。张静,1929年生,河北省乐亭县人,1950年东北师范大学中文系毕业,曾任郑州大学中文系教授、河南信阳师范学院院长,后在河南

省语委工作。该书的语法体系是:

(一)语法分析的方法强调语法意义和语法形式相结合,语法意义分为抽象意义、关系意义和功能意义,语法形式分为结合形式、增补形式和转换形式。

(二)划分词类从抽象意义、功能意义和结合形式三个角度进行。实词分为七类:名词、动词、形容词、数量词、副词、代词、象声词;虚词分为四类:介词、连词、语气词、感叹词。

(三)词组的结构类型有五个基本类型:主谓、动宾、偏正、联合、复句形式。每个词组下面又分出若干小结构,如"偏正词组"分为定中、状中、中补、的字四种结构。

(四)句子成分分为基本成分(主语、谓语、宾语)、附加成分(定语、状语、补语)和独立成分(呼语、感叹语、插入语)。

(五)词组分析采用层次分析法,句子分析实行二分法(主谓)或三分法(主谓宾),然后以主、谓、宾这三个基本成分的中心语为中心,确定附加成分。因此,中心语分析法和柜式图解法同时并存。

(六)增加了句群的内容。

该教材语法体系跟其他教材相比有较大不同,这表现在:(1)确定修辞与语法相结合的原则,以语言的运用为主线,语法体系力求简明,并为它服务。(2)采用了一些新的提法,例如"联合词组"内部分出"并列、递进、选择、连动、复指、重复"六种结构。(3)加深了理论的阐述,如对语法形式和语法意义的说明。

该语法体系尚处于一种探索阶段,许多人使用后感到不大适应,尤其是初版时的反响比较强烈,因而修改本作了较大改动,语法部分基本上重写,增写了"词组"、"句群"、"句子的语气"等章节。

该教材虽然主观上希望创新,但实际使用的效果却不好,因此使用该教材的范围比较小。

四、张志公主编的《现代汉语》

人民教育出版社,1982年8月出版,1985年3月新一版。全书分三册,中册是第三编"汉语语法"。新一版在内容、结构、编法方面,保持初版的格局和特点。正文是基本内容,力求简明,"专题"适当提高,"附录"则提供必要的参考资料。语法部分的修改主要是三点:(1)总的来说,内容有所精简;(2)语法体系向《系统提要》靠拢;(3)"汉语语法简述"部分作了适当增补和调整。

该书语法部分编写的指导思想是:

主要根据吕叔湘《中国文法要略》一书的设想,第一章"概论"扼要地介绍汉语语法体系,按语素、词、短语、句子(单句和复句)、句群五级语法单位分别介绍;第二章"组合",从语法形式、语法结构入手讲到这些形式和结构所表达的语法意义,其中包括汉语组合的特点、语序、关联、搭配、扩展和变换等。第三章"表达",从一些重要的语法意义入手,讲到表达这些语法意义所需要的语法形式和语法结构,其中包括肯定否定、时间空间、程度范围、数量、存现消失、指称、动态和语气情态等语法范畴。讲述重点在第二、三章,讲组合可以了解汉语语法的根本规律,讲表达可以了解汉语中要表示某一种语法范畴可以采用哪些方式。

该书的语法体系是:

(一)语素分为名素、动素、形素,并指出有半实半虚语素存在的情况。

(二)实词分为六类:名词、动词、形容词、数词、量词、代词;虚词分为六类:副词、介词、连词、助词、叹词、拟声词。并指出有半实半虚词的存在。

(三)短语的地位大大提高,先分为并列、偏正、主谓关系三大类;并列、偏正关系又分为名词、动词、形容词短语;动词、形容词短语再按结构关系区分。

(四)析句方法基本上保留原句子成分分析法(用符号图示法)。句型系统中,主谓句分为四类:名词谓语句、动词谓语句、形容词谓语句和主谓谓语句;非主谓句分为名词、动词、形容词、叹词等四类。

该书语法部分的处理和编排跟一般语法教材不大相同,在吸收现代语言学新成果方面也做了有益的尝试,但比较粗糙,因而初版试用时,无论教和学都感到不太习惯。应该承认,该书在现代汉语语法教学改革方面做的探索是有启发性的,虽然尚不够成熟,但已形成自己的特色,因而产生了一定的影响。

这四套大学语法教材各有千秋,在语法学界和教育界已产生较大影响。胡裕树主编的《现代汉语》注重理论探索,大胆吸收近年来语法研究的新见解,强调在析句基础上进行句型归纳,但有些问题尚未讲深讲透,同时在写法上不够畅达、通晓,一定程度上给教学带来一些困难。张静主编的《新编现代汉语》走的是把语法与修辞结合起来的路子,基本知识力求简明,强调语言运用的实际效果,有新的设想,但如何把这二者有机地结合起来还有待于进一步研究,有些提法显得不太成熟,不易被人接受。黄伯荣、廖序东主编《现代汉语》注意继承前人语法研究成果,重视基本知识的讲授,主次分明,条理清晰,视点稳妥,宜于教学,但创新精神比较薄弱,传统说法占有优势。张志公主编的《现代汉语》采用由内到外又从外到内的编写原则,在语法形式的组合和语法意义的表达上下功夫,这是个有益的尝试。但这种讲法目前尚不能被广大学员所适应,因而还有待于进一步努力。

总之,这四部教材的诞生标志着我国教学语法研究已进入了一个新的阶段,说明我们的语法教学工作者在总结多年来语法研究和教学的基础上,集思广益,发挥集体的智慧,在积极地摸索、创新、前进。它们的问世,为我国教学语法进一步科学化、规范化打下了扎实的基础。

五、其他《现代汉语》语法教材

除上述四套有全国影响的大学《现代汉语》教材之外,各地近年来又陆续出版了一批有关现代汉语语法教材,部分是在十年动乱中所编教材基础上加工修订而成,部分是适应某种特殊对象的教学需要而新编写的,还有大量为高校自学考试而编写的。这些教材,一般地说,都各有特点,有的在某些方面也达到相当的水平,但也有不少写得比较平淡、一般化。现择其比较有特色的简介如下。

(一)《现代汉语语法知识》:邢福义(华中师范大学语言学系教授),1980年8月湖北人民出版社。该书是在原书(1972年版,署名"华中师范学院中文系现代汉语教研组")基础上修改而成,以句法关系为主线。词组分析采用层次分析法,析句采用句成分分析法。同时提出一些新的设想,例如:用"同形异类"代替词的兼类说法;认为助动词在句子里充当"辅助性谓语",而不是作状语或述语;提出"主语意会用法",说明后分句可以在意念上以前分句为主语;指出复句里的分句可以是主谓句、无主句,甚至是独词句。这些新提法已引起语法学界的重视,有的已被采纳。

(二)《简明实用汉语语法》:马真(北京大学中文系教授),1981年9月北京大学出版社初版,1988年6月修订本,1997年2月在此基础上又作修改,易名为《简明实用汉语语法教程》。该书主要特色是简明、实用,表现在:(1)从汉语语法事实出发,主要讲汉语的造句法,讲词法也是为了讲句法;讲句子成分是成双成对地讲,使词组和句子的构造沟通起来。(2)析句方法完全采用层次分析法,对常用格式和一些重要的语法现象都作了合情合理的分析。(3)突出难点和重点,一是常用虚词的用法和特点,二是词组的地位,三是主谓谓语、受事主语、施事宾语等内容。(4)重视语言的运用,有专章讨论"常见的语法错误"。该书出版后很受欢迎,尤其为非中文专业的师生所欢迎。

(三)《实用现代汉语语法》:刘月华、潘文娱、故韡。1983年4月外语教学与研究出版社初版,2001年由商务印书馆出增订本。该书是为汉语作为第二语言的教师和已有汉语基础的外国学生写的,因此,着眼点是实用。即"力图通过语法现象和语法规则的描写,来指导学生正确地使用汉语"。因此,除了指出结构上的特点之外,还特别注重语义和用法上的说明,以便使读者了解在什么情况下使用什么样的表达方式以及在使用某种表达方式时应该注意什么样的条件限制等。该书的重点就是外国人学习汉语语法中所常遇到的难点。本书不树体系,兼收并蓄。内容写得具体、细致,有些章节,如状语、定语的性质及顺序、动词重叠、可能补语的功能等写得相当精彩。该书是对外汉语教学方面有重要参考价值的一本教科书。

(四)《汉语语法基础》:吕冀平(黑龙江大学中文系教授),1983

年2月黑龙江人民出版社。该书是严格按照《暂拟系统》来编写的,这是第一部全面、详细、忠实地阐述《暂拟系统》的语法教科书,而且对《汉语知识》和《语法和语法教学》未讲到的问题也尽力按《暂拟系统》精神做了说明。因此,这是一本帮助读者准确了解《暂拟系统》语法思想的教学参考书。

(五)《科技汉语语法》:李裕德(北京师大二附中),1985年12月冶金工业出版社。该书是国内第一部专门讲述科技汉语语法的教材,对象是科技人员。该书有几个特点:(1)探讨了科技汉语语法的某些特点,例如:表示人以外的事物的名词、非谓形容词大量增多,介词使用频率高,长句多,插入成分多等等。(2)运用模糊集合论的概念来描写说明科技语法,即承认语法中有"中间词类"存在,提出"半虚词"、"半复句"等新概念。(3)例句大多选取于科技书刊。该书是一次可贵的尝试,并已初步形成自己的特色。

第五节 "析句方法"的讨论和《系统提要》的产生

一、"析句方法"的讨论

汉语句法的分析法历来有两种:一是传统的句成分分析法(又称"中心词分析法",但稍有区别),以《新著国语文法》和《暂拟系统》为代表;一是结构主义的直接成分分析法(又称"层次分析法",俗称"二分法"),以《现代汉语语法讲话》和北京大学编的《现代汉语》为代表。但事实上这两种析句法都不再是原来意义上的析句法了,都已经过了改造。如前者已把句子分为三个层次:主要成分

"主语"、"谓语"，连带成分"宾语"、"补语"等，附加成分"状语"、"定语"；后者则对切分出来的结构注明其语法关系，如"主谓"、"动宾"等等。在此基础上，又不断有人提出试图把这两种析句法结合起来的新方法。一是以句成分分析法为主，适当吸取层次分析法的特点，即先把句子分为两个或三个基本成分：主、谓、宾，然后考虑附在主谓宾上面的另外三个成分：状、定、补，如果这些成分不是一个词而是个词组，词组内部则完全采用层次分析法。这可以胡裕树主编的《现代汉语》（1963年版）和黄伯荣、廖序东主编的《现代汉语》为代表。另一是以层次分析法为主，吸收句成分分析法的特点，即既讲层次关系，又讲成分搭配，以此来决定句型。这可以胡裕树主编的《现代汉语》（增订本）为代表。

《暂拟系统》从1956年制定起，已过去了20多年，在教学实践中，它的缺点也暴露得比较充分了，人们强烈要求予以修改，这种不满集中反映在"析句方法"上。多年来人们在不断地摸索着用新的析句法去取代旧的析句法，并已积累了一定的经验。在这种背景条件下，《中国语文》为配合《暂拟系统》的修订，从1981年第2期开始，组织了一场关于"析句方法"的讨论。

从《中国语文》1981年第2期到1982年第3期，陆续发表有关论文20篇，后加上若干文章共26篇，编为《汉语析句方法讨论集》（上海教育出版社1984年1月）。这些论文大体上可以分为以下几类：

（一）坚持"句成分分析法"，反对采用"层次分析法"。代表作是史存直的《句子结构和结构主义的句子分析》，作者旗帜鲜明地反对从"层次分析法"和"分布理论"来分析汉语句法结构，认为它们是"只重形式，不考虑内容或少考虑内容"，因而是"形式主义"的分析法,主张采用传统的"句成分分析法",认为"六个成分自然分为三个层次",它的特点是:(1)"能保持句子格局",(2)"兼顾了形式和内容两方面"。同时作者也反对两种析句法的结合,认为这"既没有可能,也没有必要"。

(二)主张采用"层次分析法",反对"句成分分析法"。代表作是华萍(即邢福义)的《评"暂拟汉语教学语法系统"》,作者从科学性、一贯性、实用性三个方面对句成分分析法提出尖锐批评,批评重点在于它缺乏科学性,即:(1)把有层次的句子结构看作同一平面多成分的结合体,六个成分之间的关系可以概括为"两心相照,非心向心";(2)把整块运用的向心结构拆散成各自分立的造句零件;(3)让丰富多彩的语言事实去迁就由六种成分的搭配排列状况排列下来的句子格局。同时也批评了改良的析句法,即把句子分成"主—谓—宾"三部分。持该观点的人比较多。

(三)尽可能公正地评价两种析句法的优缺点,然后希望寻找第三条路。(1)主张采用新的转换语法的树形图分析句子,如下觉非的《汉语语法分析方法初议》,但具体如何运用于汉语,未作说明。(2)主张采用"基本成分分析法",即把句子先分成两组成分,一组是基本成分"主、谓、宾",一组是附加成分"定、状、补",如廖序东的《论句子结构的分析法》,持相似观点的还有黄伯荣、张静。(3)主张采用"核心层次分析法",即析句时把某些词组当作一个整体看待不作分析,由此简化分析的层次和步骤,如陆丙甫的《对成分分析法和层次分析法相结合的一些看法》。(4)主张语法研究采用层次分析法,语法教学时采用句成分分析法,如吕冀平的《句法分析和句法教学》。

特别值得提出来的是两篇论文,其中新鲜观点很引人注目。

一是朱德熙的《语法分析和语法教学》(《中国语文》1982年第1期),作者提出了一个建立在词组基础上描述汉语句法的语法体系新设想,认为"由于汉语句子的构造原则跟词组的构造基本一致,我们就有可能在词组的基础上来描述句法"。这种指导思想区别于以前的"词本位"和"句本位",实际上是种"词组本位",因而引起人们广泛兴趣。二是胡附、文炼的《句子分析漫谈》(《中国语文》1982年第3期),作者对汉语句子分析提出了许多有启发性的见解:(1)指出语序和虚词的作用应区别语义、句法和语用三个平面;(2)指出"句子中的语义关系,主要表现在动词和名词之间的选择关系上边,因而必须进一步给动词、名词、介词按次范畴进行分类";(3)指出句子生成的基础是句子的格局,或称之为句型。把无限的句子归入有限的句型,必须具备两个条件:"第一,掌握语言材料的功能替换规则;第二,掌握功能单位的配置规则。"这些想法为今后句法研究指出了一些带方向性原则性的问题。这两篇论文是整个"析句方法"讨论中最富有启发性的,理所当然受到大家的普遍的重视。

这次讨论为《暂拟系统》的修订提供了理论基础,并且制造了舆论,也是对汉语句法分析的一个比较全面的回顾和小结。除了在《中国语文》上发表的论文外,其他语言杂志和一些学报也刊登了若干有关论文,其中比较有参考价值的有:刘云泉《现代汉语几种语法体系的比较》(《语文战线》1981年第1—2期)、史存直《传统语法与美国自结构主义以来的几种新语法》(《安徽大学学报》1981年第2期)、张志公《关于建立新的教学语法体系的问题》(《中学语文教学》1981年第6期)、陆丙甫《主干成分分析法》(《语文研究》1981年第1期)等。

但是,这次讨论中,双方观点只是各摆各的,几乎没有交锋,所以辩论气氛不浓,因而讨论很难深入,此外,大部分论文偏重于对两种析句法的评价,而新的独创性的见解则并不太多,这可能跟《中国语文》杂志的指导思想不无关系。

二、《暂拟系统》的修订和《系统提要》的产生

自从 1956 年制定了《汉语语法教学暂拟系统》以来,试行达 20 余年之久,要求讨论语法教学体系,修改《暂拟系统》的呼声在 70 年代末越来越强烈。1980 年 10 月,中国语言学会在武汉成立,部分与会同志倡议在 1981 年暑假召开一次"语法和语法教学"讨论会,1981 年暑假又在《中国语文》上开展了关于析句方法的讨论。1981 年 3 月教育部正式发文请黑龙江大学、哈尔滨师范大学、黑龙江省语言学会同人民教育出版社共同筹备讨论会的各项事宜。

讨论会于 1981 年 7 月 2 日至 12 日在哈尔滨举行,这是一次工作性的学术讨论会,会议的内容和目的、任务是:(1)就当前语法研究和语法教学的主要问题交流学术研究成果并交换意见。(2)就拟定一个教学语法体系和教学问题交换意见,讨论几个主要的有分歧的问题,最后产生一个初步的方案试验,以便进一步向全国有关方面征求意见。

参加讨论会的有来自全国各地的代表 120 人,会议由原《暂拟系统》主持人张志公具体负责。这次讨论会所讨论的问题关键是析句中是否要吸取"直接成分分析法"以及词类划分到底属于"词汇·语法范畴"还只是个语法范畴。会议大体有三种意见:(1)中学教师及教育学院同志大都主张少动、少改;(2)师范院校同志认为应该补订、修改,但不宜大动大改;(3)综合性大学一般倾向于应

以科学性为主，主张大动大改。吕叔湘在会上作了重要的发言，他提出语法体系应该分为三类：1.理论语法（系统语法）；2.描写语法（参考语法）；3.学校语法（规范语法）。因此要区别对待。

这次会议经过热烈讨论，拟订出《〈暂拟汉语教学语法系统〉修订说明和修订要点》印发全国供讨论（正式刊登于《中国语文》1981年第6期）。会后，由张志公具体负责，在广泛征求意见基础上，经多次修改，制定了《中学教学语法系统提要（试用）》。

这次修订是在原《暂拟系统》基础上进行的，大致可分为三种情况：

（一）删简，即把那些偏于繁细的或者不当的内容，删去或简化。例如取消了动词、形容词的名物化说法，取消了复指成分、宾语前置等提法；大大简化了词类部分的内容，取消了"附类"的说法，把方位词、判断动词、能愿动词、趋向动词分别归入名词、动词的内部小类，使词类系统简单明了。

（二）改换，即某些讲法不确切，或者前后不太协调，予以修改，改换讲法或处理方法。例如原判断合成谓语分别改为三种不同结构类型的动词短语；最大的改换是析句方法，即吸收了结构主义语法在分析句子方法上的长处，试图把句成分分析法同层次分析法结合起来。此外，还调整了句型系统。

（三）增补，包括两个方面：一是把近年来少数新的比较成熟的研究成果吸收进来；二是补充可以增强语法教学的规范性和实用性的内容。例如增加了"语素"和"句群"的内容，形成了五级语言单位，并大大充实了"短语"的内容。

《系统提要》广泛听取了语言学界和中、小学语文学界的意见，吸收了近年来语法研究的新成果，反映了我国语法研究的新水平，同时又尽可能地保留了原《暂拟系统》中的优点。《系统提要》有以下几个特点：

（1）原《暂拟系统》比较明显的问题，大部分人认为非改不可的，基本上得到了改正，如合成谓语、名物化的说法，从而体现了"时代性"。

（2）不在语法术语上纠缠，而注重有利于教材的编写和学生易于掌握、运用，比较强调"实用性"。

（3）吸收了近20年来汉语语法研究中比较成熟的意见和已被大家所承认的新成果，这主要反映在词类划分标准和析句方法两方面，因而增强了"科学性"。

（4）尽可能保留了《暂拟系统》的优点，由于大部分中、小学教师熟悉的是该语法体系，这样就保持了语法教学前后基本一致的"连贯性"。

（5）考虑到这是个教学语法体系，所以对尚有争论的问题不予吸收，同时也允许教师在教学时可以适当掌握、灵活运用，不强求一律。并且强调它所适用的范围是普通教育，对高校教材和语法研究没有约束作用，这就充分显示了"灵活性"。

（6）这个《系统提要》还只是个"试用方案"，随着研究的深入和时代提出的要求，将逐步修订、完善，因而它还具有一定的"过渡性"。

（7）它是全国语法工作者集思广益、共同努力的结果，广泛地听取了各种意见，经过多次修改而成，因而必然反映出它的"综合性"。

《系统提要》产生后，陆续出版了一批著作，一种是专门阐述该语法新体系的，例如黄成稳的《新教学语法系统阐要》（浙江教育出版社1986年7月)、叶长荫、詹人凤主编的《〈中学教学语法系统提要〉解答与论析》(湖北教育出版社1986年4月)等;二是根据该语法体系新编的教材,例如张松林《现代汉语语法表解》(四川科技出版社1985年5月)、苏培成《现代汉语语法基础知识》(北京教育出版社1986年9月)、杨世长等《现代汉语语法学习》(知识出版社1986年8月)等。

第七章 汉语语法学的创新时期(下)

(1978年—)

第一节 中年学者的崛起

经过十年的研究,一批中年语法学家已开始形成自己的研究风格和特点,以及自己研究的重点和范围,并已成为汉语语法学界的中坚力量。例如陆俭明、马真的虚词研究,邢福义的复句研究,李临定的句型研究,陈建民、孟琮的北京口语研究,范继淹、徐志敏的人机对话语法研究等等。他们从不同的侧面,对语法研究主攻目标初步形成战略包抄的局面。他们研究的主要特点可以归纳为三多:多侧面的研究,多角度的突破,多层次的结合。它的鲜明标志就是对新的研究方法进行不倦的探索,它的奋斗目标就是在事实描写的基础上追求理论上的解释性,从而形成了"务实"与"创新"相结合的优良学风。

一、《现代汉语虚词散论》和陆俭明的语法研究

《现代汉语虚词散论》(北京大学出版社1985年5月,修订本语文出版社2003年6月),作者之一陆俭明,1935年生,江苏省吴县人,1960年毕业于北京大学中文系,北京大学中文系教授。作者之二马真,1938年生,四川南充市人,1960年毕业于北京大学,北京大学中文系教授,另有独著《简明实用汉语语法》(北京大学出版社1981年,修订本1988年)。两人长期从事汉语语法研究,80年代主要精力集中在虚词,尤其是副词研究上。

该书收论文16篇,其中《虚词研究浅论》是讨论研究方法论的。作者认为研究虚词有两条线索:一是根据虚词的意义,依靠比较法,或者把彼此同义或近义的虚词放在一起,如"千万"和"万万";或者把说明同一方面的虚词放在一起,如能修饰数量词的副词,或者把意义相对的虚词放在一起,如"就"和"才"、"把"和"被";或者把包含有某虚词的句子同抽调了该虚词的句子放在一起,如"你拿去看好了"和"你拿去看"。比较法并不是什么新的方法,但对比较方法能如此娴熟地运用,而且从不同角度进行多侧面比较,则是一门艺术。二是考察虚词的用法,作者提出从八个方面考察:(1)句类,(2)词类,(3)音节,(4)轻重音,(5)肯定与否定,(6)简单与复杂,(7)位置,(8)跟其他词语的配搭。这八个方面虽然只是列举,但真正能做到,那么虚词的基本用法也就归纳出来了。

其余15篇都是专题研究,9篇是关于副词的。《说"也"》一文力辟新径,打破传统副词研究的框框,从把握副词基本作用着手,从而起到举纲带目、以简驭繁的作用。《"还"和"更"》着重探讨副词语义和句式的依存关系,即把副词的语法意义同语法形式结合起来进行综合研究,从而显示出这两者之间错综复杂的关系。这几篇论文在方法论上都有一定的指导作用。

陆俭明的语法研究不仅继承了老一辈语法研究的优良传统,而且形成了自己的特色。这些特色主要是:

(一)研究的视野比较开拓,除虚词研究外,在句法结构、句式变化以及理论探讨方面都有建树。近年来研究的重点更趋向于句式的种种变化,例如关于口语中的易位现象、疑问句内部的类型以及主语与话题的关系等等。

(二)擅长运用多种比较法,这种比较往往是和其他方法结合在一起使用,从而收到更为显著的效果。例如《由"非疑问形式+呢"造成的疑问句》(《语法研究和探索(二)》)就是综合使用了功能比较法、语义对应法和教学推导法来证明自己的三个新观点。这些方法体现了文理渗透的精神,简明实用,很有吸引力。

(三)努力揭示语法形式与语法意义之间相对应又不相对应的复杂关系。《关于定语易位的问题》(《中国语文》1982年第3期)着重指出句法结构和语义结构不是一回事;而《周遍性主语及其他》(《中国语文》1986年第3期)在区别主语和话题时强调必须有严格的形式标准。

(四)观察细致,善于抓住一些关键问题进行深入的描写和分析,从中体现出方法论的意义来。例如《"多"和"少"作定语》(《中国语文》1985年第1期)从四个方面对"多"和"少"作定语作了具体、细腻的描写,从中发现了:(1)动词"多/少"和形容词"多/少"对立;(2)形容词"多/少"和一般形容词对立;(3)"多"和"少"对立。

陆俭明的语法研究进入90年代之后更是攀上了一个新的高峰,并成为中国语言学界的领军人物。

二、《语法问题探讨集》和邢福义的语法研究

邢福义,1935年生,海南省乐东县人,1956年毕业于华中师范学院中文系中文专修科,现为华中师范大学语言学系教授。他从事语法研究最明显的长处是:善于借助逻辑学来进行研究,尤其是

在复句领域研究中。这在他的论文集《语法问题探讨集》（湖北教育出版社1986年1月）中有着相当生动的反映。

该书收论文28篇,大体可分为三组:第一组10篇,主要讨论复句句式;第二组11篇,讨论单句句式、某些结构、词类或词语;第三组7篇,讨论句型系统等其他问题。

邢福义对复句的研究,非常重视复句内部各分句之间的逻辑关系,并注意这种逻辑基础的微妙变化而引起的语法形式或语义表达上相应的变化。例如在《试论"A,否则B"句式》中,从形式上按前一分句关联词语的不同分为六种格式:(1)释因式,幸亏(可惜、因为)A,否则B。(2)推因式:想来A,否则B。(3)条件式:除非A,否则B。(4)选言式:要么A,否则B。(5)祈使式:还是A吧,否则B。(6)能愿式:不能(不能不)A,否则B。既归纳出这些格式的共同语法意义表示"从A项到B项都是逆转的",又找出各格式相应的主要变换式,以寻求它们在语义关系上的区别点。这种从语法形式到逻辑意义,又从逻辑意义到语法形式的反复沟通研究,必然使我们对复句的认识不断深化。关于复句研究,他还著有《复句与关系词语》（1985年黑龙江人民出版社）一书。

另外,在词类研究方面,写有《词类辨难》（1981年8月甘肃人民出版社）一书,作者提出三种方法可以帮助确定词的归属:(1)直接判定法,(2)排他法,(3)类比法。这是把逻辑学的原理和方法改造过来运用于语法分析。

邢福义的语法研究扎实、细致,常常能以小见大,发人深思。他的研究特色可以归纳为以下几点:

(一)重事实,着眼于生动活泼的语言事实;重归纳,在归纳的基础上演绎。首先重视对语言事实的描写,同时给以适当的解释,并在理论上进行一些探讨。

（二）重结合，即尽量使语法研究有机地同逻辑修辞相结合，使语法形式同语法意义密切地结合。

（三）重微观研究，脚踏实地进行细致具体的专题研究，在方法上寻求多渠道的探索，在内容上追求多角度的突破，然后考虑宏观的研究，以建立自己的语法体系。

邢福文的语法研究多姿多彩，90年代更是向纵深发展，并成为汉语语法学的大家。

三、《现代汉语句型》和李临定的语法研究

李临定，1932年生，山西省永济县人。1955年毕业于南开大学中文系，语言研究所研究员。李临定主要从事现代汉语句型的研究，相继发表了《动补格句式》、《"被"字句》、《连动句》、《"判断"双谓句》、《双宾语句》等专题论文，并在此基础上撰写了《现代汉语句型》（商务印书馆1986年4月），该书的主要目的是："在广泛研究汉语材料的基础上，揭示汉语各种句型格式，描写它们的分类型和总类型的句法特征。"该书填补了当前语法著作中的一个空白，对认识现代汉语句型的复杂性、多样化很有帮助。

该书有以下几个特点：

（一）不追求句型体系的完整和严密，而是选择重点分析。采用多标准，即根据语句不同的构造情况，用不同的标准划分类型，先分出"单动句型"、"双动句型"、"代表字句型"和"其他句型"，然后分别论述23种小句型，每种小句型都分三部分阐述：说明、句型分类和句型特点。

（二）观察入微，论述周密，并有不少新颖的见解。例如作者发

现有些句子里的介词短语作状语并非可有可无,如"我们要为大家着想"~"*我们要着想",这说明笼统地把状语看作和句型无关的成分是欠妥的。

(三)强调动词语义对句型的制约作用。例如作者指出由"吃"、"跑"构成的"意志句"和由"醒"、"醉"构成的"非意志句"的句法特征是很不相同的。意志句谓语的变化形式是丰富的、自由的,因而可以有许多变换式,而非意志句谓语的变化形式则是贫乏的、受限制的,许多相应的变换式不能成立。因此,许多小句型是按动词小类来划分的。

(四)重视语言事实的描写,尤其是对句型的变换过程描述更为精细。例如"敌人五个师被我们消灭了三个"的变换过程被描写为:"我们消灭了敌人五个师的三个──→敌人五个师里的三个被我们消灭了──→敌人五个师里被我们消灭了三个"。

(五)注意对句型所表示的语法意义的解释。例如作者通过大量事例的分析,指出"得"字句中,"得"是个形式标志,可是只有当补语是复杂形式时一般才用"得"。因此"得"的作用是,把前段的词语和结构复杂的后段词语隔开,以免在语义上或结构上出现混淆不清的情况。

(六)兼顾形式和意义,不拘一格地进行研究,在研究形式时不忘意义的揭示,在论述意义时,也不忘用形式来检验。作者还特别注意深层的语义分析式,例如在分析"动补式"时,指出"孩子哭醒了我=孩子哭+我醒了"。这种分析对揭示句法结构中的语义关系很有作用。

李临定在语法研究的方法上,十分重视名词与动词之间的格关系,以及同义句式之间的变换关系。前者在《施事、受事和句法分析》(《语文研究》1984年第4期)和《"工具"格和"目的"格》(《语法研究和探索(三)》)中有详细的阐述,后者则集中体现在《汉语比较变换语法》(中国社会科学出版社1988年2月)一书中,该书用比较、变换的方法提出一个新的语法系统。全书依据同义的标准把句子分为五大类:介词格类,受事格类,非控格类,状态存在句类,异形句类。对每一大类先分别进行比较,着重找出同义句或同义成分的形式特征及差异,然后用变换公式作形式化的描写。变换部分主要描写两种变换:1.推导变换:描写从抽象模式到使用模式之间的变换;2.移位变换:描写使用模式之间的变换。

李临定的语法研究一方面重视语言事实的调查研究,另一方面又重视研究理论和方法的借鉴创新,因而取得了显著的成果。

四、《范继淹语言学论文集》和范继淹的语法研究

范继淹,1925年生,重庆市人,1949年毕业于中央大学经济系。1956年调语言研究所,后任副研究员,1985年8月因病去世。《范继淹语言学论文集》(语文出版社1986年9月)是在他去世后,在吕叔湘指导下编成的。该书共收论文19篇及译文2篇,除词典编写理论、重庆方言研究、人机对话研究之外,13篇论文是现代汉语语法研究。这些论文可以分为两个时期:1966年以前是纯语法研究,1976年以后因为从事中文信息处理研究,所以语法研究密切同人机对话研究结合在一起,即为适应人机对话的需要而制定现代汉语语法规则,并尽可能使之形式化。

范继淹语法研究的特点是:

(一)广泛吸取国外现代语言学的新理论、新方法,但是只取其合理内核,严格贯彻"洋为中用"原则,因此能不拘一格、兼收并蓄。

同时在分析汉语语言事实的基础上，不断地对这些理论进行修正或补充。例如《多项 NP 句》指出：转换生成语法的重写规则 S＝NP＋VP 未必能概括汉语表层结构的多种句式。一个汉语句子既可以没有 NP，也可以没有 VP；既可以有多项 NP，也可以有多项 VP。并描写了施受句、处所句、工具句、系事句的多项 NP 在句中的线性序列，构拟了由基本式经过移位、删略等手段演变为派生式的过程。最后的结论是汉语的基本句式为"主动宾"，但是词序变化多端。

（二）强调句法与语义之间的制约与反制约关系，努力探求这两者的对应规则。通过同形歧义和同义歧形的各种类型分析，提出"语义决定性"和"句法强制性"关系。作者认为表层结构千变万化是汉语句法的重要特征，因此，研究同义结构具有特别重要的意义。《是非问句的句法形式》根据此提出现代汉语的是非问句属于是非选择问句一类，换言之，作为共时描写，用"吗"提问和用"V不（没）V"的各种形式提问应归为一类。这样，不仅建立起描写同义句式的框架，而且揭示了语法形式与语法意义之间复杂的对应关系。

（三）语法研究紧密配合人机对话的研究，不仅考虑如何把语法规则"形式化"，而且还要考虑语义上的解释以及进入交际场合后的语用因素，针对此提出"多重网络理论"和"多通道综合理解程序"，从而使这些研究具有重大的实用价值。范继淹与徐志敏合作，于 1980 年试验成功了我国第一个语言型的人机对话系统"RJD—80 型汉语人机对话系统"，填补了我国科研的一个空白，也为我国语言学的现代化闯出了一条新路。尔后，又试成了"TK—84 汉语人机对话实验"，提出了一系列新的设想，不仅为人机对话研究,也为自然语言研究开辟了新的前景。

第二节　汉语语法边缘学科的研究

一、语法和修辞的结合研究

尝试把汉语语法和修辞结合起来进行研究的最早当推吕叔湘的《中国文法要略》,其中"表达论"就涉及到同义表达在语法上的选择问题。以后吕氏又与朱德熙合写了《语法修辞讲话》,也很注意这个问题,从消极修辞角度来讨论语法问题。70年代末以来,这种结合研究开始引起更为广泛的重视,代表作是《汉语语法修辞新探》和《修辞语法学》。

《汉语语法修辞新探》(商务印书馆1979年7月),作者郭绍虞(1893—1984年),江苏省苏州市人。1950年起任复旦大学中文系教授。这是一部与众不同的有关汉语语法修辞综合研究的理论性专著。作者的出发点有二:(1)要从汉语的特征上来研究语法,所以必须打破"洋框框"格局;(2)要特别关心实用的意义,反对理论脱离实践。该书提出不少新的设想,构成了自己独特的风格。

全书除前言、后记外,分为上编、下编两大部分,下编实际上是上编的一个详注本。具体章节的安排体现了作者对汉语语法特点的认识:(1)简易性,这可以从词、词组和句的构造的一致性得到证明,以"词组篇"为代表;(2)灵活性,这可以从虚词和词组的使用上得到证实,以"虚词篇"为代表;(3)复杂性,这可以从语法和修辞处处相结合(包括音乐性和顺序性)得到证实,以"量词篇"为代表。

该书最重要的观点有两个:(1)以辞例为基础;(2)以词组为中

心。所谓"辞例"即指"搜集广泛的语言材料,然后加以解释,以此来说明语法规律",因此,"辞例是语法的基础"。值得引起重视的是第(2)点,作者把汉语的词、词组、句分为三纲,并认为汉语构词法、词组结构形式以及造句法都是基本一致的。一般语法书只讲词法、句法,两者不能沟通,而词组恰恰可以起到"灵活而多变的桥梁作用",所以,词组对汉语语法来讲,处于格外重要的中心位置。这一观点,吕叔湘在《汉语语法探索问题》中也有相似看法,以后朱德熙在《语法答问》一书中从理论上进一步作了阐述,从而提出了"词组本位"说。

作者强调实用意义,重点研究语法如何与修辞相结合,其中不少观点颇有影响,如其后由张静主编的《新编现代汉语》的指导思想便是想把语法修辞乃至逻辑三者结合起来。作者受我国传统语文学影响很深,认为"汉语是以实词为中心的,而实词之中名词最实。……动词与形容词对名词而言,就都变成虚词","汉语造句的特点是以名词为重点的。不是以动词为重点的"。对这一"名词重点"说,作者没充分论证,使人难免有牵强之感。该书"量词篇"收了不少辞例,观察亦较细致,触及不少有趣的语法现象,提供了一些有用的语言材料,是全书中写得最充实的章节。但是,作者认为古今汉语语法可以容纳于一个间架,讨论中大量涉及古汉语乃至某些特殊的骈文,处理上不够妥当。作者力图处处运用毛泽东在《矛盾论》中所阐述的唯物辩证法,大量引用原文,哲学气息太浓以致影响到内容的表达。此外,全书文字较累赘,许多观点重复,一些分析即兴而发,缺乏精细的归纳和验证。

郭氏是著名的中国古典文学批评史专家,同时也一向关心汉语语法的研究,曾发表过若干论著,例如《数位词的分析及其词例》

（商务印书馆1951年）、《试论语助词和一般虚词的关系》(《复旦》1959年第10—12期）。他能在80高龄时写出如此巨篇，精神可嘉。

《修辞语法学》（吉林教育出版社1985年10月），作者吴士文、冯凭。作者认为，在修辞和语法这一对矛盾中，起主导作用的是修辞。所以从修辞角度讲语法，从一开始就应该把两者结合起来。本书主要采用把常规与超常规这两种对立修辞现象统一在题旨、情境中，显示其修辞价值。章节安排上以词、词组、句子成分、单句句式、标点、篇章为骨架，以修辞作用为主线。这一指导思想在吴士文的《从科学和学科体系上看修辞语法的分合》(《语言教学与研究》1985年第3期）一文中得到了发挥。作者认为修辞和语法可以结合而且必须结合。可能性在于：(1)修辞的需要决定语法的结构；(2)反之，修辞也受语法制约；(3)归根结蒂，语法修辞现象可以互相转化。必要性在于：(1)可强化实用性；(2)可加速全面理解。

关于修辞与语法相结合的另一个重要研究课题是"同义结构"问题。黄岳洲的《现代汉语的一些同义语法形式》(《语言教学与研究》1985年第3期）认为每个句式都有各种各样的、丰富多彩的同义语法形式，而句式本身无所谓好不好，用其所宜发挥所长就是好的。关于"同义结构"，修辞学界在1980年至1981年间曾开展过热烈的讨论，郑远汉、林兴仁、王希杰等认为修辞学的对象就是同义结构，而陈光磊、宗廷虎、陆稼祥等则认为同义结构虽值得重视，但不能绝对化地把它看作唯一或主要的研究对象。这场讨论对语法问题涉及较少。

二、语法和逻辑的结合研究

把语法和逻辑结合起来研究,较早的是中国人民大学编的《形式逻辑》(1959年),在"附录"中讨论了概念判断在汉语中的表现形式。尔后,我国研究自然语言逻辑最早的倡导者之一周礼全发表了《形式逻辑应尝试研究自然语言的具体意义》(《光明日报》1961年5月26日),指出研究自然语言的逻辑问题的必要性和方向。该文认为自然语言的具体意义可分为:(1)表述意义;(2)表现意义;(3)激动意义。并提出两个研究方向:(1)考虑到自然语言的具体意义应包括表现意义和激动意义,以及语言的客观环境,所以"必须研究出一些普遍原则,根据这些原则,我们可以把表现语句或激动语句都转变成表述句"。(2)"我们应当修改现有形式逻辑的基本概念或者增添一些新的基本概念,使其能充分反映自然语言或实际思维的逻辑性质。"该文带有号召性,是一篇"宣言"性质的论文。接着,王力也发表了《逻辑和语言》(《红旗》1961年第7期),着重论述了"词——概念"、"判断——句子"、"推理——复句"之间有联系又有区别的对立统一关系,涉及面较广,但谈得不深。真正把这个研究课题提到议事日程上来,并得到较迅速发展还是近年来的事。1979年3月在桂林成立了"中国逻辑与语言研究会",会刊为《逻辑与语言研究》、《逻辑与语言学习》。几年来,以这两个会刊为主要阵地,陆续发表了两者结合研究的专题论文,尤其在复句研究上取得比较明显的成绩。

在这方面研究卓有成效的是王维贤,1922年生,北京市昌平人,现为杭州大学中文系教授。60年代初就参加过"语言和言语"、"词义和概念"的讨论,发表了《言语三论》(《杭州大学学报》

1962年第1期)和《也谈词义和概念的关系》(《浙江学刊》1963年第4期)。由杭州大学等十所院校合编的《逻辑学》(甘肃人民出版社1980年),王维贤负责统稿、定稿。这部教材力图结合现代汉语来讲普通逻辑,设立"概念与语词"、"简单判断与句子"、"复合判断与复句"等章节。王氏运用现代逻辑的研究方法,在分析汉语复句方面进行了探索。《论"转折"》(《逻辑与语言研究》第二辑,1982年3月)对转折复句进行了细致的语义分析,重点讨论"虽然A,但是B",指出这是一种以 A $\longrightarrow M_1 \neg$ B(M_1 表示"较大可能性")为前提的紧缩推理,而"即使A,也B"则表示以 A $\longrightarrow M_1 \neg$ B 为预设的A同B之间的蕴涵关系。此外,《复句和关联词语》(《语言教学与研究》1983年第1期)指出自然语言中关联词语的语义分析既要利用标准逻辑这一精确的工具,又要加以突破,创造出新的分析和解释的工具,因此,复句可以从逻辑角度按照"合取"、"析取"和"蕴涵"、"推理"的差别分为联合、偏正两大类,然后再作不同层次的划分。

邢福义在语法与逻辑结合方面也很有研究,他写有两本专著:《逻辑知识及其应用》(湖北人民出版社1977年4月)和《复句与关系词语》(黑龙江人民出版社1985年)。前者不同于一般逻辑书,它有两个特点:(1)紧密结合语言知识来讲逻辑,如讲概念就重点讨论概念的语言形式;(2)注意实用,针对汉语的具体情况提出新的见解,如他所归纳的"点面兼顾"并列法和"求同突举"并列法,就突破了一般逻辑书所认为的种属概念和交叉概念不能并列使用的旧框框。后者提出了一个崭新的复句分类系统,把汉语复句分为因果类、并列类和转折类三大类复句。

陈宗明在这方面的研究也颇有特色,他的专著《现代汉语逻辑初探》(三联书店1979年3月),除了序章,分为上编"词句的逻辑"

和下编"文体的逻辑"。其中,"命题"和"推论"的分析同汉语联系较为密切,有一定参考价值。

比较有影响的论文有:张文熊《怎样分析复句中各分句间的关系》、孙煜《浅谈汉语的逻辑否定》(《逻辑与语言研究》第一辑)、陈宗明《自然语言逻辑研究刍议》、张文熊《句子的逻辑分析需要用些数理逻辑的方法》(《逻辑与语言研究》第二辑)、葛本仪《句法结构与逻辑》(《山东大学文科论文集刊》1980 年第 2 期)等。

三、语法和计算机科学的结合研究

语法和计算机科学相结合的研究包括两方面的课题:

(一)机器翻译研究。1956 年机器翻译研究正式列入我国科学工作的发展规划,它是作为一门新生的边缘学科在语言学、数学和计算机技术这三门科学的基础上发展起来的,从语言学角度来讲,则是应用语言学的一个新的分支学科,也是数理语言学中最重要的部门之一,它和语法结构、语义理解和语用制约尤其休戚相关。

1958 年 8 月由中国科学院计算技术研究所和语言研究所成立机器翻译研究组,同年 11 月语言研究所又正式成立专门的机器翻译研究小组,和其他单位合作进行了俄汉、英汉的机器翻译研究,并取得一定成果。建国十周年前夕,俄汉机器翻译在我国第一台大型通用快速数字中文计算机上初步试验成功。

机器翻译研究的首要任务就是弄清楚两种语言的结构特点,并根据这些特点进一步进行严密的语法对比研究,以求出两者之间的对应规律。其次也是更重要的是明确如何制定这样一套规则系统,使译出语中的一种语法手段固定地转变为译入语中与之相对应的另一种语法手段。反映 1959 年以前研究水平的专题论文有:刘涌泉、高祖舜《机器翻译研究——庆祝建国十周年》(《中国语文》1959年第10期)、刘涌泉《俄汉机器翻译中的词序问题及其解决办法》(《语言研究》1959年第4期)、北京外国语学院俄语系俄汉机器翻译研究组《俄汉机器翻译中的语言分析》(《外语教学与研究》1959年第6期)等。

英汉机器翻译的研究和试验是从1975年12月重新开始的,由中国科技情报所主办,成立了机器翻译研究协作组。经过多年研究,到80年代末,我国上机进行过实验的机器翻译系统达十多个,翻译的语种和类型有英汉、俄汉、法汉、日汉等一对一或一对多的系统。其中比较重要的论文有刘倬的《JFY-Ⅱ型英汉机器翻译系统概述》(《中国语文》1981年第3—4期),该文较全面地介绍了JFY-Ⅱ型英汉机器翻译系统的特点,它是一套以实际应用为设计思想的试用型系统,由自动词典和自动语法规则系统两个部分组成。作者认为:"语句有两种结构,一是语法结构,一是语义结构,两种结构相互影响,彼此补充。""语法结构包括三个方面:一是结构层次,二是结构关系,三是结构格式。"但对语义结构则没有详谈。刘涌泉《外汉机器翻译中的中介成分体系》(《中国语文》1982年第2期),根据深层结构原理,提出建立"中介成分体系"的设想,以解决多对一翻译时所碰到的问题。制定中介成分的原则是:(1)逻辑语义原则;(2)结构层次原则;(3)对比差异原则。

(二)人机对话研究,这是1978年以后新建立的分支学科。目前国内有两种模型:(1)心理学模型,由中国科学院心理研究所李家治、陈永明和中国科学院北京自动化研究所郭荣江合作,于1981年建成"机器理解汉语——实验Ⅱ(《心理学报》1982年第1期),这是一个人机问答系统,以动物常识为主题,贮存汉语单词

70余条,句型20多个。李家治、陈永明又于1982年建成"一个古汉语机器理解系统——ACLUS",这一系统能分析句法,并把两篇古文译成现代汉语。(2)语言学模型,由中国社会科学院语言研究所范继淹、徐志敏于1981年建成"RJD-80型汉语人机对话系统",以中国文学作品常识为主要对话内容,贮存汉语单词250余条,句型30多个。该系统以乔姆斯基"转换生成语法"和伍兹"扩充转移网络"为基础,吸收菲尔墨"格语法"、哈利迪"系统语法"的合理内核,根据汉语特点制定句法、语义规则。他们提交的《RJD—80型汉语人机对话系统的语法分析》(《中国语文》1982年第3期)说明了该系统在句法分析、语义解释、言谈分析、语句生成和背景知识等方面的具体分析和处理,并着重讨论了深层结构、语气标记、逻辑表达式、语义和句法、主题的关系以及汉语言谈分析所面临的问题和背景知识对语义的约束等问题。1984年他们又完成了"TK—84汉语人机对话实验",以铁路客运咨询为主题,贮存汉语单词200多个,句型30多个。该系统根据汉语特点,提出了一种新的句法、语义分析方法——"语义短语语法",并对言谈分析(上下文关系)中的省略句和输出回答时生成语句的规则作了一些有益的探索。

第三节 汉语语法分支学科的研究

一、汉语口语语法研究

汉语口语语法研究,即主要指北京口语语法研究,大体上可以分为两个阶段。第一阶段是50—60年代。严格地说,第一个进行汉语口语语法研究的当推赵元任,他写的《汉语口语语法》就是以活生生的北京话口语材料为研究对象的,因而处处结合语音的停顿、高低、快慢、轻重、语调以及节律等分析汉语语法结构,因而能发表一些很有见解的观点,例如"在日常生活中,零句占优势"。"在汉语里,把主语、谓语当作话题和说明来看待,较比合适。"此外,他还专门研究了"有计划的句子和无计划的句子"、"离题的话和插进去的话"、"追补语"、"前附和后附子句"等等。吕叔湘和张志公、俞敏等也十分注意口语的研究,吕叔湘在《语文常谈》里专门谈到口语同书面语的关系,指出:"说话总是……句子比较短,结构比较简单甚至不完整,有重复,有脱节,有补充,有插说,有填空的'呃、呃'、'这个、这个'。"第二阶段是70—80年代。汉语口语研究引起了广泛的重视,发表了一系列论文,例如陈章太《略论汉语口语的规范》(《中国语文》1983年第6期)、詹开第《老舍作品中北京的口语句式》(《语言教学与研究》1985年第4期)、刘宁生《汉语口语中的双主谓结构句》(《中国语文》1983年第2期)、陆俭明《汉语口语里的易位现象》(《中国语文》1980年第1期)等。其中研究最着力而且成绩显著的是陈建民和孟琮二位。

陈建民(1935—2004年),广东汕尾人,1958年中山大学中文系毕业,语言文字应用研究所研究员。他研究北京口语的条件并不太好,但始终锲而不舍,从1975年起就以全部身心投入这项研究,终于写成《汉语口语》(北京出版社1984年12月)一书。这是国内第一部较系统地研究汉语口语的专著,分别讨论了汉语口语的定义、内涵及外延,它的演变和发展历史,语气和节奏,句法特征,词类特点,基本上是描写性的。描述语言现象时采用对比的手法,即汉语口语和书面语对比,北京口语和其他方言口语对比,掌握"你无我有"、"你有我无"或"同中有异"的对比原则,以揭示汉语口语的主要特征,寻找汉语口语的特殊规律。该书有以下几个特点:(1)材料大多数来源于原始状态的口语录音材料。(2)发现了一些有趣的语言现象,并作出了新的解释。例如口语中零句是常例,因此多采用省略、隐含、脱落、减缩等解释。又如对口语中常见到的重复、追加、插说、半截子话、答非所用等现象也有新鲜的分析。(3)注重实用,既从语言角度分析汉语口语句式和特殊的语言现象,也从言语的角度分析如何提高口语表达的效果。

孟琮1934年生,北京人,1960年毕业于北京大学中文系,长期在语言研究所工作,80年代末去美国从事对外汉语教学工作。当年他以《谈"着呢"》(《中国语文》1962年第5期)一文初露头角,后来又连续发表有关口语语法研究的论文,《北京话的拟声词》(《语法研究和探索(一)》)便得到吕叔湘的赞赏。他的研究有几个特点:(1)材料丰富、准确。由于他的语感好,所以材料可信度高。许多材料很珍贵,例如《北京话的拟声词》一文所附录的拟声词表。(2)描写分析十分细腻,善于发现一般不易发现甚至于难以捉摸到的规律。例如《口语里的"得"和"得了"》(《语言教学与研究》1986年第3期)比较了"得"和"得了"后,认为"得"最常用于不企望的语气中,而"得了"最常用于否定的语气中。(3)有的还进行了历史的比较和考证,例如《"咧"字小考》(《语法研究和探索(三)》)。

总的来说,当前汉语口语语法研究有三个特点:(一)材料来源从书面口语转向原始口语。(二)口语语法研究是多角度的,不受语法体系框架的束缚。(三)这种研究往往同言语交际,即话语分析紧密结合在一起。

二、汉语方言语法研究

汉语方言语法研究一直比较落后，也没有引起足够的重视，在整个方言研究中始终处于第三等的地位，第一等是语音研究，第二等是词汇研究。近年来，这种状况有所好转，这主要表现为：

（一）新近出版的方言研究专著都包括了语法研究部分，有的还占有相当比例。例如：钱曾怡等《烟台方言报告》（齐鲁书社1982年11月）、侯精一《长治方言志》（语文出版社1985年4月）、李申《徐州方言志》（语文出版社1985年12月）、张振兴《台湾闽南方言记略》（福建人民出版社1983年7月）、李永明《衡阳方言》（湖南人民出版1986年2月）等。其中特别值得一提的是高华年的《广州方言研究》（香港商务印书馆1980年7月），该书的重点为语法部分，第一节"词法"，第二节"句法"。如何全面研究某一种方言的语法目前还是一个新的课题，该书为此提供了一个范例。语法体系基本上采用《暂拟系统》，主要特色是比较细致地描写了广州方言词的构造和调形变化规律以及句子的结构和类型。此外，詹伯慧的《现代汉语方言》（湖北人民出版社1981年3月）虽是一部普及性著作，但对各大方言的语法从构形法、词语组合、词语位次、几类句子结构以及词类等五个方面进行了举例综述，颇有特色。

（二）专题研究着重挖掘方言中特殊的语法现象，这大致可以分为三类：（1）词形变化，如熊正辉《南昌方言的子尾》（《方言》1979年第3期）、郑张尚芳《温州方言的儿尾》（《方言》1979年第3期）、甄尚灵《〈遂宁方言的形容词的生动方式〉》（《方言》1984年第1期）、邵敬敏《试析上海方言的虚语素"头"》（《语文论丛》（四）》等；

(2)特殊句式,如侯精一《平遥方言的动补式》(《语文研究》1981年第2期)、陈法今《闽南方言的两种比较句》(《中国语文》1982年第1期)等;(3)特点综述,如潘悟云《吴语的语法、词汇特征》(《温州师专学报》1986年第3期)、胡双宝《文水方言的一些语法现象》(《语文研究》1981年第2期)、汪平《贵阳方言的语法特点》(《语言研究》1983年第1期)等。

(三)北京话和其他方言的语法比较研究。朱德熙有好几篇语法专论引用方言语法材料来证明自己的观点,在《北京话、广州话、文水话和福州话里的"的"字》(《方言》1980年第3期)一文中,这种比较研究显得更为淋漓尽致。作者一方面从历史上考察了唐宋时"地$_1$地$_2$"和"底"的区别,另一方面又从平面上比较了几个方言的有关用法:

唐宋时期	北京话	广州话	文水话	福州话
地$_1$	的$_1$	咁	[t₁]	[ki]
地$_2$	的$_2$	哋	[t₁]	[liɛ]
底	的$_3$	嘅	[tiəʔ]	[ki]

从而证明北京话中同语音形式的"的"确实应分化为不同的三个"的"。这比仅仅依靠分布来证明更有说服力。同类文章还有于根元的《上海话的"勒勒"和普通话的"在、着"》(《语文研究》1981年第1期)等。

然而,总的看来,方言语法研究极大部分还是以材料的收集和归纳为主,在研究理论和方法上突破不多,特别缺少新颖的角度。这同语法学界人士关心不够而目前主要还是依赖方言学界人士来从事研究有关。如果要真正做到在这方面研究有所突破,就必须抓住方言语法的特殊点,加强方言间的横向比较研究以及历史上的纵向比较研究,只有这样,汉语方言语法研究才可能进入一个新的阶段。

三、古代汉语语法研究

古汉语语法研究长期处于徘徊状态,从1950年到1976年只发表过87篇论文,近十年来这种状态发生了变化,据不完全统计,从1978年到1987年共发表有关论文701篇,出版专著22部,虚词汇释著作18部,另有35部古汉语著作或论文集涉及语法问题。从数字来看,确已远远超过了以往,但其中大部分为普及性文章,研究课题也比较陈旧,例如:省略、倒装、词类活用、双宾语、"主+之+谓"结构、使动意动等,显得开拓性不够;研究的方法也显得创新不足,或继承中国传统语文学的方法,或沿用马建忠、陈承泽的传统语法学的方法。相比之下,所取得的成绩明显不如现代汉语语法的研究。但是,应该特别引起注意的是新的研究路子正在酝酿、形成,不少有识之士,尤其是中青年一代正在作出各种可贵的尝试,这主要表现在:

(一)加强了比较研究。它包括古汉语语法跟现代汉语语法、古汉语内部不同时期不同代表作品之间、汉语语法跟相邻的亲属语言语法之间的多种比较研究。例如:俞敏的《倒句探源》(《语言研究》1981年第1期)和《汉藏虚字比较研究》(《中国语文学论文选》,日本东京株式会社光生馆1984年6月),作者站在汉藏语系比较的高度来研究古汉语语法,令人耳目一新。此外,李佐丰的《从〈左传〉和〈史记〉的比较看〈史记〉的动补式》(《东岳论丛》1984年第4期)和《〈左传〉〈史记〉介宾短语位置的比较》(《语言研究》1985年第1期)、傅承德的《"之"和"的"(地、得)的比较研究》(《上海师范大学学报》1985年第2期)、宋玉珂的《古今汉语倒装的比较》(《天津师专学报》1984年第2期)等角度新颖,颇吸引人。

(二)加强了汉语语法历史的演变研究,一方面出版了好几本专著,如:潘允中《汉语语法史概要》(中州书画社1982年8月)、史存直《汉语语法史纲要》(华东师大出版社1986年7月)、舒化龙《汉语发展史略》(内蒙古教育出版社1983年3月);另一方面重视了专题研究,如郭锡良《汉语第三人称代词的起源和发展》、唐作藩《第三人称代词"他"的起源时代》(均见《语言学论丛》第六辑)、王绍新《"得"的语义、语法作用衍变》(《语文研究》1985年第1期)、张万起《连词"所以"产生的时代》(《语文研究》1984年第4期)等。

(三)加强了专书的语法研究,对一部专书中某种语法现象进行穷尽的封闭的研究。例如何乐士关于《左传》《史记》的语法系列研究、李佐丰关于《左传》的语法系列研究、申小龙关于《左传》句型的研究,其他如宋绍年《试谈〈史记〉中的几种句法结构》(《语言学论丛》第十辑)、王笑湘《〈论语〉反问句分析》(《语文研究》1985年第2期)、胡明扬《〈老乞大〉复句句式》(《语文研究》1984年第3期)等。

(四)加强了断代史语法的研究,例如:唐钰明《汉魏六朝被动式略论》(《中国语文》1987年第3期)、敖镜浩《略论先秦时期"O/是/V"句式的演变》(《中国语文》1983年第5期)等,其中最有影响的是管燮初的新著《西周金文语法研究》(商务印书馆1981年10月)。

(五)加强了文言虚词的研究。一是出版了若干虚词汇编工具书,比较有影响的有:杨伯峻《古汉语虚词》(中华书局1981年)、徐仁甫《广释词》(四川人民出版社1981年)、陕西师范大学编写组

《常用文言虚词词典》(陕西人民出版社1983年)、韩峥嵘《古汉语虚词手册》(吉林人民出版社1984年)以及何乐士等《古汉语虚词通释》(北京出版社1985年);二是从事个别虚词研究或若干虚词比较研究。

(六)加强了近代汉语语法的研究,这方面吕叔湘曾写过好几篇专题论文,王力和高名凯也都作过研究,但总的来讲数量很有限。近年来这种情况已有所改变,而且出现了方兴未艾的势头。例如:许绍早《〈水浒传〉中的"是"字句》(《语言研究》1982年第1期)、余志鸿《元代汉语中的后置词"行"》(《语文研究》1983年第3期)、曹广顺《〈祖堂集〉中的"底(地)""却(了)""著"》(《中国语文》1986年第3期)、董志翘《中世纪汉语中的三类特殊句式》(《中国语文》1986年第6期)、钱学烈《寒山诗语法初探》(《语言教学与研究》1983年第2、3期)、李思明《〈水浒全传〉的因果句》(《中国语文》1987年第2期)等。专著有吕叔湘著、江蓝生补的《近代汉语指代词》(1985年学林出版社),学术价值甚高。

(七)开始引进或采用一些新的研究理论和方法。例如李佐丰《谈〈左传〉三类复合使动式》(《内蒙古大学学报》1983年第4期)运用深层语义理论分析方法,揭示了三类复合使动式的本质差异性;王克仲《古汉语动宾语义关系的制约因素》(《中国语文》1986年第1期)采用语用学和语义学中若干理论和方法,从语境对动宾语义关系的作用以及句内外各种因素的相互制约来分析动宾语义关系,颇有新意。

(八)加强了研究理论和方法的探讨。北京古汉语学术交流会于1986年7月、10月先后两次召开"古汉语语法研究方法"专题讨论会。郭锡良认为,古今杂用、不讲方法,是古汉语语法研究之大忌;王克仲总结了十种研究方法:归纳、比较、统计、转换、实证、考据、解析、校勘、探源和演绎。专门讨论方法论的论文如:袁宾《近代汉语三视研究系统》(《语文导报》1987年第5期)以近代汉语被字句为例提出应从新的三个视角进行自成系统的考察,这三个视角是:时间视角、地域视角、演变视角。冯蒸《古汉语语法研究与汉藏语比较》(《语文导报》1987年第12期)指出:在古汉语语法研究中,如能与汉藏系语言的比较研究结合起来,将有着无限的广阔的前途。

(九)开展了某些专题的讨论。

(1)后置定语问题。谢质彬《古代汉语中的范围定语》(《中国语文通讯》1980年第4期)认为"求人可使报秦者"中的"可使报秦者"不是"人"的后置定语,而陈迪明《文言里确有"X者"一类后置定语》(《中国语文通讯》1981年第4期)则持相反意见。好几家杂志发表文章参加了该问题的讨论。

(2)某些特殊句式。马汉麟《古汉语三种被淘汰的句型》(《南开大学学报》1978年第6期)分析了如下三种句型:"唯奕秋之为听"、"我,文王之为子"、"何(奚)+名词/+之/+所+(能)动词(乎)",徐仁甫《对〈古汉语三种被淘汰的句型〉再分析》(《中国语文》1981年第1期)对马文提出了不同意见。《中国语文》1982年第1期还刊登了有关的讨论文章。

(3)动宾语义关系。一种观点是在"使动""意动"之外,再归纳出"为动""把动""他动""让动""供动""拜动"等二十种动宾语义关系;一种观点认为这不是对动词而言,而是对宾语而言,主张改为"使宾""意宾";另一种观点认为建立"为动""处动"等名目是不妥当的。

325

其余,如"被动式"、"处置式"、"疑问句尾'为'"等问题也都展开过讨论。

这一时期出版的古汉语语法专著有影响的如:

(一)《西周金文语法研究》:作者管燮初(1914—2001年),语言研究所研究员,1981年商务印书馆。这是作者继《殷墟甲骨刻辞的语法研究》之后又一本反映上古汉语用法的描写语法。研究对象是西周重要的铜器铭文208篇,语法体例参照丁声树等的《现代汉语语法讲话》。全书包括句法和词法两大部分,重点是句法。句子分析采用句成分分析法和层次分析法相结合。该书为金文语法研究的第一部专著,填补了我国上古语法研究的一个空白。该书特点是:(1)不仅详尽地对金文语法结构进行了描写,而且对每个词的各种用法、每种句子成分的数量、各种句型的出现频率都作了精确统计。(2)把金文与《尚书》、《周书》作了语法比较,从而得出了一些有价值的结论。但该书没能进一步与甲骨文语法和先秦古籍语法作历史比较,不能不说是个缺憾。

(二)《古汉语语法提要》:作者马汉麟(1919—1978年),南开大学中文系副教授,1980年陕西人民出版社初版,1985年出增订本。该书篇幅不大,但内容充实,条理清楚,举例精当。该书是在作者所编教材基础上写成的,有以下几个特点:(1)重视揭示基本规律,学以致用,学用结合;(2)内容简明扼要,易于掌握;(3)难点分析尤为详细。书后还附有两篇重要的古汉语语法论文。

(三)《近代汉语指代词》:吕叔湘著,并由他的学生语言研究所研究员江蓝生补,1985年学林出版社。该书初稿写于1947—1948年,是作者准备写的近代汉语历史语法的一部分。该书主要讨论近代汉语中的代词,涉及到它们所联系的对象有实体和非实体的不同,有定和无定的不同,指示和称代的不同,实指和虚指的不同。引例丰富、分析精密,在古代汉语代词同现代汉语之间架起了一座桥梁,有很高的学术价值。

(四)《古汉语虚词通释》:何乐士、敖镜浩、王克仲、麦梅翘、王海棻合编,1985年北京出版社。该书是在1978年出版的《文言虚词浅释》基础上增补而成的,共收古汉语虚词549个(副词364个、介词77个、连词85个、助词34个、语气词36个、助动词23个、感叹词23个、代词58个、不定数词3个)。特点是:(1)广泛参照前人著作,从中比较,斟酌取舍,吸收其研究成果;(2)从大量古籍中作调查,尤其对先秦几部影响较大著作中的虚词作了调查和统计,在分析原始材料的基础上归纳出各个虚词的特点;(3)收词范围比较宽,表现特别明显的是副词和介词;(4)在虚词分析的基础上作了一些理论探讨。可以说,这部书既是古代汉语虚词研究的一个小结也是一个新的起点。

(五)《汉语语法史概要》:作者潘允中(1906—1996年),中山大学中文系教授,1982年中州书画社。该书体例和写法跟王力的《汉语史稿》相仿。除绪论外,上编为词类的发展,下编为句法的发展。该书特点是:(1)论述中尽量体现"史"的观念,力求做到上联甲骨文、金文和《尚书》的语法材料,下系近代乃至现代作品。(2)尽可能地吸收近30多年来众多汉语史专家的研究成果,如系词问题参考了洪诚的论文,认为"上古判断句基本上不用系词,但战国后期,系词就已有萌芽,西汉以后,就逐渐使用而走向普遍化"。(3)提出作者自己独特的见解,从而修正前人的说法,如关于无"得"后面带结果补语、趋向动词和它前面的动词复合在一起,从原定汉代上推到先秦时便产生了。该书条理清晰,叙述简明,但句法部分较薄弱。关于构词法、兼语式、连动式等不少问题没能论述到或只勾勒了一个粗线条轮廓。

（六）《汉语语法史纲要》：作者史存直（1904—1994年），华东师范大学中文系教授，1986年华东师大出版社。该书写法不同于《汉语史稿》，内容上由两部分构成：一是论述总的发展趋势，如实词的定性化、词序的规律化、表现的精密化、句法结构的复杂化；二是具体说明某些词类的发展过程，主要讲述了助动词、数量词、代词、介系词和助词的发展。论述的线条比较粗，偏重于理论上阐发。

四、汉外语法比较研究

把汉语和某一门外语结合起来进行语法比较研究，实际上从汉语语法学建立起就无时无刻不在进行着，例如《马氏文通》就是把古汉语同拉丁语进行了比较。以后，林语堂《开明英文文法》（开明书店1933年）、吕叔湘《中国人学英语》（开明书店1947年）为了帮助中国人学习、掌握英语语法，也进行了一些有针对性的英汉语法比较。然而真正重视这种双语语法比较研究，还是1949年以后的事。这种比较研究的目的主要是三个：(1)通过比较，从而发现一些以汉语为母语的人所习以为常而不认为有什么问题的问题，有助于挖掘汉语语法的某些特点；(2)实用，主要是有助于把汉语或某门外语作为第二语言进行教学的需要，并且为汉外语对译提供对应和变换的规律；(3)把汉外语法比较作为一种手段，力求从中概括出某些理论和研究方法，具有普通语法学的性质。

解放初国内普遍学习俄语，专著有梁达的《俄汉语语法对比研究》（新知识出版社1957年12月），这是汉外语法比较的第一部专著,该书比较注意语言事实,不拘泥于定义,资料较为丰富,但内容只限于"构词构形对比"和"词序对比"。

近年来,随着对外开放政策的实施,这方面的研究有了迅速发展。主要是跟英语,其次是跟法语和日语进行比较。北京语言学院以及各高校的对外汉语教学中心做了大量研究工作,积累了不少经验。《语言教学与研究》、《世界汉语教学》等杂志上发表了不少双语语法比较的专题论文。

在理论方面,吕叔湘《通过对比研究语法》(《语言教学与研究》试刊第二集,1977年)在研究方法上提出极为宝贵的指导性意见。王还《有关汉外对比的三个问题》(《语言教学与研究》1986年第1期)认为在研究时应注意三个问题:(1)分清语法概念和思维概念;(2)同一语法术语在不同语言中所包含的内容不完全相同;(3)同一类词在不同语言中功能不尽相同。此外,还有方梦之《加强对比语言学的研究》(《语言教学与研究》1983年第4期)、张麟声《试谈对照语言学及其研究方法》(《山西大学学报》1984年第2期)等。这方面研究作出显著成绩的是王还,她的《英语和汉语的被动句》(《中国语文》1983年第6期)从英汉对译角度出发,分别剖析了英汉被动句,一方面指出英语中"准被动句"在英语中往往只是徒具被动形式,另一方面又指出汉语中被动句实际上有七类,而有标志"被"字句只是其中之一。《"ALL"与"都"》(《语言教学与研究》1983年第4期)和《汉语的状语与"得"后的补语和英语的状语》(《语言教学与研究》1984年第4期)也颇有见地。

此外,值得一提的还有:陆锦林的《汉英主谓被动关系句比较》(《语言教学与研究》1979年第1期)着重讨论汉英表示被动关系的两种语言手段,不仅分析了它们的对应关系,而且比较了交叉关系;赵世开的《英汉疑问代词的对比研究》(《语言教学与研究》1980年第2期)针对英语"who、what、which"和汉语"谁、什么、哪"进行了系列对比和逐词对比。陈刚的《试论"着"的用法及其与英语进行式的比较》(《中国语文》1980年第1期)指出:"英语运用进行式是着眼于某个动作处于进程中,并不考虑它是否持续。汉语运用'着',正如上述是表示持续的,并不管某个动作在时间上是否有限制。'着'与'ing'的用途千差万别,但在本质上的区别就在这一点上。"沈家煊的《词序与辖域——英双比较》(《语言教学与研究》1985年第1期)揭示出汉语句子中逻辑语词的左右次序基本上跟这些语词的语义辖域相一致,而英语则缺乏这种对应关系。

有关著作比较有影响的出版了四部:

(一)《英双比较语法纲要》:张今、陈云清,1981年8月商务印书馆。全书分为八章及一个附录:(1)导论;(2)独立语结:一级简单句;(3)半独立语结:子句;(4)非独立语结:词组;(5)思维反映现实的方式;(6)英汉语语法中的否定方式和比较方式;(7)汉语词类;(8)汉语动词;附录:关于原始动词的假说。这是本偏重于理论性探讨的语法比较著作,它有以下几点特色:1.以较大篇幅论述句式中各种成分的变化以及随之而来的句式变化。2.主张"句本位"。3.以英语语法为出发点,然后用汉语语法进行对照,某些句式的分析颇有独到见解,如对汉语连动式、递系式的分析。4.大胆提出一些假设,如认为人类语言经历了八次重要的里程碑,各类语结在历史上产生的顺序是:独立语结——半独立语结——非独立语结,但缺乏必要的证明,带有很大主观性。5.基本观点参考了叶斯泊森等语法著作,深受历史比较语言学影响,主张"动词中心说",采用句成分分析法。总之,是一本有一定学术价值的专著,读来颇有启发,尽管一些提法并不那么成熟。

(二)《汉英语法手册》:吴洁敏,1982年7月知识出版社。本书是在为英语专业学生编写的现代汉语语法教材的基础上,增加了与英语语法比较部分和语言运用、实践的内容而成,着眼于从英语、汉语不同的语法特点进行比较,内容比较简洁,是本实用性教材。汉语语法体系采用《暂拟系统》,但分析词组时用了层次分析法。写法上以现代汉语语法为纲,每章内有一小节专门与英语语法作比较。缺点是语言现象罗列较多,英汉语语法真正结合起来分析不够。

(三)《汉英比较语法》:任学良,1981年10月中国社会科学出版社。该书是为外语院系学生讲授汉英语比较语法而编写的,以传统语法为基本框架。作者认为汉英语法主要是同,而不在异,当两种语法现象有异同时,着重阐明同中有异,异中有同的细微差别;对一种语法有而另一种语法无的现象,则适当指出其特殊的表达方式。该书由于不少地方立论欠科学、前后自我矛盾,且有削汉语之足以适英语之履的嫌疑,因而受到语法学界的严厉批评。

(四)《英汉语法比较》:赵志毅,1981年8月陕西人民出版社。该书侧重以英语语法为出发点来引进双语语法进行比较。着重解决汉译英中的"英语汉化"问题,目的是为中国人学习英语语法对照时使用的。

汉外语法比较研究还处于开创阶段,这是一个很有潜力的边缘研究学科,它要求研究者不仅精通两种语言的语法,而且能在比较研究的理论和方法上都有所突破。

第四节　汉语语法专题的研究

80年代汉语语法研究的一个重要特点就是研究日益深入、细致,新的研究理论和方法几乎渗透到每个专题研究领域。一方面,传统的研究课题,由于新的研究理论和方法的引进而发生了质的变化,另一方面,由于角度变换、视野开拓,发现了许多新的研究课题。这两个方面结合起来,使汉语语法专题研究开创了一个新的局面。从方法的出新和成绩的取得这两点看,以下七个专题的研究是比较突出的:一、句型系统研究;二、歧义结构研究;三、语序变化研究;四、特殊句式研究;五、汉语虚词研究;六、词组(结构)研究;七、动词问题研究。

一、句型系统研究

近年来,受转换生成语法理论影响,人们试图从"生成"角度着力探讨句子是如何产生的,认识到"怎样用有限的格式(句型)去说明繁简多方、变化无穷的语句,这应该是语法分析的最终目的,也应该是对于学习的人更为有用的工作"。(吕叔湘语)因而开始重视汉语句型系统的研究。最先发表的是《现代汉语八百词》一书有关句型研究的初稿《区分句型的一个尝试》(《中国语文》1979年第3期),几本大学语法教材也都涉及句型,尤以胡裕树主编的《现代汉语》最为重视,不仅在整个语法体系中占有举足轻重的位置,而且从理论上作了有益的探讨。比较有影响的句型系统有以下几家:

(1)《现代汉语八百词》

主谓句:动词谓语句、名词谓语句和"是"字句、小句谓语句。

动词谓语句：及物动词句、不及物动词句、双宾语句、动词作宾语句、小句作宾语句、数量宾语句、宾语前置句、"把"字句、被动句、补语句、存在句、连动句、兼语句。

特点是：1.以主、谓、宾、补四种句子成分组合为依据；2.完全排斥状、定在句型中的作用；3.动词谓语句内部小句型采用多项标准；4.句型系统本身不讲层次。

(2)《现代汉语》(胡裕树主编)

主谓句：名词性谓语句、动词性谓语句、形容词性谓语句、主谓谓语句。动词性谓语句：动宾谓语句、动补谓语句、连动谓语句、兼语谓语句。

特点是：1.2.和《现代汉语八百词》相同；3.区分"句子分析"（即句型分析）和"句法分析"（即词组分析）；4.坚持以结构定句型，句型系统有层次性，分为"上位句型"和"下位句型"。

(3)《现代汉语》(黄伯荣、廖序东主编)

主谓句：主谓谓语句、双宾句、连谓句、兼语句、存现句、"把"字句、"被"字句、疑问句。

特点是：1.从不同角度来分析句型；2.以主、谓、宾三大基本成分的组合为依据；3.定、状、补三个附加成分不是句型成分；4.句型系统不讲层次。

(4)《中学教学语法系统提要》

主谓句：动词谓语句、形容词谓语句、名词谓语句、主谓谓语句。动词谓语句：动词（无宾语）、动词＋宾语、双宾语、动词作宾语、主谓短语作宾语、动词＋补语、判断句、存在句。形容词谓语句：形容词、形容词＋补语、状语＋形容词、状语＋形容词＋补语。

特点是：1.以主、谓、宾、补四种句子成分的组合为主要依据；

333

2.状语对形容词谓语句句型有影响,而对动词谓语句没有影响;3.动词谓语句内部小句型采用多标准;4.句型系统的层次性有时讲有时不讲。

专门研究现代汉语句型的专著除了李临定的《现代汉语句型》一书之外,还有以下几本:

(一)《汉语五百句》:林杏光,1980年6月陕西人民出版社。

该书重点是对现代汉语句型作比较全面、集中、扼要的描述,采用的是六个标准:(1)句子的语气;(2)句子的结构特点;(3)句子的六大成分;(4)句子的谓语性质;(5)句子所带词组;(6)句子结构的繁简。结果得到一百类共500个句型。如果说是为适应对外汉语教学的需要,这样分类未尝不可,但作为严密的句型系统似不够成熟。

(二)《汉语常见句型的用法》:郭德润,1981年6月新华出版社。

这是一本目的在于讲实际应用的关于句型分析的语法专著,通过对正反两方面的实例分析,对现代汉语中最常用的九种句型作了比较详细的分析。这九种句型采用的也是多标准:(1)"把"字句;(2)"被"字句;(3)"对"字句;(4)"在"字句;(5)存在句;(6)兼语句;(7)祈使句;(8)谓语宾语句;(9)"是"字句。本书就句型论句型,没作理论上探讨,因而没涉及句型系统的构建。

(三)《句型和句型选择》:吴启主,1981年9月甘肃人民出版社。

本书着重讨论三个问题:(1)句型的划分,提出四种标准:句子的语气、句子的结构、谓语的性质或作用以及句子在句群中的地位和作用;(2)句型的转换,提出外转(由一种基本句型转换为另一种基本句型)和内转(不改变句子基本结构的内部局部转换);(3)句型的选择,提出歧义句的作用和同义句的选择,触及句型的运用问题。该书在理论上作了一些探讨,材料丰富。

(四)《现代汉语句型论》:陈建民,1986年11月语文出版社。

本书对现代汉语句型进行比较全面而详细的描写,按一主一谓句、非主谓句、是字句,一主多谓句和多主谓句分析。特点是:(1)强调"中介物"的分类观点,主张取消单复句,采取多分法;(2)强调句型的层次性,提出上位、中位、下位以及下下位句型的构造;(3)比较注重形式,并且拿意义验证形式;(4)重视汉语口语中特有句型。该书在理论上有自己独到的见解,并建立了一个完整的句型系统。

研究汉语句型的专题论文大体上可分为三类:(1)构拟自己的汉语句型系统,如陈炳迢《现代汉语句型系统》(《复旦学报》1981年增刊)、范晓《试论动词谓语句的定型问题》(《语文论丛(二)》)、邢福义《论现代汉语句型系统》(《语法研究和探索(一)》)等;(2)讨论划分句型的标准,如胡附、文炼《句子分析漫谈》(《中国语文》1982年第3期)、史存直《也谈句型》(《华东师大学报》1983年第4期)、邵敬敏《句型的分类及其原则》(《杭州大学学报》1984年增刊)等;(3)研究动词与句型的关系,如吴为章《单向动词及其句型》(《语法研究和探索(二)》)、史有为《包装义动词及其有关句型》、范晓《交接动词及其构成的句式》(均见《语言教学与研究》1986年第3期)、吴为章《"X得"及其句型》(《中国语文》1987年第3期)等。特别是1985年11月在厦门举行了"句型和动词学术讨论会",并出版了论文集《句型和动词》(语文出版社1987年4月),收论文24篇及会议综述1篇,并附录国内有关句型和动词的论文提要90篇。

二、歧义结构研究

歧义结构的研究,是近年来汉语语法学界十分感兴趣并且成果显著的一个研究专题。传统语法早前注意到了语言中的歧义现象,但那是作为消极的不规范的语言现象提出来的,目的是希望避免歧义理解,使语言表达准确无误。现在语言学家之所以对歧义研究发生兴趣,是把它作为深入探讨语言形式和语言意义种种复杂对应关系的一个突破口来对待的。同一形式如何表达多种意义,以及同一意义如何运用多种形式,这正是语言学家企图揭示的语法规律。

最早提出汉语歧义结构研究的是赵元任,他在《北京口语语法》中举的例是:"他是去年生的小孩儿"和"他是一九四八年选举的总统"。国内率先研究歧义结构并卓有成效的是朱德熙,他在1962年发表的《论句法结构》就运用结构主义语法理论和方法成功地分化了因层次结构不同而产生的歧义,举的例是"咬死了/猎人的/狗"(动宾/偏正),并尝试运用变换方法进一步分化因深层语义关系不同而产生的歧义,举的例是"屋里摆着酒席",S_1可变换成"酒席摆在(得)屋里",表示"存在",说明事物的位置,着眼点是空间;S_2可变换成"屋里正在摆着酒席",表示动作或行为的"持续",着眼点是时间。这些研究的结论及运用的方法引起了人们极大的关注。通过歧义研究这个窗口,人们发现了在线性排列、表层结构的后面,还隐藏着许多尚未挖掘出来的更为复杂、精细的语法规律。

80年代研究歧义问题的论著大体上可以分为三类:(一)描写歧义类型,同时涉及构成歧义的条件。例如徐仲华《汉语书面语言歧义现象举例》(《中国语文》1979年第5期),施关淦、吴启主《〈汉语书面语言歧义现象举例〉读后(一)(二)》(《中国语文》1980年第1期),则对上文作了重要的修正补充,提出具体句子和抽象句式应予以区分。吕叔湘《歧义类例》(《中国语文》1984年第5期)则收集了丰富的语言材料,可以说是集歧义类例之大成,并作了比较细致的分析。(二)就某些歧义结构深入探讨分析歧义的方法,或从理论上分析歧义的性质。例如朱德熙《汉语句法中的歧义现象》(《中国语文》1980年第2期)作了较全面深入的研究,是同类文章中最有深度也最富有启发性的一篇。围绕他的另一篇论文《"在黑板上写字"及相关句式》(《语言教学与研究》试刊(二),1981年第1期)展开过讨论,提出不同意见的有王还的《再说说"在"》(《语言教学与研究》1980年第3期)、施关淦《关于"在+NP+V+N"句式的分化问题》(《中国语文》1980年第6期)以及邵敬敏的《关于"在黑板上写字"句式分化和变换的若干问题》(《语言教学与研究》1982年第3期)等。(三)讨论语境歧义以及消除歧义的语用手段。例如徐思益《在一定语境中产生的歧义现象》(《中国语文》1985年第5期)、王建华《论语境歧义》(《中国语文》1987年第1期)、吴新华《汉语是怎样排除结构歧义的》(《南京师大学报》1984年第4期)等。此外进行综述的还有文炼、允贻的《歧义问题》(黑龙江人民出版社1985年)和邵敬敏的《关于歧义结构的研讨》(《语文导报》1985年第10期)。

关于分化歧义结构的方法,朱德熙提出四种:(1)组成成分的词类(form classes of the constituents);(2)层次构造(immediate constituents);(3)显性语法关系(overt grammatical relations);(4)隐性语法关系(covert grammatical relations)。这里所谓的词

类是指按词的次范畴给词进行再分类后的小类；显性语法关系即一般的语法结构关系，而层次不同的歧义结构，它们的内部语法关系也往往不同，所以对层次和语法关系的分析总是结合在一起进行的。隐性语法关系是指"隐藏在显性语法关系后面的潜在的语法关系"，即深层的语义关系。除以上四种方法外，现在已有人在探索运用语用因素来进行分化，如焦点与预设。

三、语序变化研究

传统语法历来认为汉语语法的特点之一就是语序特别重要。50年代关于主宾语问题的讨论已经涉及到这一课题。80年代关于语序变化的讨论又热烈起来了。关于语序变化的争论集中在两个问题上：

（一）定语的移位，它又包括定语的后置和前置。陆俭明的《汉语口语里的易位现象》（《中国语文》1980年第1期）认为"定语和中心语之间不发生易位现象"。对此，潘晓东在《浅谈定语的易位现象》（《中国语文》1981年第4期）中提出了不同看法。接着，陆俭明又写了《关于定语易位的问题》（《中国语文》1982年第3期）进行了反驳。陆氏的两篇文章的意义在于明确指出："句子成分之间总是同时存在着两种不同性质的关系——语法结构关系和语义结构关系"，而"相同的语法结构关系可以表示不同的语义结构关系，不同的语法结构关系可以表示相同的语义结构关系"。李芳杰《定语易位问题刍议》（《语文研究》1983年第3期）完全同意陆俭明意见，并具体讨论了定语前置和后置两种情况，认为"现代汉语无论口语还是书面语都不存在定语易位的现象"。邵敬敏在研究各家说法之后，发表了《从语序的三个平面看定语的移位》（《华东师大学报》1987年第4期),在严格区分语义、语法、语用三个平面的前提下,运用"语法功能排他性"鉴定方法来确定部分具有排谓性的由"的₃"构成的典型体词性结构是可以成为后置定语的,而所谓前置定语则是不存在的,但除了作状语之外,有一些典型的体词性结构应看作主语。其他有关文章如:符达维《现代汉语的定语后置》(《重庆师院学报》1984年第4期)、王定芳《汉语语序问题》(《湘潭大学学报》1983年第4期)、陈信春《是后移的定语,还是分句?》(《殷都学刊》1986年第9期)等。

(二)宾语的前置。旧的依施受语义关系而定的"宾踞句首"说,从50年代主宾语问题讨论以后已很少有人这样主张了,其代表人物是黎锦熙;现在又出现一种"宾踞动前"说,即主谓结构为基础的主谓句中,谓语部分宾语在一定条件下可以处于动词之前,条件是:(1)宾语为疑问代词,后边有副词"都/也"配合;(2)宾语有数词"一",后边有表示否定的副词"不/没有";(3)全句是列举形式。持此观点的有胡裕树主编的《现代汉语》、刘月华等的《实用现代汉语语法》以及吕冀平的《汉语语法基础》。陆俭明在《周遍性主语句及其他》(《中国语文》1986年第3期)一文中提出了异议,他在分析了三类周遍性主语句(A,什么都可以进去看看。B,一个人也不休息。C,家家都用上了煤气炉。)后,又同所谓"宾踞动前"句(什么也看不见啦。一句话也不讲。样样都得自己干。)作了比较,发现它们从形式到意义都存在着一系列平行现象,不同的仅仅是句首体词语义上的"施受"。因此认为不存在什么"宾踞动前"句,而是周遍性主语句。陆的分析是比较有说服力的。

关于语序变化的理论探讨,主要涉及到以下三个问题:

(一)语序研究的层次性:文炼、胡附提出语序研究要区分语义、语法和语用三个不同平面,即句子是以句法结构为基础,但句子并不等于句法结构,句子往往在句法结构基础上有所增添(如增添外位成分、独立成分),有所变化(如倒装、省略)。这种变动有的跟语义有关,有的跟语用有关,因此不要笼统地把语序变化只单纯看作是句法结构的变化。

(二)语言类型学的建立:境外学者戴浩一、李纳和汤姆逊等人都发表过文章讨论汉语的语序类型,他们认为古汉语的语序主要是SVO,而现代汉语的语序已变成SOV了。当然也有人反对,如黎天睦《汉语语序和词序变化》(《国外语言学》1981年第4期)。文炼、胡附从修饰语的位置古今比较入手也否认这种从"SVO"到"SOV"的变化。朱德熙认为过去说汉语中宾语提前的SOV(如"我羊肉不吃")和OSV(如"羊肉我不吃")两类格式都应该解释为主谓结构作谓语的SSV,可见他也不同意国外流行的这些观点。

(三)口语句法易位的特点:陆俭明认为汉语口语易位句应具备四个特点:(1)易位句的语句重音一定在前置部分上,后移部分一定轻读。(2)易位句的意义重心始终在前置成分上,后移成分永远不能成为强调的对象。(3)易位句中被倒置的两个成分都可以复位,复位后句子意思不变。(4)句末语气词决不在后移部分之后出现,一定紧跟在前置部分之后。这四个特点对确定语用交际中的易位句是很有作用的。

其他有关问题,如语序的强制性和选择性、语序的条件制约等也已开始引起人们的兴趣。

四、特殊句式研究

句式不同于按结构模式划分出来的句型,也不同于按句子的语气划分出来的句类，它是指某些有特殊作用或特殊标志的句子。对句式的研究，王力曾做过许多开创性工作，他提出的"处置式"、"使动式"、"递系式"等都很有影响。随着语法研究日趋深入细致，不少人长期致力于汉语特殊句式的研究，并取得了积极的成果。

（一）"把"字句：黎锦熙首创"提宾"说，认为介词"把"的作用是把原先位于动词之后的宾语提到了动词之前（《新著国语文法》），王力则进一步从该句式表示的语法意义这一角度提出了"处置"说（《中国现代语法》），尔后，吕叔湘另辟新径，提出"行为动词"说、"宾语有定"说以及"谓语复杂"说（《把字用法的研究》）。这三家观点在国内外汉语语法学界影响都很大。50年代的研究，一是对黎、王、吕三家学说进行修正或补充，如胡附、文炼《把字句问题》（《现代汉语语法探索》）、王还《"把"字句和"被"字句》（《汉语知识讲话丛书》）和梁东汉《论把字句》（《语言学论丛（二）》）。二是探讨"把"字句产生和发展的原因。如王力《处置式的产生及其发展》（《汉语史稿》）、祝敏彻《论初期处置式》（《语言学论丛（一）》）、向熹《〈水浒〉中的"把"字句、"将"字句和"被"字句》（《语言学论丛（二）》）以及戈弋的《把字句（处置式）的起源》（《中国语文》1958年第3期）。70年代末开始"把"字句研究又出现高潮。一类是在传统语法框架中对以往的研究进行检讨，着重探讨"把"字句的语法意义以及构成的条件。如潘文娱《对把字句的进一步探讨》（《语言教学与研究》1978年第3期）、宋玉柱《处置新解》（《天津师院学报》1979年第3期）、王还《把字句中"把"的宾语》（《中国语文》1985年第1期）等。另一类是受转换生成语法及格语法理论影响，着力研究"把"字句内部深层语义联系以及"把"字句与其他句式相互变换的关系和变换的条件限制。如傅雨贤《"把"字句与"主谓宾"句的转换及其条件》(《语言教学与研究》1981年第1期)、詹开第《把字句谓语动词的方向》(《中国语文》1983年第2期)、邵敬敏《把字句及其变换句式》(《研究生论文选集》,江苏古籍出版社1985年)等。

(二)兼语式:早在30年代刘复便提出了"兼格",40年代王力提出了"递系式",50年代丁声树等称之为"兼语式"。对这一句式历来有两种态度,肯定与否定对立得很激烈。史存直的《论递系式和兼语式》(《中国语文》1954年第3期)认为这种提法是不科学的,兼语式大都可以分析为"主谓补"结构。萧璋《论连动式和兼语式》(《北京师大学报》1956年第1期)和李临定、范方莲《语法研究应该依据意义和形式相结合的原则》(《中国语文》1961年第5期)也都认为应取消兼语式,尽管其理由并不相同。60年代研究兼语式的代表作是陈建民的《论兼语式和一些有关句子分析法问题》(《中国语文》1960年第3期),他的兼语式范围较宽,包括四类:

(1)动、名、动;(2)动、名、形;(3)动、名、主谓;(4)动、名、名。

这一争论在近十年内又进一步展开,从总的来看,取消论的趋势有所加强。张静《"连动式"和"兼语式"应该取消》(《郑州大学学报》1977年第4期)首先发难,认为该句式实际上有的是双宾语结构,有的是主谓结构作宾语,有的是复句。张礼训《在层次分析作业方法的要求看兼语结构分析上的矛盾》(《南京大学学报》1977年第3期)和符达维《从句子的内部结构看所谓"兼语式"》(《辽宁大学学报》1980年第4期)则分别从结构主义层次分析法和深层结构语义分析两个不同的角度论述兼语式不能成立的理由。目前最有影响的分析是朱德熙提出的,他在《语法答问》一书中进行了详细论述,他认为"V_1+N+V_2"形式中,N是V的宾语,而N和

V_2之间只有语义上的关系,没有结构上的关系,因为这里的层次构造是"(V_1+N)+V_2",换言之,所谓"兼语式"同连动式的差别仅仅在于其中的 N 是施事还是受事,而语法结构不能同语义结构混为一谈,因此他主张把它看作连动式中的一个小类。

对兼语式范围控制最严的是胡附、文炼,从《现代汉语语法探索》到《现代汉语》(增订本),一直主张兼语式的第一个动词必须有致动义。可见,即使都主张有兼语式的,具体看法仍有很大差异。近年来有关研究着重从理论上阐述兼语式存在的合理性。吴竞存、侯学超的《现代汉语句法分析》一书从结构、功能、意义这三个切分原则入手论证了兼语式可以进行层次切分。邢欣《论兼语式的深层结构》(《新疆大学学报》1984 年第 1 期)则运用转换生成语法理论来分析兼语式的表层结构和深层结构之间的关系。龚千炎的《由"V 给"引起的兼语式及其变化》(《中国语文》1983 年第 4 期)则讨论了一些新的更为复杂的兼语句式。

对兼语式的存废之争,现在下结论还为时过早。对这类句式的性质、内涵和外延以及同其他句式的关系,都还有待于进一步探讨。但不管如何,这类句式的客观存在正反映了汉语语法的特点。

特殊句式的研究还包括"被"字句、主谓谓语句、连动式、"有"字句、"对"字句、"比"字句、"连"字句、"在"字句、存在句等等。

五、汉语虚词研究

80 年代汉语虚词研究取得了重大成果。一是对虚词进行深入的研究,这包括对一类类虚词的综合论述和对一个个虚词的精细描写。例如:胡明扬《北京话的语气助词和叹词》(《中国语文》

1981年第5期)、陆俭明《关于现代汉语里的疑问语气词》(《中国语文》1984年第5期)、黄国营《"吗"字句用法初探》(《语言研究》1986年第2期)等。二是副词的研究在方法论上有新的突破。在这方面,陆俭明、马真的研究有杰出贡献。沈开木的研究也引人注目,《表示异中有同的"也"字独用的探索》(《中国语文》1983年第1期)和《"不"字的否定范围和否定中心的探索》(《中国语文》1984年第6期)探讨了句中副词语义指向的规律,揭示了一种新的歧义品种。马希文的《跟副词"再"有关的几个句式》(《中国语文》1985年第2期)着重探讨"预设"对句式中动词结构的影响。此外,胡树鲜《两组副词的语义特点及多项作用点》(《四平师院学报》82年专刊)、邵敬敏和饶春红《说"又"——兼论副词研究的方法》(《语言教学与研究》1985年第2期)、刘宁生《"大约"的语义、语法分析》(《语文研究》1985年第3期)在方法论上都有新见。

总之,副词研究的新突破主要表现在四个方面:(1)对副词语法意义内在联系的沟通;(2)对副词语义和句式相互依存关系的分析;(3)对副词语义指向而引起的歧义的研究;(4)对语境影响副词的语义指向和句式结构的探索。

近年来出版了好几本词典性质的虚词专书,最有影响的是两本:

(一)《现代汉语八百词》:主编吕叔湘,1980年5月商务印书馆初版,1999年1月出增订本。这是我国第一部讲汉语语词(主要是虚词)用法的词典,和以往以释义为主的词典有很大区别。全书分六部分:前言、凡例、现代汉语语法要点、正文、附录和笔画索引。收词821个,以虚词为主,按意义和用法分项详加说明,并注明词性。它的特点是:(1)大部分词条的描写相当细致、中肯,有不少见解相当精辟;(2)不拘形式,在实用上下功夫,尤其最普通最常见的用法讲得更为精细;(3)举例贴切、规范、准确,恰如其分地反映要说明的规律,而且不少例子生动活泼,富于口语化;(4)以实例说明用法,少用专门术语,多用简短文字说明,有些词条采用比较法,说明用法相近或易于混淆的语词的区别。总之,该书是一本有相当学术水平的语法词典。

(二)《现代汉语虚词例释》:北京大学中文系1955、1957级语言班编,1982年9月商务印书馆。该书1962年便已编好,20年后才由陆俭明、侯学超及胡双宝修订后出版。特点是:(1)共收虚词790个(兼收少量文言虚词及部分代词),是目前国内收词条最多、解释最详细的虚词词典;(2)注释比较精细、确切,并密切注意和用法、功能结合起来;(3)注意近义词和反义词的辨析比较,有的专门进行"辨异";(4)强调实用,在一些词条下设[病例]项,指出毛病并予以纠正。总之,该书无论学术性、实用性都很强。

其他虚词专书还有:

《现代汉语虚词》:景士俊著,1980年7月内蒙古人民出版社。收492个虚词,每个词条都标明词性,简释意义、用法,有的词条还附有"辨析",解决同义、同形异类和一词多类的复杂现象。全书比较简明扼要。

《现代汉语虚词》:华南师范学院中文系编写组编写,1981年5月广东人民出版社。收虚词及词头、词尾和衬字634个。每个词条按用法分别引若干例子说明,同时对部分用法相近虚词进行辨析。

《关联词语例释》:孟田著,1981年1月黑龙江人民出版社。全书分为两部分:"正确使用关联词语"讲关联词语的作用、分类和使用注意事项。"例释"收录关联词语83个(组),举例分别予以说明。

六、词组(结构)研究

黎锦熙在《新著国语文法》中明确宣布他的语法体系是"句本位",即以句子为基点进行句子分析,而句子则纳入"主语——谓语"模式中,把宾语、补语、状语看作附属于谓语的成分,把定语看作附属于主语、宾语的成分。由于句子里最活跃、变化最多的部分是谓语,所以着重讨论的正是谓语。以往的语法体系几乎都奉行了"句本位"的原则。近些年来出现了另一种与"句本位"相抗衡的新的语法体系,即"词组本位",对词组(又称"短语"或"结构")在汉语中的地位和作用有了全新的认识。郭绍虞在《汉语词组对汉语语法研究的重要性》(《复旦学报》1978年第1期)中指出:"汉语的构词法和造句法是基本一致的。中间还有词组一级,它的结构形式也是与之基本一致的。"因此,"词组能在词和句之间起灵活而多变的桥梁作用。"吕叔湘则认为:"词、短语,包括主谓短语,都是语言的静态单位,备用单位;而句子则是语言的动态单位,使用单位。"因此,"把短语定为词(或者语素)和句子之间的中间站,对于汉语好像特别合适。"(《汉语语法分析问题》)对此,吕冀平的《两种平面,两种性质——词组和句子的分析》(《学习与探索》1979年第4期)有详尽的阐述和发挥。正式打出"词组本位"旗帜,并在理论上加以说明的是朱德熙,他明确主张"在词组的基础上来描写句法,建立一种以词组为基点的语法体系"。围绕"句本位"和"词组本位"的利弊得失,在1986年10月的青年现代汉语(语法)学术讨论会上曾展开过热烈的讨论。较多的人倾向于这样的认识:词组在汉语句法中有着特别重要的地位,用它来说明汉语句子的结构层次和关系确实有许多优点,这是旧的句本位语法体系无法胜任的。但词组研究不能替代句子研究,因此,在词组结构分析基础上进行句型分析,并进一步结合语义关系和语用条件进行更高层次的分析也是必要的。这两种研究是互补的,因而提以什么为本位容易引起误解,是否可以考虑不必这么提。

关于词组的研究有两类文章,一是围绕张寿康的《说"结构"》(《中国语文》1978年第4期)一文进行的讨论、张文提出"语法的研究,应以研究结构为主",并列举二十一种结构:主谓、动宾、判断、谓补、连谓、偏正、固定、数量、指量、方位、介词、"所"字、"的"字、是……的、复指、能愿、趋向、紧缩、否定、比况等结构。作者承认这些结构并不是从一个角度划出来的,因而"不是'结构'的逻辑分类"。李人鉴《对〈说"结构"〉一文的几点看法》(《中国语文》1979年第3期)认为除虚词结构之外,其他结构都可以归并到"主谓"、"联合"、"偏正"和"正补"这四种结构中去。陆丙甫的《也谈"结构"》和彭庆达《说〈说"结构"〉》(均见《中国语文》1979年第6期)持相互对立的观点,陆文强调研究汉语结构的重要性,而彭文则认为在词法和句法之间不必插入一个词组系统。邢福义《略论"结构"研究中的几个问题》(《华中师范学院学报》1980年第1期)对张、李二文作了评议,并就"结构"同句子成分、句子的关系等五个问题作了较深入的讨论。范晓《关于结构和短语问题》(《中国语文》1980年第3期)对这一讨论作了比较全面的概括,可以说是一个小结。作者先为"结构"和"短语"正了名,论述了研究短语的意义,并对短语分类发表了看法,尤其注意了结构关系和层次性。二是研究词组的作用以及与句子的关系。王维贤《现代汉语的短语结构和句子结构》(《语文研究》1984年第3期)分析了句法分析的几个不同的侧面,着重讨论了现代汉语中短语结构与句子结构的区别,指出"为了认识句子的结构,不仅要对构成句子的基础的短语进行短语结构分析,而且要从表达功能的角度对句子进行句子成分的分析"。并在此基础上提出了一个句型系统。侯学超的《说词组的自由与黏着》(《语文研究》1987年第1期)指出词组也可以分为自由词组和黏着词组,并详细分析了介词结构等十类黏着词组。对黏着词组来说,它们永远不能单独成句,因而这一研究对深刻认识词组与句子的关系是很有意义的。这类文章还有张静《论"词组"》(《中州学刊》1981年第1、2期)、怀宁《几种黏着短语的句法分析》(《兰州大学学报》1981年第1期)、李子云《短语探讨》(《安徽教育学院学报》1986年第3期)、黄克俊《略谈现代汉语的结构》(《东北师大学报》1986年第6期)等。

关于汉语词组研究的专著比较少。例如《汉语词组》,华宏仪著,1984年4月山东教育出版社。该书举例分析了现代汉语19种词组,并讨论了"词组的构成"、"词组的句法功能"、"词组的转换"、"词组的修辞作用"和"词组的分析与教学"等问题。此外还有邵蔼吉的《现代汉语词组》(湖北教育出版社1985年12月)、吴启主、李裕德的《现代汉语"构件"语法》(湖北教育出版社1986年4月)。

七、动词问题研究

由于动词往往处于句法结构和语义结构的中心位置,所以,动词的研究历来是语法学界最关注的问题之一。传统语法关于动词的研究集中在这么几个问题上:(1)动词的性质和范围;(2)动词跟其他词类的划界;(3)动词内部的分类;(4)动词本身的变化形式。

80年代的动词研究,出现了新的动向,这主要是受到一些新的语法理论的影响,它表现在以下几个方面:

(一)按动词的"向"给动词分类。

对动词的"向"各人理解并不相同,关键在于确定"向"的标准。朱德熙认为,能够跟一个、两个或三个名词性成分发生联系的动词分别是单向动词、双向动词或三向动词。(《"的"字结构与判断句》,《中国语文》1978年第1、2期)因此,一个动词可能有时是单向,有时是双向或三向。例如"他来了"中"来"是单向,而"他来了客人"中的"来"是双向。文炼则修正为:动词的"向"是由与它相联系的强制性名词性成分决定的,而且"向"是固定的。(《词语之间的搭配关系》,《中国语文》1982年第1期)可见分歧有两点:(1)按"能联系的名词性成分"还是按"强制性名词成分"来决定动词的"向";(2)动词的"向"是不变的还是随句可变的。动词的"向"与句型研究密切相关,吴为章的《单向动词及其句型》和《"X得"及其句型——兼谈动词的"向"》(分别见《语法研究和探索》(二)(四))认为"决定汉语动词的'向'的是在一个句子中与它同时出现的必有的成分",即这种同现并产生强制性选择关系的成分不仅有名词性成分,而且还有非名词性成分;而这种"必有的成分"则要受到位置的限制和意义的限制。

(二)动词和名词之间的"格"关系。

受格语法理论影响,探讨动词和名词之间的语义关系的研究也十分活跃。据《动词用法词典》(上海辞书出版社1987年6月)研究,初步归纳出十四类不同语义关系的名词宾语:(1)受事宾语(钓鱼);(2)结果宾语(订条约);(3)对象宾语(教育孩子);(4)工具宾语(抽鞭子);(5)方式宾语(唱A调);(6)处所宾语(回南京);

(7)时间宾语(熬夜);(8)目的宾语(退税);(9)原因宾语(避雨);(10)致使宾语(改变关系);(11)施事宾语(出去了一个人);(12)同源宾语(唱歌);(13)等同宾语(成为少先队员);(14)杂类(闯红灯)等。这是当时对汉语的"格"关系分类最详细的研究。对这一课题作过专门探讨的是李临定,他的《工具格与目的格》(《语法研究和探索》(三))以及《施事、受事与句法分析》(《语文研究》1984年第4期)有不少新鲜的见解。此外,还有孟庆海的《动词十处所宾语》(《中国语文》1986年第4期)、徐杰的《"工具"范畴和容纳"工具"范畴的句法结构》(《华中师大学报》1986年第5期)等。

(三)探索动词的语法意义和语法作用。

这些动词的研究有一个最大的特点,即不是孤立地静态地进行研究,而是密切结合句法结构、组合关系乃至语用条件来研究。吴为章的《"成为"类复合动词探讨》(《中国语文》1985年第4期)不仅从它自身有什么变化、前后可以出现什么成分三个方面对动词进行考核,而且着重讨论它的"向"和组成的基本句型。刘月华的《动词重叠的表达功能及可重叠动词的范围》(《语法研究和探索(二)》)先归纳出动词重叠的基本语法意义,然后把重点放在考察表达功能的变化上,认为影响表达功能的因素主要是:(1)动作实现的时间;(2)出现的语境。这种重视语境条件对语法结构和语义关系的影响的研究是很有潜力的。

有关专著最重要的是《动词用法词典》:孟琮、郑怀德、孟庆海、蔡文兰合编,1987年6月上海辞书出版社。全书收动词1328个,不同义项出词条2117条,每条除注音、释义外,还包括四个方面的内容:(1)动词的一般功能;(2)名词宾语的分类;(3)动结式构成的情况;(4)动趋式构成的情况。该书的特点是:1.对动词作谓语的功能考察尤为细致,着重在动词的后续成分的性质、功能;2. 按名词宾语和动词的语义关系,并结合这些名词在句法上的变化,列出14类;3. 对变体动词所带各种结果补语的搭配情况详细举例阐明;4. 注意北京话的口语,"京味儿"比较浓。该书是我国第一部动词用法词典,填补了这一研究的空白。

《汉语动词选解》:王国璋、安汝磐主编,1981年11月书目文献出版社。全书共选代表某些类型的动词150余个,解释词义、功能、组合能力以及运用特点,有时也作一些语义或语法上的比较,并配有例句。该书目的是加深对动词语法规律的认识,可供动词研究参考。

《汉语动词概述》:范晓、杜高印、陈光磊合著,1987年10月上海教育出版社。该书基本上按《中学教学语法系统提要》给动词进行分类,分别介绍了动作动词、使令动词、心理动词、趋向动词、存现动词、能愿动词、判断动词、先导动词等八类动词的范围、内部小类、特点、用法等,写法体现了普及与提高相结合的方针,对语法教学及进一步的研究有一定参考作用。

八、其他语法专著简介

(一)《论现代汉语中的量词》:黎锦熙、刘世儒著,1978年1月商务印书馆。这是针对陈望道《论现代汉语中的单位和单位词》所写的答辩性小册子。全书分四节:(1)量词的含义问题;(2)"陪伴词"问题;(3)量词的分类问题;(4)量词新解。作者基本上坚持《汉语语法教材》的观点,略作修正。

(二)《汉语语法学的若干问题》:朱星著,1979年4月河北人民出版社。全书分24个专题论述汉语语法研究中的若干问题,一类是对语法一些基本理论问题的研究,涉及面较广;另一类是语法学史的简述。作者对新的理论和方法基本上持否定态度,在立论观点上明显受到"左"的思潮影响。

(三)《汉语词法句法阐要》:洪心衡著,1980年3月吉林人民出版社。全书收14篇文章,一半为词法研究,一半为句法研究。这些研究是在传统语法框架中进行的,用例丰富,分析细致,也不回避矛盾,但研究的理论和方法都比较陈旧。

(四)《汉语语法专题十讲》:邓福南著,1980年6月湖南人民出版社。作者针对现代汉语语法中存在分歧较大的问题分为十讲论述。一般是先摆出各家不同说法,再阐明分歧之所在,探索分歧产生的原因,进而提出自己的一些设想。大体上采用《暂拟系统》,但略有改动。归纳较有条理,叙述亦清楚,是进行语法专题研究的一本入门指导书。

(五)《汉语造词法》:任学良著,1981年2月中国社会科学出版社。这是我国第一部有关汉语造词法的专著。全书分为七章,着重分析了"词法学造词法"、"句法学造词法"、"修辞学造词法"、"语音学造词法"和"综合式造词法",作者严格区分"构词法"和"造词法",认为两者是"目"和"纲"的关系。该书有一些新见,材料也颇丰富。

(六)《汉语语法问题试说》:高更生著,1981年5月山东人民出版社。全书共收40篇专题文章,针对现代汉语语法教学中经常碰到的一些疑难问题进行尝试性解说,语法体系采用《暂拟系统》。该书涉及面广,内容较丰富,最后还有关于汉语语法学史的简介。

(七)《长句结构分析》:李子云著,1981年6月上海教育出版社。本书主要试图通过对一般长句结构的语法分析探讨以了解汉语句法结构的复杂现象。全书分14章,基本上采用句成分分析法,有时也采用层次分析法来帮助说明问题。作者把词组当作句子的构件,以此为出发点来分析长句,颇有特点。

(八)《语法新编》:史存直著,1982年8月华东师大出版社。该书分十五章,章节类似语法课本,实际上是旨在建立语法体系架子的理论著作。作者对汉语传统语法进行了较充分阐述,同描写语法学针锋相对,不失为一家之言。它和作者另一部论集《句本位语法论集》都是汉语传统语法的代表作。

第五节　汉语语法学的理论研究

对汉语语法进行研究,就形成了汉语语法学。而汉语语法学发展到一定程度,就必然会产生对其理论进行研究的三门分支学科:第一,汉语语法评论学;第二,汉语语法学史;第三,汉语语法理论。80年代以来,这三个分支学科已经初具规模,呈现出一种方兴未艾的发展势头。

一、汉语语法学评论的开展

建国以来,一直到1957年,汉语语法学评论曾出现过一个高潮。这些评论大致可以分为三类:(一)介绍推荐一些优秀的语法著作;(二)批评某些拙劣的语法普及读物;(三)提出商榷意见,学术上展开争鸣,如许绍早与傅子东就《语法理论》一书的争论,王宗炎与黎锦熙、刘世儒关于《中国语法教材》一书的争论。60年代初吕冀平的《〈现代汉语语法讲话〉(丁声树等)读后》(《中国语文》1960年第6期)写得相当出色,对当时语法研究起到了一定的指导作用,被认为是书评中的代表作。然而,50—60年代的评论主要还是局限于书评。评论的范围还比较窄,内容大多就事论事,涉及研究的理论和方法较少。

语法学评论的重要性一点也不亚于语法研究本身。语法研究往往要借助于语法学评论,才能迅速、健康地发展。当年Chomsky写了转换生成语法学派的经典著作《句法结构》,是在荷兰发表的,影响极小。只是在《语言》杂志上刊登了罗伯特·李兹对该书所写详尽的评论后,美国语言学界才开始引起重视,并最终导致了一场语言学界的革命。

1978年以来,汉语语法学评论有了进步,特别是1985年以来,《语文战线》改刊为《语文导报》后,开辟了"语言学的历史动向"、"语文书刊评论"、"语言学论文导读"等栏目,连续发表几十篇有关语法专题的评论文章,在语法学界引起了强烈反响。这些评论有几个明显的特点:

(一)加强了宏观评论,对整个汉语语法学发展的现状、变化、趋势进行探讨。例如林裕文的《回顾与展望》(《中国语文》1982年第4期)、徐通锵的《近年来中国语言学的若干变化》(《语文导报》1986年第11、12期)、邵敬敏的《汉语语法研究现状述略》(《语文导报》1985年第5期)、常理的《汉语语法研究观念的嬗变和走向》(《语文导报》1987年第5期)等。

(二)开展了语法专题的评论,即加强了微观的评论,对一系列汉语语法研究中的重要课题进行系统的归纳、总结。例如,雷雨(陈建民)《建国以来汉语口语研究综述》(《语文导报》1985年第4期)、申小龙《汉语动词分类研究述略》、陆丙甫《名物化问题异议种种》、林立《现代汉语复句研究概观》(均见《语文导报》1985年第7

期)、邵敬敏《八十年代副词研究的新突破》(《语文导报》1987年第2、3期)、范晓《有关动词研究的几个问题》(《语文导报》1986年第5期)、徐子亮《汉外语法比较研究述略》(《语文导报》1987年第3期)等。

(三)对著名语法学家进行专门评论。例如吕必松《吕叔湘先生传略》(《中国语文》1985年第2期)、刘月华《范继淹评传》(《汉语学习》1985年第5期)、眸子(李宇明)《借助逻辑学研究现代汉语——邢福义的语法研究特色》(《语文导报》1986年第7期)等。

(四)对重要语法学术会议进行专题评论。例如晓珑(申小龙)《厦门句型和动词学术讨论会纪实》、任芝瑛《探讨语义、语用和句法的关系——浙江省语法讨论会叙略》(均见《语文导报》1986年第5期)。

(五)对重要的语法著作进行专题评论。例如李士重《〈汉语口语语法〉读后》(《中国语文》1981年第3期)、任力《评四本新著语法书》(《语文研究》1984年第1期)、顾越《〈语法答问〉读后》(《中国语文》1986年第4期)等。

纵观这些评论,可以看出有如下特点:

(1)中青年作者占绝大多数,尤以青年为主。

(2)评论不是就事论事,而力图从方法论高度予以总结。

(3)评论的角度多样化,宏观评论和微观评论相结合。

(4)不少评论带有"史"的发展观点,有的几乎就是一篇语法专题研究史。

(5)思想比较解放,不拘于陈见,往往有新的观点和见解。

(6)信息灵敏,反映了当前最新的研究动向,对今后研究起到积极的促进作用。

二、汉语语法学史的研究

80年代的汉语语法学史的研究空前活跃,这主要表现在:(1)加强了断代史的研究。例如徐通锵、叶蜚声的《"五四"以来汉语语法研究述评》(《中国语文》1979年第3期)、李临定《我国三十年来的语法研究》(《语言教学与研究》1980年第4期)、吕必松《现代汉语语法史话》(《语言教学与研究》1980年第2、3期、1981年第1、2期)等。(2)加强了对语法史上重要事件、重要著作、重要学者的研究。例如刘云泉《"文法革新"讨论及其意义》(《杭州大学学报》1980年第2期)、周钟灵《〈马氏文通〉述评》(《中国语文》1978年第4期)、孙良明《黎锦熙晚年对其语法体系的发展》(《北京师范大学学报》1983年第4期)、胡裕树、王希杰《方光焘教授与汉语语法学》(《复旦》1985年第4期)等。(3)加强了对汉语语法学史本身的研究。例如林玉山《汉语语法学发展的语言因素》(《语言教学和研究》1984年第1期)、邵敬敏《关于汉语语法学史研究的若干问题》(《华东师大学报》1988年第5期)、陈月明、王继同《关于汉语语法学史分期的不同观点》(《语文导报》1986年第9期)等。(4)出版了四部通史:孙玄常《汉语语法学简史》(1983年5月安徽教育出版社)、林玉山《汉语语法学史》(1983年11月湖南教育出版社)、马松亭《汉语语法学史》(1986年8月安徽教育出版社)以及龚千炎《中国语法学史稿》(1987年语文出版社)等。

(一)《"五四"以来汉语语法研究评述》(徐通锵、叶蜚声)

这是一篇从语法研究方法的演变角度来探讨汉语语法研究发展的专论,见解新颖、立论公允,对汉语传统语法、描写语法的一些代表性著作和论文作了中肯的分析,同时也涉及到转换语法的一些特点。该文在语法学界影响很大。

(二)《现代汉语语法史话》(吕必松)

这是一篇较为全面系统地论述现代汉语语法学史的专论。作者把整个语法学史分为:(1)模仿时期;(2)探索时期;(3)新中国时期。立论较为客观,对各语法流派给以恰当评价,特别注意了描写语法的兴起和发展。但有些评价欠妥,如把孟起《词与句》与王力《中国文法学初探》并列为"真正表现了革新精神的著作";写法上也不够统一,第(1)(2)段按史的发展和专著介绍结合起来写,而第(3)段则按时期特点和成就综合起来写,缺乏"史"的特色。总的来说,文章简明扼要,有一定质量。

(三)《汉语语法学简史》(孙玄常)

该书简明扼要,持论公允。分期为:(1)古代到晚清(又分"古代"和"马氏文通");(2)二十世纪初到解放前(又分"三十年代前"和"三十年代后");(3)解放以后(又分"五十年代"和"六十年代和七十年代")。该书的特点是:(1)对历史背景情况比较重视;(2)对汉语结构主义语法流派比较重视,有专门论述。虽然因篇幅有限,许多重要的论著、作者、流派、事件没能涉及,但仍不失为一本较好的普及性读物。

(四)《汉语语法学史》(林玉山)

该书内容翔实、材料丰富、分析详细,是比较有分量的一部汉语语法学史。全书按古代、近现代和当代三个时期进行论述。特点是:(1)注意探索汉语语法学产生和发展的进程及原因,并展望它的发展趋势,从而在"史论"的科学性方面向前迈出了一大步;(2)重点突出,对若干重要语法著作分析尤为详尽;(3)对台湾的有关研究作了介绍;(4)书后有汉语语法学史大事记、汉语语法著作目录索引、主要语法论文索引和外国对汉语语法的研究等四个附录。不足之处在于"史"的发展轨迹不清,对重要语法流派产生和发展没引起充分重视。对汉语语法学其他分支学科几乎没能涉及,对1978年以来的语法研究介绍太简略。

(五)《汉语语法学史》(马松亭)

该书比较实在,着重于语法专著介绍。分期为:(1)战国时期至《马氏文通》出版前;(2)《马氏文通》出版到新中国成立前;(3)新中国成立后。该书特点是:(1)以语法著作为纲,较系统地介绍了七十余部著作;(2)坚持"述而少作"原则,尽可能作客观介绍;(3)对台湾和国外的汉语语法著作介绍比较详细。该书在理论上探讨不足,对"史"的发展几乎没作阐述,因此更像一部"语法专著简介"。

(六)《中国语法学史稿》(龚千炎)

该书吸取了当代有关汉语语法学史研究的某些成果,历史分期为:酝酿、萌芽时期——草创、模仿时期——探索、革新时期——发展、繁荣时期。该书特点是:(1)注意探讨汉语语法学发展的原因和趋势;(2)对结构主义语法研究给予充分重视;(3)给历史语法研究以相当重要的地位;(4)加强了70年代末到80年代初的语法研究评述;(5)加强了对语法学家学术活动的评述,书后还附录了于根元写的《在探索中前进》,详细介绍了中年语法学家的学术成就。不足之处在于,对重要的论文、观点介绍不够,因而没能在根本上摆脱以著作为纲的旧框架,对面上的情况和非重点著作介绍也不够;另外,对语法学的分支学科、边缘学科没予以充分重视,对台湾和国外的汉语语法研究介绍过于简略。但总的来看,所取得的成绩已超过了前面几部同类著作。1997年10月出修订本。

三、汉语语法理论研究的深入

汉语语法学界历来崇尚语言材料的收集和归纳，而对理论的探讨和研究重视不够。这一倾向不仅表现在具体的研究成果上，而且反映在学术界的指导思想上。《中国语文》1980年第1期发表了署名"本刊评论员"的重要文章《语言研究大有可为》，号召大家"在理论探讨的同时多做点用例调查"，对此，不少人提出了不同看法，林裕文在《回顾与展望》中就明确提出"在提倡加强事例的调查的同时，还得提高理论的水平"。王希杰更是大声疾呼："理论探索不可忽视"。80年代以来，汉语语法理论研究尽管还很不够，但与前些时相比已有所加强。这首先表现在学术界开展了若干次语法问题的讨论，其次是引进和借鉴国外新的语法研究理论，并结合汉语语言事实，提出了许多新的问题加以探讨，例如关于区分语义、语法、语用三个平面，关于深层结构理论的解释能力，关于语法形式与语法意义如何结合等等。第三是出版了几部语法理论研究的专著，重要的有：吕叔湘的《汉语语法分析问题》、朱德熙的《语法答问》、方光焘的《方光焘语言学论文集》、史存直的《句本位语法论集》、徐思益的《描写语法学初探》、吴竞存、侯学超的《现代汉语句法分析》、吕香云的《现代汉语语法学方法》等。

关于研究理论和方法的探索，主要涉及以下一些问题：

（一）关于语用学的研究

胡正微的《汉语语法场浅探》（《中国语文》1980年第4期）指出："这种交际时由语言内外各种因素形成了对言语结构的交叉制约作用的范围，我们也借喻为'场'，叫做'语法场'"，而"储存单位一旦变为使用单位，也就同时进入语法场"，这一研究实际上已涉及到语用学的范围,但只是当胡附、文炼提出要区分语义、语法和语用三个平面后,关于语用的研究才真正开始引起了注意。范开泰的《语用分析说略》(《中国语文》1985年第6期)是同类介绍有关国外研究理论并结合汉语实际较好的一篇文章,作者比较全面地介绍了话题与主语、焦点与重音、信息结构与言外之意等重要内容。见解新颖,很有启发性。这方面的研究还有石安石的《句义的预设》(《语文研究》1986年第2期)、刘宁生的《语境分析》(《南京师大学报》1984年第1期)等。

(二)关于方法论的探索

崛起的青年一代学者对语法研究的方法论尤感兴趣,而《语文导报》从1986年起开辟了"语言研究方法论"专栏,提供了发表该类文章的园地。其中,陆丙甫、申小龙尤为活跃。陆丙甫的"板块理论"经历了一个发展阶段,从"主干成分分析法"(《语文研究》1981年第1期)发展为"流程切分和板块组合"(《语文研究》1985年第1期),又进一步演变为"同步组块"。他在《语句理解的同步组块过程及其数量描述》(《中国语文》1986年第2期)中对这种"同步组块"过程作了数量的描述,指出"脑中贮存的块数虽然有增有减,但不会超过短时记忆所能容纳的限度——七块左右"。申小龙则对汉语语法研究历史上的几种主要理论进行了激烈的抨击,认为"模仿的句本位倾向"、"模仿的唯层次分析倾向"和"模仿的比较异同倾向"这"三种主要倾向的缺陷是带根本性的",因此要求"从历史经验中吸取教训,重新估计我们的研究理论和方法,立足于汉语事实,自由、深入地描写汉语语法构造"(《汉语学习》1986年3、4期)。他根据表述功能的不同把汉语句子分为施事句和主题句,施事句是动词句,主题句是名词句。他的《〈左传〉主题句研究》(《中国语文》1986年第2期)对此作了详细的分析。陆丙甫和申小龙的研究出发点是很不相同的,陆氏寻求的是普遍语法,立足于心理语言学的研究,主张动词中心说。而申氏则强调特殊语法,立足于文化语言学的研究,反对动词中心说。但两人都试图在研究的理论和方法上有所突破,虽然他们各自的观点还有待于进一步证明,但这种探索精神是值得提倡的。

有关著作介绍如下:

(1)《方光焘语言学论文集》:王希杰、卞觉非、方华选编,1986年3月江苏教育出版社。这是为纪念方光焘逝世十周年出版的专集。方光焘(1898—1964年),浙江省衢县人。1918年赴日留学,1929年赴法专攻语言学,曾在上海大学、上海暨南大学、安徽大学、中央大学等校任教,解放后一直担任南京大学中文系教授。该书收论文22篇,可分为三类:一是参加30年代文法革新讨论的文章,二是参加60年代语言与言语讨论的文章,三是关于汉语语法研究的文章。其中《汉语词类研究中的几个根本问题》(提纲)是对50年代汉语词类问题讨论的总体看法。《论语言记号的同一性》(提纲)是评论朱德熙的《说"的"》,着重讨论"语言记号的同一性"、"性质形容词和状态形容词的区分"、"语法功能"以及"语音形式和意义的同一"四个理论问题。《论现代汉语语法研究的几个原则性问题》则专门讨论语法研究的原则和方法,方氏对语法研究中所作新的尝试给以热情支持,对结构主义语法理论研究深透,论述精当。

(2)《句本位语法论集》:作者史存直(1904—1994年),1986年3月上海教育出版社。史存直,安徽省合肥市人,1921年赴日留学,长期在高校从事语言教学,华东师大中文系教授。史氏是国内最彻底的传统语法研究的代表人物。该书共收28篇论文（包括《语法三论》中的全部文章），作者提出建立汉语语法体系的三个原则：(1)句本位原则，(2)形式与内容对勘而以形式为纲的原则，(3)句法与词法对勘而以句法为纲的原则。总的观点是坚持句成分分析法，反对层次分析法；坚持传统语法，反对结构主义语法和转换生成语法；坚持句本位，反对词组本位。史氏一贯旗帜鲜明，态度坦率，即使长期处于少数派地位，也绝不气馁，八十高龄而仍孜孜不倦从事语法研究。

(3)《描写语法学初探》：徐思益著，1981年新疆人民出版社。徐思益，生于1927年，四川省仪陇县人，1954年毕业于四川师院中文系，1958年南京大学方光焘研究生毕业，现为新疆大学中文系教授。该书运用结构主义语法理论来分析汉语语法，试图描写汉语共时语法体系。它的价值在于结合汉语实际来探索描写语法学的理论，这在国内还是第一部著作，因而引起人们广泛的兴趣。

(4)《现代汉语句法分析》：吴竞存、侯学超著，1982年6北京大学出版社。该书"主要是运用层次分析法分析、讨论汉语句法结构及某些语法现象"，它吸取了现代语言学的成果，在注重形式分析的同时，加强语义分析，从而确定了切分三原则：结构、功能、意义。该书是迄今为止把层次分析法运用于汉语句法分析论述最详细、最深入，例句也最丰富的一本专著，分析比较中肯，而且有不少独到见解。例如建立起"多切分结构"，这有助于认识和解决一些有争议的句法结构；对各种同形结构的分化、"零形式"、"独用结构"、"非连续结构"等都做了有益的探讨。尤为可贵的是能正视层次分析法的局限性，指出它对层次相同关系相同而意义不同的同形结构无能为力，对非直接成分之间语义联系也不能有效地揭示，对意义和功能不一致的语段切分也有困难。这本书在科学性和实用性两方面都颇有价值。

(5)《现代汉语语法学方法》:吕香云著,1985年10月书目文献出版社。该书讨论现代汉语语法学研究方法,除中心词分析法、层次分析法、句型分析法和转换分析法之外,着重讨论了汉语词序分析法和虚词分析法,并从分布分析法角度对朱德熙的《说"的"》进行了批评。作者试图构建一个理论框架,但写得比较凌乱,有些内容是否属于方法论似可商榷。

第八章　港台和国外的汉语语法研究

第一节　台湾和香港地区的汉语语法研究

一、概述

台湾省以及香港地区自从1949年以来,由于政治上的原因,和祖国大陆在学术上一直保持着相互隔绝的状态,因而我们所能看到的资料以及能了解的情况极为有限。一般地说,台湾省的汉语语法研究大体上可以分为三个阶段:

第一阶段(1949—1959年):50年代台湾省当局曾开展过一次推行国语运动,随之出版了一批实用性的语法普及读物,如:何容《简明国语文法》(台北正中书局1950年)、刘珊《中国文法》(台北华国出版社1951年)、董长志、齐铁恨、何容《实用国语文法》(台北台湾书店1952年)等,其中以许世瑛的《中国文法讲话》为代表,影响最大。这些论著都是以传统语法为主的。

第二阶段(1959—1977年):60年代前后,台湾省语法学界着力于汉语历史语法体系的构拟,强调古汉语的分期研究,因此十分重视断代的语法描写,并发表了不少专门研究某部古籍语法的专论或专著,如:夏宗陶《〈论语〉中"者"字探究》(上、下)(《大陆杂志》

24卷1—2期,1962年)、许世瑛《谈谈〈世说新语〉中"见"字的特殊用法和被动句的几种句型》(《大陆杂志》25卷10期,1962年)、王仁钧《庄子"於"字用法探究》(一—五)(《大陆杂志》34卷8—12期,1967年)等论文。专著则有:许世瑛《〈论语〉二十篇句法研究》(台北开明书店1973年2月)、詹秀惠《〈世说新语〉语法探究》(1973年)等。此外还有余若昭《〈列子〉语法研究》(《台湾师范大学国文研究所集刊》17期,1973年)、戴连璋《〈诗经〉语法研究》(《中国学术年刊》,1976年)。其中以周法高《中国古代语法》(《称代编》1959年,《造句编》1960年,《构词编》1962年)为代表,这是部历史语法,基本上采用结构主义语法理论,篇幅浩大,影响颇大。

第三阶段(1977—今):以汤廷池的《国语变形语法研究:移位变形》(台北学生书局1977年3月)出版为标志,反映了台湾省语法学家开始尝试运用国外新的语法理论和方法来分析汉语语法的趋势。此外,还有由汤廷池主编的《现代语言学论丛》,甲类(中文本)汤廷池《国语语法研究论集》(台湾学生书局1979年8月),乙类(英文本)邓守信《汉语主宾位的语意研究》(台湾学生书局1977年)、曹逢甫《主题在国语中的功能研究》(台湾学生书局1979年8月)、汤廷池主编《汉语句法、语意学论集》(台湾学生书局1981年)等。

除以上著作外,现代汉语语法研究方面还有郭步陶《国文文法研究》(台北启明书店1961年)、谭计全《白话文文法十四讲》(台北中华书局1968年)、许芹庭《高级国文法》(台北中华书局1970年)、李维棻《中国文法概论》(台北商务印书馆1973年)等。方言语法研究方面则有张洪年《香港粤语语法的研究》(香港中文大学出版社1972年)、林双福《台湾话选择问句的语法》(台北学生书局

1979年)等。语法学史方面则有张琨《中国结构语言学》(《史语所集刊》46本第二分册,1975年)、周法高《论中国语言学》(香港中文大学出版社1980年)等。

二、《中国文法讲话》和许世瑛的语法研究

许世瑛(1909—1972年),字诗英,浙江绍兴人。1936年毕业于清华大学研究院,曾执教于燕京大学、辅仁大学、北京大学。1946年到台湾,任台湾省立师范学院、台湾师范大学教授,并兼任台湾大学、辅仁大学教授。毕生从事语法研究和语法教育工作,在普及语法知识和培养语法研究人才方面有较大贡献。他的代表作为《中国文法讲话》及《〈论语〉二十篇句法研究》。

《中国文法讲话》:1954年8月台湾开明书店初版,1968年3月修订再版。该书以吕叔湘《中国文法要略》为依据,取精汰粗、缩减而成。无论在理论方法、语法体系,还是所用术语、章节安排都全盘接受吕氏观点。不同之处只是"吕氏分词组为两类,一类是以名词为主体词的,另一类是以动词和形容词为主体词的。笔者或则以动词和形容词为主体词的;应该把它算作'词结'"(序)。

修订版对原书作了八点修正,即:(1)衍声复词增加"带词头衍声复词"一类;(2)动词头上的"所"是词头;(3)"於"本是动词,所以"日之於昧"为组合式词结;(4)"以来"是由"自×时以来至今日"的紧缩式,"尔来""孑兹"亦类推;(5)"与其"一词中,"与"原为动词,"其"是由指称词演变为词尾的;(6)个别例子分析与吕氏不同;(7)增加两个术语"述词"、"表词";(8)增加"句子的定义和种类"一章。从上所见,作者只是作了小修小补,整个语法体系基本上维持原状。该书实际上只是吕氏《中国文法要略》一个缩写本,在学术

上没有什么新见,这反映了台湾省在50年代时语法研究"谨守残局"的状况。

《〈论语〉二十篇句法研究》:1973年2月台湾开明书店。该书从1969年开始动笔,当时许世瑛双目已失明,由许氏口述,由台湾师大国文研究硕士班和台湾大学中文研究所硕士班两位学生笔录。每写完一篇,发表在《中华文化复兴月刊》上,然后汇编成册,书出版时许氏已去世。该书语法体系同于《中国文法讲话》,只不过是对《论语》二十篇逐篇逐句进行分析,然后再作一归纳。作者归纳出的句式有八类:(1)叙事简句与叙事繁句;(2)致使繁句;(3)意谓简句与意谓繁句;(4)有无简句与有无繁句;(5)表态简句与表态繁句;(6)判断简句与判断繁句;(7)准判断简句与准判断繁句;(8)递系复句。

许氏的研究方法完全是传统语法范畴,归纳句型也纯粹从意义与逻辑为出发点,对《论语》的分析虽然详尽,但无论在理论方法以及结论上都无创新之处,师承于吕氏然而始终没有超越过吕氏早年研究的成就。

顺便要提一下的是詹秀惠的《〈世说新语〉语法探究》,詹氏是许氏的学生,在许氏指导下写成此书,1973年影印出版。该书分三编:第一编,称代词;第二编,语气词、关系词、限制词;第三编,构词法和造句法。《世说新语》是南北朝初期的作品,文中语言比较接近于当时口语,是一部记录中古汉语语法的重要资料。对该作品的研究是很有意义的。作者在观点上基本上师承许氏,但比较注意语言结构的分析。显然受到结构主义语法理论的影响,写法上也和《〈论语〉二十篇句法研究》大不相同,在学术上有一定价值。他另一部专著为《南北朝著译书四种语法研究》(台北台湾学生书局1975年)。

三、《中国古代语法》和周法高的语法研究

周法高,1915年生,江苏东台人。1941年北京大学中文系毕业,台湾研究院史语所二组专任研究员,台湾中央研究院院士,1966年以来在香港中文大学任教。周氏学识渊博,语言学各个领域几乎都有所涉足;治学勤奋,研究成果累累。他主要成就是汉语历史语法的研究,曾先后发表《上古语法札记》(史语所集刊22本,1950年)、《中国语法札记》(史语所集刊24本,1953年)等一系列关于古代汉语语法研究的论文(1950—1957年共发表八篇),在此基础上又撰写了篇幅浩大的巨著《中国古代语法》。

该书以春秋战国的文献为主,上溯殷周,下探汉魏六朝的发展。全书计划分为四编:一、造句编(Syntax);二、构词编(Morphology);三、称代编(Substitution);(四)虚词编(Function Words或Formwords)。但目前只出版了前三编。

称代编分八章:(1)通论,(2)第一、二身代词,(3)第三身和指示代词,(4)询问代词,(5)其他代词,(6)称数,(7)代词性助词,(8)省略。造句编分四章:(1)句型,(2)词类,(3)句之成分,(4)复句。构词编分四章:(1)音变,(2)重叠,(3)附加语,(4)复词。

该书在语法体系上博采众长,不拘泥于一家之说。主要是受结构主义语法影响,采用层次分析法。不少观点采纳布龙菲尔德、赵元任、叶斯泊森、霍凯特、Bloch、Firth、Gabelents的说法。有的地方还提到"转换"办法,显然受Chomsky影响。作者材料收集极为丰富,分析也很细腻,其中最有参考价值的是造句编,其中不少提法和传统的研究相比显得颇新颖,因而在港台地区和国外语法

学界很有影响。

周氏在汉语语言学史(包括语法学史)的研究方面也颇有建树,有关论文收入《论中国语言学》(香港中文大学出版社1980年8月)。其中《二十世纪的中国语言学》(1973年)有专门章节介绍台湾和国外对汉语语法的研究情况,提供了不少动态,评价比较客观。《汉语研究的方向——语法学的发展》(1974年)是对以往汉语语法研究的一个简单回顾,并认为今后的趋势可以分成三方面来研究:"一方面是纵的研究,就是从古到今","另外一个横的发展,就是方言的文法","第三方面就是对比的研究"。最后提出第四个最难也最有价值的途径:"自己立一套理论,来研究全世界的语言"。

四、《国语变形语法研究》和汤廷池的语法研究

汤廷池,生于1932年,台湾省苗栗县人,就读于国立台湾大学,美国德州大学(奥斯汀)语言学博士,历任德州大学在职英语教员训练训画语言学顾问,美国各大学合办中文研习所语言学顾问,国立清华大学、私立辅仁大学语言研究所兼任教授等,后任台湾师范大学英语系与英语研究所教授。汤氏除从事英语语法研究外,重点是汉语转换语法研究。1971年发表《现代国语格变语法》(Case Grammar in Mandarin Chinese),1972年发表《国语格变语法试论》,1975年发表《国语格变语法动词分类研究》(A Case Grammar Classification of Chinese Verbs)等。

《国语变形语法研究:移位变形》:1977年3月台湾学生书局,1979年3月修改再版。该书为"现代语言学丛书"之一,第二集《包孕结构》也已出版。

作者自称写该书的"第一个目标是对于国语变形语法,特别是移位变形,做有系统而深入的研究。第二个目标是用中文来讨论国语文法,并借此机会把现代语言理论与方法论扼要介绍给国内的读者"。(后语)这是国内第一部系统地并卓有成效地运用乔姆斯基转换语法理论来分析研究汉语语法的专著。该书分四章:(一)导论:主要介绍有关语法研究的一些基本概念,写得比较通俗易懂。(二)现代语言理论的发展和分化:介绍转换生成语法的基本观点、它的发展历史以及目前鼎足的三个流派——Chomsky的"扩充的标准理论"、Lakoff、McCawley、Ross、Postal的"衍生语意学"(也译为生成语义学)、Fillmore的"格变语法"。(三)国语的移位变形:这是本书重点,篇幅占得最多,也写得最精彩。作者先介绍一般的变形规则:基本变形、移位变形、割除变形与复写变形、循环变形、结构树的修剪。然后分别讨论汉语中13种具体的变形规律及其条件限制。这些变形规律是:主语变形、主题变形、向左移位变形、宾语提前变形、处置式变形、被动变形、间接宾语提前变形、领属格名词组移位变形、副词移首变形、"连"提前变形、宾语子句移首变形、主语提升变形、否定词定位与定量词定位变形。(四)移位变形的限制:主要介绍国外几位学者关于变形移位限制的原则意见,这方面的内容比较单薄。

该书有以下几个特点:(1)试图建立起一个崭新的汉语变形语法体系。(2)作者采取了兼收并蓄的方针,并不拘于乔姆斯基一家之说,广泛汲取了许多学者观点,国外的如:Hasegawa、Katz、Fodor、Ross、Postal、Lakoff、McCawley、Jackendoff、Fillmore、Hashimoto夫妇等,国内如:赵元任、王力、王还、李方桂、何容、邓守信等。(2)作者深受生成语义学和格语法影响,一方面重视形式的分析,同时也十分注意语义的因素。(3)取得了传统语法和描写语法所一直未能突破的成就,如对"连"提前的变形与副词提前变形的分析。

存在的问题:(1)不少地方过分拘泥于变形手续,新的语法理论和方法尚不能很好地和汉语事实相结合,所以使人感到全书仍有以汉语事实去说明某种理论的印象。(2)某些结论理由不很充分,如确认汉语属于"VSO"语言就缺乏说服力。某些分析也与事实不符,如作者讨论"连"提前变形时,认为"如果是'一'以外的数词,那么除非与有定限词'这'、'那'等连用,否则都不能提前",其实,"他连三分钟都不肯等、他连五分钱也不敢收"都可以说。(3)不少分析还比较粗疏,往往只是举几个例子说明,对移位变形的条件限制讨论尤其不够,因此得出的规律缺乏普遍指导作用。尽管如此,该书在汉语语法学史上占有重要的地位。

汤氏另一部重要著作是《国语语法研究论集》(台湾学生书局1979年8月),该书搜集了1976—1978年间作者在国内外发表的有关国语语法研究论文共26篇。全书分三篇:"小题大作篇"(16篇)和"华文世界篇"(2篇)以非语言学家为对象,内容注重语言事实的阐明;"中国语文篇"(8篇)以语言学家或准语言学家为对象,内容兼顾语言现象的分析与语言理论的探讨。

这些论文特点是方法上采用转换语法和格语法,因而对一些旧课题作出新的解释,很有启发性。其中如:《助动词"会"的两种用法》、《语义相反的形容词》、《"来"与"去"的意义与用法》等都有自己独到见解。作者十分注意相同语法形式表示的不同的语法意义,如语义相反的形容词在相同句式中有的合法,有的不合法(时间还早吧!*时间还晚呢!头发还短呢!*头发还长呢!),作者认为"这种事态的变化都与时间的推移有关",只有表"先前的事态"的形容词才可以出现在"还……呢"句式中,而表"后来的事态"的形容词则不能如此出现。当然这种说法究竟能否准确地解释该类句法现象,尚待作进一步研究,但这种研究问题的角度颇为新颖,很有启发性。

五、《主题在国语中的功能研究》和曹逢甫的语法研究

《A Functional Study of Topic in Chinese: The First Step Towards Discourse Analysis》(主题在国语中的功能研究:迈向言谈分析的第一步),1979年8月台湾学生书局。作者曹逢甫,台湾省彰化县人,生于1942年,现为台湾师范大学英语系教授。中文本由谢天蔚翻译,语文出版社1995年4月出版。

该书共分七章:1.导言;2.对以前一些著作中关于汉语中主语和/或主题的评论;3.汉语的主语和主题;4.在主题范围内主题跟句子的关系;5.有关主题的一个参考条件;6.汉语中主题的某些话语功能;7.结论与启示。作者在比较了王力、赵元任和汤廷池三位对主语和主题的不同看法后,提出了自己新的分析和认识。他认为汉语的主题和主语性质不相同,汉语主语的性质是:(1)总不用介词标记;(2)从位置上看,主语可以看作动词左边的第一个有生名词的短语;(3)主语同句子中的主要谓语动词有选择性关系;(4)主语往往是定指的;(5)主语在反身代词化、连动结构祈使化以及相等名词短语省略中有着重要的作用。而汉语主题的性质是:(1)主题在主题键里总是居于第一个句号的句首;(2)主题后可以紧接着出现语气词"啊、哪、么、吧",并伴随小停顿;(3)主题总是限定的;(4)主题是一个言谈概念,它可以也常常把自己的语义范围扩大到一个句子以上;(5)主题在一个主题链里可以用共指名词的代

词指代或省略;(6)主题在反身代词化、连动祈使化以及相等名词省略中不起作用。因此,主语是纯粹的句法概念,而主题则本质上是言谈成分。并由此得出对汉语的总体认识:汉语是趋向于以言谈为中心的语言,在句法与语义结构的分析上必须考虑到在同一个"主题链"之下互相联系的所有句子。

该书的特点在于对汉语的主语和主题作了深入的比较分析,尤其对汉语的主题性质有比较深刻的认识,从而对汉语语用学的研究起到了促进作用。不仅如此,作者还进一步研究了汉语的特点,批评了那些认为"汉语是主题占显要地位的语言而英语是主语占显要地位的语言"的观点。该书讨论内容较广泛,涉及到充当主题的条件限制,主题的参考条件与交际功能、逻辑功能的关系,主题的对比结构和强调结构等问题。该书出版后受到汉语语法界普遍重视,具有重大参考价值。

第二节 国外的汉语语法研究

一、前苏联的汉语语法研究

(1)概述

俄罗斯人研究汉语,同欧洲其他国家情况大致相同,也是首先由传教士开始的,到 19 世纪才有了较大发展。其中首推毕秋林(Никта Якоялевич Бичурин),1808 年参加"北京俄罗斯传道团",留居北京达 14 年之久,著有《汉文启蒙》(Китайская Грамматика,1835 年圣彼得堡),尔后又有以赛亚的《简明汉语文法》(1909 年北京)。这两部早期汉语语法属同一类型,共同特点为注重词法,先划出词类,逐类加以说明,最后对"虚词"用法加以概括叙述。除此之外,还有施密特《官话文法试论》(1902年海参崴),这是本以实用为主的汉语教科书,以及波波夫《汉语研究入门》(1909年横滨),内容比较简单,为基础语法教科书。

十月革命后,苏维埃政府对东方学开始重视,逐渐形成以列宁格勒大学阿列克塞耶夫和他的弟子康德拉、龙果夫为主的汉语语法研究中心。这一阶段的著作有:鲁达科夫《汉语文言虚词实用词典》(1927年海参崴)、波里瓦诺夫和伊瓦诺夫《现代汉语语法》(1930年莫斯科)、龙果夫和周松源合著《文法初步教科书》(1934年海参崴)、华西列夫(王希理)、舒茨基合著《汉语的结构》(1936年列宁格勒)。第二次世界大战以后,苏联的汉语语法研究又有了新的发展,重要论文有鄂山荫《关于汉语动词的概念范畴》(《军事外国语学院学报》1945年第1期)和《关于汉语的词类》(《军事外国语学院学报》1947年第3期)、郭路特《汉语中的词类问题和带有词尾"然"的副词的起源》(《莫斯科东方学研究所集刊》1946年3月)。其中,龙果夫的研究尤其突出。

中华人民共和国成立以后,这种发展更加快了步伐。这表现在:一、广泛介绍中国的汉语语法研究情况和专著,1954年由赖斯卡娅把王了一的《中国语法纲要》译成俄文,书后附有龙果夫的详细注解和雅洪托夫的评论(1957年10月改名《汉语语法纲要》国内出版,并译出龙果夫的译注和雅洪托夫的评论)。二、苏联学者积极参加中国国内汉语语法专题讨论,如穆德洛夫《汉语是有词类分别的》(《中国语文》1954年第6期)、宋采夫《汉语的词类问题》(《语法论集》(二),1957年)等。三、苏联学者撰写了若干种汉语语法研究专著:康德拉《论汉语》(1952年刊于苏联《语言学问题》)、同年,由彭楚南译成中文在《中国语文》第 9—11 期连载,并于 1954 年 1 月由中华书局出版单行本)、龙果夫《现代汉语语法研究》(第一卷词类)(1952 年苏联科学院出版,中译本前三分之二在《中国语文》1955 年第 1 期起连载过,1958 年 4 月由科学出版社出版,郑祖庆译)、雅洪托夫《汉语的动词范畴》(1957 年苏联列宁格勒大学出版社,1958 年 11 月由陈孔伦译成中文,中华书局出版)、鲁勉斋《现代汉语的句子形式主语》(商务印书馆 1961 年 4 月,郑祖庆译)、雅洪托夫《上古汉语》(莫斯科大学出版社 1965 年)、依·斯·古列维奇《第三—五世纪汉语语法概论》(莫斯科大学出版社 1974 年)、И. Эоzраф《中古汉语,其形成和发展趋势》(莫斯科科学出版社 1979 年)等。此外,苏联科学院东方学研究所编的《中国和东南亚的语言(语法结构问题)》(莫斯科科学出版社 1974 年)和《普通语言学和汉语语言学研究》(莫斯科科学出版社 1980 年)两本论文集中都各收了三篇汉语语法专题论文。

(2)《现代汉语语法研究》(第一卷词类)

作者龙果夫(1900—1955 年)(Проф. А. Драгунов,又译为德拉贡诺夫、卓古诺夫,龙果夫是他自己起的中文名),苏联著名的语言学家、汉学家,列宁格勒大学教授,对汉语语法和汉语拉丁化字母研究很有贡献。他早年著作《文法初步教科书》(和周松源合著,1934 年出版俄文本,1936 年由魏龙译成中文,改名《中国新文字的文法和写法》),便试图建立起一个根据"词义·语法范畴"划分汉语词类的语法体系。除此之外还著有《八思巴文和元代官话》(英文,1930 年)、《湖南湘乡和湘潭语》(1923 年)、《东干语语法研究》(1940 年)等。他的重要语法论文有:《汉语的词类》(Часть речи в Китайской языке)(龙氏夫妇合著,《语言学问题》1937 年第 3 期)、

《汉语语法诸问题》(Некоторые проблемы китайской грамматики)(《东方学研究所年报》1944年第2期)、《关于现代汉语句子的附属成分》(О. зависимых членах предложения в современном китайском языке)(《苏联科学院通报》1946年5卷6号)、《现代汉语口语中的从属和非从属具象性的范畴——词尾"儿"和"子"》(《苏维埃东方学》1949年第6期)等。

该书是作者在列宁格勒大学教汉语语法所用讲稿的一部分基础上修改扩充而成,有一定科学价值,不仅是作者最主要的研究成果之一,也是苏联学者研究汉语语法最杰出的专著之一。

中文版书前附:译者序、著者序;书后附:译者按语、译名对照表。正文除"结论"外,分为六章:一、名词(事物范畴);二、动词(动作范畴);三、形容词(性状范畴);四、数词(数的范畴);五、副词;六、代词。原计划第二部是句法,可惜由于作者去世,未能如愿。该书的特点是:

(一)全面、系统地阐述划分汉语词类的"词义·语法范畴"标准。认为"离开这些范畴,就不可能理解汉语的构造上的特点,也就不可能说明汉语的语法"。基于此认识,作者认为:"汉语的词一般不具备足以把它们归入某一词类的外部的形态的标准,因此在区分它们的词类的时候,自然就非依靠其他标准不可:(a)不同类的词组任这种或那种句子成分的不同的能力;(b)它们同别类的词以及这个或那个形式成分的不同的结合性。"与此同时,也不能抛开意义,因此要把"意义上和语法上的共同点"都找出来,即划分汉语词类依据双重标准:词义·语法范畴。这一观点显然是折中的,在实际运用时势必产生许多不一致的地方,从而使汉语词类不可能真正划清楚。但由于当时历史条件,这观点被誉为"意义与形式相结合的标准","暂拟系统"制定时便采用了该种说法。

（二）对汉语的一些词类分别就其语法特征及内部分类进行了比较详细的描写和讨论。实词，称为词类（Части речи），虚词，称为助词类（Частицы речи），助词类自成系统，不在该书论述之列。词类系统如下：

A {
  I 体词 { 名词, 数词 }
  II 谓词 { 形容词, 动词 }
} 代词

B 副词

作者观察相当敏锐，注意到了许多被长期以来忽视了的语法现象，并总结出一些很有用的规律。

（三）相当重视语法的系统性，从而构拟了一个新的汉语语法（词类）系统，他还善于把各词类进行比较研究，进行理论的探讨，同时不仅作平面描写，还运用北方方言材料（尤其是河北、陕西、甘肃等方言）进行比较研究，找出一些在汉语语法结构中发生的变化。

当然作者的理论依据和具体分类、分析都有不少可商榷之处，有些语言材料也不太可靠，但在当时大部分仍然偏重于从意义、概念出发给汉语词分类或者干脆不承认汉语实词可分的情况下，作者强调汉语可以分词类，而且是语法的类，并作了有益的探索，无疑是值得肯定的。正因为此，此书至今还是一部很有参考价值的研究汉语词法的语法专著。

(3)《论汉语》(О Китайском языке)

作者康拉德(Н.И.Конрад),该文原为1951年5月东方大学研究所召开关于汉语研究学术讨论会上的报告《苏联汉学研究工作的基本问题》,共分六节:一、ПYл(即马尔)关于汉语的假说;二、ПYл的假说的错误;三、汉民族的形式;四、民族共同语和方言问题;五、单音节问题;六、汉语的形态学。重点是批判马尔关于汉语是"单音节的没有形态的语言"的观点,因而列举了不少语言事实来证明汉语是多音节(主要为双音节)以及有形态变化。

(4)《汉语的动词范畴》(Категория глагола в Китайском языке)

作者雅洪托夫(С.Е.Яхонтов),是龙果夫的学生,该文为其副博士论文。除序言和结束语外,分三章:一、动词在汉语词类体系中的地位;二、动词按支配性质的分类;三、汉语动词的语法范畴。作者基本观点师承龙果夫但又有所修正和发展:1.着重探讨汉语动词和形容词区别性的语法特征。2.对动词进行分类,根据和不同宾语结合性质分为:及物动词(带直接宾语)、间接——及物动词(支配不同的间接宾语)、不及物动词(通常没有任何宾语,如果有的话,在意义上和地点状语没任何差别)。根据它的体以及体—时标志结合的性质分为动作动词(又可分为限变动词、非限变动词、状态动词)和非动作动词。3.讨论汉语动词所具有的体、量、间、式和方向等范畴。

动词是汉语中最复杂也是研究得最薄弱的一类词,因此作者的尝试是很有益的,是当时比较全面描写汉语动词的一部专著。但由于作者本身的标准仍很混乱,所以得出的结论也比较乱,尤其是后一种"体—时"标志结合的标准很难说完全适用于汉语,给人一种削足适履之感。

二、美国的汉语语法研究

(1)概述

第二次世界大战之前,美国对汉语,包括汉语语法的研究,几乎没有什么成绩可言,少数几个人也只是搞了些汉语的历史研究,而且研究水平也较低,因此30年代布龙菲尔德在撰写《语言论》(1933年)这一划时代的语言学理论巨著时,由于缺乏必要的有关汉语的基本知识,以至于在书中居然写上了"现代汉语中完全没有黏附形式"这样错误的结论,稍有影响的是美国传教士艾约瑟编写的《上海话文法》以及高第丕和中国人张儒珍合编的《文学书官话》。第二次世界大战之后,赵元任、李方桂两位汉语言学家移居美国,后又加入美国籍,以他们杰出的研究为标志,开创了美国研究汉语的新纪元。赵氏所写《国语入门》一书原来是在美军中使用的汉语读本,注重实用性口语,它的绪论实际上是构拟了一个以结构主义语法理论为依据的新的语法体系。1968年他在长期研究基础上又写了一本《中国话的文法》(A Grammar of Spoken Chinese),更是全面系统地采用美国描写语法学派的理论和方法对汉语口语进行了分析,该书许多观点在继承前一本书基础上又有所创新和发展,同时材料又相当丰富,密切注意口语现象,是汉语描写语法一本经典性专著。这两本书对国内外汉语语法研究的影响极为深远。李方桂主要是研究方言,对汉语音韵也颇有造诣,1971年发表《上古音研究》,对上古汉语声、韵、调作了全面描述,但对汉语语法并无专门的研究。

Chomsky的《句法结构》发表后(1957年),在美国语言学界引起了一场"革命",并对汉语研究产生极大影响。最早起来响应的是王士元,他1937年生于上海,1959年获密执安大学博士学位,先后曾任加州大学柏克莱分校、香港城市大学、香港中文大学教授,以及《中国语言学报》主编。他写过两篇论文:《Some Syntactic Rules for Mandarin》(现代汉语的一些句法规则)是运用转换语法来说明汉语语法的一些规则;《Two Aspect Markersin Mandarin》(现代汉语的两个时态标记)是描述一个"有"和一个"了",都刊登在《Language》上。后来他的兴趣和主要研究成就在语音研究和历史语演变研究方面,特别是Acoustics(声学语言学)方面。继王士元之后,用转换语法理论对汉语作较全面分析的是他的学生Anne Yue(余霭芹,即桥本万太郎夫人),她是从香港赴美国密执安大学攻读语言学的,1973年出版了《A Coudensed Account of Syntactic Analysis of Mandarin》(《现代汉语句法分析简要教程》,又译为《普通话句法结构》),该书在国外也有一定影响。

70年代前后,涌现出一批年轻的学者,他们大多为华裔美国人,因为精通汉语,又接受了美国五花八门的新的语法理论,所以思想十分活跃,并取得了一定成绩。其中比较有名的有:邓守信、李英哲、郑良伟、屈承熹、戴浩一、陆孝栋、陈渊泉等。李英哲运用Fillmore的格语法理论描写汉语的格关系,1971年写了《An Investigation of Case in Chinese Grammar》(汉语语法格的研究),作了区分汉语动词和名词之间几种格关系的设想。邓守信采用George Lakoff的生成语义学研究汉语语法,1969年写了《Commutative Versus Phrasal Conjunction》(交换的对与短语的连接),1975年又运用Chafe语法写出了《A Semantic Study of Transitivity Relations in Chinese》(汉语及物性关系的语义研究),此外,还有屈承熹《汉语参考语法》(1983年)和《历时语法学与汉语历史语法》(1987年)等。80

年代，新的一代又崛起，代表作有黄正德运用乔姆斯基的"管辖与约束论"写成的博士论文《Logical Relations in Chinese and the Theory of Grammar》（汉语生成语法——汉语中的逻辑关系及语法理论），李讷和汤普森《现代汉语功能语法》也很有影响。

美国的汉语学者近年来还对汉语词序是"SVO"还是"SOV"很感兴趣，开展了一场论争。戴浩一根据Greenberg的语言普遍特性的理论，首先提出现代汉语属于SOV型，李讷和汤普森继而发表一系列文章，认为古代汉语是SVO型，现已演变为SOV型。反对这种看法的主要是黎天睦和梅广，黎氏强调汉语中不同词序表达不同的语法意义，认为现代汉语的基本词序仍应是SVO，并指出正因为汉语是话题为主的语言，因此深究汉语是SVO还是SOV意义不大，重要的是要弄清楚词序所表达的不同的语法意义。这一问题反映了国外学者对历时语法研究的兴趣和建立语言类型学的设想。

在美国出版的汉语语言学杂志有《Unicou》（麒麟），1966—1972年，由普林斯顿大学出版。该杂志停刊后，《中国语言学报》于1973年创刊，由加利福尼亚大学出版，主编王士元，每年出两期。1966年创刊的《中国语文教师学会学报》（Journal of the Chinese Language Teachers Association）为中国语文教师学会机关刊物，用英文出版。刊登研究汉语教学问题的文章，报道我国语言研究的情况，由夏威夷大学东亚语言学系主编。

美国自1968年以来年年举行"国际汉藏语言学会议"，会议上提交论文中有不少是关于汉语语法研究的。

总之，这些年来，美国语言学界对汉语研究有了比较明显的发展，并取得了一些出色的成果。

综观以上所述,美国对汉语语法的研究大致可以分为四个时期:一、1945年以前:初级阶段;二、1945年以后:发展阶段,以赵元任研究为代表;三、1959年以后:繁荣阶段,各种流派纷纷著书立说,互相争鸣为其特点;四、80年代以来:繁荣时期,形式语法成为主流,同时,功能语法也开始崛起。

(2)《中国话的文法》

赵元任著,1968年初版,1970年二版。中译本由吕叔湘翻译于1979年12月由商务印书馆出版(改名为《汉语口语语法》)。全书分八章:一、序论;二、句子;三、词和语素;四、形态类型;五、句法类型;六、复合词;七、词类:体词;八、动词和其他词类。作者自称:"以直接成分分析法为研究结构的主要方法",基本上采用描写语法理论对汉语语法进行了比较全面而系统的分析。该书较重视词法(占五章),句法部分较弱(占两章);重视形式标准,不少地方引用古汉语、方言和外语进行比较说明。该书在语法体系上有以下几个明显特点:

(一)研究对象为北京口语材料,因而分析中十分重视语音特征,强调在语言结构的划分时除了次序外,首先应考虑停顿,对词和结构特征描写也密切注意轻重音。

(二)重视语言形式的分类,认为"语法描写的很大一部分是语言形式的分类","语法是研究一类一类的形式出现或不出现在由别的类构成的框架或槽之中的",并进而研究了语缀、复合词、词、结构、句子以及句子成分的分类。

(三)语法上给词分类,在理论上是采用"类意义,即语法意义",但是在实际工作上则"抄近路,求助于意义"。先分出实词(内容词)和虚词(功能词),然后分为十五小类:体词:N 名词,Nr 专有名词,Np 处所词,Nt 时间词,N－L、D－M 复合词,D 区别词,M 量词,L 方位词,P 代名词;动词和别的词类:V 动词(包括 A 形容词),K 介词,H 副词,J 连词,P 助词,I 叹词。

(四)句法部分作两个平面,一个是句子平面,主要研究句子的各种类型(包括兼语式)和主语、谓语问题;另一个是结构平面,主要研究并列、主从、动宾、动补等结构以及连动式。

(五)有一些新颖的观点和提法:1.提出研究"词语中动作的方向"课题,认为"'把'表示向外的动作,'被'表示向内的动作"。2.不按能否带宾语,而按带什么种类的宾语来区分及物动词和不及物动词。即不及物动词只能带自身宾语,及物动词可以带任何宾语。3.提出划分词类可以分为"可列举的类和开放的类"以及开放类里的可列举的小类,认为对前者(如:方位词、代名词、介词、助词、叹词以及小类助动词等),可以用"列举成员来规定",对后者具体描写得靠词典,语法便只能对它们的共同性质作一说明。4.把主语、谓语的语法意义解释为话题和说明,因而主语的范围极宽,包括出现在句首的名词性词语、动词性词语、表时间、处所、条件的词语、介词引进动作者主语、别的介词短语、主谓主语等。5.提出"临时词"说法,认为"两天、十七块、看着、革新"等不算"词汇词",而可算"句法词",以此解决介于词组与词之间那类似词非词的结构体。

(六)对不少重要的词(尤其是可列举类)以及句式、结构进行了详细的描写。

该书材料丰富,而且注意活生生的口语,见解新颖独到,分析精当细腻,是第一部关于现代北京口语的描写语法,在国内外产生了极大影响。从存在问题来讲,一是有些新的见解提出后缺乏充分论述，使人感到论据似不那么充分；二是有的分析及论点似可商榷，如主语的范围、主语和话题的关系。三是对句法分析略感不足，对句法内部各种语法意义讨论也不够充分。但这些都不影响该书的成就及地位。

该书的基本体系、基本观点及分析方法和1948年的《国语入门》大体一致，也可以说是《国语入门》的充实和发展。由于该书原是供英语读者用的，讨论的繁简不一定都合乎中国读者，故吕叔湘在翻译时采取"重要的地方全译，多数地方删繁就简，少数地方从略"，但没有实质性的削减，译文本简洁清晰。

(3)《普通话句法结构》

作者 Anne Yue（余霭芹），原载美国《麒麟》1971年第8期，国内有范继淹译述介绍，刊《语言学动态》1978年第2期，并由宁春岩、侯方翻译于1982年9月由黑龙江人民出版社出版。

本文采用转换生成语法理论，建立了一套现代汉语句法的基本规则系统，广泛地讨论了现代汉语的各种句式。全文约八万字，分为三大部分：一、简单结构；二、复杂结构——嵌入；三、复杂结构——联合。

作者首先把"普通话句子分为简单结构和复杂结构两类"，它们的区别在于"深层结构中有一个或多个句子符号(S)"。并认为"一个句子的深层结构至少包含两个直接成分：名词短语(NP)和动词短语(VP)，即主语和谓语"，而"表层单独出现的 NP 或 VP 都是深层完整形式的省略"。然后作者建立了一套句法的基本原则(B)，共设立了十四条规则(B1—B14)，在此基础上分别描写了简单陈述句、"无主"结构、疑问句、"间接宾语"结构等生成程序。作者重点讨论了嵌入式复杂结构，认为它的深层结构包含本体句和嵌入句,后者无句末语气词。嵌入句中和本体句相同的单位,在表层消除,或叫代词指标。作者对汉语中的名词短语的补充结构和动词短语的补充结构,分别从深层→表层的角度作了新的解释。例如:"那个戴眼镜的小孩很胖"的深层结构是:

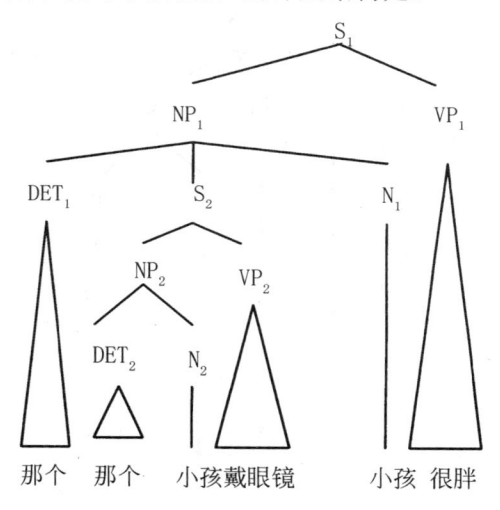

```
                    S₁
           ┌────────┴────────┐
          NP₁               VP₁
       ┌───┼───┐             │
      DET₁  S₂  N₁
            │
         ┌──┴──┐
        NP₂   VP₂
       ┌─┴─┐
      DET₂ N₂

      那个  那个  小孩戴眼镜   小孩 很胖
```

由定格从句转换规则引入标记"的",消除嵌入句(那个孩子戴眼镜)中的重复单位,即成为表层结构:那个戴眼镜的小孩很胖。这种分析对区分一些同形同构而实质歧义的句子很有帮助。例如:

(A)他吃完饭了——→他把饭吃完了

(B)他吃饱饭了——→*他把饭吃饱了

作者认为它们的深层结构是不同的:(图见下页)

(A)句中"他吃饭"的结果是"饭完了",(B)句中"他吃饭"的结果是"他饱了"。

除此之外,作者还提出了一些新的见解。例如"双主语",认为只有"张三头疼"这一类才属于双主语句,其他如"张三饭吃了""朋友旧的好"等在深层结构中仍属于主宾语关系和特殊的修饰关系。这一分析对进一步研究该类句型有所启发。

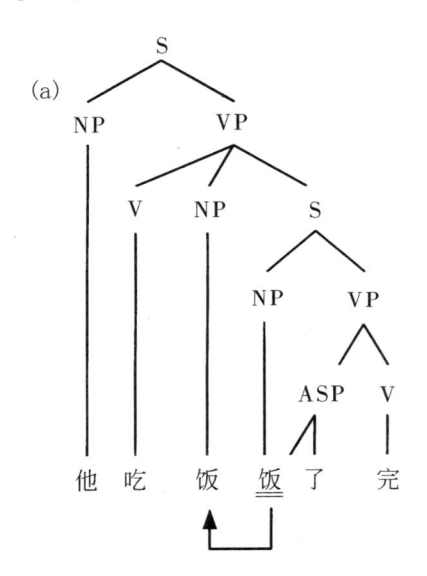

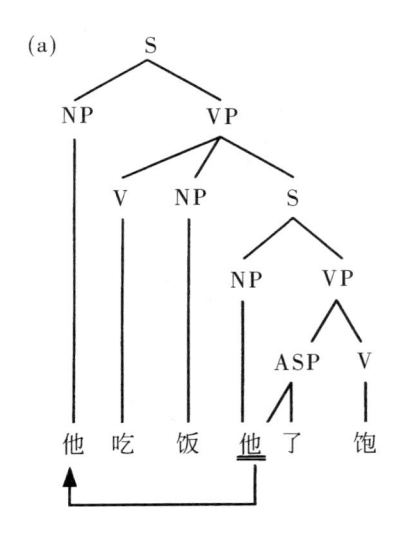

"复杂结构——联合"是指"同一层次两个以上的句子符号受更高一级句子符号支配",不同于嵌入式复杂结构,它可分为并列、选择、交叉三种。例如"饭又冷,菜又少,肉又硬。"的深层结构为:

该书是第一部试图运用 Chomsky 转换生成语法理论对现代汉语进行较全面分析并建立起一套规则的著作,对汉语转换语法的建立有一定贡献。但具体分析还比较粗糙,基本上没讨论可转

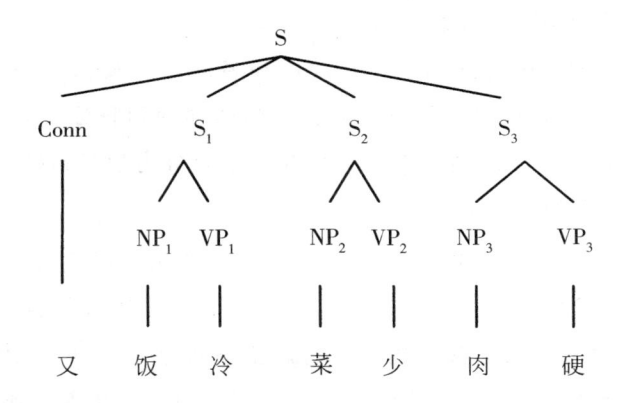

```
                    S
        ┌───────┬───────┬───────┐
       Conn     S₁      S₂      S₃
        │      ╱ ╲     ╱ ╲     ╱ ╲
        │    NP₁ VP₁ NP₂ VP₂ NP₃ VP₃
        │     │   │   │   │   │   │
        又    饭  冷   菜  少  肉   硬
```

换的条件限制,某些解释和一般的理解有较大出入,如把句中否定词"不"以及"把""被"句中的"把"、"被"说成是句中主要动词等。

(4)《汉语及物性关系的语义研究》

作者邓守信,1940年生,台湾花莲人,获美国加州大学柏克莱分校博士学位,现任台湾师范大学华语文教学研究所教授。该书1975年美国加州大学出版社。1983年由黑龙江大学侯方、邹韶华、侯敏译成中文内部出版。该书的理论基础主要参考了(1)菲尔墨的格变语法,(2)哈里迪的系统语法,(3)切夫语法。其实主要根据切夫语法,即以动词为中心来说明动名关系以描写句子。作者把动词分为三类:动作动词说明活动,包括物质方面的和精神方面

的;状态动词说明性质和状态;过程动词说明状态的变化。然后分别讨论了与动词有及物性关系的"施事"、"受事"、"范围"、"源点和目标"。

作者特别关注的是语义及语法两个层次的相互关系,他认为:语义的探讨必须同时触及一个语言的结构。否则,这种研究只是停留在语义学的范畴之内。此书的目的在于"希望能够建立起在语法结构上显示最大意义的语义结构"。

该书的作用是推动了汉语动词和名词之间及物性关系的研究,有利于动词的进一步分类研究。当然动词到底分成以上三类是否合适还可商榷,作者自己也没想可以只分为动态和静态两类。

(5)《汉语生成语法》

作者黄正德,1948年生,台湾人,1982年获麻省理工学院博士学位,该书是他的博士学位论文。1983年由黑龙江大学宁春岩、侯方、张达三译成中文后内部发行。全书共分七章:1.概述;2.短语结构及X理论;3.短语结构与域关系;4.LF中的某些映射;5.照应与制约;6.移动 d,毗邻原则和空范畴原则;7.空范畴原则的进一步扩充。该书主要讨论汉语语法中逻辑式(LF)的句法问题,并对汉英两种语言中有关事实作一番比较。作者认为LF是"处于不同于现实世界语义层次的一种表达层次之上的",这种LF层次表现为"量词——变项"组列形式。论述就是围绕着这个LF层次进行的。

这一研究是在转换生成语法理论的新模式——"扩充的标准理论"的框架中进行的,特别是按Chomsky于1981年提出的"支配与制约理论"(The Government and Binding Theory)展开的。在这个语法模式中,语法是由数量有限的规则子系统和原则子系统所组成的。

总的来看,这是本理论性很强的专著,是全面接受乔姆斯基新理论并把它运用到汉语中的第一部著作,应该说对打开汉语语法研究的思路是有启发性的,尤其是关于汉语 PRO 和 pro 的脱落问题的研究以及移动 d 而引出的毗邻原则和空范畴原则对汉语中 NP——踪迹、Wh——踪迹、PRO 和 pro 空位的解释。但是,文章照搬乔氏理论,不免有削足适履之感,加上引进大量新术语,使用大量公式和符号,可读性较差,不少句子合法度成问题也影响了它的科学性。

三、日本的汉语语法研究

(1)概况

日本和中国一衣带水,中国文化,包括语言对日本影响极深。日本汉语语法研究大体上可分四个时期:(一)早期研究:在 17 世纪便由于佛教的"黄檗宗"的传入而开始正式研究汉语,但以研究中国传统语文学为主。(二)中期研究:明治三十一年(1900 年)以后,日本逐步走上帝国主义道路,一些人为了侵略扩张的目的重视汉语研究。1904 年由"普邻书院"编印的《官话急就篇》问世,这是最早一部编得较好的汉语教科书,发行达一百四十版之多。但真正的研究是从 1937 年后,以仓石武四郎为代表的一些学者所进行的。1936 年由仓石武四郎发起成立了中国语学研究会(后改名中国语学会),并出版会刊《中国语学》。仓石武四郎(1897—1975 年),日本著名汉学家、语言学博士,他开创了运用近代语言学的理论和方法探讨研究中国传统语文学的新路,并对现代汉语及各方言进行了细致的调查和研究。他在汉语研究方面有重大贡献。代表著作有仓石武四郎的《仓石中等支那语》(1938年)和《支那语法篇》(1938年)、新乐金桔的《先秦时代文法研究》(1932年)、鱼返善雄《华语基础读本》、香坂顺一《支那语语法详解》(1941年)等。(三)后期研究:第二次世界大战以后,汉语语法研究进入兴旺期,这一时期著作甚多,重要的有:鸟居鹤美(久靖)《华语助动词之研究》(1947年)、藤堂明保《中国文法之研究》(1955年,运用结构主义语法理论来分析汉语语法)、鸟居久靖《现代中国文法》(1955年)、香坂顺一《初级中国语文法》和《简明中国语文法》(依据胡附、文炼说法,采用结构主义语法的理论和方法)、太田辰夫《中国语历史文法》(1958年)、《论语文法研究》(1961年)以及集体编写的《中国语学研究史》(1957年)等。(四)近期研究:1965年建立亚非语言文化研究所,内设"汉语研究部",利用电子计算机进行汉语语法词汇的统计研究,1976年该所改名国立亚非语言文化研究所,从由日本东京外国语大学所属改为由文部省直属。1969年日本光生馆出版由中国语学研究会编的《中国语学新辞典》,由藤堂明保、香坂顺一主编,内容包括语法、汉语史等几个部分,有一定影响。日本学者对汉语研究,从历史上起便逐步形成以京都和东京为两大中心,前者成立东方学会,后者则有中国语学会。在汉语语法方面特别活跃的有:太田辰夫、桥本万太郎、望月八十吉、奥田宽、高桥弥彦、荒川清秀、木村英树、牛岛德次、砂冈和子、守屋宏则、中川正之、望月圭子、西槇光正、古川裕等。专著有牛岛德次《汉语语法论》(古代篇、中古篇1967—1971年)、仓石武四郎《罗马字中国语——语法》(1969年)等。

(2)《中国语学研究史》

1957年9月东京江南书院出版,中国国内有王立达编译本,改名《汉语研究小史》(商务印书馆1959年11月)。全书分十二章,关于汉语语法研究是该书评述重点,中国国内情况分为三章(主要执笔人为牛岛德次、香坂顺一),其余在介绍俄罗斯(苏联)、日本、美国、欧洲的汉语研究时都有专门章节谈及汉语语法研究。该书资料较为丰富,收集了大量关于国外汉语语法研究的材料,同时对汉语语法研究历史的分期也有自己独特见解,如《马氏文通》以前分为三期:训诂期、自觉期、综合期。从《马氏文通》以后到解放以前分为两期,以1936年为界,都是可取的。对一些重要语法著作评价也比较稳妥,没有偏激之词。存在问题是:(一)观点不尽正确,有些地方与事实不符;(二)中国国内部分材料比较粗疏;(三)由于执笔者不一,有些观点矛盾、材料重复等毛病存在。在当时中国国内尚缺乏有关中国语言学史研究专著的情况下,该书的出版无疑起了一定的促进作用,至今仍是这方面研究的重要参考著作。

(3)《中国语历史文法》

作者太田辰夫,神户外国语大学教授,1958年由东京江南书院出版,蒋绍愚、徐昌华翻译,1987年7月由北京大学出版社出版。该书共分两大部分:第一部分为现代汉语语法研究,第二部分为古代和现代汉语语法的历史比较研究。该书词类系统为:1.名词(不完全名词、副名词、助名词);2.代名词;3.数词(副数词、助数词、量词);4.动词(他动词、补动词、兼语动词、助动词);5.同动词;6.形容词(助形词);7.介词;8.副词;9.连词;10.助词(句末助词);11.间投词。连语(即词组)分为陈述、修饰、支配、结合的支配、补充、等立(分等立和同位)等六种。句子分析采用改良的传统方法,即先把一个单句分为主部和述部,主部除了主语(可带修饰语)外还在它的前位可出现主题语(也可带修饰语);述部则以述语为中心,前可带修饰语,后可带宾语和补语。句子类型则分为无述语句、单述语句、复述语句,内部又分为若干小类。在历史比较研究方面着重从现代汉语向上推到中古、上古的历史源头,但偏重于词法,至于句法则论述较少。该书在日本学术界影响较大。

四、其他各国的汉语语法研究

除了上述前苏联、美国、日本之外,世界其他各国对汉语语法也颇多贡献。对汉语的研究开始是由耶稣会传教士进行的,但当时主要致力于翻译以及学习汉语之用,例如1593年意大利的利玛窦(Mateo Ruggieri)把《四书》译成拉丁语。1626年法国传教士金尼阁编写《西儒耳目资》在杭州出版(提出汉字的罗马字拼音法),1667年波兰籍博伊姆(Boym)编成《汉—拉丁字典》,1670年编成《汉—法字典》等。

随着帝国主义列强逐步侵入中国,汉语学从开始的传教为目的改变为以研究外交用语和商业用语为主的实用语言学,但对语法研究仍不系统,也缺乏新见。其中比较有成就的是比利时神父穆勒(J. Müllie)写的《汉语的结构原则》(Het Chinesch Taaleigen,英译本为 The Structural Principles of the Chinese Language,1937年),穆勒从1936年后一直在乌特莱希特大学任教授。其他著名学者还有:威妥玛(英)、翟理士(英)、马伯乐(法)、戴密微(法)以及高本汉(瑞典)等。

(1)法国:法国传教士进入中国较其他国家早些,对汉语研究也较早走上学术性研究的正轨。法兰西学院在欧洲各大学中是最早开设汉语课程的,由雷慕沙(Rémusat 1788—1832年)讲授,东方语言学校也从1843年起聘请巴赞(Bazin)(1799—1863年)为汉语课教授。另外,1898年在西贡成立的远东学院也是法国人研究汉语的重要机构(后迁河内),研究汉语以伯希和(Pelliot)为首。发表的重要编著有:Abel Rémusat(雷慕沙):Élements de la grammaire chinoise(《汉语语法的成分》,1822年巴黎)、S. Julien(儒莲):Syntaxe nouvelle de la langue chinoise(《汉语新句法》,1869—1970年巴黎)、M. Courant(顾朗):Grammaire de la langue chinoise parllée(《汉语口语语法》,1914年巴黎)、H. Maspéro(马伯乐):La langue chinoise(《汉语》,1933年巴黎)、H. Maspéro(马伯乐):Les langues de l´Extrême-Orient le chinois(《远东语言•汉语》1939年河内)等。法国现在主要研究机构为东方语言研究所,它是法国国家科学研究中心的附属机构,领导人为李嘉乐(Rygaloff),对汉语语音和语法都有研究,杂志为《东方语言》,1977年创刊。艾乐桐(Viviane Alleton)的新作 Les auxiliaires de mode en chinois contemporain(《现代汉语里的助动词》,1984年巴黎),除引言和结论,全书分七章:(1)助动词;(2)表示可能的助动词:能、会、可以;(3)限定作用:能、会;(4)表示义务的助动词:应该、应当、得;(5)要;(6)助动词在认知动词引出的小句中的用法;(7)否定与助动词。

(2)英国:哈里迪(M. A. K. Halliay)生于1925年,系统功能语法的创始人,早年曾师从罗常培、王力,1955年获剑桥大学博士,现为澳大利亚悉尼大学语言学系教授。他的《现代汉语语法范畴》(Grammatial Categories in Modern Chinese,1956年发表于英国《语文学会会刊》,1976年收入《哈利迪论文集》,国内有王宗炎评摘,刊《国外语言学》1981年2期)。他用自己独创的方法建立一套汉语语法范畴:(1)单位(units);(2)成分(elements);(3)类别(classes)。单位指要描写的那些语言片断,成分是各单位中的构件,类别是一个成分所能有的各种形式,亦叫聚合体。作者认为汉语词只有三类:动、名、副,这种一级类下面还可以分出二级类。该文重要特点是十分注意词在词组和小句中的位置以及各种词、结构出现的概率,如动词内部分出:自由动词(可以单独使用)、助动词(即助自由动词,放在它的前面)、后置动词(放在自由动词后面)、前置动词(放在名词前面)。但他明显地忽视了意义,所以有的材料不那么可靠,结论也可商榷,同时有些方法的使用没有注意条件的限定,例如有标记、无标记的相对立原则就不能在汉语中乱套。

(3)加拿大:杜百胜(W. Dobson),生于1913年,加拿大多伦多大学汉语教授,主要从事中国历史语法研究,著有《晚周语法》(1969年)、《周初语法》(1962年)、《东汉语法》(1965年)。1974年又编了《古汉语虚词词典》,该书论述古汉语中694个主要虚词的用法和意义,词条按国语罗马字拼音方案的字母顺序排列,各虚词的方音构拟主要根据高本汉《古汉语汉字综论》,词的用法和意义主要参考《词诠》、《古书虚字集释》和《助字辨略》。

(4)德国:甲柏连孜(Von der Gabelents 1840—1893年):Chinesische Grammatik mit Ausschluss des Miedaren Stils und der Hentigen Vmgang Ssprache(《汉语语法》,莱比锡1881年);柯彼得(Kupter Peter):《现代汉语的词类问题》(柏林1979年);阿林德(C. Arendt):Einführung in die Nordchinesische Umgangssprache(柏林1894年)。

(5)瑞典:高本汉(B. Karlgren 1889—1978年)为西方汉学研究大师,1956年至1964年任瑞典皇家人文科学院院长,1907年至1912年在中国调查方言,对古汉语尤其音韵学研究颇有贡献,代表作为《中国音韵学研究》,对汉语语法也有研究:《汉语词类》(1934年有张世禄中译本)认为汉语词类不可分,《汉语语法探索》(1951年)认为周、汉书面语都接近于当时口语,《汉语语法新探》研究明清小说中口语,特别是方言口语。马悦然(Nils Gövan David Malmclvist),高本汉学生,汉学家,50—60年代初陆续发表了他在我国四川省实地调查的方言研究论文若干篇,1961年任"斯堪的纳维亚亚洲研究所"(1967年创建于哥本哈根,为欧四国丹麦、芬兰、挪威、瑞典的联合学术组织)委员,现任斯德哥尔摩大学教授,兼《中国语言学学报》编委。主要论文有《论判定汉语文句间所见关系的形式标准》(收入1970年《汉语语法论丛》)。

(6)丹麦:何莫邪(Christoph Harbsmeier)《古汉语语法四论》(《Aspects of Classical Chinese Syntax》,1981年丹麦),全书分为四章:(1)否定句;(2)数量的表示;(3)代词;(4)条件关系。该书以实用为主,注重实例分析,不作理论探讨,对外国人学习古汉语有一定帮助,但涉及内容有限,不能了解古汉语的全貌。

(7)澳大利亚:胡百华《华语的句法》(1984年12月台湾阿尔泰出版社),作者在澳大利亚墨尔本"Monash university"教汉语。全书分九章,基本采用赵元任《中国话文法》精神,以结构主义语法为主,适当吸收其他相应著作的观点,试图提出一个比较全面地描写模式。该书语法体系有几个特点:1.谓语中心说;2.对句成分作四个方面的分析:语法成分(如主、宾语)、关系成分(加施、受事)、词汇形式(如名词短语)、词汇意义(即名词动词内部的"类意");3.重视主语和题语的区别;4.重视句子的扩展手段;5.在重视句法结构描写的前提下加强了对语法意义的描述。写法简明,有一定参考价值。

第九章　汉语语法学发展的历史趋势

汉语语法研究的历史,从《马氏文通》算起,大约一百年左右,同其他学科相比,还相当年轻。应该肯定,语法学是整个语言学科中最活跃、思想最解放、成果也最显著的一门分支学科,尤其是1978年以来,在研究的广度和深度方面都已取得了一些可喜的突破。从历史发展的角度来看,这些突破主要体现在:

(一)在研究对象上,从以古汉语语法研究为主逐步重心移到以现代汉语语法为主,近期又从以书面语语法为主开始移到以口语语法为主。

(二)在研究层次上,早期偏重于以语义研究代替句法研究,中期转向侧重结构形式研究而又忽视了语义研究,近期则强调结构形式与语义关系结合起来研究。

(三)在研究的性质上,早期注重规范性语法研究,中期转向以描写性语法研究为主,近期则在此基础上开始倾向于追求解释性语法的研究。

(四)在研究的理论上,早期是传统语法理论一统天下,中期结构主义语法理论成为主流派,近期则表现为多种语法理论,包括转换生成语法理论并存、互补、结合研究。

(五)在研究的领域上,已不仅只局限于对语法本身作孤立的研究,人们的视野开阔了,对边缘学科发生了浓厚的兴趣,从而形成语法学与修辞学、逻辑学、计算机科学乃至心理学、社会学、文化学的结合研究。

(六)在研究的深度上,早期重视语法体系的构拟,中期由于体系之争趋于缓和,转向加强语法专题研究,近期则试图从具体专题研究中总结出具有中国特色的新的研究理论和方法来。

汉语语法研究的成绩是巨大的,但是,我们也不得不严峻地认识到,汉语语法学正面临着严重的挑战,这一挑战主要不是来自于外部,而是来自于自身的缺陷和不足。正如已故中国语言学会名誉会长王力所批评的那样:"研究面过窄,深度也不够,方法比较陈旧。"因此,汉语语法学要真正赢得社会的关注,赶上时代的步伐,就必须尽快地实现向现代化、科学化、社会化的转变,就必须对一系列传统观念进行更新,在研究的理论和方法上进行开拓。其中,尤以语法研究的战略观念的更新更为迫切。从汉语语法学发展的趋势来看,在以下五个方面,我们的战略观念必须有一个根本性的转变:

(1)描写研究与解释研究相结合。

在结构主义语法理论的冲击下,人们特别重视收集大量的语言材料,并加以细致的分类、归纳,进行精雕细刻式的描写,从中总结出若干条规律来。这些工作,跟传统语法乃至各家语法体系的构拟比较起来,具有更高的科学价值。但是,这种收集、分类、归纳和描写,都只是手段,而不是目的。我们研究语法的目的是要揭示其中"为什么"的道理,即不仅要概括出隐藏在大量语言材料背后的那些规律,而且要探求那些规律形成的外因和内因,制约条件和反制约因素,乃至于发现它们发展演变的趋势。只有进行理论上的解释,才能使语法研究具有普遍的指导意义。

描写可以揭示规律,但是规律并不等于理论上的解释。规律可以靠经验——归纳获得,而解释则要进行创造性的联想、推测、假设和演绎才有可能获得。换言之,规律是经验的、具体的,而解释则是理性的、普遍的。解释可以是共时的,也可以是历时的。解释可以从语言内部获得也可以在更广泛的范围内,如从心理学、社会学、文化学、民俗学乃至控制论、系统论、信息论中获得。解释实际上是一种科学上的假设,根据现有的研究水平,对有些规律也许还无法作出合理解释,也许有些解释还不能完全令人信服,但无论如何,仅有描写性的研究是不够的,还必须追求解释性的研究,因此,从客观描写到追求解释,这是语法研究战略决策的一个根本性的转变。但是,要特别指出的是,任何轻视描写性研究的想法是更加不足取的。描写是解释的前提、基础、保证。没有描写也就没有解释,事实上,真正有价值的语法研究都是描写与解释紧密结合的典范。当然,由于各人研究的侧重点不同,有人注重以描写为主,适当给予解释,也有人在别人描写基础上以解释为主。鉴于汉语语法学界以往对解释不够重视,我们在继续进行描写研究的同时,有必要强化解释的研究,从而进一步使二者有机地结合起来。

(2)语法形式与语法意义相结合。

汉语的语法手段主要不依赖于形态变化,所以汉语传统语法特别重视语法意义的研究,但由于没有形式标准作验证,因而这种语法意义带有很大的主观随意性,这种研究只能是低层次的。结构主义语法崛起后,在形式分类和分化同形结构方面做了大量工作,但对语法意义的研究却不很重视,因而研究也无法继续深入。经过长期的实践,有正反两方面的经验教训,我们的认识终于有了一个飞跃,正如朱德熙所说:"语法研究的最终目的就是弄清楚语法形式和语法意义之间的对应关系。"当前研究的重点就在于对语法形式和语法意义内涵的确定,两者之间关系的分析以及两者不同层次的沟通。

语法研究既可以从形式入手,也可以从意义入手,但都必须找到相对立又相依存的另一方面的验证。一般地说,从形式到意义,这是语法研究的通则,因为形式往往带有一定的外部标志,比较容易发现,但是对汉语来讲,由于形态变化不那么丰富,语法形式的外部标志不那么明显,因而从意义到形式的研究似乎更为合适,歧义结构的分化和副词语义指向的研究证明了这一点。当然,一个复杂的完整的语法研究程序往往要在意义与形式之间进行多次反复的沟通、验证。当前语法研究中有两种倾向值得警惕:一是强调语法研究只能从形式入手,而不可能从意义入手,这种形而上学的观点显然是不符合事实的,也是忽视了汉语的特点的;二是片面强调汉语的"意合法",用语义的分析来取代形式的分析,这就有可能回到历史的老路上去。真正科学的语法研究必须是形式与意义相结合的产物,如果在某些问题上一时还不能沟通,那只能说明研究的理论和方法有待于改进。

(3)静态研究与动态研究相结合。

以往的语法只满足于静态的研究,把语法看作一个封闭的系统,对词、词组、句子进行孤立的分析。这种状态随着转换生成语法理论的产生而出现了转机。吕叔湘把语言单位分为静态单位和动态单位,并提出"研究句子的复杂化和多样化,可以说是在静态研究的基础上进行动态的研究,是不满足于找出一些静止的格式,而是要进一步观察这些格式结合和变化的规律"。可见,语法的动态研究包括两个方面内容:一是用生成的观点去考察句子是如何产生如何结合的,这种思想指导了新的句型研究,这对把汉语作为外语进行教学以及与其他语言进行对比研究乃至人机对话、机器翻译等现代语言学研究都很有帮助。二是考察句子的使用以及在交际过程中所发生的选择、变化。这种思想指导了话语分析的研究,涉及到语用条件对语法语义的制约和反制约作用,并引进了话题、焦点、预设、蕴含、省略、移位、空位等一系列新的概念和思想,从而使原来静态的研究发生了重大的质变。

静态研究是动态研究的基础,动态研究是静态研究的发展。今后汉语语法研究发展的重要标志就是这两者的结合研究。动态研究现在是方兴未艾,它的兴起将对今后的语法研究发生深远的影响。

(4)微观研究与宏观研究相结合。

任何科学研究几乎都是从微观研究开始的,可以这样说:微观研究是一切研究的基础和出发点。但是如果研究只是停留在微观上,那么它将永远也成不了一门真正独立的科学。显然,微观研究与宏观研究应该相互补充又相互制约的。

微观和宏观是相对的,就某一类词、某一种结构、某一种句式进行研究,它当然是微观的研究,但把它们放到更大的系统中去,联系相关的对象进行研究,它就是宏观的研究了。如果把它们放到更大的背景之中,甚至于放到语法学发展历史或者语法学同其他学科交叉点上去研究,那就是更宏观的研究了。因此,加强语法学史的研究和边缘学科的研究是宏观研究的重要内容。而宏观研究的发展将反作用于微观研究,将指导微观研究的开展。

宏观研究永远也离不开微观研究,然而,宏观研究确实有它的难度,它不仅需要扎实的深入细致的微观研究的长期积累,而且要有一定的哲学基础,比较齐全的知识结构和把握全局的能力。我们之所以特别强调宏观研究,绝不意味着削弱微观研究,而是希望从更广的视角、更高的起点、更深的层次来观察问题,它将使人们的认识摆脱旧观念的束缚,而发生质的飞跃。

(5)事实研究与理论研究相结合。

汉语语法学史上无数事实告诉我们:每一次语法研究的重大突破,不仅取决于大量语言材料的收集和整理,更取决于研究理论和方法的更新和完善。关键是两者如何有机地统一和结合,任何偏颇一方的做法都是错误的。现在有两种倾向:一是过分强调语言事实而忽视理论的探索,这样的研究充其量只是材料的排列分类,即使有所发现也只是局部的,而不能有重大的突破和进展;二是片面追求所谓纯理论的探讨,而忽视占有丰富的语言材料,因而只能停留在口头上争论,却不能真正揭示出汉语语法的内在规律。这两种倾向比较起来,当前第一种倾向更为严重。国际上各种新的语法理论层出不穷,学术思想异常活跃,而国内则大都埋头于局部的具体的事实研究,很少有人致力于全局的、抽象的理论研究,这一现状不能不引起我们的深思。几十年来,汉语语法研究的具体成果应该说并不少,但是研究的理论和方法始终没有形成具有中国特色的语法理论和研究方法。因此有必要特别强调加强汉语语法理论的研究,使事实的研究同理论的研究真正有机地结合起来。

语法是个立体的多交的由多种子系统汇集而成的复杂网络,这就决定了对语法的研究必然是多方位的。不论传统语法、结构主义语法、转换生成语法、功能语法,还是其他什么语法理论,任何一种理论模式都不是万能的,它只能解决语法研究中很小一个部分,因此我们应该提倡"兼收并蓄、取长补短、合理改造、为我所用"的方针,提倡多侧面、多角度、多层次地进行研究。所谓"多侧面",即指通过各种不同的渠道对语法总体形成战略包围,各自形成自己的研究重点和研究特色,在战术上各自相对独立,在战略上则形成一体。所谓"多角度",意味着跳出陈旧的框框,变换观察的角度,有所创新。多角度,不仅指角度的变换,还包括几种角度的相互渗透。即既可以从这个角度考虑,也可以从那个角度考虑,而把它们结合起来考虑便会产生新意。所谓"多层次",即指语法和语义的结合研究以及它们进入语用平面以后的研究。这种多层次的结合研究是今后语法研究战略思想变化的关键。多侧面、多角度、多层次的语法研究的核心则是研究理论和方法的创新。

为促进汉语语法学的繁荣和发展,有下列几项带有战略性意义的问题亟须我们去解决。

(一)解放思想,建立起具有中国特色的各种语法学流派。科学史表明:不同学派的产生以及相互之间的争鸣,对于科学的发展、学术的昌盛有着极大的推动作用。可惜的是,汉语语法学界长期处于无"学派"可言的可悲境地。所谓的"南派"、"北派"实质上也不是真正不同的学派。

学派只有在争鸣中才有可能生存、发展。长期以来,汉语语法学界缺乏争鸣的气氛,缺乏认真的批评与自我批评,这种状况显然不利于学术的繁荣和学派的发展。

(二)注意人才培养,尤其是加强对青年语法研究人才的培养。经过十年浩劫,我们的语法研究队伍受到很大损失,同时由于不可抗拒的自然法则,一批学有专长的语法学界前辈年事已高,逐渐力不从心,有的已经作古,有的也退居二线。现在,中年一代已成为语法研究的中坚力量,积极创造条件让他们无后顾之忧,集中精力搞好科研,这是当务之急。但从战略目光来看,真正的希望应寄托于年轻一代,这是我们今后语法研究工作兴旺发达的根本保证。

有人说,现在老年一代、中年一代和青年之间存在着一种"代沟",我们要承认这种年龄上和认识上的差距,但也不应过分夸大它,三代人之间共同的东西毕竟是主要的,三代人的对话、三代人的沟通、三代人的合作,这是一件具有战略意义的大事。老一辈的接力棒已传到中青年一代手中,以后还会继续传下去。

(三)加强汉语语法史评学的研究。汉语语法学的史评学研究,主要指"语法学评论"和"语法学史"两门分支学科的建设。近年来,这两项研究都有了发展,要强化这方面研究,有许多工作可做。一是加强专题系统的综合研究,整理出重要的汉语语法研究专题,进行系统的纵向和横向比较的综合分析。二是对国内外,尤其是对国内有重大影响的语法学家进行整体研究,组织力量写出有分量的"评传"。三是加强对国内语法学流派的研究,不仅包括传统语法、描写语法、变换语法,也包括功能语法、语义语法、认知语法的研究。四是加强对语法论著的评论,坚持实事求是,有好说好,有坏说坏。五是加强有关汉语语法学史研究的理论探讨,诸如汉语语法学发展的原因,汉语语法学自身的特点,汉语语法学发展的历史趋势等等都应展开讨论。可以这样讲:汉语语法学评论和汉语语法学史两门分支学科的形成和发展,是汉语语法学日趋成熟的一个重要标志。

除此之外,我们还有许多工作要做,例如:加强学术交流,集中优势兵力,搞好一些迫切需要解决的较大规模的研究课题;扩大研究领域,特别要重视那些和语法有关的边缘学科以及同现代化科学技术密切相关的项目;加强语言资料和信息工作,尽速建立语言资料库和语言研究信息库,实现语言资料检索和语言研究信息检索的自动化;等等。

我们现在正处于一个战略重点转移的过渡阶段,一个研究理论方法的创新阶段,要为21世纪语法研究的飞跃制造舆论并打下扎实的基础。可以预言:21世纪的语法研究,一翼将与自然科学紧密结合,系统论、控制论和信息论将渗透过来,突出的标志就是为电脑研究提供形式化的语法、语义、语用规则,使之科学化;另一翼则将向社会科学靠拢,跟社会学、文化学、心理学、文学等结合,使之进一步社会化。在双翼的鼓动下,语法研究本身则将更加现代化,汉语语法学将放射出无比灿烂的光彩。

初 版 后 记

　　还在1978年至1981年读研究生时，我就萌发了系统总结一下汉语语法研究历史的念头，这一想法得到了我的导师、杭州大学中文系教授王维贤先生的热情支持。当我顺利通过研究生毕业论文答辩后，便开始动笔撰写此书。1982年春，我被分配到华东师范大学中文系工作，有可能在许多地方得到胡裕树、张斌、林祥楣等先生的具体指导。1983年初稿写成，又承蒙王维贤先生审阅了前半部，此外，该书的某些设想及部分章节还征求过我大学时的老师、北京大学中文系教授朱德熙、陆俭明、石安石、徐通锵等的意见，得到了他们的积极帮助。书稿送到上海教育出版社后，姚芳藩、陆萼庭两位先生审读全书并提了不少宝贵意见，使我能得以从头到尾修改了两遍，补充了许多内容，特别是涉及1978年以来研究的第六、七两章全部重写过。最后，还要特别感谢复旦大学中文系胡裕树教授为拙作写了序。

　　虽说从初稿到正式出版，中间相隔多年，但也给了我更多的时间来深入思考一些问题，从而能更清楚地看出汉语语法学发展的历史线索和今后的发展趋势。我希望这部"史稿"能对汉语语法研究有兴趣的同志有所帮助。

　　在拙作撰写和修改过程中，我校的同事和语言学界的许多朋友有的表示了关心，有的借书借资料给我，有的提供了宝贵的信息，有的提出建设性的意见，在此谨向他们表示衷心的感谢。华东师范大学中文系八八届邵岚等同学帮助誊清书稿，也向她们表示谢意。

邵敬敏

1989年5月30日于华东师范大学

修订版后记

《汉语语法学史稿》出版以后,在汉语学界引起了一些积极的反响。胡裕树先生和恩师王维贤先生多次推荐该书参加评奖,因而先后获得1994年的第二届上海市哲学社会科学优秀著作三等奖和1995年国家教委首届人文社会科学优秀著作二等奖。此外,尹世超、吴继光、戴耀晶等先生先后写了有关评论,给予充分的肯定。

令我特别感动的是吕叔湘先生的厚爱,他老人家不仅立即给我回信,给以充分的肯定和鼓励,而且多次向国内外的同行推荐此书;当吕先生听商务印书馆张万起先生说起,他们计划编辑第二套"汉语语法论著丛编"时,还主动写信推荐拙著入选。也正是因为这一缘故,商务印书馆表示,希望该书稿能够由他们再版。

据说,国内各高校中文系的高年级的选修课,以及语言学研究生课程,凡是涉及汉语语法学史的,几乎都把该书作为首选教材。但是,该书1990年11月初版后,只在1993年6月重印了一次,至今已经十多年了,而这些年来不断有人跟我索取或者表示要购买此书。这也是我愿意再出修订版的原因。

这次的修订的原则是,只作局部的修正,基本保持原作的风貌。主要涉及几个方面:

一、改正

主要是改正明显的错误,包括错别字,错误的资料。例如原来汉语语法最早的著作,以及"语法"一词最早的出处,我们就分别采纳了姚小平先生和马国强先生最新的发现。再如:

错误:"花红得很"中的"很"是动词。

正确:"花红得很"中的"红"是动词。

二、补充

例如关于吕叔湘、朱德熙以及胡裕树、张斌几位语法学大师的研究,做了必要的补充。此外,还添补了部分书刊的出处。又如"导论"里提及胡适和何容关于汉语语法学产生比较晚的看法,为了让读者有比较和鉴别,在注解里特地列举了他们两位的观点。

三、删除

大的地方,例如:"导论"中的第二节"研究的历史和现状",因为内容跟第七章第五节的"汉语语法学史的研究"大部分重复,所以删除。又如五十年代的语法讨论,原来是四次,包括"什么是词儿"的讨论,由于这次讨论基本没有展开,而且跟语法关系不大,现在也删除。小的地方,就更多了,例如第一章原名"前汉语语法学的酝酿时期",现在把"前"删除等等。

四、调整

例如陈望道《文法简论》的评述,本来安排在"创新时期",但事实上它主要反映的是1978年以前的研究,所以调整到"1966年—1978年"这一阶段里去了。再如"创新时期"从原来的1976年改为1978年开始,因为考虑到,语法研究的真正复苏还是1978年党的三中全会以后的事情。

大大小小的修订,估计不下几百处,但肯定还会留下不少遗憾，这不仅受到本人水平的局限，而且，坦率地说，书中不少分析、观念和理论，经过十几年的研究，已经发生了比较明显的变化。这些当然无法在修订时充分地显示出来。

从《马氏文通》诞生以来，汉语语法研究这100多年的历史，无疑，当数最近这20多年最为辉煌和灿烂。我非常幸运，参与了全过程，而且品尝了其中的甘甜和辛苦。我希望能够把这段历史如实地记录下来。为此，我计划再写一部新的史书：《新时期汉语语法学史》，这是一部断代史，从1978年到2005年，包括：理论篇、人物篇、本体篇和应用篇四大板块。这部史书将作为《汉语语法学史稿》的姐妹篇，或者说是后续篇，为后来者提供一份可靠有用的参考文献。

应该说，我跟商务印书馆还是很有缘分的。老总杨德炎先生是我年轻时的朋友，那时大学刚刚毕业，一起分配到中央文化部工作，1969—1970年一起下放到山东胶县的沽河军垦农场劳动锻炼，没想到，几十年以后，竟然会语言学界重逢。张万起先生是我的北京大学的师兄，多年来对我一直非常关照，当年出版《汉语语法的立体研究》，就是他一手促成的。至于周洪波先生，是我国出版界杰出的新秀，不但果断能干，而且独具慧眼，近年来合作也十分愉快。拙著能够在著名的商务印书馆修订再版，我感到非常的荣幸。

邵敬敏　于暨南大学明湖苑

2005年9月9日